Schwerpunkte Birk/Desens/Tappe • Klausurenkurs im Steuerrecht

Klausurenkurs im Steuerrecht

Ein Fall- und Repetitionsbuch

begründet von

Dr. Dieter Birk †

vormals Professor an der Westfälischen Wilhelms-Universität Münster

fortgeführt von

Dr. Marc Desens

Professor an der Universität Leipzig

Dr. Henning Tappe

Professor an der Universität Trier

6., neu bearbeitete Auflage

CFM C.F. Müller

Bibliografische Information der Deutschen Nationalbibliothek
Die Deutsche Nationalbibliothek verzeichnet diese Publikation in der Deutschen Nationalbibliografie; detaillierte bibliografische Daten sind im Internet über <http://dnb.d-nb.de> abrufbar.

ISBN 978-3-8114-5534-4

E-Mail: kundenservice@cfmueller.de
Telefon: +49 6221 1859 599
Telefax: +49 6221 1859 598

www.cfmueller.de

Satz: TypoScript, München
Druck: Westermann Druck Zwickau GmbH, Zwickau

Vorwort

Dieses Buch bereitet Studierende der Rechtswissenschaft und der Wirtschaftswissenschaften auf die im Bereich des Steuerrechts geforderten Studienleistungen vor. Soweit das Steuerrecht in der universitären Juristenausbildung einen eigenen Schwerpunktbereich bildet oder Teil eines Schwerpunktbereichs ist, müssen zum Stoff der einzelnen Vorlesungen Abschlussklausuren oder auch zum gesamten Stoff Examensklausuren geschrieben werden. Die häusliche Arbeit besteht in der Regel in einer Seminararbeit.

Das Buch enthält wichtige Hinweise für die Prüfungsvorbereitung, vierzehn Musterklausuren und eine Musterseminararbeit. Fast alle Arbeiten sind Studierenden bereits als Prüfungsarbeiten gestellt und damit „erprobt" worden. Sie weisen unterschiedliche Schwierigkeitsgrade und Bearbeitungszeiten auf. Die Falllösungen enthalten auch Hinweise auf typische Fehler, die in den Klausurlösungen der Studierenden auftraten. Die Klausuren wurden den prüfungsrelevanten Themengebieten im Steuerrecht zugeordnet und eignen sich deshalb auch gut zur Prüfungsvorbereitung. Im Anschluss an die Musterfälle dienen Übersichten dazu, diesen Stoff schnell und effizient zu wiederholen.

Studierende der Wirtschaftswissenschaften sind mit der juristischen Arbeitsweise naturgemäß wenig vertraut. Studierende der Rechtswissenschaft üben zwar die Bearbeitung von Klausuren vom ersten Semester an, haben aber in der Regel kaum Erfahrung im Schreiben von Seminararbeiten. Allein durch die richtige Arbeitstechnik können bereits viele Fehler vermieden werden. Auch die Anforderungen an die inhaltliche Gestaltung sind vielen Studierenden nicht hinreichend klar. Hier leistet dieses Buch Hilfestellung, indem es neben den Regeln zur äußeren Gestaltung auch Tipps und Hinweise zur inhaltlichen Aufarbeitung des Themas und zur überzeugenden juristischen Argumentation gibt. Wer die dargestellten Hinweise zur Prüfungsvorbereitung befolgt und die Fälle durchgearbeitet hat, sollte für die Prüfungen im Schwerpunktfach Steuerrecht bestens gerüstet sein.

Cedric Kawa und Hendrik Prinz (Universität Leipzig) sowie *Sabrina Wortmann und Hans Zilles* (Universität Trier) haben uns bei der Erstellung bzw Aktualisierung der einzelnen Fälle unterstützt. Frau *Lena Rath* (ehemals Universität Leipzig) hat uns ihre originale Seminararbeit als Muster überlassen. Der Überblick über die Studienmöglichkeiten im Steuerrecht und die unterschiedlichen Anforderungen in den Schwerpunktfachstudienordnungen wurden von *Friedrich Frick* und *Clara Klein* aktualisiert. Allen sei herzlich gedankt.

Hinweise und Anregungen aus dem Leserkreis sind sehr willkommen
(E-Mail: steuerrecht@uni-leipzig.de oder steuerrecht@uni-trier.de).

Leipzig und Trier, im August 2021

Marc Desens
Henning Tappe

Inhaltsverzeichnis

Verzeichnis der Übersichten

Abkürzungsverzeichnis

aA	andere(r) Ansicht
aaO	am angegebenen Ort
AB	Anfangsbestand
ABl	Amtsblatt
AblEG	Amtsblatt der Europäischen Gemeinschaften
Abs.	Absatz
Absch	Abschnitt
abzgl.	abzüglich
AcP	Archiv für die civilistische Praxis (Zeitschrift)
AdV	Aussetzung der Vollziehung
aE	am Ende
AEUV	Vertrag über die Arbeitsweise der Europäischen Union
aF	alte(r) Fassung
AfA	Absetzung für Abnutzung
AfaA	Absetzung für außergewöhnliche technische oder wirtschaftliche Abnutzung
AG	Aktiengesellschaft
agB	außergewöhnliche Belastungen
AK	Anschaffungskosten
AktG	Aktiengesetz
Alt.	Alternative
Anm.	Anmerkung(en)
AO	Abgabenordnung
AöR	Archiv für öffentliches Recht (Zeitschrift)
arg. e	argumentum ex
Art.	Artikel
AStG	Außensteuergesetz
Aufl	Auflage
Az	Aktenzeichen
BA	Betriebsausgaben
BB	Der Betriebs-Berater (Zeitschrift)
BBEV	BeraterBrief Erben und Vermögen
BE	Betriebseinnahmen
BerlinFG	Berlin-Förderungsgesetz
BewG	Bewertungsgesetz
BFH	Bundesfinanzhof
BFH/NV	Sammlung amtlich nicht veröffentlichter Entscheidungen des Bundesfinanzhofs
BFH/PR	Bundesfinanzhof/Praxisreport (Zeitschrift)
BFHE	Sammlung der Entscheidungen des Bundesfinanzhofs
BGB	Bürgerliches Gesetzbuch

BGBl	Bundesgesetzblatt
BGH	Bundesgerichtshof
BGHSt	Entscheidungen des Bundesgerichtshofs in Strafsachen
BGHZ	Entscheidungen des Bundesgerichtshofs in Zivilsachen
BierStG	Biersteuergesetz
BMF	Bundesministerium für Finanzen
BR-Drs	Drucksachen des Deutschen Bundesrates
BranntwMonG	Branntweinmonopolgesetz
bspw	beispielsweise
BStBl	Bundessteuerblatt
BT-Drs	Drucksachen des Deutschen Bundestages
BV	Betriebsvermögen
BVerfG	Bundesverfassungsgericht
BVerfGE	Amtliche Sammlung der Entscheidungen des Bundesverfassungsgerichts
BVerfGG	Bundesverfassungsgerichtsgesetz
BVerwG	Bundesverwaltungsgericht
BVerwGE	Entscheidungen des Bundesverwaltungsgerichts
bzgl	bezüglich
bzw	beziehungsweise
ca	(lat. circa) ungefähr
DB	Der Betrieb (Zeitschrift)
DBA	Doppelbesteuerungsabkommen
ders.	derselbe
dh	das heißt
Dok	Dokument
DÖV	Die Öffentliche Verwaltung (Zeitschrift)
DRV	Deutsche Rentenversicherung (Zeitschrift)
DStJG	Deutsche Steuerjuristische Gesellschaft (Jahrbuch)
DStR	Deutsches Steuerrecht (Zeitschrift)
DStZ	Deutsche Steuerzeitung (Zeitschrift)
DVBl	Deutsches Verwaltungsblatt (Zeitschrift)
EB	Endbestand
ebda	ebenda
EBK	Eröffnungsbilanzkonto
EFG	Entscheidungen der Finanzgerichte (Zeitschrift)
EG	Vertrag zur Gründung der Europäischen Gemeinschaft (s.a. AEUV); Europäische Gemeinschaften (s.a. EU)
EigZulG	Eigenheimzulagengesetz
Einf	Einführung
EK	Eigenkapital
EnergieStG	Energiesteuergesetz

ErbStG	Erbschaftsteuer- und Schenkungsteuergesetz
ESt	Einkommensteuer
EStB	Der Ertrag-Steuerberater (Zeitschrift)
EStDV	Einkommensteuer-Durchführungsverordnung
EStG	Einkommensteuergesetz
EStR	Einkommensteuer-Richtlinien
etc	et cetera
EU	Europäische Union; Vertrag über die Europäische Union (s.a. EUV, AEUV)
EuGH	Europäischer Gerichtshof
EuGHE	Amtliche Sammlung der Entscheidungen des Europäischen Gerichtshofs
EUV	Vertrag über die Europäische Union (Vertrag von Lissabon)
EuZW	Europäische Zeitschrift für Wirtschaftsrecht (Zeitschrift)
eV	eingetragener Verein
evtl	eventuell
EWG	Europäische Wirtschaftsgemeinschaft
EWS	Europäisches Wirtschafts- und Steuerrecht (Zeitschrift)
FA	Finanzamt
FAG	Finanzausgleichsgesetz
f, ff	folgende
FG	Finanzgericht
FGO	Finanzgerichtsordnung
FinArch	Finanzarchiv (Zeitschrift)
Fn	Fußnote
FördG	Fördergebietsgesetz
FR	Finanz-Rundschau (Zeitschrift)
FS	Festschrift
FVG	Finanzverwaltungsgesetz
G	Gesetz
GbR	Gesellschaft bürgerlichen Rechts
GdE	Gesamtbetrag der Einkünfte
gem.	gemäß
GewStDV	Gewerbesteuer-Durchführungsverordnung
GewStG	Gewerbesteuergesetz
GG	Grundgesetz
ggf	gegebenenfalls
GmbH	Gesellschaft mit beschränkter Haftung
GmbH & Co. KG	Kommanditgesellschaft mit GmbH als Komplementär
GmbHG	Gesetz betreffend die GmbH
GmbHR	GmbH-Rundschau (Zeitschrift)
GoB	Grundsätze ordnungsmäßiger Buchführung
GrESt	Grunderwerbsteuer

GrEStG	Grunderwerbsteuergesetz
GrS	Großer Senat
GrStG	Grundsteuergesetz
GS	Gedächtnisschrift
GuV-Konto	Gewinn- und Verlustkonto
GV	Gemeindeverbände
GVBl	Gesetz- und Verordnungsblatt
GVG	Gerichtsverfassungsgesetz
hA	herrschende Ansicht
HFR	Höchstrichterliche Finanzrechtsprechung (Entscheidungssammlung)
HGB	Handelsgesetzbuch
hM	herrschende Meinung
Hrsg	Herausgeber
HS	Halbsatz
HStR	Handbuch des Staatsrechts
IAS	International Accounting Standards
idF	in der Fassung
idR	in der Regel
iE	im Einzelnen
iErg	im Ergebnis
ieS	im engeren Sinne
iHv	in Höhe von
INF	Die Information (Zeitschrift)
insb	insbesondere
InvZulG	Investitionszulagengesetz
iRd	im Rahmen des/der
iS	im Sinne
iSd	im Sinne des/der
IStR	Internationales Steuerrecht (Zeitschrift)
iSv	im Sinne von
iÜ	im Übrigen
iVm	in Verbindung mit
iwS	im weiteren Sinne
JStG	Jahressteuergesetz
Jura	Juristische Ausbildung (Zeitschrift)
JuS	Juristische Schulung (Zeitschrift)
JZ	Juristenzeitung (Zeitschrift)
KaffeeStG	Kaffeesteuergesetz
KAG	Kommunalabgabengesetz
KG	Kommanditgesellschaft

KGaA	Kommanditgesellschaft auf Aktien
KÖSDI	Kölner Steuerdialog (Zeitschrift)
krit	kritisch(en)
KSt	Körperschaftsteuer
KStG	Körperschaftsteuergesetz
KStR	Körperschaftsteuer-Richtlinien
lit.	(lat. littera) Buchstabe
LStDV	Lohnsteuer-Durchführungsverordnung
LStR	Lohnsteuer-Richtlinien
maW	mit anderen Worten
mE	meines Erachtens
mind	mindestens
Mio	Million(en)
Mrd	Milliarde(n)
mwN	mit weiteren Nachweisen
MwStSystRL	Mehrwertsteuersystemrichtlinie
mWz	mit Wirkung zum
Nds	Niedersachsen/niedersächsisches
nF	neue Fassung
NJW	Neue Juristische Wochenschrift (Zeitschrift)
Nr	Nummer
NRWLT-Ds	Drucksachen des Landtags Nordrhein-Westfalen
NVwZ	Neue Zeitschrift für Verwaltungsrecht (Zeitschrift)
OECD	Organization for Economic Cooperation and Development
OECD-MA	OECD-Musterabkommen
OFD	Oberfinanzdirektion
og	oben genannt(en)
OHG	offene Handelsgesellschaft
ÖStZ	Österreichische Steuerzeitung
öUStG	österreichisches Umsatzsteuergesetz
OWiG	Gesetz über Ordnungswidrigkeiten
RA	Rechtsanwalt
RAO	Reichsabgabenordnung
RAP	Rechnungsabgrenzungsposten
RBStV	Rundfunkbeitragsstaatsvertrag (15. ÄndStV)
rd	rund
REStG	Reichseinkommensteuergesetz
RFH	Reichsfinanzhof
RFHE	Entscheidungen des Reichsfinanzhofs
RGBl	Reichsgesetzblatt

RIW	Recht der Internationalen Wirtschaft (Zeitschrift)
Rn	Randnummer
Rspr	Rechtsprechung
Rz	Randziffer
S.	Seite; in Fußnoten zu Satzbeginn auch: Siehe
s.	siehe
Sa	Sonderausgaben
SBK	Schlussbilanzkonto
SchaumwZwStG	Gesetz zur Besteuerung von Schaumwein und Zwischenerzeugnissen
SDAP	Sozialdemokratische Arbeiterpartei
S.d.E.	Summe der Einkünfte
SE	Societas Europaea (Europäische Gesellschaft)
s.o.	siehe oben
sog.	sogenannte/r
SolZG	Solidaritätszuschlagsgesetz
StAnpG	Steueranpassungsgesetz
StB	Der Steuerberater (Zeitschrift)
Stbg	Die Steuerberatung (Zeitschrift)
SteuerStud	Steuer und Studium (Zeitschrift)
StGB	Strafgesetzbuch
StPfl	Steuerpflichtige/er
StPO	Strafprozessordnung
str	strittig
stRspr	ständige Rechtsprechung
StuB	Steuern und Bilanzen (Zeitschrift)
StuW	Steuer und Wirtschaft (Zeitschrift)
StW	Die Steuer-Warte (Zeitschrift)
TabStG	Tabaksteuergesetz
Tz	Textziffer
ua	unter anderem, und andere
Ubg	Die Unternehmensbesteuerung (Zeitschrift)
UG	Unternehmergesellschaft
UmwG	Umwandlungsgesetz
UmwStG	Umwandlungssteuergesetz
UR	Umsatzsteuer-Rundschau (Zeitschrift)
Urt.	Urteil
US-GAAP	Generally Accepted Accounting Principles
UStDV	Umsatzsteuer-Durchführungsverordnung
UStG	Umsatzsteuergesetz
usw	und so weiter
uU	unter Umständen
UVR	Umsatz- und Verkehrsteuer-Recht

v.	vom
Var.	Variante
VersStG	Versicherungssteuergesetz
verst	versteuerndes
vGA	verdeckte Gewinnausschüttung
VGH	Verwaltungsgerichtshof
vgl	vergleiche
vs.	(lat. versus) gegen
VuV	Vermietung und Verpachtung
VVDStRL	Veröffentlichungen der Vereinigung der Deutschen Staatsrechtslehrer
VwGO	Verwaltungsgerichtsordnung
VwVfG	Verwaltungsverfahrensgesetz
VwZG	Verwaltungszustellungsgesetz
VZ	Veranlagungszeitraum
WG	Wirtschaftsgut
wg	wegen
WRV	Weimarer Reichsverfassung
zB	zum Beispiel
ZErb	Zeitschrift für die Steuer- und Erbrechtspraxis
ZEV	Zeitschrift für Erbrecht und Vermögensnachfolge
ZgS	Zeitschrift für die gesamte Staatswissenschaft
ZIV	Zinsinformationsverordnung
ZPO	Zivilprozessordnung
ZRP	Zeitschrift für Rechtspolitik
zT	zum Teil
zust	zustimmend
zutr	zutreffend
zzgl.	zuzüglich

Im Übrigen werden die allgemein gebräuchlichen Abkürzungen verwendet. Ferner wird verwiesen auf *Kirchner*, Abkürzungsverzeichnis der Rechtssprache, 9. Aufl 2018.

Verzeichnis häufig zitierter Literatur

Birk, Dieter/Desens, Marc/ Tappe, Henning	Steuerrecht, 24. Auflage Heidelberg 2021 (zit.: *Birk/Desens/Tappe*, Steuerrecht, Rn)
Blümich, Walter	Einkommensteuergesetz Körperschaftsteuergesetz Gewerbesteuergesetz Kommentar, 156. Auflage München 2021 (Loseblatt, Stand: 157. EL, Mai 2021) (zit.: *Bearbeiter*, in: Blümich, § Rn)
Frotscher, Gerrit/ Drüen, Klaus-Dieter	Kommentar zum Körperschafts-, Gewerbe- und Umwandlungssteuergesetz (Loseblatt, Stand: 158. EL, 2021) (zit.: *Bearbeiter*, in: Frotscher/Drüen, § Rn)
Frotscher, Gerrit/ Geurts, Matthias	Kommentar zum Einkommensteuergesetz (Loseblatt, Stand: 223. EL, 2021) (zit.: *Bearbeiter*, in: Frotscher/Geurts, EStG, § Rn)
Herrmann, Carl/Heuer, Gerhard/Raupach, Arndt	Einkommensteuer- und Körperschaftsteuergesetz, 21. Auflage Köln 1998 (Loseblatt, Stand: 303. EL, Mai 2021) (zit.: *Bearbeiter*, in: *HHR*, § Rn)
Hübschmann, Walter/Hepp, Ernst/Spitaler, Armin	Kommentar zur Abgabenordnung und Finanzgerichtsordnung, 9. Auflage Köln 1993 (Loseblatt, Stand: 261. EL, März 2021) (zit.: *Bearbeiter*, in: HHSp, § Rn)
Kirchhof, Paul/Seer, Roman	Einkommensteuergesetz, Kommentar, 20. Auflage Köln 2021 (zit.: *Bearbeiter*, in: Kirchhof/Seer, EStG, § Rn)
Kirchhof, Paul/Söhn, Hartmut/ Mellinghoff, Rudolf	Einkommensteuergesetz, Kommentar (Loseblatt, Stand: 314. EL, 2021) (zit.: *Bearbeiter*, in: KSM, EStG, § Rn)
Rau, Günter/ Dürrwächter, Erich	Umsatzsteuergesetz, Kommentar (Loseblatt, Stand: 192. EL, 2021) (zit.: *Bearbeiter*, in: Rau/Dürrwächter, UStG, § Rn)
Schmidt, Ludwig	Einkommensteuergesetz, 40. Auflage München 2021 (zit.: *Bearbeiter*, in: Schmidt, EStG, § Rn)
Schulte, Wilfried/ Birnbaum, Mathias	Erbschaftsteuerrecht, 2. Auflage Heidelberg 2017 (zit.: *Schulte/Birnbaum*, Erbschaftsteuerrecht, Rn)
Schwarz, Bernhard/ Pahlke, Armin	AO/FGO Kommentar (Loseblatt, Stand: 200. EL, 2021) (zit.: *Bearbeiter*, in: Schwarz/Pahlke, § Rn)
Stadie, Holger	Umsatzsteuergesetz, Kommentar, 3. Auflage Köln 2015 (zit.: *Stadie*, UStG, § Rn)
Tipke, Klaus/ Kruse, Heinrich Wilhelm	Abgabenordnung und Finanzgerichtsordnung, 16. Auflage Köln 1996 (Loseblatt, Stand: 166. EL, Juni 2021) (zit.: *Bearbeiter*, in: Tipke/Kruse, § Rn)
Tipke, Klaus/Lang, Joachim	Steuerrecht, 24. Auflage Köln 2021 (zit.: *Bearbeiter*, in: Tipke/Lang, Rn)

1. Teil

Allgemeiner Teil

A. Hinweise zur Arbeit mit diesem Buch

Drei Eigenschaften brauchen gute Juristinnen und Juristen: Sie müssen klar und analytisch denken, sie müssen verständlich und gefällig schreiben, und sie müssen überzeugend sprechen können. Denn zentrales Element der juristischen Arbeit ist das Argumentieren. Juristisches Wissen erwirbt man durch Lernen, die genannten Eigenschaften (das „Können") erwirbt man durch Üben. Das Argumentieren lässt sich bei vielen Gelegenheiten trainieren, im persönlichen Gespräch in familiärer Runde, im Streit über die richtige Politik, in der Deutung eines Films oder eines Buchs usw. Die *juristische* Argumentation unterliegt aber bestimmten Regeln: In der Fallbearbeitung darf nur das erörtert werden, worauf es bei der Lösung ankommt. Bei der Anwendung der einschlägigen Normen ist die Subsumtionstechnik zu beachten. In der Seminar- oder Studienarbeit, einer wissenschaftlichen Erörterung, kommt es hingegen darauf an, das Thema in seiner Komplexität abstrakt zu erfassen und die richtigen Schwerpunkte zu setzen. 1

Juristisches Wissen muss sich am Fall bewähren. Die Fallbearbeitung und -lösung ist der „Test", ob man die gelernten Kenntnisse anwenden kann, ob man Zusammenhänge verstanden hat, aus Strukturen und Rechtsfiguren eigenständig Argumentationslinien entwickeln kann und die gedanklichen Schritte bis zum Ergebnis folgerichtig aufbauen kann. In der Fallbearbeitung erweist sich, ob der Wissenstransfer gelingt. Gute und im Examen erfolgreiche Fallbearbeitung setzt nicht nur fundiertes Wissen, sondern auch handwerkliches Können voraus, angefangen von der richtigen Zeiteinteilung bis hin zur methodisch korrekten Problembearbeitung. Dieses Buch soll den Studierenden eine Hilfestellung geben, den handwerklichen Teil der steuerjuristischen Ausbildung zu üben. Es ergänzt damit das Lehrbuch *(Birk/Desens/Tappe, Steuerrecht, 24. Auflage 2021)* und setzt das dort im systematischen Zusammenhang dargestellte Wissen voraus. Auf das Lehrbuch wird durchgehend Bezug genommen. 2

Das Fallbuch ist folgendermaßen aufgebaut: Zunächst **(1. Teil, Abschnitt A)** wird ein Überblick über die unterschiedlichen Zuschnitte der Schwerpunktfächer gegeben, in denen Steuerrecht eine Rolle spielt. Steuerrecht ist nur an wenigen Universitäten ein eigenständiges Schwerpunktfach, in der Regel wird es im *„Kombipack"* mit anderen Lehrinhalten angeboten. Wer plant, sich später auf das Steuerrecht zu spezialisieren, sollte schon jetzt eine der Universitäten wählen, die eine solche Spezialisierung im Schwerpunktfach ermöglichen. 3

Prüfungsleistungen im Schwerpunktfach sind in der Regel Klausuren und häufig eine Studien- bzw Seminararbeit, die mit einer mündlichen Präsentation verbunden ist (Referat). Die Prüfungsvorbereitung konzentriert sich deshalb normalerweise auf das Üben von Klausuren (Falltechnik), auf das Erstellen der Seminararbeit und eine gelungene Präsentation. Einige Prüfungsordnungen sehen auch Hausarbeiten vor. 4

5 Im **Abschnitt B des 1. Teils** finden die Leser ausführliche Hinweise und Ratschläge zur Prüfungsvorbereitung, also Aufbauhinweise und typische Fragestellungen in Klausuren, Hinweise zur Gestaltung von Seminararbeiten und Ratschläge und Tipps für eine gelungene mündliche Präsentation. Außerdem werden die Besonderheiten der Fallbearbeitung im Rahmen einer Hausarbeit gegenüber der klausurmäßigen Falllösung erläutert.

6 Der **2. Teil** besteht aus Musterprüfungsleistungen, die zum Durcharbeiten für die Studierenden gedacht sind. Zunächst werden **vierzehn Musterklausuren** mit Lösungen zu verschiedenen zentralen und durchweg examensrelevanten Problemen des Steuerrechts vorgestellt, die durchgearbeitet werden sollten. Es handelt sich um Original-Klausuren, die in einer Übung im Steuerrecht oder im Schwerpunktbereich als Abschluss- bzw Examensklausuren gestellt worden sind.

7 Dann folgt eine **Originalseminararbeit** aus dem Bereich Immobilienbesteuerung, die eine Studentin im 9. Semester erstellt hat und die mit einem Prädikat bewertet wurde. Sie soll den Studierenden des Schwerpunktfachs als „Muster“ für eine gelungene und überzeugende Seminarleistung dienen. Das Gutachten des Korrektors ist angefügt.

8 Der Lerneffekt ist am größten, wenn in **drei Schritten** vorgegangen wird: Am Kopf des Klausurtextes ist der Stoff benannt, dessen Kenntnis für die Lösung der Klausur erforderlich ist, mit Hinweisen zu den entsprechenden Kapiteln im Lehrbuch. Fühlen Sie sich in den genannten Gebieten noch unkundig oder unsicher, so können Sie sich zunächst die angeführten Kapitel durchlesen *(Schritt 1)*. Im Anschluss daran sollte die Klausur möglichst in einem Stück in der vorgegebenen Bearbeitungszeit gelöst werden *(Schritt 2)*. Dabei empfiehlt es sich, so vorzugehen, wie es im Abschnitt Prüfungsvorbereitung **(1. Teil, Abschnitt C, II.)** beschrieben ist. Die Klausurlösung sollte vollständig ausformuliert werden. Zum einen werden Argumentationsmängel und gedankliche Sprünge häufig erst erkennbar, wenn die Überlegungen zu Papier gebracht werden. Zum anderen ist gerade auch Formulierungsstärke ein wesentlicher Teil der gelungenen juristischen Argumentation und damit auch ein beträchtlicher Teil der Prüfungsleistung. Diese lässt sich aber nur durch Üben erreichen.

9 Auch wenn Sie glauben, die Probleme zu kennen, sollten Sie sich zwingen, diese am Fall zu erproben und die Lösung auszuformulieren. Erst wenn der Fall vollständig gelöst ist, kann überprüft werden, ob alle Probleme erkannt und behandelt, die Schwerpunkte richtig gesetzt wurden und der Gedankengang folgerichtig ist. Erst danach sollte die Musterlösung gelesen werden *(Schritt 3)*. Weicht – wie regelmäßig – die eigene Lösung von der Musterlösung ab, sollten Sie sich überlegen, warum das so ist und ob die eigene Lösung ebenfalls vertretbar ist. Für den Prüfungserfolg ist *nicht* entscheidend, die Musterlösung „zu treffen“, sondern eine eigene vertretbare und möglichst auch überzeugende Lösung zu präsentieren, die unter Beweis stellt, dass Sie über das erforderliche Wissen verfügen und die Regeln der Fallbearbeitung (das „Können“) beherrschen. Wer sich den materiellen Wissensstoff durch das Lehrbuch angeeignet und mit Hilfe dieses Fallbuches erprobt hat, müsste für steuerrechtliche Prüfungen bestens gerüstet sein.

Außerdem finden sich im Anschluss an die Lösung aller Fälle **Übersichten**, mit denen versucht wird, zentrale Bereiche steuerrechtlichen Basiswissens zu vermitteln. Die Übersichten eignen sich besonders zur Wiederholung des in steuerrechtlichen Vorlesungen und/oder mit dem Lehrbuch erarbeiteten Wissens. Ziel ist, sich schnell – teils auch mittels graphischer Darstellungen – das Wesentliche in Erinnerung zu rufen. Gerade kurz vor den einzelnen Examensleistungen (Klausuren, mündlicher Vortrag) kann dies oft nützlich sein, wenngleich die Übersichten nur dazu dienen, sich die Strukturen nochmals klar zu machen. Dieser Teil richtet sich an die Studierenden, die sich den Wissensstoff zuvor bereits erschlossen haben. Empfohlen wird denjenigen, die sich im Stoff noch unsicher fühlen, zunächst die Übersichten zur Hand zu nehmen und sich der Strukturen des Stoffs anhand der Übersichten zu vergewissern. Wer sich dagegen schon sicher genug fühlt, kann zunächst die Klausur unter Klausurbedingungen lösen und die Übersichten danach zur Wiederholung nutzen. 10

B. Steuerrecht als Schwerpunktbereich oder Teil eines Schwerpunktbereiches

I. Warum Steuerrecht?

Die weit verbreitete Meinung über die Kompliziertheit des Steuerrechts, die Ankündigung immer neuer Reformen und die Größe des Rechtsgebiets verunsichern viele Studierende. Sie haben Angst, in der Stoffmasse zu versinken, die Orientierung zu verlieren und sich damit einem höheren Examensrisiko als in anderen Schwerpunktfächern auszusetzen. 11

Doch diese Angst ist unbegründet. Zwar ist das Steuerrecht ein anspruchsvolles Rechtsgebiet, aber diejenigen, die sich dafür entscheiden, werden behutsam und Schritt für Schritt in die Grundstrukturen eingeführt. Steuerliche Vorkenntnisse werden bei der Wahl des Schwerpunktfachs nicht vorausgesetzt. Das Schwerpunktfach ist stofflich regelmäßig begrenzt auf das Besteuerungsverfahren sowie zentrale Gebiete des Einkommensteuerrechts und des Unternehmenssteuerrechts. 12

Wer sich für das Steuerrecht entscheidet, wird reich belohnt. Für Steuerjuristinnen und -juristen eröffnen sich ganz neue und vielversprechende Berufsfelder und Berufschancen. Schnell werden Sie erkennen, dass es sich um ein abwechslungsreiches und spannendes Rechtsgebiet handelt: nahe an der Politik, der Wirtschaft und immer wieder im Zentrum der Wertediskussion der Gesellschaft. Steuerfragen sind Gerechtigkeitsfragen, mehr als in anderen Rechtsgebieten stellt sich die Frage nach der Gleichheit und Belastungsgerechtigkeit. So ist das Steuerrecht – entgegen manchem Vorurteil – nicht trocken und technisch, sondern erschließt sich gerade den wissenschaftlich Interessierten erst in größeren Zusammenhängen. Und ist es nicht schön, im ständigen Reformprozess, den die Besteuerungsordnung auszeichnet, mitdiskutieren, den Wirtschaftsteil einer Zeitung besser verstehen und schließlich auch eigene Steuerangelegenheiten besser gestalten und ordnen zu können? 13

II. Schwerpunktstudium

14 Die Grundsätze des rechtswissenschaftlichen Studiums sind in den § 5, § 5a, § 5d des Deutschen Richtergesetzes (DRiG) geregelt. Hiernach besteht die „erste Prüfung“ aus einer universitären Schwerpunktbereichsprüfung und einer staatlichen Pflichtfachprüfung. Die universitäre Prüfung fließt zu 30 %, die staatliche Prüfung zu 70 % in die Gesamtnote der ersten Prüfung ein. Nach bundesrechtlichen Vorgaben stehen beide Prüfungen – abgesehen von der anteiligen Bildung der Gesamtnote – in keinem rechtlichen, zeitlichen oder organisatorischen Zusammenhang. Die Länder können jedoch genauere Regelungen treffen.

15 In der universitären Schwerpunktbereichsprüfung ist nach § 5d Abs. 2 Satz 2 DRiG mindestens eine schriftliche Leistung zu erbringen. Weitere Anforderungen regelt das Gesetz nicht. Mit den Schwerpunktbereichen werden eine stärkere Spezialisierung und eine frühere Berufsorientierung im Studium angestrebt, als dies mit den bisherigen Wahlfächern der Fall war. Die rechtswissenschaftlichen Fakultäten erhalten durch die minimalen inhaltlichen Vorgaben des DRiG die Möglichkeit, sich mit Schwerpunktsetzungen gegenüber anderen Fakultäten zu profilieren. Hierdurch soll auch ein sinnvoller Wettbewerb zwischen den Universitäten gefördert werden.

16 Die Länder haben hierzu unterschiedliche Ausbildungsgesetze und -verordnungen erlassen. Die Universitäten regeln weitere Einzelheiten durch Studienpläne, Studienordnungen (oft in Zwischenprüfungsordnung und Schwerpunkbereichsordnung unterteilt) sowie Prüfungsordnungen.

Damit gestaltet sich die Situation im Schwerpunktbereich an den Universitäten äußerst vielfältig. Die nachfolgenden Ausführungen sollen einen Überblick über ein Schwerpunktstudium im Steuerrecht geben. Für Einzelheiten ist ein Selbststudium der jeweiligen Rechtsgrundlagen unbedingt erforderlich. Auch können sich die Regelungen nach Drucklegung geändert haben.

III. Studienmöglichkeiten im Steuerrecht

17 Steuerrecht ist nach den Juristenausbildungsgesetzen der Länder nicht Gegenstand der ersten staatlichen Prüfung (kein Pflichtfach).

An den meisten juristischen Fakultäten bzw Fachbereichen werden Veranstaltungen im Steuerrecht aber im Schwerpunktstudium angeboten. Hierbei ist zu unterscheiden, ob Steuerrecht als eigener Schwerpunktbereich oder Teil eines Schwerpunktbereiches gewählt werden kann. Bei Letzterem bestehen weitere Varianten:

- Steuerrecht steht als Schwerpunktfach selbstständig neben einem anderen Schwerpunktfach (sog. Kombinationsmodell)
- Steuerrecht ist Bestandteil im Pflichtbereich **und** Wahl(pflicht)bereich eines Schwerpunktbereiches (meist Wirtschafts- und Unternehmensrecht)
- Steuerrecht wird als Wahl(pflicht)fach eines Schwerpunktbereiches angeboten

Übersicht: Steuerrecht an deutschen Universitäten

18

Universität	Eigener Schwerpunkt	Teil eines Schwerpunktes	Kein Schwerpunkt
Augsburg	X		
Bayreuth		Unternehmen und Steuern; Wirtschafts-, Medizin- und Steuerstrafrecht; Internationales und Europäisches Steuerrecht als Teil des Schwerpunktes Internationales Recht	
Berlin (FU)		Unternehmens-, Wirtschafts-, und Steuerrecht (Unterschwerpunkt: Allgemeines Steuerrecht, Bilanz- und Unternehmenssteuerrecht)	
Berlin (HU)		Europäisierung und Internationalisierung des Privat- und Wirtschaftsrechts (Unterschwerpunkt: Unternehmens- und Gesellschaftsrecht)	
Bielefeld		Unternehmens- und Wirtschaftsrecht	
Bochum	X		
Bonn		Unternehmen, Kapitalmarkt und Steuern (mit Teilschwerpunkt: Steuern und Bilanzen)	
Bremen		Internationales und Europäisches Wirtschaftsrecht (Grundzüge)	
Düsseldorf	X		
Erlangen-Nürnberg		Wirtschaftsrecht (Unterschwerpunkt: Steuerrecht)	
Frankfurt/Main		Unternehmen und Finanzen (Law and Finance)	
Frankfurt/Oder		Privat- und Wirtschaftsrecht	
Freiburg		Handel und Wirtschaft	
Gießen		Wirtschaftsrecht	
Göttingen			X
Greifswald			X
Halle-Wittenberg		Unternehmensrecht	
Hamburg (Uni)	X		
Hamburg (Bucerius Law School)	X		
Hannover		Handel, Wirtschaft und Unternehmen	
Heidelberg	X		
Jena		Deutsches und Europäisches Öffentliches Recht	
Kiel	X		
Köln	X		
Konstanz	X		

Universität	Eigener Schwerpunkt	Teil eines Schwerpunktes	Kein Schwerpunkt
Leipzig	X		
Mainz		Kombinationsmodell – Teilschwerpunkt Steuerrecht	
Mannheim		Wahlbereich im Besonderen Teil des Schwerpunktstudiums	
Marburg		Recht des Unternehmens; Staat und Wirtschaft	
München	X		
Münster	X		
Osnabrück	X		
Passau		Gesellschafts- und Steuerrecht; Staat und Steuern; Öffentliches Wirtschafts- und Steuerrecht; Steuer- und Strafrecht	
Potsdam		Gesellschafts- und Steuerrecht	
Regensburg	X		
Saarland	X		
Trier	X		
Tübingen	X		
Wiesbaden (EBS Law School)		Steuerrecht ist relevant für den Bachelor of Laws (LL.B.) und für die wirtschaftswissenschaftliche Zusatzqualifikation Master in Business for Legal Professionals (M.A.).	
Würzburg		Gesellschaftsrecht und Steuerrecht	

Stand: Juni 2021

IV. Das Studium im Schwerpunktbereich

19 Um zum Studium im Schwerpunktbereich **zugelassen** zu werden, ist regelmäßig das Bestehen der Zwischenprüfung erforderlich. Teilweise wird auch ein Teilnahme- oder Leistungsnachweis in einem Seminar oder an Übungen für Fortgeschrittene verlangt.

Das Schwerpunktstudium beginnt regelmäßig im 4. oder 5. Semester und dauert zwei bis vier Semester. An den meisten Universitäten müssen Vorlesungen im Umfang von 16 Semesterwochenstunden (SWS) besucht werden. Diese finden meist in Einzelvorlesungen à 2 SWS statt.

Oft wird innerhalb des Schwerpunktbereiches zwischen einem Pflichtbereich (Grundlagenbereich/Kernbereich) und einem Wahlpflichtbereich (Unterschwerpunkt/Aufbaubereich/Wahlmodul) unterschieden.

Zum Pflichtbereich zählen regelmäßig Veranstaltungen zur/zum 20

- Einführung in das Steuerrecht
- Verfassungsrechtliche Grundlagen des Steuerrechts
- Steuerschuld- und Steuerverfahrensrecht (Abgabenordnung/Finanzgerichtsordnung)
- Einkommensteuerrecht
- Unternehmenssteuerrecht
- Buchführung und Bilanzierung (Bilanzsteuerrecht)

Im Wahlpflichtbereich werden – je nach Fakultät – angeboten: 21

- Vertiefungen im Handels- und Gesellschaftsrecht
- Vertiefungen im Unternehmenssteuerrecht (Besteuerung der Gesellschaften, Gewerbesteuer)
- Umsatzsteuerrecht und Verbrauchsteuerrecht
- Europäisches und Internationales Steuerrecht
- Steuerstrafrecht
- Europäisches Zollrecht
- Erbschaft- und Schenkungsteuerrecht (einschließlich Unternehmensnachfolge)
- Umwandlungsrecht und Umwandlungssteuerrecht

Im Einzelnen gibt es eine erhebliche Variationsbreite, die sich den Studierenden erst aus der Lektüre der einzelnen universitären Schwerpunktbereichsordnungen erschließt. Zum Teil schließen die Veranstaltungen mit einer Semesterabschlussklausur ab, zum Teil werden Examensklausuren zur gesamten Stoffmenge geschrieben (Schwerpunktprüfung).

V. Prüfungsleistungen im Schwerpunktbereich

Innerhalb der Schwerpunktbereichsprüfung kommen drei Arten von Prüfungsleistungen in Betracht: Aufsichtsarbeiten, häusliche Arbeiten sowie mündliche Prüfungen. 22

Die meisten Universitäten enthalten eine Mischung dieser Prüfungsleistungen. Auch die Gewichtung ist unterschiedlich.

Die Prüfungsleistungen werden entweder im Rahmen des Schwerpunktstudiums erbracht (studienbegleitende Semesterabschlussklausuren als Aufsichtsarbeiten, Seminar im Steuerrecht etc) oder in einer gesonderten „Schwerpunktprüfung" zum Ende des Schwerpunktstudiums.

Die Aufsichtsarbeiten umfassen regelmäßig den Stoff mehrerer Vorlesungen (siehe Übersicht Rn 23) und dauern bis zu fünf Stunden. An fast jeder Fakultät ist eine häusliche Arbeit obligatorisch. Diese wird zumeist in den Semesterferien mit einer Bearbeitungszeit von vier bis acht Wochen durchgeführt. Die Form der häuslichen Arbeit ist unterschiedlich: Zumeist werden Seminararbeiten angeboten (wissenschaftliche Arbeit zu einem bestimmten Thema mit anschließendem mündlichen Vortrag und Diskussion[1]). Seltener werden Übungen (gutachterliche Lösung eines Falles) oder sonstige wissenschaftliche Arbeiten angeboten.

An vielen Fakultäten werden auch mündliche Prüfungen[2] durchgeführt.

Die Regeln zur Wiederholung von Prüfungsleistungen oder Notenverbesserungen unterscheiden sich je nach Bundesland und Fakultät.

Übersicht: Prüfungsleistungen im Schwerpunktbereich an ausgewählten Universitäten

23

Universität	Klausuren Anzahl (Bearbeitungszeit in Stunden)	Häusliche Arbeit (Bearbeitungszeit in Wochen)	Mündliche Prüfung (Dauer in Minuten)	Gewichtung in %
Augsburg	1 (4)	Seminararbeit (4)	ja (15)	20:40:40
Bayreuth	1 (5)	Seminararbeit (6)	ja (20)	40:40:20
Berlin (FU)	1 (5)	Studienarbeit (8)	nein	40:60
Berlin (HU)	1 (5)	Studienarbeit (6)	ja (20)	je 1/3
Bielefeld	3 (2)	Hausarbeit (4)	nein	50:50
Bochum	2 (1,5-2)	Seminararbeit[1] (4)	ja	50:40:10
Bonn	6 (2)[2]	Seminararbeit (6)	ja	60:40[3]
Bremen	keine	Themenarbeit (4)	ja (20–30)	60:40
Düsseldorf	1 (5)	Seminararbeit oder Übung (4)	ja (15)	40:30:30
Erlangen-Nürnberg	keine	Seminararbeit (4)	ja (20)	50:50
Frankfurt/Main	4 (2-3)[2]	wissenschaftliche Hausarbeit (8)	nein	60:40
Frankfurt/Oder	keine	Hausarbeit (6)	ja (30)	60:40
Freiburg	1 bis 3[4] (2-4)	Studienarbeit (4)	grds. ja (20-25)	50:50
Gießen	keine	Hausarbeit (4)	ja (20)	2/3:1/3
Göttingen	/	/	/	/
Greifswald	/	/	/	/
Halle-Wittenberg	keine	wiss. Prüfungsarbeit (6)	ja (Teil 1:20[5], Teil 2:30)	60:10 (Teil 1):30 (Teil 2)
Hamburg (Uni)	1 (5)	Studienbegleitende Hausarbeit (4)	ja (15)	30:40:30

1 Vgl zu möglichen steuerrechtlichen Themen, *Fritsche*, JuS Sonderheft Steuerrecht/2018, 214 ff.
2 Ein Protokoll einer mündlichen Prüfung mit möglichen Fragen und Antworten ist zu finden bei *Mönninghoff*, JuS Sonderheft Steuerrecht/2018, 210 ff.

Universität	Klausuren Anzahl (Bearbeitungs-zeit in Stunden)	Häusliche Arbeit (Bearbeitungszeit in Wochen)	Mündliche Prüfung (Dauer in Minuten)	Gewichtung in %
Hamburg (Bucerius Law School)	2 (3)	Themenarbeit (4)	ja (20)	40:40:20
Hannover	keine	Studienarbeit (6) inkl. Referat (20 min)	ja (15)	40 (Studienarbeit):10 (Referat):50
Heidelberg		Studienarbeit (4)	ja (15)	50:50
Jena	mind. 2 (2)	wissenschaftliche Arbeit (4)	in Form der Verteidigung der wiss. Arbeit	50:40:10
Kiel	keine	wissenschaftliche Arbeit (4)	ja (Teil 1: Verteidigung und Teil 2: Prüfung, je 30)	50:20 (Teil 1):30 (Teil 2)
Köln	3 (2-3)	Seminararbeit (6) mit Vortrag (10-30 min)	nein	45:55
Konstanz		Studienarbeit (6) mit Vortrag (10 min)	ja (20)	50:50
Leipzig	1 (4)	Seminararbeit (8) mit Verteidigung	nein	1/3:2/3
Mainz	2 (3)	keine	ja (20)	je 1/3
Mannheim	1 (4)	Seminararbeit (4)	ja (15)	40:40:20
Marburg	4 (2)	Seminararbeit (6)	nein	60:40
München	1 (5)	Seminararbeit (6) mit Vortrag (20-30 min)	nein	50:50
Münster	7 (2)	Seminararbeit (mind. 4) mit Vortrag	nein	70:30
Osnabrück	Keine	Seminararbeit (4) mit Vortrag	ja (24)	50 (40 schriftliche Seminararbeit, 10 Vortrag):50
Passau	1 (5)	Seminararbeit (6)	ja (25)	30:30:40
Potsdam	1 (5)	Seminararbeit (6) mit Vortrag	nein	40:60
Regensburg	keine	Studienarbeit (4)	ja (20-30)	2/3:1/3
Saarland	2 (5)	keine	ja (20)	siehe Fn 6

Universität	Klausuren Anzahl (Bearbeitungs-zeit in Stunden)	Häusliche Arbeit (Bearbeitungszeit in Wochen)	Mündliche Prüfung (Dauer in Minuten)	Gewichtung in %
Trier	1 (5)[7]	Studienarbeit (4) mit Vortrag	ja (10)	je 1/3
Tübingen	1 (5)	keine	ja (15)	60:40
Würzburg	1 (5)	Studienarbeit (6) mit Vortrag	nein	50:50

1 Bei Erschöpfung der Seminarkapazität erhalten die Studierenden ohne Seminarzuweisung eine fallbezogene Übungshausarbeit.

2 Mindestens eine Leistung kann (ggf) auch mündlich erbracht werden.

3 Nur die besten vier Klausuren gehen in die Wertung ein.

4 Alternativ können eine oder zwei Klausuren mit einer Gesamtbearbeitungszeit von höchstens vier Stunden durch mündliche Prüfungen ersetzt werden (12-16 Minuten, wenn Bearbeitungszeit der zu ersetzenden Klausur zwei Stunden und 18-24 Minuten, wenn Bearbeitungszeit der zu ersetzenden Klausur drei Stunden beträgt).

5 Die mündliche Leistung erfolgt in Form des Seminarvortrags und geht als gesonderter Prüfungsteil in die Bewertung ein.

6 Die Punktzahl jeder Klausur ist mit 1,5 und die Note der mündlichen Prüfung ist mit 1,25 zu vervielfältigen. Die Summe wird durch 4,25 geteilt.

7 Übergangsweise (bis 2022) kann statt der Studienarbeit noch eine weitere Aufsichtsarbeit geschrieben werden.

Stand: Juni 2021

C. Die steuerrechtliche Falllösung

24 Schlüssel zu einer gelungenen Fallbearbeitung sind nicht nur Verständnis und Einzelwissen im Bereich des materiellen Rechts, sondern auch die Beherrschung der juristischen Arbeitsmethode[3]. Die Grundsätze der juristischen Arbeitsweise sind Studierenden der Betriebswirtschaftslehre, die sich im Rahmen des Wahlpflichtbereichs auf das Steuerrecht spezialisieren, naturgemäß fremd. Gleichwohl wird von Ihnen erwartet, dass sie diese in der Klausur anwenden können und eine „handwerklich“ saubere Lösung präsentieren.

25 Aber auch Studierende der Rechtswissenschaft sollten sich mit den Besonderheiten vertraut machen, die die Fallbearbeitung im Steuerrecht aufweist. Diese hängen mit dem Charakter des Rechtsgebiets zusammen. Erst die richtige Arbeitstechnik versetzt den Rechtsanwender in den Stand, sein materielles Wissen in der Fallbearbeitung richtig umzusetzen. Das sichere Beherrschen der Arbeitsmethode bietet auch immer die Chance, die eigene Klausur unabhängig vom materiell-rechtlichen Ergebnis positiv von anderen abzuheben.

3 Zur Unterscheidung von der juristischen Methodenlehre *Schoch*, Übungen im Öffentlichen Recht II, 1992, S. 17: Methodenlehre ist wesentlich umfassender und hat ua die Struktur und Funktion von Rechtsnormen, Fragen der Rechtserzeugung, die Auslegung von Rechtsnormen usw zum Gegenstand.

I. Besonderheiten steuerrechtlicher Fälle

Erfahrungsgemäß haben die Studierenden auf dem Gebiet des Steuerrechts Schwierigkeiten mit dem Umfang des Rechtsstoffs. Es herrscht Unsicherheit über das, was man für die Klausur wissen muss. Das Steuerrecht ist ein Rechtsgebiet, das schnellen Veränderungen unterliegt und sich ständig in Bewegung befindet. Dies gilt nicht nur für den Bereich der Gesetzgebung, sondern liegt auch an der weitreichenden Bedeutung untergesetzlicher Normen (zB der EStDV). Studierende sind gezwungen, sich auf die grundlegenden **Strukturen** (insbesondere das Zusammenspiel der einzelnen Gesetze) und **Prinzipien** des Steuerrechts zu konzentrieren. Gute Kenntnisse der Systematik des Rechtsgebiets und der juristischen Methodik sind die Mittel, mit denen unbekannte Rechtsfragen aus dem Gesetz heraus gelöst werden können. Dies ist in anderen Rechtsgebieten nicht anders, gilt aber für das Steuerrecht in besonderem Maße. Dazu kommt, dass der Rechtsanwender im Steuerrecht häufig den hinter den Normen stehenden wirtschaftlichen Sachverhalt kennen muss, um die Norm und ihren Regelungsinhalt verstehen zu können. Erst dann lässt sich herausfinden, wo im Gesetz den Schlüssel zur Lösung des Falles zu finden ist. 26

Detaillierte Kenntnisse der Rechtsprechung auf dem Gebiet des Steuerrechts werden in Klausuren und in der mündlichen Prüfung nicht erwartet. Dies schließt nicht aus, dass die Kenntnis **zentraler Entscheidungen**, die die Auslegung und Anwendung einzelner Rechtsnormen betreffen, hilfreich ist. Auch Detailfragen, die die Steuergesetze regeln, werden – vor allem, wenn sie komplex sind (zB § 4h EStG) – nicht als bekannt vorausgesetzt. Das Gleiche gilt für die – teils umfangreichen – Verwaltungsanweisungen, die im universitären Steuerrechtsstudium nicht Gegenstand von Ausbildung und Prüfung sind. 27

Das Steuerrecht ist ein Grenzgebiet im Schnittpunkt mehrerer Fachdisziplinen. Mit dem Steuerrecht befasst sich nicht nur die Rechtswissenschaft, sondern – aus volkswirtschaftlicher Sicht – auch die Finanzwissenschaft sowie – aus betriebswirtschaftlicher Sicht – die betriebliche Steuerlehre. Juristinnen und Juristen müssen daher im Steuerrecht in wirtschaftlichen Kategorien denken. Die Antwort auf eine bestimmte Rechtsfrage kann anders als in anderen Rechtsgebieten häufig erst gegeben werden, wenn bestimmte **wirtschaftliche Denkschritte** vollzogen sind (etwa bei der Bilanzierung). Dies schlägt sich in der Fallbearbeitung nieder. Häufiger als in anderen Rechtsgebieten sind Berechnungen durchzuführen – wenngleich diese nicht im Zentrum stehen (und häufig auch Taschenrechner als Hilfsmittel zugelassen sind). Berührungspunkte hat das Steuerrecht auch mit dem Zivilrecht, insbesondere dem Handels- und Gesellschaftsrecht. 28

Beispiel aus Fall 6: Um festzustellen, ob den A eine Buchführungspflicht trifft, muss geprüft werden, ob er Kaufmann iSv § 238 HGB ist. 29

Anders als in anderen Bereichen des öffentlichen Rechts fehlt der Klausur im Steuerrecht häufig die **prozessuale Einkleidung** des Falles. Das Prozessrecht spielt daher im

Gegensatz zum sonstigen öffentlichen Recht in der Fallbearbeitung eine eher untergeordnete Rolle. Häufigste prozessrechtliche Konstellation ist die Entscheidung über die Zulässigkeit eines Einspruchs nach §§ 347–354 AO. Nur in Ausnahmefällen ist nach der Zulässigkeit und Begründetheit einer finanzgerichtlichen Klage nach §§ 33 ff FGO gefragt. Eine prozessuale Einkleidung wird sich meist nur dort finden, wo steuerrechtliche Besonderheiten zu beachten sind (zB die Bindungswirkung eines Grundlagenbescheides, § 351 Abs. 2 AO; s. Fall 4). Die untergeordnete Bedeutung des Prozessrechts bringt für die Studierenden den Nachteil mit sich, dass ihnen – anders als im Verwaltungsrechtsfall, in dem die richtige Klageart auch schon den Aufbau der Begründetheitsprüfung vorgibt[4] – oftmals ein bekanntes Prüfungsschema fehlt, das den Einstieg in die Falllösung erleichtert und als Raster Orientierung beim Lösungsweg bieten kann. Andererseits besteht dadurch aber nicht so sehr die Gefahr, dass die Studierenden durch stures „Durchdeklinieren" des Schemas auch Unproblematisches breit ausführen. Die Palette der Aufgabenstellungen und Fallfragen in der steuerrechtlichen Fallbearbeitung ist breit, so dass ein Prüfungsprogramm häufig „aus dem Stehgreif" entwickelt werden muss. Wem sich die Verzahnung der einzelnen Rechtsnormen erschließt, wird dies durchaus gelingen. Allerdings werden in steuerrechtlichen Fallbearbeitungen ohnehin häufig die steuerlichen Auswirkungen mehrerer einzelner Geschäftsvorfälle oä zu begutachten sein, so dass der Aufbau in diesen Fällen schon unmittelbar aus den einzelnen Elementen der Aufgabenstellung folgt. Wie stets in juristischen Fallbearbeitungen sollte auf die Aufgabenstellung und etwaige Bearbeitungsvermerke geachtet werden, hieraus ergeben sich oft Erleichterungen oder Hilfestellungen.

II. Die steuerrechtliche Klausur

30 Jede Falllösung vollzieht sich in vier Einzelschritten: dem vollständigen Erfassen des Sachverhalts (1), dem richtigen Verstehen der Fallfrage (2), der Entwicklung eines tragfähigen Lösungskonzepts (3) und schließlich der schriftlichen Ausarbeitung der gutachterlichen Lösung (4).

1. Behandlung des Sachverhalts

31 Ausgangspunkt der Fallbearbeitung ist der zu bearbeitende Sachverhalt. Fehler beim Erfassen des Sachverhalts sind ebenso vermeidbar wie folgenschwer. Wer von einem unzutreffenden Sachverhalt ausgeht, erzielt eine unzutreffende Lösung. Die (an sich selbstverständliche) Forderung, beim Lesen des Sachverhalts sorgfältig vorzugehen, kann daher nicht oft genug wiederholt werden. Zum besseren Verständnis des Sachverhalts empfiehlt sich unter Umständen auch das Anfertigen einer übersichtlichen **Skizze**, die das Verhältnis der Beteiligten oder auch die Beteiligungsverhältnisse an Gesellschaften verdeutlicht[5]. Diese kann im weiteren Verlauf der Bearbeitung immer wieder zu Rate gezogen werden, wenn Unklarheiten über den Sachverhalt aufkommen.

---

4 *Schoch*, Übungen im Öffentlichen Recht II, 1992, S. 14.

5 Vgl Fall 7, eine Skizze könnte auch in Fall 4 und 6 hilfreich sein.

Schon beim Lesen des Sachverhalts ist zu fragen, wo die **tatsächlichen Probleme** liegen und warum der Sachverhalt wohl bestimmte Informationen (zB Daten, die regelmäßig darauf hinweisen, dass Fristen eine Rolle spielen) enthält. Dies erleichtert die Schwerpunktsetzung innerhalb der rechtlichen Würdigung. Niemals sollte man demgegenüber versuchen, die *rechtlichen* Probleme des Klausurfalles intuitiv zu erkennen. Ein häufiger Fehler liegt darin, vorschnell anzunehmen, es handele sich um die Nachbildung eines bekannten Urteils oder Lehrbuchfalls. Zwar sind viele Klausuren durch aktuelle Rechtsprechung inspiriert, nur selten werden die Probleme aber eins zu eins übernommen. Wird versucht, dem zu bearbeitenden Fall die Lösung eines aus der Übung, Vorlesung oder Literatur bekannten Falles überzustülpen, läuft der Bearbeiter Gefahr, den Sachverhalt umzudeuten (sog. „Sachverhaltsquetsche"). Er löst dann einen „falschen Fall" und beantwortet Fragen, die so nicht gestellt waren. 32

Der Sachverhalt ist unbedingt als **feststehend** hinzunehmen und bei der Bearbeitung nicht (beispielsweise als lebensfremd) in Zweifel zu ziehen oder gar zu korrigieren[6]. Sachverhaltslücken finden sich in aller Regel nicht. Vermuten Sie bei der Bearbeitung eine solche Lücke, also das Fehlen bestimmter tatsächlicher Angaben, die zur Behandlung eines im Sachverhalt angelegten Rechtsproblems notwendig sind, so sollte dies zunächst Anlass dazu geben, den gewählten Lösungsansatz oder die Relevanz der vermeintlich fehlenden Information noch einmal zu überdenken. Schweigt der Sachverhalt zu einem relevanten Punkt, ist er lebensnah auszulegen (Sachverhaltsauslegung)[7]. 33

Auf sog. „innere Tatsachen" (also Willens- und Wollensvorgänge der Beteiligten) muss häufig aus den gegebenen Sachverhaltsinformationen geschlossen werden. So ist in **Fall 1** die Frage der Gewinnerzielungsabsicht nach den im Sachverhalt geschilderten äußeren Umständen zu beurteilen.

Der Sachverhalt muss **umfassend ausgewertet** werden. Er enthält in der Regel keine überflüssigen Informationen, also Angaben, die für die Falllösung entbehrlich wären. Ausschmückendes Beiwerk lässt sich regelmäßig auf den ersten Blick erkennen. **Paragraphenangaben** können wertvolle Hinweise auf anzuwendende, unbekanntere Rechtsnormen liefern. Diese Verweise sind daher unbedingt nachzulesen. Wertvolle Hilfestellung für die Falllösung bieten vor allem auch die im Sachverhalt zitierten **Rechtsansichten** der Beteiligten. Aus ihnen kann in aller Regel auf ein im Sachverhalt angelegtes Rechtsproblem geschlossen werden, dessen Behandlung und Lösung erwartet wird. Dies gilt vor allem, wenn die tatsächlichen Angaben im Sachverhalt unzureichende Hinweise geben oder Zweifel bestehen, ob ein Problem überhaupt angesprochen werden soll; bisweilen soll – bei schwierigen Fällen – den Studierenden auch lediglich ein „Tipp" gegeben werden. 34

6 *Schwerdtfeger/Schwerdtfeger*, Öffentliches Recht in der Fallbearbeitung, 15. Aufl 2018, Rn 777.

7 *Schwerdtfeger/Schwerdtfeger*, Öffentliches Recht in der Fallbearbeitung, 15. Aufl 2018, Rn 813. Zur Frage, ob von der Einhaltung von Verfahrensvoraussetzungen auszugehen ist, wenn der Sachverhalt zu diesem Punkt schweigt, vgl *Schoch*, Übungen im Öffentlichen Recht II, 1992, S. 20 (Fn 60).

Beispiel: Die Verfassungsmäßigkeit oder Europarechtskonformität einer Norm ist in Klausuren und Hausarbeiten regelmäßig nur dann zu thematisieren, wenn sich aus der Aufgabenstellung entsprechende Hinweise ergeben[8]. Ein solcher Hinweis wird häufig darin bestehen, dass ein Akteur des Falles mit der Ansicht zitiert ist, die Norm sei verfassungs- oder gemeinschaftsrechtswidrig.

35 Die Falllösung muss sich der Sache nach mit allen geäußerten Rechtsansichten auseinandersetzen. Die im Zusammenhang mit einer Rechtsansicht geäußerten Tatsachen (nicht die *rechtliche* Bedeutung, die ihnen von den Beteiligten beigemessen wird) sind, auch wenn sie an anderer Stelle nicht noch einmal ausdrücklich Erwähnung finden, wie die übrigen Sachverhaltsinformationen als feststehend hinzunehmen.

Beispiel (Fall 1): Im Sachverhalt heißt es: „Die steuerliche Berücksichtigung der Spenden lässt das Finanzamt ebenfalls nicht zu. Ein Nachweis der Geldspende durch den Kontoauszug und den Beleg des DRK eV reiche als Zuwendungsbestätigung nicht aus." Durch den Konjunktiv wird deutlich, dass es sich um eine Rechtsansicht der Behörde handelt. Die Falllösung muss auf das Problem eingehen. Auch wenn der Kontoauszug im Sachverhalt zuvor nicht erwähnt wäre, muss davon ausgegangen werden, dass (nur) ein solcher vorgelegt worden ist.

36 Beim Lesen des Sachverhaltes sollten Sie sich schließlich nicht dadurch verunsichern lassen, dass dieser scheinbar eine entlegene und Ihnen **unbekannte Materie** berührt. Diese Bezüge dienen – bei fairer Aufgabenstellung – lediglich als **Aufhänger** für Probleme des bekannten Lernstoffs. In der Regel führt der Lösungsweg schnell wieder ins „gewohnte Fahrwasser". Dennoch erwarten Ihre Prüferinnen und Prüfer, dass Sie auch entlegenere Normen auffinden und unter deren Tatbestandsvoraussetzungen subsumieren können. Saubere Arbeitsweise und Methodik, nicht aber inhaltliche Kenntnisse, sind dann gefragt. Die Arbeit des Steuerjuristen und des BWL-Studierenden ist – jedenfalls in der universitären Ausbildung – in erster Linie **Arbeit am Gesetz**.

37 Besonderheiten gelten für das Fachhochschulstudium mit dem Ziel der Erlangung eines Abschlusses als Diplom-Finanzwirt/-in. Die Finanzbeamtinnen und -beamten sind auch an von übergeordneten Behörden (insbesondere den Ministerien) erlassene Richtlinien – sog. Innenrecht – gebunden. Für die Gerichte, aber auch für die Fallbearbeitung, enthalten die Richtlinien jedoch nur eine Rechtsansicht unter mehreren[9].

2. Bedeutung der Fallfrage

38 Angesichts der Vielfalt möglicher Fallkonstellationen in der steuerrechtlichen Klausur kommt es besonders auf das genaue Erfassen und das richtige Verständnis der Fallfrage an. Fallfragen bedürfen häufig der **Konkretisierung** durch den Bearbeiter.

Beispiel: Anders als die eindeutige Fallfrage in den **Fällen 10 und 6** („Wie hoch ist das zu versteuernde Einkommen?") ist die Fallfrage in **Fall 3** („Führt die Tätigkeit des Z zu steuerbaren Einkünften?") konkretisierungsbedürftig. Sie muss im Lichte der gegebenen Sachverhaltsinformationen

---

8 Typisches Beispiel: Verträge zwischen nahen Angehörigen wegen Art. 6 GG, s. dazu *Birk/Desens/Tappe*, Steuerrecht, Rn 328.

9 Dazu *Birk/Desens/Tappe*, Steuerrecht, Rn 55.

ausgelegt werden. Der Sachverhalt zu **Fall 7** enthält Angaben, die eine konkrete Berechnung auch der Höhe der Einkünfte erlauben. In **Fall 4** fehlen solche Sachverhaltsinformationen. Hier ist nur nach der Art der Einkünfte gefragt. In **Fall 9** sind allgemein die „steuerlichen Auswirkungen“ bestimmter Vorgänge zu beurteilen. Hier ist die Frage also weniger konkret formuliert, so dass sich der Bearbeiter selbst darüber klar werden muss, unter welchem rechtlichen Gesichtspunkt die Sachverhaltsinformationen bedeutsam werden können. Im Zivilrecht entspricht dem die Fallfrage: „Wie ist die Rechtslage?“.

Die Fallfrage – aber auch nur diese – muss so umfassend wie möglich beantwortet werden. Dabei ist der Fall im Gutachten unter jedem rechtlichen Gesichtspunkt zu behandeln. Ausführungen, die nicht zur Beantwortung der Fallfrage beitragen, sind überflüssig und damit als falsch zu werten, weil eine praxisnahe (und daher effiziente) Lösung erwartet wird[10]. 39

Die Bearbeitung mehrerer Fallfragen (vgl **Fall 3** oder **Fall 11**) sollte grundsätzlich in der **Reihenfolge** erfolgen, wie sie der Klausursteller vorgegeben hat. Oft bauen weitere Fragen auf den Ergebnissen zur ersten Frage auf. Sind die Fallfragen inhaltlich voneinander unabhängig, kann die Reihenfolge auch variiert werden. In der Niederschrift muss aber deutlich werden, auf welche Aufgabenstellung sich die Ausführungen jeweils beziehen. Ist nach den Erfolgsaussichten eines Einspruchs oder einer Klage gefragt, muss die Zulässigkeit des Rechtsbehelfs vor dessen Begründetheit geprüft werden. Dies folgt daraus, dass das Gericht (oder die Behörde) nur dann in die Sachprüfung eintritt, wenn die Zulässigkeitsvoraussetzungen vorliegen. Kommt die Bearbeitung zum Ergebnis der Unzulässigkeit des Rechtsbehelfs, so muss die Begründetheitsprüfung im Wege eines **Hilfsgutachtens** vorgenommen werden. 40

Vereinzelt wird nur eine Zulässigkeitsprüfung oder nur eine Begründetheitsprüfung verlangt.

Abwandlungen führen in der Regel zu einer anderen rechtlichen Lösung (Klausurtaktik: Es soll ein neues/zusätzliches Problem behandelt werden); soweit sich frühere Ausführungen wiederholen, kann auf den bereits bearbeiteten Grundfall verwiesen werden. Oberstes Gebot bleibt aber auch hier die Verständlichkeit und Nachvollziehbarkeit des eingeschlagenen Lösungsweges. Vereinzelt werden auch reine **Wissensfragen** gestellt, um diejenigen Bereiche des Lernstoffs abzudecken, die nur schwer in eine Falllösung integriert werden können. 41

In **Fall 10** wird – losgelöst vom Sachverhalt – verlangt, kurz die Wirkungsweise von Freistellungs- und Anrechnungsmethode zu beschreiben.

Im Steuerrecht kann nur in Teilbereichen auf „klassische“ Prüfungsschemata zurückgegriffen werden. Ausgehend von der Fallfrage im Einzelfall wird den Studierenden abverlangt, einen Obersatz zu bilden, der das „Prüfungsprogramm“ vorgibt. Die Fall- 42

---

10 In die Lösungsvorschläge der Fälle in diesem Buch wurden zum besseren Verständnis teilweise ergänzende Hinweise aufgenommen (und als solche gekennzeichnet); diese sind aber nicht Bestandteil der Falllösung, sondern nur als weiterführende Erläuterungen zu verstehen.

frage gibt damit den **„Einstieg" in die Fallbearbeitung** vor. Aus ihr sind die (Ober-)Sätze zu gewinnen, die an der Spitze des Rechtsgutachtens stehen. Hier ist mit besonderer Sorgfalt vorzugehen. Die notwendigen Einzelschritte zur Beantwortung der Fallfrage müssen präzise und verständlich herausgearbeitet werden, um der Gefahr eines „Besinnungsaufsatzes"[11] zu entgehen.

3. Entwurf eines Lösungskonzepts

43 Der Entwurf eines Lösungskonzepts beginnt mit dem Identifizieren der durch den Fall aufgeworfenen Rechtsfragen und dem **Auffinden der fallrelevanten Normen**. Hier kommt es zunächst weniger auf fachliches Detailwissen als vielmehr auf den im Rechtsgebiet gewonnenen Überblick an. Alle Bestimmungen, die als Ausgangspunkt der Falllösung ernsthaft in Betracht kommen oder auf dem weiteren Lösungsweg eine Rolle spielen könnten, sollten notiert werden.

44 Anschließend sollte **stichwortartig** eine Lösungsskizze erstellt werden, die als Grundlage für die spätere Niederschrift der Falllösung dient. Sie sollte so ausführlich sein, dass der gesamte **Lösungsweg** vollständig durchdacht ist. Erfahrungsgemäß fällt es schwer, bei „unliebsamen Überraschungen" während des Schreibens (etwa wenn Sie während des Schreibens feststellen, eine zentrale Norm übersehen zu haben) den eingeschlagenen Weg noch einmal zu korrigieren. Es bietet sich an, die Stichpunkte auch optisch – etwa durch Einrücken untergeordneter Punkte – zu untergliedern, damit die Struktur der Lösung besser zutage tritt. Wie viel Zeit auf das Erstellen der Lösungsskizze entfallen sollte, wird unterschiedlich beurteilt und ist individuell verschieden. Als *Faustregel* kann gelten, dass etwa ein Drittel der Bearbeitungszeit auf die Vorüberlegungen, zwei Drittel für die Niederschrift der Lösung verwendet werden sollten. Sie sollten der Versuchung widerstehen, vorschnell mit der Niederschrift zu beginnen, nur um „etwas stehen zu haben". Es entlastet und beschleunigt das Arbeiten deutlich, wenn der Fall bei der Niederschrift der Lösung weitgehend durchdacht ist.

45 Schon beim Entwurf des Lösungskonzeptes, also vor Beginn der eigentlichen Niederschrift, müssen Sie sich Gedanken über die richtige **Schwerpunktsetzung** machen. Es empfiehlt sich, schon in der Lösungsskizze deutlich zu machen, welche Punkte kurz abzuhandeln sind und welche Punkte ausführlicher Erörterung und Argumentation bedürfen. Dies kann auf dem Konzeptpapier durch farbliche Hervorhebung oder Randbemerkungen (zB ein „(P)" für Problem) geschehen.

4. Niederschrift der Lösung

46 Die zentrale Bedeutung der Reinschrift liegt auf der Hand; sie ist die einzige Grundlage für die Bewertung der Klausur. Durch sie wird der Nachweis erbracht, dass Sie in der Lage sind, den Fall nur unter Zuhilfenahme der Gesetzestexte umfassend rechtsgutachtlich zu würdigen und überzeugend, zumindest jedoch vertretbar, zu lösen.

---

11 *Schoch*, Übungen im Öffentlichen Recht II, 1992, S. 10; *Möllers*, Juristische Arbeitstechnik und wissenschaftliches Arbeiten, 10. Aufl. 2021, S. 51.

a) Gutachtentechnik[12]

Gegenstand der Falllösung ist die Erstellung eines Rechtsgutachtens. Der Aufbau eines Rechtsgutachtens wird im Wesentlichen durch die Gutachtentechnik vorgegeben. Ausdrückliche, den Aufbau betreffende Erklärungen an den Leser sind überflüssig und damit verfehlt. Der Aufbau muss sich vielmehr automatisch von selbst ergeben und sich damit von selbst erklären („Der Einspruch hat Erfolg, wenn er zulässig und begründet ist. Er ist zulässig, wenn … [§§ …]. Er ist gemäß § … begründet, wenn …“). 47

aa) Einzelschritte

Die Gutachtentechnik umfasst **vier Teilschritte**. Diese Schritte wiederholen sich bei jeder anzuwendenden Norm und bilden damit die „Bausteine“ des gesamten Gutachtens. Der erste Schritt besteht in der Bildung eines Obersatzes, der das mögliche Ergebnis eines jeden Denkschrittes als Hypothese formuliert. In einem zweiten Schritt, der Normbenennung, ist die gesetzliche Vorschrift zu ermitteln und zu nennen, die dieses hypothetische (Teil-)Ergebnis tragen könnte. Kernstück der Überlegungen ist der dritte Schritt, die **Subsumtion** des vorgegebenen Sachverhalts unter die gesetzlichen Voraussetzungen. Hier ist festzustellen, ob zwischen dem Tatbestand der Rechtsnorm und dem Sachverhalt ein Entsprechungsverhältnis besteht (juristischer Syllogismus). Zu untersuchen ist, ob die durch die Norm abstrakt vorgegebenen Voraussetzungen auch im zu bearbeitenden Sachverhalt erfüllt sind. Eine notwendige Auslegung des Sachverhalts oder der anzuwendenden Vorschrift wird an dieser Stelle vorgenommen[13]. Schließlich und viertens ist ein eindeutiges Ergebnis zu formulieren, das die Hypothese bestätigt oder verwirft und so die Antwort auf die einleitende Frage gibt. Die vier Schritte verdeutlicht folgendes **Beispiel**: 48

Fallfrage: Kann die selbstständige Rechtsanwältin das Gehalt für ihre Sekretärin steuermindernd als Betriebsausgaben geltend machen?

Obersatz:	Die Aufwendungen für das Gehalt der Sekretärin könnten Betriebsausgaben sein.
Normbenennung:	Betriebsausgaben sind nach § 4 Abs. 4 EStG Aufwendungen, die durch den Betrieb veranlasst sind.
Subsumtion:	Der Einsatz der Sekretärin dient der Erledigung der im Betrieb anfallenden Schreib- und Verwaltungsaufgaben.
Ergebnis:	Die Aufwendungen stellen mithin Betriebsausgaben dar.

Abzuarbeiten sind im Laufe der Bearbeitung alle ernsthaft in Betracht kommenden Normen, also alle Rechtsnormen, die möglicherweise die Antwort auf die eingangs gestellte Rechtsfrage geben oder zu ihrer Lösung beitragen. Da die Rechtslage im juristischen Gutachten *umfassend* zu erörtern ist, genügt es nicht, nur *eine* Norm zu identifizieren, die das 49

12 Umfassend zum Gutachtenstil mit zahlreichen Übungen und Beispielen vgl *Hildebrand*, Juristischer Gutachtenstil, 3. Aufl 2017.

13 Zu einer Alternativlösung bei echten Sachverhaltslücken vgl *Schoch*, Übungen im Öffentlichen Recht II, 1992, S. 21. Dieser Fall dürfte aber kaum jemals praktisch werden.

Ergebnis am Ende trägt. Dies entspricht der Vorgehensweise in anderen Rechtsgebieten: Im Zivilrecht sind weitere Anspruchsgrundlagen auch dann zu prüfen, wenn die erste den Anspruch bereits trägt. Im Strafrecht müssen alle in Betracht kommenden Straftatbestände erörtert werden, auch wenn einzelne auf der Konkurrenzebene zurücktreten. Im Öffentlichen Recht sind formelle und materielle Rechtmäßigkeit eines Bescheides auch dann zu prüfen, wenn der Bescheid bereits aus dem ersten Grund rechtswidrig ist. Nicht heranzuziehen sind jedoch Normen, die ganz offensichtlich nichts zur Lösung beitragen.

50 Die herangezogenen Normen enthalten zudem in aller Regel nicht nur ein, sondern **mehrere Tatbestandsmerkmale**. Da wiederum jedes für sich der Prüfung bedarf, wiederholen sich die genannten Schritte der Gutachtentechnik innerhalb eines Tatbestandes mehrfach. Innerhalb der Normprüfung sind dann weitere Normen (sog. **Hilfsnormen**) heranzuziehen und anzuwenden, die die einzelnen Tatbestandsmerkmale ausfüllen. Erst wenn die Prüfung aller Tatbestandsmerkmale abgeschlossen ist, kann die Frage nach dem Eingreifen der in der Norm angeordneten Rechtsfolge beantwortet werden. Dies führt zu einem geschachtelten Aufbau.

Beispiel:

Obersatz 1:	Die Spende von Wolldecken an das Deutsche Rote Kreuz e.V. könnte als Sonderausgabe abziehbar sein.
Normbenennung 1:	Nach § 10b Abs. 1 Satz 1 EStG gilt dies (bis zu einer bestimmten Höhe) für (1) Ausgaben (2) zur Förderung besonders anerkannter gemeinnütziger Zwecke.
Obersatz 2:	Bei der Spende müsste es sich daher zunächst um eine Ausgabe handeln.
Normbenennung 2:	Als Ausgabe gilt nach § 10b Abs. 3 Satz 1 EStG auch die Zuwendung von Wirtschaftsgütern.
Subsumtion 2:	Die dem Deutschen Roten Kreuz überlassenen Wolldecken sind Wirtschaftsgüter.
Ergebnis 2:	Die Spende ist eine Ausgabe im Sinne von § 10b Abs. 1 Satz 1 EStG.
Obersatz 3:	Auch müsste sie der Förderung eines besonders anerkannten gemeinnützigen Zwecks gedient haben.
Normbenennung 3:	Gem. § 10b Abs. 1 EStG, § 52 Abs. 2 Nr 9 AO ist die Förderung des Wohlfahrtswesens, sind insb Zwecke der Verbände der freien Wohlfahrtspflege als gemeinnützig anerkannt.
Subsumtion 3:	Das Deutsche Rote Kreuz ist ein solcher Verein.
Ergebnis 3:	Die Spende dient somit auch der Förderung eines Zwecks im Sinne von § 10b Abs. 1 Satz 1 EStG.
Ergebnis 1:	Die Spende ist mithin als Sonderausgabe abziehbar.

51 Sollte ausnahmsweise von mehreren Tatbestandsmerkmalen einer Vorschrift nur eines problematisch sein, so genügt es, sich damit auseinanderzusetzen. Sprachlich muss dabei aber zum Ausdruck gebracht werden, dass die anderen Tatbestandsmerkmale nicht vergessen wurden.

Beispiel: „Problematisch ist *allein,* ob …“

bb) Gesamtaufbau

Ausgangspunkt für die gutachtliche Lösung sind ein oder mehrere Obersätze, die an der Spitze des Gutachtens stehen und die sich aus der **Fallfrage** ableiten. Werden alle in Frage kommenden Rechtsnormen erkannt und in ihre Tatbestandsmerkmale zerlegt, wird die Lösung des Falles im Idealfall fast mechanisch erreicht. Der Gesamtaufbau des Gutachtens ergibt sich dann von selbst. Die Falltechnik darf aber nicht darüber hinwegtäuschen, dass sich in der Regel auch Subsumtionsprobleme stellen, die nur mit hohem Argumentationsaufwand zu lösen sind. So würde eine bloße Subsumtionstechnik – wie in Rn 48 beschrieben – für die Falllösung nicht genügen, wenn die Frage lautete, ob ein Student, der mit dem Ziel, Rechtsanwalt zu werden, Jura studiert, die Kosten für das Studium als Betriebsausgaben geltend machen kann. Vielmehr kommt es auf eine gelungene Argumentation und Verarbeitung des Meinungsstands an (dazu Rn 60 ff). **52**

Um die Fallfrage in – hypothetisch formulierte – Obersätze zu übersetzen, ist es häufig notwendig, die Fallbearbeitung mit einer allgemein gültigen Aussage beginnen zu lassen, die die zur Beantwortung der Frage notwendigen Prüfungsschritte verdeutlicht. **53**

Diese (abstrakte) Aussage darf nicht konjunktivisch formuliert werden, wenn sie als solche feststeht. Die Probleme der Fallfrage werden durch diesen „Vorspann" in Unterprobleme aufgespalten, für deren Lösung das Gesetz jeweils eine Rechtsnorm bereithält. Die Lösung jedes Prüfungsschritts kann dann mit einem eigenen **Obersatz** eingeleitet werden.

Beispiel: In **Fall 1** ist danach gefragt, ob das Finanzamt einen Steuerbescheid ändern kann. Daraus ergibt sich folgende Einleitung: „Das Finanzamt kann den Steuerbescheid ändern, wenn eine der Korrekturvorschriften eingreift (= allgemein gültige Aussage). In Betracht kommt eine Änderung gemäß § 172 Abs. 1 S. 1 Nr 2 lit. d iVm § 173 Abs. 1 Nr 1 AO wegen Verlusten aus der Tätigkeit als Steuerberater (= Obersatz)."

Durch die Formulierung kann auch deutlich gemacht werden, dass der Bearbeiter sein Prüfungsprogramm (zunächst) auf einzelne Prüfungspunkte beschränkt, auf die es im konkreten Fall einzig ankommt. Auf richtige logische Verknüpfung der einzelnen Tatbestandsmerkmale ist zu achten: Varianten und Alternativen werden mit „oder", kumulativ erforderliche Merkmale mit „und" verbunden. In der Zulässigkeitsprüfung ist ein alle Zulässigkeitsvoraussetzungen zusammenfassender Obersatz entbehrlich. **54**

In **Fall 2** sind die Erfolgsaussichten eines Einspruchs (gegen einen Ermessensakt) zu prüfen. „Der Einspruch hat Erfolg, wenn er zulässig und begründet ist." Da die Begründetheitsprüfung eines Einspruchs nicht nur dessen Rechtmäßigkeit und die Rechtsverletzung auf Seiten des Einspruchsführers, sondern auch die Zweckmäßigkeit des Bescheides umfasst, muss in der Lösung, die nur die beiden ersten Punkte erörtert, formuliert werden: „Der Einspruch ist *zumindest* dann begründet ...". Nur so wird deutlich, dass Sinn und Zweck des Einspruchsverfahrens (nämlich auch die behördliche Überprüfung der Zweckmäßigkeit) verstanden ist.

55 Sind die Tatbestandvoraussetzungen einer Norm, aus der sich die gewünschte Rechtsfolge ergibt, nicht erfüllt, sind weitere in Frage kommende Normen zu prüfen. Im Übrigen ist zu fragen, ob **Ausnahmevorschriften** eingreifen. Während sich der Aufbau im Idealfall nahezu von selbst ergibt, ist auch bei der Niederschrift der Lösung auf die **richtige Gewichtung** zu achten. Verständlich ist die Neigung der meisten Studierenden, Bekanntes und eher Unproblematisches breit abzuhandeln, um dort „Wissen abzuladen" und vorhandene Kenntnisse des materiellen Rechts unter Beweis zu stellen. Die schriftliche Darstellung sollte sich an der bereits im Lösungsentwurf vorgenommenen Schwerpunktsetzung orientieren.

Probleme bereitet oftmals die Einbindung von **Berechnungen** in das Gutachten. In aller Regel sind in der Klausur komplizierte Berechnungen nicht durchzuführen. Beträge werden fast immer gerundet, um das Rechnen zu erleichtern (vgl **Fall 1**, Rn 129). Die erforderlichen Berechnungen betreffen zudem in aller Regel nur überschaubare Rechenoperationen. Oft reicht es aus, die Höhe des Geldbetrages einfach in den Obersatz aufzunehmen. Sind zur Beantwortung der Fallfrage mehrere Rechenoperationen notwendig (etwa wenn die Höhe des zu versteuernden Einkommens berechnet werden soll), können die einzelnen Rechenschritte (die gleichzeitig die Prüfungsschritte sind) einleitend vorangestellt werden (vgl **Fälle 6 und 10**). Sind längere Berechnungen notwendig, sollte darauf an geeigneter Stelle ein eigener Absatz (zur „Höhe der ...") verwendet werden. In jedem Fall sollte die Rechnung als Text ausformuliert werden.

b) Darstellungsweise

56 Die gelungene Klausur zeichnet sich auch durch sprachliche Gewandtheit aus; Verständlichkeit und Klarheit sind das oberste Gebot. Die Verwendung klarer und kurzer Sätze erleichtert es, den Leser zu führen. Die Hoffnung, dass der Leser sich aus einem ungeordneten Sammelsurium von Gedanken schon die richtigen „Codewörter" heraussuchen werde, trügt. Die Verwendung von Zwischenüberschriften – wie sie sich im vorliegenden Fallbuch der Übersichtlichkeit halber finden – und von Gliederungszeichen ist aber in der Klausur entbehrlich[14]. Allerdings sollte man bei der Bearbeitung den Lösungsweg durch **Absätze** untergliedern und den Gedankengang auf diese Weise verdeutlichen. Auf saubere Form, Lesbarkeit und vor allem Rechtschreibung ist zu achten. Diese sind das „Aushängeschild" einer jeden Arbeit.

aa) Gutachtenstil

57 Die Gutachtentechnik kommt sprachlich im Gutachtenstil zum Ausdruck. Während im gerichtlichen Urteil ausgehend vom Ergebnis der Überlegungen nur die Gründe dargestellt werden, die das Ergebnis tragen, muss ein Gutachten den Leser von der Hypothese ausgehend (über einzelne Zwischenergebnisse) zum Endergebnis hinführen. Aspekte, die das Ergebnis nicht tragen, bleiben im Urteil idR unerörtert. Wird ein Fall „begutachtet", muss auch auf diese Fragen näher eingegangen werden. Sprachliche Kennzeichen des Gutachtenstils sind **Signalwörter** wie *also, folglich* oder *somit*, in denen die Schlussrichtung *auf das Ergebnis hin* zum Ausdruck kommt. Der Urteilsstil,

14 Ebenso wenig ist der Klausurlösung eine Gliederung voranzustellen.

der vom Ergebnis aus argumentiert, zeigt sich vor allem an Signalwörtern wie *da* oder *weil*. Für den Studenten empfiehlt es sich dringend, auf Signalwörter des Urteilsstils zu verzichten. Die Verwendung dieser Konjunktionen wird von den Korrektoren oftmals mit dem Nichtbeherrschen der Gutachtentechnik gleichgesetzt.

In der Ausbildungsliteratur findet sich zuweilen der Hinweis, zur Darstellung eher 58
unproblematischer Punkte könne auch im Rechtsgutachten auf den Urteilsstil zurückgegriffen werden. Erfahrene Bearbeiter werden sich mit der Zeit ein Gefühl für die richtige Mischung aus Gutachten- und Urteilsstil angewöhnen, oft auch einen **„verkürzten Gutachtenstil“**. Für eher unerfahrene Bearbeiter sei aber die Konzentration auf den Gutachtenstil empfohlen. Bei den dargestellten Stufen handelt es sich allerdings um reine **Denkschritte**, die ein erfahrener Bearbeiter „verinnerlicht“ hat. Auch in der ausformulierten Lösung muss nicht jeder Schritt der Gutachtentechnik (Satz für Satz) nachvollzogen werden.

So bietet es sich häufig an, die in Frage kommende Rechtsnorm bereits in den Obersatz aufzunehmen, vgl **Fall 1**: „Das Finanzamt könnte *gem. § 172 Abs. 1 Satz 1 Nr 2 lit. d iVm § 173 Abs. 1 Nr 1 AO* zu einer Änderung des Einkommensteuerbescheids verpflichtet sein.“

bb) Richtiger Gebrauch der juristischen Fachsprache

Bei der Ausarbeitung des Gutachtens ist auf den richtigen Gebrauch der juristischen 59
Fachsprache zu achten. Das Steuerrecht besitzt eine eigene **Terminologie**; die Bedeutung einzelner Begriffe unterscheidet sich dabei häufig von der Umgangssprache.

Beispiel: § 2 Abs. 4 EStG definiert den Begriff des Einkommens als den Gesamtbetrag der Einkünfte, vermindert um die Sonderausgaben und die außergewöhnlichen Belastungen. § 2 Abs. 3 EStG bezeichnet als Gesamtbetrag der Einkünfte die Summe der Einkünfte, vermindert um den Altersentlastungsbetrag, den Entlastungsbetrag für Alleinerziehende und den Abzug gemäß § 13 Abs. 3 EStG. Was Einkünfte sind, sagen § 2 Abs. 1, Abs. 2 EStG. Obwohl die Begriffe Einkommen und Einkünfte in der Umgangssprache regelmäßig synonym verwendet werden, misst das Gesetz ihnen eine unterschiedliche Bedeutung bei. In der steuerrechtlichen Fallbearbeitung sind die Begriffe daher streng zu trennen. Gleiches gilt im genannten Beispiel für die Begriffe Gesamtbetrag und Summe. Auch die Begriffe steuerbares und steuerpflichtiges Einkommen werden im Gegensatz zur Umgangssprache im Steuerrecht unterschiedlich verstanden[15].

c) Die Behandlung von Meinungsstreitigkeiten

Besondere Schwierigkeiten wirft die Darstellung und Behandlung rechtlicher Streitfra- 60
gen auf. Streitfragen können die Anwendbarkeit von Normen, vor allem aber ihre Auslegung und damit die Frage betreffen, ob bestimmte Sachverhalte von der Vorschrift erfasst werden. Kommen die verschiedenen Ansichten im konkret zu entscheidenden Fall zu unterschiedlichen Ergebnissen, so ist der Meinungsstreit unter eigener Gewichtung der Argumente zu entscheiden. Nicht ausreichend ist es dann, sich einer der Ansichten ohne nähere Begründung anzuschließen. Ist der Streit nicht erheblich, weil

15 *Birk/Desens/Tappe*, Steuerrecht, Rn 594 f.

beide Ansichten trotz verschiedener rechtlicher Begründung im konkreten Fall zum gleichen Ergebnis kommen, sollte der Meinungsstreit nicht vertieft werden und muss auch unentschieden bleiben, weil eine nähere Auseinandersetzung im Rahmen der Falllösung überflüssig wäre. Zwei Arten der Darstellung sind zu unterscheiden:

61 Haben sich in Literatur und Rechtsprechung zwei oder mehr eindeutig voneinander zu unterscheidende Auffassungen herausgebildet, bietet es sich häufig an, nach kurzer Feststellung der umstrittenen Frage beide Ansichten jeweils kurz darzustellen und zu subsumieren **(meinungsorientierte Darstellung)**. Auf diese Weise kann die Erheblichkeit des Meinungsstreits schnell beurteilt werden. Kommt es auf die Entscheidung der Streitfrage an, schließen sich die eigene Stellungnahme sowie die Antwort auf die einleitende Frage an. Kommen beide Ansichten zum gleichen Ergebnis, ist dies kurz festzustellen und das (übereinstimmende) Ergebnis zu formulieren.

62 Eleganter (aber auch anspruchsvoller) ist es häufig, sich bei der Darstellung der Streitfrage von vornherein an den **Sachargumenten** zu orientieren **(argumentorientierte Darstellung)**. Auf diese Weise wird deutlich, dass Sie den Kern des Streits verstanden haben. Diese Darstellungsweise hat zudem den Vorteil, dass Sie sich nicht mit der Frage belasten müssen, wie die „Lager" verteilt sind. Oft lassen sich eindeutige Lager auch nicht ausmachen. Ansetzend beim Rechtsproblem ist mit eigenen Worten die Grundlage der abzulehnenden Auffassung darzustellen, dann sind Gegenargumente zu formulieren. Letztlich sind die (für Sie entscheidenden) Argumente der Rechtsauffassung darzulegen, denen Sie folgen. Nachteilig kann sein, dass nicht zuvor geprüft wird, ob die Auffassungen zu unterschiedlichen Ergebnissen führen; kommt es auf den Streit nicht an, sollten die vorgebrachten Argumente straff vorgetragen werden, weil keine „Spannung" beim Leser aufkommt, da das Ergebnis nach allen Auffassungen das gleiche ist.

Beispiel: Das Fahrzeug eines Polizeibeamten P wird infolge eines Racheaktes eines von ihm überführten Straftäters irreparabel beschädigt. P macht den Schaden am Fahrzeug als Werbungskosten geltend[16]. Zu Recht?

aa) Darstellungsmöglichkeit 1 (meinungsorientierter Aufbau)

63 Nach einer streng am Wortlaut des § 9 Abs. 1 Satz 1 EStG orientierten Mindermeinung sind Werbungskosten Aufwendungen zur Erwerbung, Sicherung und Erhaltung der Einnahmen (sog. finaler Werbungskostenbegriff)[17]. Aufwendungen sind freiwillige Vermögensopfer. Der Schaden am Kfz des P ist ohne Wissen und Wollen des P, also unfreiwillig entstanden. Zudem hat er keine Aufwendungen „zur" Erwerbung, Sicherung und Erhaltung von Einnahmen getätigt. Nach dieser Auffassung liegen damit keine Werbungskosten vor.

---

16 Fall nach BFH, VI R 25/80, BStBl II 1982, 442; vgl dazu auch *Birk/Desens/Tappe*, Steuerrecht, Rn 1061 f.

17 So *Kruse*, FR 1981, 473; *ders.*, in: FS Ritter, 1997, S. 416 ff; vgl auch die ältere Rspr des BFH, VI 79/55 U, BStBl III 1958, 103.

Nach hM[18] ist der Begriff der Werbungskosten (§ 9 Abs. 1 Satz 1 EStG) ebenso zu bestimmen wie der Betriebsausgabenbegriff des § 4 Abs. 4 EStG. Werbungskosten sind danach solche Aufwendungen, die durch die berufliche Tätigkeit veranlasst sind (sog. kausaler Werbungskostenbegriff). Der Schaden am Kfz des P geht auf seine Tätigkeit als Polizeibeamter zurück. Nach dieser Auffassung liegen damit Werbungskosten vor.

(Da die Auffassungen zu unterschiedlichen Ergebnissen kommen, ist der Streit zu entscheiden.) Für die erstgenannte Auffassung spricht der Wortlaut des § 9 Abs. 1 Satz 1 EStG, der final formuliert ist. Dagegen spricht indes in systematischer Hinsicht der Vergleich mit dem Betriebsausgabenbegriff des § 4 Abs. 4 EStG. Es ist nicht ersichtlich, wieso bezüglich der Abzugstatbestände hinsichtlich des erwerbsbezogenen Aufwands ohne erkennbare innere Rechtfertigung unterschiedliche Voraussetzungen zugrunde gelegt werden sollen. Nach Sinn und Zweck sind beide Abzugstatbestände gleich auszulegen. Für die Beurteilung der steuerlich entscheidenden Leistungsfähigkeit ist es ohne Bedeutung, ob die Vermögenseinbußen freiwillig oder unfreiwillig erfolgt sind. Daher ist der hM zu folgen. Es handelt sich bei dem Schaden am Kfz des P mithin um Werbungskosten.

bb) Darstellungsmöglichkeit 2 (argumentorientierter Aufbau)

Fraglich ist, ob es sich bei dem Schaden an dem Kfz des P um Werbungskosten handelt. **64**
Nach § 9 Abs. 1 Satz 1 EStG sind Werbungskosten Aufwendungen zur Erwerbung, Sicherung und Erhaltung der Einnahmen. Fraglich ist, ob auch unfreiwillige Aufwendungen dem Werbungskostenbegriff unterfallen. Der Wortlaut der Norm („zur Erwerbung …“) deutet auf die Notwendigkeit einer subjektiven Förderungsabsicht des Steuerpflichtigen hin. Danach wäre der Schaden am Kfz nicht als Werbungskosten zu behandeln. Gegen diese Sichtweise spricht aber, dass dem Werbungskostenabzug der Gedanke des objektiven Nettoprinzips zugrunde liegt. Sind die Kosten beruflich veranlasst, kann es keinen Unterschied machen, ob dies mit dem Willen des Steuerpflichtigen geschah. Es ist daher allein auf den objektiven Zusammenhang der Aufwendungen mit dem Beruf abzustellen. Zudem ist auch der Begriff der Betriebsausgaben kausal formuliert (§ 4 Abs. 4 EStG). Dann ist aber – auch um Wertungswidersprüche je nach Art der Einkünfteermittlung zu vermeiden – der Werbungskostenbegriff kausal, nicht final zu interpretieren. Vorliegend stand der eingetretene Schaden in Zusammenhang mit der beruflichen Tätigkeit des Polizisten. Es handelt sich damit um Werbungskosten.

Ein häufiger Fehler ist es, vom Vorliegen eines Meinungsstreits auf einen Schwerpunkt **65**
der Arbeit zu schließen. Dies ist häufig, aber bei weitem nicht immer der Fall. Teilweise berühren die Streitfragen nur **Randprobleme** des Falls, teilweise handelt es sich um jahrelang feststehende Streitstände. Hier kann schon zweifelhaft sein, ob der Meinungsstreit überhaupt aufgegriffen werden soll[19].

18 Neuere Rspr des BFH, VI R 25/80, BStBl II 1982, 442; VIII R 32/00, BStBl II 2001, 668; *Birk/Desens/Tappe*, Steuerrecht, Rn 1048 f; *Hey*, in: Tipke/Lang, Rn 8.230; *Thürmer*, in: Blümich, § 9 EStG Rn 114.

19 Näher *Schoch*, Übungen im Öffentlichen Recht II, 1992, S. 60.

66 Nur der Vollständigkeit halber sei darauf hingewiesen, dass die Bearbeitung folgerichtig und inhaltlich **widerspruchsfrei** sein muss. Wird eine Streitigkeit zunächst in einem bestimmten Sinne entschieden, kann der Bearbeiter später nicht mehr ausdrücklich oder implizit das Gegenargument erörtern oder gar zugrunde legen.

5. Aufbauschema eines einkommensteuerrechtlichen Falls

67 Teilweise wird in der einkommensteuerrechtlichen Klausur keine konkrete Fallfrage gestellt, sondern es werden mehrere tatsächliche Geschehnisse eines Steuerpflichtigen geschildert, die rechtlich zu würdigen sind. Die einzelnen Geschäftsvorfälle (zB Geschenk des Arbeitgebers, Kosten für die Renovierung einer Mietwohnung) sind dann im Rahmen eines allgemeinen einkommensteuerrechtlichen Aufbauschemas zu behandeln. Die Fallfrage kann dabei zB lauten: „S fragt seine Steuerberaterin um Rat, wie die Geschäftsvorfälle steuerlich zu behandeln sind.“ oder „Welche Einkünfte erzielt S im VZ 01?“. Diese „offenen“ Formulierungen verlangen dann eine umfassende steuerrechtliche Würdigung des gesamten Sachverhalts – ähnlich wie bei der Frage in einem zivilrechtlichen Fall: „Wie ist die Rechtslage?“

Im Folgenden wird als Orientierungshilfe ein Aufbauschema für einen einkommensteuerrechtlichen Fall gegeben:

68

A. Persönliche Steuerpflicht

IdR unbeschränkte Steuerpflicht, § 1 Abs. 1 EStG iVm § 8, § 9 AO

B. Veranlagungsform

Die Veranlagungsform (§ 26 EStG)[20] ist nur bei Ehegatten und Lebenspartnern zu erwähnen.

C. Sachliche Steuerpflicht

Möglicherweise ist nach *mehreren Personen,* insb bei Ehegatten/Lebenspartnern gefragt. Die Prüfung der sachlichen Steuerpflicht hat nach Personen getrennt zu erfolgen:
- **Sachliche Steuerpflicht des ersten Ehegatten**
- **Sachliche Steuerpflicht des zweiten Ehegatten**

Bei mehreren Personen, die zusammengeschlossen als Gesellschaft eine Tätigkeit gemeinsam ausüben, ist nicht nach Personen zu trennen. In der Gliederung sind vielmehr die *Ebene der Gesellschaft* und die *Ebene der Gesellschafter* zu unterscheiden. Auf der Ebene der Gesellschafter ist dann nach Personen zu trennen, um zB das Sonderbetriebsvermögen der jeweiligen Gesellschafter zu berücksichtigen. Ist dagegen nur nach einer Person, welche innerhalb einer Gesellschaft tätig wird, gefragt, so kann innerhalb der jeweiligen Prüfungspunkte untersucht werden, ob sich dies auswirkt. ZB kann eine Umqualifikation der Tätigkeit nach § 15 Abs. 3 EStG bei der Festlegung der Einkunftsart des Steuerpflichtigen in die Prüfung *integriert* werden (vgl Fall 7).

20 *Birk/Desens/Tappe*, Steuerrecht, Rn 634.

I. Erste steuerbare Tätigkeit

1. Bestimmung der Einkunftsart

In seltenen Fällen ist zu prüfen, ob überhaupt eine steuerbare Tätigkeit vorliegt. Steuerbar ist ein wirtschaftlicher Erfolg nur dann, wenn er sich unter eine der Einkunftsarten des § 2 Abs. 1 EStG subsumieren lässt[21].

Kommen mehrere Einkunftsarten in Betracht, so empfiehlt sich eine Untergliederung, bei der zunächst die Einkunftsarten abgehandelt werden, die im Ergebnis verneint werden, sofern diese nicht völlig fernliegend sind. Zuletzt wird dann die „richtige" Einkunftsart angesprochen und bejaht. Dabei sind die Subsidiaritätsklauseln (zB § 21 Abs. 3 EStG) zu beachten.

2. Bestimmung der Höhe der Einkünfte, Einkünfteermittlung

Obersatz: Für *Gewinnermittler*: Die Einkünfte werden gem. § 2 Abs. 1 Nr 1 EStG als Gewinn durch Betriebsvermögensvergleich (§ 4 Abs. 1, § 5 EStG) ermittelt.

Für *§ 4 Abs. 3 EStG-Rechner*: Die Einkünfte werden gem. § 2 Abs. 1 Nr 1 EStG als Gewinn durch den Überschuss der Betriebseinnahmen über die Betriebsausgaben (§ 4 Abs. 3 EStG) ermittelt. Ggf ist anzusprechen, dass das Wahlrecht ausgeübt wurde.

Für *Überschussermittler*: Die Einkünfte werden gem. § 2 Abs. 1 Nr 2 EStG als Überschuss der Einnahmen (§ 8 EStG) über die Werbungskosten (§ 9 EStG) ermittelt.

a) Vorfall 1 (zB „Die Reisekosten")

b) Vorfall 2

...

Oder:

a) Einnahmen (bzw Betriebseinnahmen)

aa) dem Grunde nach

bb) der Höhe nach

b) Werbungskosten (bzw Betriebsausgaben)

aa) dem Grunde nach

bb) der Höhe nach

Wie sonst auch ist immer mit einem Obersatz im Gutachtenstil zu beginnen, der benennt, was geprüft wird, und der zugleich die einschlägige steuerrechtliche Norm zitiert. ZB „Die Reisekosten der A nach X könnten Werbungskosten nach § 9 Abs. 1 Satz 1 EStG darstellen" oder „Das Geschenk des Arbeitgebers könnte als Einnahme gem. § 8 Abs. 1 EStG zu erfassen sein".

21 *Birk/Desens/Tappe*, Steuerrecht, Rn 595.

II. Zweite steuerbare Tätigkeit

III. Dritte steuerbare Tätigkeit

Darüber hinaus kann weitergehend nach dem „zu versteuernden Einkommen“ oder der „tariflichen Einkommensteuer“ gefragt sein. Dann dient § 2 EStG mit seinen Absätzen als Gliederungshilfe. Bis jetzt wurden nach § 2 Abs. 2 EStG die „Einkünfte“ des Steuerpflichtigen bestimmt. Diese sind in einem Ergebnis zusammenzufassen. Dabei ist an dieser Stelle der sog. horizontale (interne) Verlustausgleich vorzunehmen, wonach innerhalb einer jeden Einkunftsart positive mit negativen Einkünften zu verrechnen sind, so dass nur der Saldo erfasst wird. Die weiteren Gliederungsschritte ergeben sich aus den folgenden Absätzen des § 2 EStG, je nachdem wie weit die Fragestellung der Klausur reicht.

D. Summe der Einkünfte

Als sog. vertikaler (externer) Verlustausgleich sind nun positive und negative Einkünfte der verschiedenen Einkunftsarten untereinander zu verrechnen, um die „Summe der Einkünfte“ (§ 2 Abs. 2 EStG; zum Begriff vgl § 2 Abs. 3 EStG) zu ermitteln. Ggf Verlustverrechnungsbeschränkungen beachten, zB § 23 Abs. 3 Satz 7-10 EStG. Bei Ehegatten/Lebenspartnern findet eine wechselseitige Verrechnung statt, § 26b EStG.

E. Gesamtbetrag der Einkünfte, § 2 Abs. 3 EStG

Dieser ist anhand der Vorgaben des § 2 Abs. 3 EStG zu bestimmen (insb Altersentlastungsbetrag, § 24a EStG). Auf dieser Stufe sind Ehegatten/Lebenspartner bereits wie ein Steuerpflichtiger zu behandeln, vgl § 26b EStG aE (Zusammenveranlagung).

F. Einkommen, § 2 Abs. 4 EStG

Bei der Ermittlung des Einkommens werden Sonderausgaben (§ 10 EStG) und außergewöhnliche Belastungen (§§ 33 ff EStG) abgezogen.

G. Zu versteuerndes Einkommen, § 2 Abs. 5 EStG

An dieser Stelle ist der Kinderfreibetrag nach § 32 Abs. 6 EStG zu berücksichtigen. Anzusprechen ist in diesem Fall dessen Verhältnis zum Kindergeld (§§ 62 f EStG) nach § 31 EStG.

H. Festzusetzende Einkommensteuer, § 2 Abs. 6 EStG

Die Berechnungsformel zur Einkommensteuerschuld ergibt sich aus § 32a Abs. 1 EStG. Aus den Einkommensteuertabellen ist der konkrete Wert zu entnehmen.

Beachte: Während die Fragestellung nach der festzusetzenden Einkommensteuerschuld in Klausuren eher „exotisch“ und unüblich ist, finden sich Angaben zu Sonderausgaben, außergewöhnlichen Belastungen oder auch zum Kinderfreibetrag häufiger. Diese Angaben – tauchen sie losgelöst von einer konkreten Fragestellung nach einer bestimmten Etappe aus § 2 EStG auf – können auch unter einem Prüfungspunkt abgehandelt werden. Dieser lautet dann:

- **Persönliche Abzüge**

6. Exkurs: Methodische Hinweise zur Arbeit mit dem Gesetz

Wie ist dem Gesetz die richtige *rechtliche* Lösung zu entnehmen, dh wie ist zu ermitteln, welche Rechtsfolge das Gesetz für einen Sachverhalt wie den zu begutachtenden vorsieht? Bei der Anwendung der Gutachtentechnik in Reinform werden Sie bei der Bearbeitung auf Schwierigkeiten stoßen, die mit Hilfe des Instrumentariums der Methodenlehre überwunden werden können. Die Schwierigkeiten können zum einen die Subsumtion, also die Frage betreffen, ob eine Norm den zu bearbeitenden Sachverhalt erfasst. Da dies nicht immer eindeutig ist, muss die Norm mit Blick auf den Fall **ausgelegt** werden. Zum anderen kann sich die Frage stellen, ob eine bestimmte Rechtsnorm überhaupt zur Lösung des Falles herangezogen werden darf. Diese Frage stellt sich im Fall von **Gesetzeslücken** (es lässt sich keine direkt anwendbare Norm finden) und im Fall von **Normkonkurrenzen** (mehrere zunächst einschlägige Normen sehen unterschiedliche Rechtsfolgen vor). 69

a) Gesetzesauslegung

Ist nicht eindeutig, ob sich eine bestimmte Rechtsnorm auf einen bestimmten Sachverhalt anwenden lässt, muss sie ausgelegt werden. Nach der klassisch-hermeneutischen Methode werden Gesetze nach **vier Auslegungsmethoden** interpretiert: (1) Ausgangspunkt ist der **Wortlaut** der Norm. Der noch mögliche Wortsinn markiert dabei gleichzeitig die Grenze der übrigen Auslegungskriterien. Was vom Wortsinn nicht mehr gedeckt ist, kann also auch unter Zuhilfenahme der anderen Auslegungskriterien dem Gesetz nicht mehr im Wege der Auslegung entnommen werden; es geht dann um Lückenfüllung, insbesondere durch Analogie[22]. (2) Die **systematische Auslegung** fragt nach dem gesetzlichen Zusammenhang, in dem die zu interpretierende Norm steht (zB hinsichtlich der amtlichen Überschrift einer Norm oder des Abschnitts, des Regelungszusammenhangs innerhalb des Gesetzes, der Verwendung des jeweiligen Begriffs in anderem Zusammenhang usw). (3) Nach der **teleologischen Auslegung** ist die Rechtsnorm so auszulegen, dass der Zweck des Gesetzes erreicht werden kann. Entgegen einer in der Literatur vertretenen Ansicht können auch Fiskalzwecknormen im Hinblick auf die vom Gesetzgeber getroffenen Steuerwürdigkeitsentscheidungen (Soll ein bestimmter Sachverhalt besteuert werden oder nicht?) teleologisch ausgelegt werden[23]. (4) Lediglich eine Hilfsfunktion kommt schließlich der **historischen Auslegung** zu, nach der eine Rechtsnorm so zu interpretieren ist, dass die Regelungsabsicht des Gesetzgebers erreicht werden kann. Nach der Rechtsprechung des Bundesverfassungsgerichts kommt der Entstehungsgeschichte einer Vorschrift nur insoweit Bedeutung zu, als sie die Richtigkeit einer nach den angegebenen Grundsätzen ermittelten Auslegung bestätigt oder Zweifel behebt[24]. In der Klausursituation werden die Gesetzesmaterialien 70

---

22 Dazu sogleich Rn 73.

23 Näher *Wernsmann*, Verhaltenslenkung in einem rationalen Steuersystem, 2005, S. 72 ff; aA *Vogel*, DStZ/A 1977, 5 (9); *ders.*, StuW 1977, 97 (99).

24 BVerfG, 2 BvH 2/52, BVerfGE 1, 299 (312); stRspr, vgl etwa BVerfG, 2 BvE 1/83 ua, BVerfGE 62, 1 (45) mwN.

ohnehin nicht zur Verfügung stehen. Die verschiedenen Auslegungsmethoden können teilweise ambivalent oder unergiebig sein oder zu widerstreitenden Ergebnissen führen. Dann sind die Ergebnisse vom Bearbeiter zu gewichten.

71 Sonderfälle stellen die **verfassungskonforme** und die **unionsrechtskonforme Auslegung** dar. Wegen des Stufenbaus der Rechtsordnung (die Verfassung geht den einfachen Gesetzen, einfache Gesetze gehen den untergesetzlichen Rechtsnormen vor; Unionsrecht genießt Anwendungsvorrang vor dem nationalen Recht) müssen Vorschriften – soweit dies anhand der oben genannten Auslegungskriterien möglich ist – so ausgelegt werden, dass sie nicht gegen höherrangiges Recht verstoßen. Ist eine verfassungs- oder unionsrechtskonforme Auslegung der Norm danach nicht möglich, so ist die Norm verfassungswidrig und damit grundsätzlich nichtig bzw unionsrechtswidrig und damit insoweit unanwendbar.

72 Das Steuerrecht unterliegt als Subsystem der allgemeinen Rechtsordnung eigenen Rechtsprinzipien[25]. In der Fallbearbeitung ersetzt die Anwendung dieser Prinzipien nicht ein methodisch präzises Vorgehen. Die Lösung rechtlicher Probleme kann nicht unter Vernachlässigung des positiven Rechts und methodischer Fertigkeiten aus vermeintlich allgemein gültigen Prinzipien abgeleitet werden[26]. Ausgangspunkt muss das geschriebene Recht bleiben, auf dessen (insbesondere systematische und teleologische) Auslegung die Prinzipien aber einwirken.

b) Ausfüllen von Gesetzeslücken

73 Wird festgestellt, dass keine Rechtsnorm existiert, die die Antwort auf eine gestellte Rechtsfrage enthält, ist an eine **Analogie** zu denken[27]. Diese setzt eine Regelungslücke im Gesetz, deren Planwidrigkeit sowie eine gleiche Interessenlage zwischen dem geregelten und dem ungeregelten Fall voraus. Sind die Voraussetzungen erfüllt, ist diejenige Norm, die den vergleichbaren Fall regelt auf den zu bearbeitenden Sachverhalt „analog" anzuwenden. Der Analogie eng verwandt ist der **Erst-recht-Schluss** *(argumentum a majore ad minus)*. Dabei wird die Rechtsfolge auf einen nicht geregelten Fall übertragen, auf den der Sinn des Gesetzes in noch höherem Maße zutrifft[28].

Beispiel[29]**:** Einkünfte aus Gewerbebetrieb erzielen gemäß § 15 Abs. 3 Nr 2 Satz 1 EStG auch Personengesellschaften, die zwar nicht gewerblich tätig, wohl aber gewerblich geprägt sind. Gewerbliche Prägung setzt regelmäßig voraus, dass es sich bei den persönlich haftenden Gesellschaftern um Kapitalgesellschaften handelt, allerdings steht nach § 15 Abs. 3 Nr 2 Satz 2 EStG einer Kapitalgesellschaft als persönlich haftende Gesellschafterin wiederum eine gewerblich geprägte Personengesellschaft gleich. Unter dem Gesichtspunkt des Erst-recht-Schlusses umfasst diese Gleichstellung auch eine tat-

25 *Birk/Desens/Tappe*, Steuerrecht, Rn 28 ff.

26 Für den Bereich des Verwaltungsrechts *Schoch*, Übungen im Öffentlichen Recht II, 1992, S. 17.

27 Zur Zulässigkeit der Analogie im Steuerrecht siehe *Birk/Desens/Tappe*, Steuerrecht, Rn 159 mwN.

28 *Schoch*, Übungen im Öffentlichen Recht II, 1992, S. 43; dort auch zum (nicht ungefährlichen) *argumentum a minore ad maius*.

29 BFH, IV R 37/99, BStBl II 2001, 162.

sächlich gewerblich *tätige* Personengesellschaft. Die Formulierung der Verweisung in § 15 Abs. 3 Nr 2 Satz 2 EStG auf Satz 1 der Vorschrift beruht erkennbar auf einem Redaktionsversehen[30].

Liegen die Voraussetzungen für eine Analogie nicht vor, weil der Gesetzgeber die Regelungslücke bewusst gelassen hat oder die Interessenlage nicht vergleichbar ist, ist Raum für einen **Umkehrschluss** *(argumentum e contrario)*. Aus der Lücke wird dann geschlossen, dass die angeordnete Rechtsfolge im konkreten Fall *gerade nicht* gelten soll. 74

Beispiel[31]**:** § 32 Abs. 4 Nr 3 EStG knüpft den Anspruch auf Kindergeld für ein behindertes Kind unter anderem an die Voraussetzung, dass die Behinderung vor Vollendung des 25. Lebensjahres eingetreten ist. Tritt die Behinderung erst später ein und hat das Kind zuvor Grundwehr- oder Zivildienst geleistet, stellt sich die Frage, ob die Höchstaltersgrenze um dessen Dauer zu verlängern ist. Da der Gesetzgeber die Berücksichtigung von Wehr- und Zivildienstzeiten für den Bezug von Kindergeld in § 32 Abs. 5 EStG geregelt hat und sie dort auf die Fälle des § 32 Abs. 4 Nr 1, Nr 2 EStG beschränkt, ergibt sich im Umkehrschluss, dass die Dienstzeiten bei der Altersgrenze für den Eintritt einer Behinderung außer acht bleiben müssen.

Das Gegenteil der Analogie ist die **teleologische Reduktion** einer Norm. Bei der analogen Anwendung einer Norm liegen die Tatbestandsvoraussetzungen der Norm dem Wortlaut nach nicht vor; gleichwohl soll die Rechtsfolge, die die Norm vorsieht, auch in dem nicht geregelten Fall eintreten. Bei der teleologischen Reduktion müsste nach dem Wortlaut der Norm die Rechtsfolge eintreten, weil die Tatbestandsvoraussetzungen der Norm vorliegen; gleichwohl ergibt sich hier aus dem Sinn und Zweck der Vorschrift, dass der Wortlaut – gemessen am Regelungszweck der Norm – zu weit geht und auch Fälle erfasst, für die nach dem Zweck der Norm nicht die vorgesehene Rechtsfolge eintreten soll. Obwohl der konkrete Fall vom Gesetzeswortlaut erfasst zu sein scheint, wird die vorgesehene Rechtsfolge aufgrund der teleologischen Reduktion der Norm nicht angewendet. 75

c) Konkurrenz von Rechtsnormen

Grundsätzlich sind die in Frage kommenden Rechtsnormen nebeneinander anzuwenden (Idealkonkurrenz). Lässt sich der Sachverhalt (auch nach deren Auslegung) unter verschiedene Normen subsumieren, die aber einander widersprechende Rechtsfolgen enthalten, muss die Kollision aufgelöst werden. Dabei geht das **ranghöhere** Gesetz dem rangniedrigeren *(lex superior derogat legi inferiori)*, die **speziellere** Norm der allgemeineren *(lex specialis derogat legi generali)* sowie die **später** erlassene Norm der früher erlassenen *(lex posterior derogat legi priori)* vor[32]. 76

30 *Birk/Desens/Tappe*, Steuerrecht, Rn 1157 ff.

31 Nach BFH, III R 86/03, BStBl II 2005, 756.

32 Vgl dazu *Wernsmann*, in: HHSp, § 4 AO Rn 240 ff mwN.

Darstellungshinweis im Rahmen der Fallbearbeitung: Erklärt etwa eine Norm der LStDV einen bestimmten Vorteil V für Arbeitslohn, erfüllt dieser aber nicht die begrifflichen Voraussetzungen des Gesetzes für Arbeitslohn, so könnte wie folgt formuliert werden: „Nach § x LStDV handelt es sich um Arbeitslohn. Fraglich ist indes, ob diese Norm im Einklang mit der gesetzlichen Definition des § 19 Abs. 1 Satz 1 Nr 1 EStG steht. Der Verordnungsgeber ist gem. Art. 20 Abs. 3 GG an das Gesetz gebunden, so dass § x LStDV den Anforderungen des § 19 Abs. 1 Satz 1 Nr 1 EStG genügen muss. Fraglich ist, ob es sich bei V um ‚Lohn' iSd § 19 Abs. 1 Satz 1 Nr 1 EStG handelt. Lohn iSd § 19 Abs. 1 Satz 1 Nr 1 EStG ist [...]. V erfüllt nicht das Merkmal y des Lohnbegriffs. Damit handelt es sich bei V nicht um Arbeitslohn."

III. Die steuerrechtliche Hausarbeit

77 In den Prüfungsordnungen ist in verschiedenem Umfang auch die Erstellung von Haus- oder Seminararbeiten im Fach Steuerrecht vorgesehen. Im Gegensatz zur Klausur steht dem Prüfling hier Fachliteratur zur Verfügung. Die **sorgfältige Auseinandersetzung mit der Rechtsprechung und der Fachliteratur sowie ggf auch der Entstehungsgeschichte einer Norm** (zu ermitteln anhand der Gesetzesmaterialien, zB der amtlichen Begründung, zu zitieren zB nach Bundestagsdrucksachen) stellt einen wesentlichen Teil der Prüfungsleistung dar.

78 In einer Hausarbeit ist – wie in der Klausur – ein vorgegebener Sachverhalt zu begutachten. Die Ausführungen zur Klausurtechnik gelten daher auch für die Hausarbeit. Aufgrund der längeren Bearbeitungszeit kann und muss der Bearbeiter den Fall in der Hausarbeit gedanklich erheblich tiefer durchdringen[33]. Wegen des Umfangs der Bearbeitung lässt es sich (anders als in der Klausur) häufig nicht vermeiden, dass Entwicklung des Lösungsweges und Niederschrift der Lösung teilweise parallel erfolgen. Wenn sich die Aufgabenstellung nicht in mehrere, voneinander unabhängige Teile zerlegen lässt, sollte bei Beginn der Niederschrift jedenfalls der grobe Lösungsweg in Gedanken feststehen.

79 In der **äußeren Form** sind Haus- und Seminararbeit nahezu identisch. Hier wird verwiesen auf die Ausführungen zu den Seminararbeiten (unten IV.). In einer Hausarbeit ist nach dem Deckblatt eine Abschrift des zu bearbeitenden Sachverhalts einzufügen.

80 Eine weitere Besonderheit besteht darin, dass in Hausarbeiten das vorhandene Material (Rechtsprechung, Monographien, Kommentare, Lehrbücher, Aufsätze in Zeitschriften und Festschriften usw) verarbeitet werden und sich der Bearbeiter mit den Argumenten auseinandersetzen muss, die in der Diskussion vorgebracht werden.

81 Mit Fußnoten sind aber nur die zitierten *Rechtsansichten* zu belegen. Fehlerhaft ist es hingegen, ein Rechtsprechungs- oder Literaturzitat auf ein (Teil-)*Ergebnis* des konkret zu bearbeitenden Falles zu beziehen (sog. **Fallzitat**), weil der Sachverhalt, der dem Hausarbeitsfall zugrunde liegt, nicht Gegenstand der angeführten Gerichtsentscheidung oder Abhandlung war. Dass Rechtsprechung oder Literatur nicht das Ergebnis des Fal-

33 *Schwerdtfeger/Schwerdtfeger*, Öffentliches Recht in der Fallbearbeitung, 15. Aufl 2018, Rn 773.

les, sondern eine Rechtsauffassung vertreten, mit deren Hilfe der Bearbeiter dieses Ergebnis erreicht, muss durch die Position der Fußnote deutlich werden.

Beispiel (vgl Fall 7): Weil sich der BFH nicht mit den Einkünften *des R* auseinandergesetzt hat, wäre folgende Darstellung **falsch**:

„Die Vergütung des R könnte zu den Einkünften aus Gewerbebetrieb gehören. Die Bezüge sind R für seine Tätigkeit als Geschäftsführer gezahlt worden und folglich als Einkünfte aus Gewerbebetrieb einzuordnen[1].

[1] BFH, I R 9/79, BStBl II 1983, 570."

Richtigerweise darf allein die Rechtsansicht des BFH belegt werden:

„Die Vergütung des R könnte zu den Einkünften aus Gewerbebetrieb gehören. Geschäftsführungstätigkeiten sind Leistungen, die wirtschaftlich zur Verwirklichung des Gesellschaftszwecks beitragen[1]. ... Die Bezüge des R stellen daher Einkünfte aus Gewerbebetrieb dar.

[1] BFH, I R 9/79, BStBl II 1983, 570."

Das Zitat einer Entscheidung oder einer Literaturstelle ist auch unangebracht, wenn sich die zu belegende Aussage direkt aus dem Gesetz ergibt. In diesem Fall sollte die Rechtsnorm direkt im Text angegeben werden. **82**

Von erheblicher Bedeutung sind auch die Nachweise im **Internet**. Hier sind vor allem die juristischen Datenbanken wie juris und beck-online hervorzuheben, die Studierende üblicherweise in der Universitätsbibliothek und im Campusnetz kostenfrei abrufen können. Gleichwohl sollten die Entscheidungen – auch wenn sie über das Internet recherchiert wurden – mit der Fundstelle aus der amtlichen Sammlung oder einer juristischen Zeitschrift zitiert werden. Soweit keine anderen Hinweise von dem die Haus- oder Seminararbeit betreuenden Lehrstuhl ausgegeben werden, können für Zitate aus der Rechtsprechung folgende Quellen zitiert werden:

Entscheidungen des	**Sammlung/Zeitschrift**
Bundesverfassungsgerichts	BVerfGE
Bundesfinanzhofs	Vorrangig aus dem BStBl II[34]; falls dort (noch) nicht veröffentlicht, aus BFHE oder BFH/NV. Bei aktuellen Entscheidungen aus den bekannten Fachzeitschriften wie DStR, FR o.ä.
Europäischen Gerichtshofs	Die amtliche Sammlung (Slg.) wurde 2012 eingestellt. Zitation neuerer Entscheidungen erfolgt nach einer Fachzeitschrift (etwa IStR, ISR) oder mit dem europäischen Rechtsprechungsidentifikator (ECLI)
Finanzgerichts	EFG

34 Durch die Veröffentlichung von Urteilen und Beschlüssen des BFH im Bundessteuerblatt II weist das Bundesfinanzministerium in Kooperation mit den Landesfinanzministerien die Finanzämter an, diese Entscheidungen in vergleichbaren Fällen anzuwenden.

Zitate aus bisher nicht in gedruckter Form veröffentlichten Entscheidungen, die aus dem Internet entnommen sind, werden mit Datum und Aktenzeichen sowie dem Zusatz juris und der entsprechenden Randnummer angeführt.

Beispiel: BVerfG, Urt. v. 10.4.2018, 1 BvL 11/14, juris, Rn

Literatur: *Möllers, Thomas M. J.*, Juristische Arbeitstechnik und wissenschaftliches Arbeiten, 10. Auflage 2021; *ders.*, Juristische Methodenlehre, 3. Auflage 2020; *Reimer, Franz*, Juristische Methodenlehre, 2. Auflage 2020; *Schoch, Friedrich*, Übungen im Öffentlichen Recht II, Verwaltungsrecht und Verwaltungsprozessrecht, 1992; *Mann, Thomas*, Einführung in die juristische Arbeitstechnik, 5. Auflage 2015; *Schwerdtfeger, Gunther/Schwerdtfeger, Angela*, Öffentliches Recht in der Fallbearbeitung, 15. Auflage 2018.

IV. Die steuerrechtliche Seminararbeit

1. Allgemeines

83 Vielen Menschen fällt das Schreiben längerer zusammenhängender Texte schwer. Schreiben erfordert nicht nur gute Kenntnisse der sprachlichen Regeln, sondern auch die Fähigkeit, sich verständlich und gewandt auszudrücken. Dies gilt erst recht für das Verfassen wissenschaftlicher Texte, deren erster Versuch für die Studierenden regelmäßig die Seminararbeit darstellt. In der Regel ist eine Fülle von Stoff auf einer begrenzten Zahl von Seiten so aufzubereiten, dass nicht nur das Problem verständlich herausgearbeitet, sondern auch korrekt – dh unter Einbeziehung der verschiedenen Meinungen in Rechtsprechung und Schrifttum – dargestellt wird. Eine überdurchschnittliche Leistung erfordert zudem eine eigenständige Problemlösung, also nicht nur das bloße Referieren und Aneinanderreihen von Meinungen, sondern auch eine Gegenüberstellung und eigenständige Gewichtung der verschiedenen für und gegen eine bestimmte Lösung sprechenden Argumente. Kritische Verarbeitung des Meinungsstands und selbstständige Lösungsansätze steigern die Qualität der Arbeit und sind regelmäßig Voraussetzung für eine (erheblich) über dem Durchschnitt liegende Leistung.

2. Aufbau und Form – Äußere Gestaltung

84 Die Seminararbeit setzt sich wie folgt zusammen:

1. Deckblatt
2. Gliederung
3. Literaturverzeichnis
4. Text

a) Deckblatt

Das Deckblatt enthält folgende Angaben: 85

Name Adresse (einschl. E-Mail-Adresse) Fachsemester Matrikelnummer	Datum der Abgabe
Titel des Seminars Semester Dozent/in Thema der Seminararbeit	

b) Gliederung

Nach dem Deckblatt folgt die Gliederung der Arbeit. Sie enthält als ersten Punkt (ohne eigenen Gliederungspunkt) das Literaturverzeichnis, dessen Seiten am besten mit römischen Ziffern nummeriert werden sollten. Daran schließt sich der erste Oberpunkt der inhaltlichen Ausarbeitung an. Es ist auf **sinnvolle und übersichtliche Strukturierung** zu achten. Nicht zu viele Oberpunkte (ideal sind drei, höchstens fünf). Üblich ist die Verwendung der gemischten Klassifikation beginnend mit A. und spätestens endend mit aa) also A I 1 a aa. Reichen diese Gliederungsstufen nicht aus, zieht man besser noch eine höhere Gliederungsstufe ein, also Teil 1 usw. 86

c) Literaturverzeichnis

In das Literaturverzeichnis sind alle herangezogenen Lehrbücher, Kommentare, Monographien, Dissertationen, Habilitationen, Aufsätze und Urteilsanmerkungen aufzunehmen, allerdings nur soweit, als sie auch in den Fußnoten der Arbeit zitiert werden. Das Verzeichnis wird **alphabetisch nach Verfassernamen** geordnet, wobei die Nachnamen der Verfasser den Vornamen vorangestellt werden. Titel und Berufsbezeichnungen (also Prof. Dr., Richterin am BVerfG, Richter am BFH usw) werden nicht genannt. Bei zwei oder mehreren Autoren werden alle genannt, die (alphabetische) Einordnung folgt dem zuerst genannten Autor. Der Titel des Werkes ist vollständig anzugeben. Bei Büchern ist die Angabe der Auflage, des Erscheinungsorts und des Erscheinungsjahrs erforderlich. 87

Tipke, Klaus	Die Steuerrechtsordnung, Band III, 2. Auflage, Köln 2012

88 Umfasst ein Werk **mehrere Bände**, so dürfen nur die in der Arbeit benutzten und zitierten Bände im Literaturverzeichnis angegeben werden. Abweichungen in Titel, Auflage, Erscheinungsjahr müssen kenntlich gemacht werden.

Tipke, Klaus	Die Steuerrechtsordnung, Band I, 2. Auflage, Köln 2000
Tipke, Klaus	Die Steuerrechtsordnung, Band III, 2. Auflage, Köln 2012

89 Bei **Sammelwerken** und **Festschriften**, die Beiträge mehrerer Autoren enthalten, ist der Beitrag des Autors in diesem Werk in das Literaturverzeichnis aufzunehmen. Der Titel des Beitrags ist dabei ebenso zu zitieren wie der Titel des Sammelwerks. Bei **Kommentaren** mit mehreren Autoren und einem oder mehreren Herausgebern sind nur die Herausgeber zu nennen. Loseblattwerke sind kenntlich zu machen; hier ist der Stand des Kommentars zu nennen.

Locher, Peter	Neuordnung der Familienbesteuerung in der Schweiz, in: Kirchhof, Paul/Lehner, Moris/Raupach, Arndt/Rodi, Michael, Staaten und Steuern, Festschrift für Klaus Vogel zum 70. Geburtstag, München 2000, S. 741 ff
Schmidt, Ludwig (Hrsg.)	EStG, 40. Auflage, München 2021
Herrmann/Heuer/ Raupach (Hrsg.)	EStG/KStG, Köln (Loseblatt, Stand: 303. Lieferung, Mai 2021)

90 Alle Bücher sind in der jeweils **aktuellen Auflage** zu verwenden. Ältere Auflagen sind nur dann heranzuziehen, wenn sich der Verfasser darauf beziehen muss, etwa weil die entsprechende Passage in der Neuauflage nicht mehr vorhanden ist oder weil der Autor seine Meinung geändert hat. Bloße, nicht im Buchhandel erhältliche Skripten oder gar Vorlesungsunterlagen sind nicht zitierfähig, gleichgültig, ob sie von einem Repetitor oder von einem Universitätsdozenten stammen.

91 **Gerichtsentscheidungen** und gesetzliche Regelungen gehören (jedenfalls in rechtswissenschaftlichen Arbeiten) nicht ins Literaturverzeichnis. Quellen aus dem Internet werden regelmäßig nur in den Fußnoten zitiert. Etwas anderes gilt nur, wenn wissenschaftliche Texte (zB Dissertationen) nur elektronisch verfügbar (und damit auch nur so zitierbar) sind.

3. Inhaltliche Darstellung

a) Beherrschung der deutschen Sprache

92 Allererste Voraussetzung einer gelungenen Arbeit ist die Beherrschung der deutschen Sprache. Schreibfehler, Satzzeichenfehler und die Verletzung grammatischer Regeln mindern den Wert der Arbeit erheblich. Die Sprache ist das **Handwerkszeug der Juristin bzw des Juristen**. Wer hier nicht sicher ist, sollte zunächst daran arbeiten, die sprachlichen Regeln bei der Abfassung von Texten zu kennen und zu beherrschen. Die

Erfahrung zeigt leider, dass nicht alle Abiturienten die notwendigen Kenntnisse mitbringen, die jedoch Bedingung für ein erfolgreiches juristisches Studium sind.

b) Klare und gewandte Ausdrucksweise

Ziel jeder schriftlichen Arbeit ist es, den Leser (und Korrektor) zu überzeugen. Dies **93** kann nur gelingen, wenn der Text verständlich ist. Auch wenn es sich bei Seminararbeiten um fachspezifische Texte handelt, sollte sich der Verfasser um eine klare und gewandte Ausdrucksweise bemühen. **Kurze Sätze** (dh Vermeidung von Schachtelsätzen), **Vermeidung zu vieler Substantive**, sparsamer Gebrauch von Fremdwörtern machen den Text gefälliger[35]. Je gelungener, je besser der Schreibstil, desto leichter fällt dem Leser das Verständnis. Abstrakte Aussagen, deren Verständnis schwer fällt, sollten möglichst durch **Beispiele** verdeutlicht werden („exempla docent"). Solche Beispiele dienen auch der Kontrolle, wie weit sich eine theoretische Überlegung in der Praxis umsetzen lässt. Sie erleichtern das Verständnis und verleihen – wenn sie gelungen sind – dem Text mehr Überzeugungskraft.

In jedem Fall sollte man die Seminararbeit vor Abgabe sorgfältig daraufhin durchgehen, ob **sprachliche Verbesserungen** möglich sind. Es empfiehlt sich, sie einer dritten **94** (evtl fachfremden) Person zu lesen zu geben, um die Verständlichkeit und gelungene Ausdrucksweise zu testen.

Hilfreiche Hinweise zur Verbesserung des Schreibstils liefern etwa folgende Bücher: *Reiners, Ludwig*, Stilfibel; *Schneider, Wolf*, Deutsch für Profis (dieses Werk gibt Empfehlungen aus journalistischer Sicht, die sprachlichen Hinweise gelten aber weitgehend auch für fachwissenschaftliche Texte); *Schmuck, Michael*, Deutsch für Juristen, Vom Schwulst zur klaren Formulierung, 5. Auflage 2021; *Möllers, Thomas M.J.*, Juristische Arbeitstechnik und wissenschaftliches Arbeiten, 10. Auflage 2021.

c) Logische Abfolge der Gedanken und Argumente

Ein gelungener Text muss den Leser führen! Dem Leser muss insbesondere bei der **95** Behandlung fachspezifischer Probleme immer klar sein, warum dieser argumentative Aufwand um einer bestimmten Lösung willen betrieben wird und betrieben werden muss. Die Gedanken sind also logisch aufeinander aufzubauen, die Argumente sind zu ordnen, in der richtigen Reihenfolge abzuwägen und in der Gewichtung so anzuordnen, dass das **stärkste Argument** regelmäßig **am Ende** platziert wird, so dass sich daraus mühelos die Lösung ableiten lässt.

Üblicherweise beginnt die Arbeit mit einer Einleitung, in der **das Problem** genannt **96** (umschrieben) wird und die Wichtigkeit (der Stellenwert) dieses Problems im weiteren Umfeld hervorgehoben wird. Auf diese Weise sollte dem Leser deutlich werden, wie wichtig das Bemühen um eine Lösung ist und wie interessant es ist, sich damit zu befassen. Nach der Einleitung folgt der Hauptteil. Am Schluss sollte eine kurze **Zusammenfassung** stehen, die die wesentlichen Ergebnisse und möglicherweise eigenen Lösungsansätze enthält.

35 Vgl auch zum „Juristendeutsch als Problem", *Möllers*, Juristische Arbeitstechnik und wissenschaftliches Arbeiten, 10. Aufl 2021, S. 73 ff. und zu den „Kriterien eines guten juristischen Stils", S. 81 ff.

97 Wie vermeidet man Gedankensprünge und wie überprüft man die richtige Reihenfolge der Gedanken und Argumente? Zuallererst muss die Gliederung systematisch aufgebaut sein. Die Gliederung kann auf verschiedene Weise entwickelt werden, entweder nach den verschiedenen Auslegungsmethoden oder der Auseinandersetzung mit einer Gerichtsentscheidung oä. Aber dann müssen auch die Gedanken innerhalb eines Gliederungspunkts folgerichtig geordnet werden. Um dies sicherzustellen, gibt es ein einfaches Hilfsmittel: Man zieht für jeden neuen Gedanken eine kurze **Zwischenüberschrift** ein und überprüft dann, ob die Zwischenüberschriften eine logische Abfolge bilden. Falls dies nicht der Fall ist, ändert man den Text entsprechend und solange, bis der Gedankengang überzeugt. Danach entfernt man die Zwischenüberschriften wieder aus dem Text.

d) Zitiertechnik

98 Alle fremden Ansichten müssen als solche gekennzeichnet werden. Dies geschieht durch **Fußnoten**. Die im Text verwendete Literatur und Rechtsprechung – aber auch nur diese – müssen zitiert werden. Nicht verwendete Quellen dürfen nicht zitiert werden. Wörtliche Zitate im Text sollten nur aufgenommen werden, wenn es auf den Wortlaut ankommt; ansonsten sind die Meinungen mit eigenen Worten wiederzugeben und zu verarbeiten. Längere wörtliche Zitate wirken häufig ermüdend.

99 Die Fußnoten sind **übersichtlich** zu gestalten. Es empfiehlt sich, eine kleinere Schriftgröße als die im Text verwendete zu wählen. Der Zeilenabstand sollte einzeilig sein. Die Fußnoten werden fortlaufend nummeriert und sollten nicht am Ende des Textes, sondern auf der jeweiligen Seite stehen. Aus Gründen der Übersichtlichkeit empfiehlt es sich, den Namen des Autors in der Fußnote kursiv zu setzen und den Fußnotentext einzurücken, so dass die Fußnotenziffer alleine steht.

100 **Rechtsprechungszitate** sind mit Datum und Aktenzeichen der Entscheidung zu versehen, dies erleichtert dem Leser das Auffinden der Quellen in einschlägigen Datenbanken. In Klammern sollte dann noch die genaue Seite oder die Randnummer (ohne Klammer und mit Komma abgetrennt) angegeben werden, auf die sich das Zitat bezieht.

> [1] BFH v. 20.6.2017, X R 26/15, BStBl II 2018, 58 (59)

Sog. Sekundärzitate, also das Zitieren nach einem Zitat, sind nach Möglichkeit zu vermeiden. Der Verfasser sollte sich die Mühe machen, die **Originalfundstelle** nachzulesen und nachzuweisen.

> Also nicht:
> *Adolph Wagner* zit. nach Tipke, Steuerrechtsordnung …
> Sondern:
> *Adolph Wagner*, Finanzwissenschaft, 2. Auflage, Leipzig 1890

Nur wenn die Originalfundstelle nicht greifbar sein sollte, ist ein sog. **Sekundärzitat** 101
zulässig. In jedem Fall weist es auf mangelnde Sorgfalt bei der Recherchearbeit hin, wenn ein Standpunkt als Auffassung der Rechtsprechung im Text erwähnt wird und dieser in der zugehörigen Fußnote mit einem Sekundärzitat aus dem Schrifttum belegt wird.

Da die Arbeit über ein Literaturverzeichnis verfügt, kann der Bearbeiter in der Fußnote eine Kurzzitierweise verwenden, die neben dem Namen nur den **Kurztitel** benennt. Bei Beiträgen in Zeitschriften und Sammelwerken genügt die Angabe der Zeitschrift bzw des Sammelwerks. Bei Kommentaren ist neben dem Herausgeber auch der Autor zu nennen. Der Titel des Beitrags ist also nicht in jeder Fußnote zu wiederholen.

> [1] *Tipke*, Steuerrechtsordnung I, S. 244; *Locher*, in: FS für Klaus Vogel, S. 741; *Offerhaus*, BB 1979, S. 621; *Loschelder*, in: Schmidt, EStG, § 9 Rn 28.

e) Inhaltliche Qualität

Über die Qualität der Arbeit entscheidet in erster Linie der Inhalt. Inhaltlich ist eine 102
Arbeit gelungen, wenn sie insbesondere folgende Kriterien erfüllt:

- Korrekte Erfassung und Darstellung der Probleme
- Richtige Schwerpunktsetzung
- Logische und folgerichtige Gedankenführung
- Verständliche Sprache
- Umfassende Würdigung aller Gesichtspunkte mit eigener Argumentation und abschließender Stellungnahme.

Die Durchschnittsarbeit erschöpft sich in der **richtigen Problemdarstellung**. Sie lehnt 103
sich an vorhandene Darstellungen an und begnügt sich mit der Auswertung der gängigen Quellen (höchstrichterliche Rechtsprechung, Standardkommentare und -lehrbücher). Ihr fehlt regelmäßig das Bemühen um eine eigene gedankliche Durchdringung des Stoffes und die Auswertung auch eher entlegener Quellen (Zeitschriftenbeiträge, Rechtsprechung der Instanzgerichte, Beiträge in Sammelwerken usw). Eine überdurchschnittliche Arbeit weist in der Regel mehr auf als eine korrekte Erfassung und Darstellung der Probleme, wenn dies auch – insbesondere bei schwierigen Themen – schon eine anspruchsvolle eigenständige Leistung sein kann. Stellt der Verfasser die Zusammenhänge zutreffend dar und lässt er zugleich erkennen, dass er sich um neue Argumente bemüht, die schließlich zu einem **eigenen Standpunkt** führen oder das zu behandelnde Problem möglicherweise in einem neuen Licht erscheinen lassen, so liegt je nach erreichtem Argumentationsstand eine (erheblich) über den durchschnittlichen Anforderungen liegende Leistung oder sogar eine hervorragende Leistung vor.

Literatur: *Brandt, Edmund*, Rationeller Schreiben Lernen – Hilfestellung zur Anfertigung wissenschaftlicher (Abschluss-)Arbeiten, 5. Auflage 2016; *Schimmel, Roland/Basak, Dennis/Reiß, Marc*, Juristische Themenarbeiten, 3. Auflage 2017; *Esselborn-Krumbiegel, Helga*, Von der Idee zum Text – Eine Anleitung zum wissenschaftlichen Schreiben, 5. Auflage 2017.

V. Referate im Studium

104 Häufig besteht die Prüfungsleistung im Schwerpunktstudium in einer sog. häuslichen Arbeit, die im Rahmen eines Seminars anzufertigen ist (Seminararbeit). Seminararbeiten erschöpfen sich aber nicht in der schriftlichen Leistung; vielmehr muss die schriftliche Ausarbeitung auch mündlich präsentiert werden (Vortrag). Dabei handelt es sich – dies ist wichtig – um zwei unterschiedliche Arbeitsgänge: Der Vortrag sollte keinesfalls darin bestehen, die schriftliche Seminararbeit abzulesen. Wer dies tut, wird es schwer haben, die Zuhörerinnen und Zuhörer zu erreichen. Ein guter Vortrag folgt anderen Regeln als eine gute Seminararbeit oder auch ein guter Aufsatz. Vortragende sollten möglichst nicht schriftlich ausformulierte Sätze wiedergeben, sondern vielmehr den (gut vorbereiteten) Inhalt seines Referats möglichst in der Sprechsituation frei formulieren und so auf die Bedürfnisse und Stimmungen der Zuhörer eingehen. Dieser „einseitige Dialog" stellt eine große Herausforderung dar und schafft – vor allem, weil man einer andauernden Erwartungshaltung ausgesetzt ist – Stress. Die folgenden Ausführungen befassen sich mit **fünf Grundregeln**, die Vortragende beachten sollten.

1. Anspannung und Nervosität in den Griff bekommen

a) Aufgeregte Stimmung positiv sehen

105 Nervosität und Anspannung sind notwendig, um exzellente Leistungen zu produzieren. In Maßen vorhanden können sie genutzt werden, um dem Vortrag Engagement, Lebhaftigkeit und Überzeugungskraft zu verleihen. Wer zur Nervosität neigt, sollte das also zunächst positiv sehen, nämlich als „Motor", der zu besseren Leistungen befähigt.

106 Allerdings ist zu viel an Nervosität und Anspannung einer Leistungssteigerung abträglich. Übermäßige Anspannung führt zur Befangenheit, zum Verlust der Natürlichkeit und kann schöpferische Entfaltung blockieren. Es gilt also, die Fähigkeit zu entwickeln, Nervosität zu „dosieren". Wie lässt sich das erreichen?

b) Entspannte Grundposition

107 Das Wichtigste ist eine möglichst entspannte **Grundposition**. Es gilt, ein Gefühl der Lockerheit zu erreichen. Bei erfahrenen Rednern kann man beobachten, wie locker gewöhnlich ihre Haltung ist. Dies kann man üben! Wie man bei einer entspannten Plauderei ja auch nicht steif dasteht, so kann man sich vornehmen, auch während eines Vortrags die Beine nicht durchzudrücken und eine flache Atmung zu vermeiden. Bevor man mit dem Reden beginnt, sollte man eine solche (möglichst) entspannte Position einnehmen. Auch das kann man vorher trainieren. Wer befürchtet, dies zu vergessen, kann sich das zur Erinnerung als **Randbemerkung** in sein Manuskript schreiben (Atmung! Lockerer Stand!). Auch ein Bild vor Augen zu haben, wie es in einer entspannten Diskussion oder einem solchen Gespräch zuginge, kann helfen.

c) Anfang des Textes ausformulieren, danach vom Text lösen

Anfänger haben nicht selten Angst vor einem „Black out“. Diese Angst legt sich, wenn man seinen ersten Vortrag erfolgreich überstanden hat. Was kann man gegen diese Angst tun? Am schwierigsten sind die ersten Minuten in der ungewohnten Situation, in der der Referent plötzlich die Augen und Ohren der Zuhörer auf sich gerichtet sieht. Um in dieser Situation nicht die Fassung zu verlieren, kann man den Anfang seines Vortrags, also **die ersten Sätze, ausformulieren**, so dass jedenfalls ein sicherer und gelungener Start garantiert ist. Spätestens nach einer Seite, besser noch nach einer halben, sollte man sich allerdings **vom vollständig ausformulierten Text lösen**. Dies gelingt idR nicht, wenn der komplette Text vor einem liegt. Man sollte also dann auf ein **Stichwortmanuskript** (evtl Karteikarten; diese haben zudem den Vorteil, dass die Hände während des Vortrags „beschäftigt“ und damit „ruhiggestellt“ sind) übergehen. Das Stichwortmanuskript zwingt den Referenten, die Sätze beim Sprechen auch zu formulieren. Nur die beim Vortrag selbst formulierten Sätze – mögen sie auch manchmal unbeholfen sein – schaffen unproblematisch den Weg in die Köpfe der Zuhörer, da sie einer natürlichen Sprechsituation entstammen. Das spontane Formulieren setzt im Gegensatz zum Ablesen einen Denkprozess in das gesprochene Wort um und erleichtert deshalb das Mitdenken. Zudem können die Zuhörer einem freien Vortrag besser folgen, da der Referent in freier Rede auch schwer verständliche Schachtelsätze „ganz natürlich“ vermeiden wird. **Kernsätze**, die besonders wichtig erscheinen und deren überlegte Formulierung man nicht „verfehlen“ will, kann man aber durchaus auch im Stichwortmanuskript ausformulieren. 108

Wer glaubt, aus lauter Aufregung keinesfalls auf einen ausformulierten Text verzichten zu können, sollte seine Seminararbeit so umformulieren, dass sie dem gesprochenen Wort möglichst nahe kommt: Kurze Sätze, Beispiele, Argumentationsstränge vereinfachen und zuspitzen, auf Zeitvorgabe achten und danach die Schwerpunkte setzen. Hat man einen solchen „Redetext“ vor sich, fällt es einem leichter, sich im Vortrag dann stellenweise davon zu lösen.

2. Subjektives Wohlbefinden trainieren

Ziel jedes Vortrags ist es, mit den Ausführungen die Zuhörer zu erreichen. Die entscheidende Frage ist also immer, wie die Gedanken, die im Kopf des Vortragenden entwickelt werden, sich den Weg in die Köpfe der Zuhörer bahnen. Dies gelingt umso besser, je wohler und unverkrampfter sich der Vortragende fühlt. Sein Wohlbefinden entscheidet darüber, inwieweit er mit den Zuhörern in Kontakt treten kann. Nur wer mit den **Zuhörern Kontakt** pflegt, also sie als sein **Gegenüber ansieht, anspricht, auf Reaktionen reagiert**, wird einen guten Vortrag halten. Eine gute subjektive Befindlichkeit ist also Voraussetzung für einen guten Vortrag oder eine gute Rede. Nur wer sich subjektiv wohl fühlt, wird einen guten Kontakt zu seinen Zuhörern aufbauen können. 109

a) Wissen, wovon man redet

110 Erste Voraussetzung für eine „Wohlfühlsituation" ist die **Beherrschung des Stoffs**, über den man redet. Wer stofflich unsicher ist, wird schon deswegen angespannt und verkrampft wirken, da er ja als Referent vorgeben muss, über den Inhalt seines Referats gut Bescheid zu wissen, obwohl er tatsächlich das Gefühl hat, nicht sattelfest zu sein. Ein gutes Gefühl hat also nur der, der auch weiß, worüber er redet. Es führt also kein Weg daran vorbei, sich tief in das Thema einzuarbeiten, das Schrifttum und die Rechtsprechung dazu zu studieren und Streitfragen am besten mit einem Fachkollegen zu diskutieren. Nur passive Aufnahme des Stoffs genügt in der Regel nicht. Das Wissen muss auch präsent sein! („Tene rem!") Spätestens in der Diskussion zeigt sich, wie weit der Referent den vorgetragenen Stoff auch beherrscht. Also: Ohne Fleiß bei der inhaltlichen Erarbeitung des Themas nützen alle rhetorischen Fähigkeiten nichts. Es stellt sich schnell heraus, dass geschickt Vorgetragenes an der „Oberfläche" bleibt. Beides muss zusammenkommen: fachliche Kompetenz und rhetorisches Geschick, wenn die Leistung herausragend sein soll.

b) Kontakt zu den Zuhörern

111 Zweite Voraussetzung ist der Kontakt zu den Zuhörern. Auch ein Vortrag sollte ein Dialog sein, mit dem Unterschied, dass der Vortragende den Kontakt suchen muss, im Idealfall seine Zuhörer in den Bann ziehen oder zumindest ihre Aufmerksamkeit erwecken soll. Vortrag ist auch eine Form des Dialogs (und kann Reaktionen der Zuhörer geradezu provozieren, zB Lachen, Zwischenrufe, Raunen, Gespräche). Man sollte also lernen, **zuhörerorientiert** zu sprechen. Wie macht man das? *Erste Regel:* Zuhörer anschauen, Blickkontakt suchen. *Zweite Regel:* Zuhörer direkt ansprechen. Dies kann über Beispiele erfolgen, in der die (vermutete) Situation eines Zuhörers eingebaut wird. Auch **Fragen** an einen oder alle Zuhörer sind ein gutes Mittel der Kontaktaufnahme, selbst wenn keine Antwort erwartet wird, sondern – nach einer kleinen Denkpause – die Antwort durch den Referenten selbst erfolgt. *Dritte Regel:* Zuhörer nicht überfordern. Kein Zuhörer hat eine unbegrenzte Aufnahmefähigkeit. Schwierige gedankliche Zusammenhänge wiederzugeben kann nur gelingen, wenn der Zuhörer dazwischen auch „verschnaufen" kann. Diese Gelegenheit gibt man ihm durch einfache Beispiele, durch eingestreute Anekdoten, durch kleinere wohldosierte Abschweifungen. Vor allem: Kurze **Zusammenfassungen** zwischendurch helfen, den Zuhörer, der den Faden verloren hat, wieder „einzufangen".

112 Hilfreich kann es sein, den Vortrag vorher **zur Probe auf Video** aufzunehmen. Dies bietet die Möglichkeit, sich selbst zu kontrollieren, ob die genannten Regeln beachtet wurden.

3. Auf Verständlichkeit achten

113 Verständlichkeit ist das oberste Gebot beim Sprechen. Noch so gut formulierte und gut überlegte Sätze verfehlen ihre Wirkung, wenn der Zuhörer Schwierigkeiten hat zu folgen.

a) Den Zuhörer führen

Ein Vortrag ist darauf gerichtet, dass das gesprochene Wort den Zuhörer erreichen muss. Während der Leser den Prozess des Verstehens selbst bestimmt, indem er zB langsam oder schwierige Passagen mehrfach liest, Denkpausen einlegt, den Text weglegt und in einem anderen Buch dazu nachliest, kann der Zuhörer auf den Verstehensprozess wenig Einfluss nehmen. Er muss sich vom Vortragenden führen lassen. 114

Die wichtigste Erkenntnis für den Vortragenden ist also: Er spricht nicht für sich, sondern **ausschließlich für den Zuhörer**. Es kommt nicht darauf an, wie ausgefeilt und geschliffen der Text ist, wenn er den Zuhörer nicht erreicht. Umgekehrt können holprige Sätze für den Fluss des Verstehens manchmal sogar nützlich sein, da sie dem Referenten „Atempausen" und den Zuhörern „Denkpausen" verschaffen. Der Vortragende soll immer das Gefühl haben, dass er den Zuhörer „an der Hand nimmt" und ihn in seine Gedankenwelt „entführt". Dies kann nur gelingen, wenn der Vortrag eine – auch dem Zuhörer klare – **Struktur** hat und dieser weiß, an welcher Stelle dieser Struktur (Gliederung) sich der Referent befindet. Kleinere **Wiederholungen** helfen, den Kontext deutlich zu machen. Je einfacher die Grundstruktur der Darstellung ist, desto leichter fällt es, diese geistige „Führungsrolle" zu übernehmen. 115

b) Sprechgeschwindigkeit

Wichtig ist auch die richtige Sprechgeschwindigkeit. Der Referent eines Fachvortrags sollte **langsam sprechen**, Sprechpausen einplanen und komplizierte Gedankengänge wiederholen. Schwierige Gedankengänge brauchen Zeit zur Vermittlung. Ein Fachvortrag ist keine (bloße) Unterhaltung, sondern muss dem Zuhörer auch einiges abfordern. Aber der Zuhörer muss auch die Zeit haben, es aufnehmen zu können. 116

c) Laut sprechen

Auch die richtige Lautstärke ist wichtig. Es gilt die Regel: **Besser zu laut als zu leise**. 117
Wer den Zuhörer für sich einnehmen will, muss auch verbal auf ihn zugehen und darf ihm jedenfalls akustisch keine Chance geben abzuschalten.

Wer von Natur aus zurückhaltend ist und zum leisen Sprechen neigt oder wer als „Draufgängertyp" gerne zu schnell spricht, sollte den Vortrag unbedingt vorher vor der Familie, Freunden oder Mitbewohnern üben. Von dem Probepublikum sollte sich eine ehrliche Rückmeldung eingeholt werden, damit weiter an den Schwachstellen gearbeitet werden kann. „Regieanweisungen" im Manuskript oder auf den Karteikarten (zB „Laut sprechen", „langsam", „Sprechpause" usw.) helfen dabei, diese Punkte dann nicht wieder im „Eifer des Gefechts" zu vergessen. 118

d) Gestik und Stand

Sparsame Gestik kann die Verständlichkeit des Vortrags erhöhen. Gezielt eingesetzt 119
kann sie den Vortrag plastischer machen und dem Vortrag eine gewisse Lockerheit ver-

leihen. Aber man sollte sich – wie bei allem – vor Zuviel hüten. Gesten sollen das Gesagte unterstreichen und Wichtiges hervorheben, aber sie sollten **nicht ablenken**. Wichtig ist hierbei vor allem, dass man authentisch bleibt. Außerdem sollte man auf einen festen Stand achten und während des Vortrags nicht herumlaufen wie die Eisbären im Zoo.

e) Folien, PowerPoint, Thesenpapier

120 Die früher häufig verwendeten Folien, die stückweise auf den Tageslichtschreiber gelegt worden sind, waren in der Regel aufwändig vorzubereiten. Umso sparsamer wurden sie eingesetzt. Manchmal musste eine Folie für einen ganzen Vortrag herhalten. Dies hatte für den Zuhörer den Vorteil, dass er sich gut auf das gesprochene Wort konzentrieren konnte. Heute hat PowerPoint die „handgemachten“ Folien abgelöst, damit einher ging eine Inflationierung des Foliengebrauchs. Wer PowerPoint nutzt, neigt häufig dazu, die PowerPoint Präsentation zugleich als seine Vortragsunterlagen zu benutzen. Folien sollten aber nicht Gedächtnisstützen für den Vortragenden sein (dazu dient das Stichwortmanuskript, das auch in Karteikarten bestehen kann), sondern sie sollen die Zuhörer führen. Dies gelingt nur, wenn sie nicht zu zahlreich und inhaltlich **nicht überfrachtet** sind und den Zuhörer visuell nicht überfordern. Wer über Folien Lesestoff präsentiert bekommt, kann dem Vortrag nicht mehr konzentriert folgen. Wer PowerPoint verwendet, sollte sich an der alten, durch Klarsichtfolien erprobten Übung orientieren: Sie sollten in erster Linie die Struktur des Vortrags deutlich machen und dem Zuhörer zeigen, an welcher Stelle sich der Referent befindet. Deshalb werden Folien auch **sukzessive aufgebaut** („animiert“), was wiederum den Verstehensprozess erleichtert. Schwierige Zusammenhänge werden durch Beispiele oder Grafiken verdeutlicht. Merksätze werden hervorgehoben. Ganze Sätze oder Textpassagen werden nur in Ausnahmefällen (zB wenn es auf ein wörtliches Zitat ankommt) verwendet. Hilfreich ist auch den Gesetzeswortlaut einer Norm auf eine Folie aufzunehmen, wenn es auf deren Anwendung oder Auslegung ankommt. Auf diese Weise kann sichergestellt werden, dass alle Zuhörer den Normwortlaut vor Augen haben; zudem kann sich der Referent voll auf den Vortrag konzentrieren, da er nicht mit dem Blättern und Suchen in dem Gesetz beschäftigt ist.

121 Alle Regeln, die sich bei der Herstellung von Klarsichtfolien schon aus der Natur der Sache ergaben, gelten auch für die **PowerPoint-Präsentation**. Nichts ist frustrierender als – häufig noch in viel zu schneller Abfolge – ein Bild nach dem anderen vorgeführt zu bekommen, das mit Informationen überfrachtet ist, so dass im Ergebnis weder der Stoff visuell erfasst noch dem Vortragenden konzentriert zugehört werden kann. Beim Vortrag ist es zu vermeiden, sich ständig zur Präsentation umzudrehen. Hier hilft der Computer als „Monitor“ oder ein Ausdruck der Präsentation, um den Blickkontakt zu den Zuhörern nicht zu verlieren.

122 Das **Thesenpapier** hat im Gegensatz zu den Folien nicht den Zweck, die Zuhörer zu führen, sondern soll den wesentlichen Inhalt des Vortrags in höchst verdichteter Form wiedergeben. Es erfüllt also mehr die Funktion einer **Zusammenfassung** und hebt die Informationen hervor, die aus Sicht des Referenten besonders wichtig sind. Auch dieses

Thesenpapier sollte knapp gehalten sein und nur die wichtigsten Aussagen des Vortrags enthalten, die die Grundlage der anschließenden Diskussion bilden können.

f) Aber: Wissenschaftlicher Vortrag ist keine Unterhaltung

Bei allem Bemühen um gelungene Präsentation und Rhetorik ist aber stets zu bedenken, dass ein wissenschaftlicher Vortrag keine bloße Unterhaltung sein kann. Wer vor lauter unterhaltsamen „Einlagen" stofflich wenig vermittelt, hat das Vortragsziel verfehlt. Der wissenschaftliche Seminarvortrag sollte also einen klaren Aufbau und eine überzeugende Struktur haben, er sollte aber inhaltlich vom Zuhörer auch **Konzentration und Aufmerksamkeit abfordern**, etwa wenn Argumentationen aufgebaut, gegenübergestellt und gegeneinander abgewogen werden. Schwierige Fragen können durchaus auch schwierig zu vermitteln sein, und es wäre verfehlt, wenn dem Zuhörer dies nicht deutlich gemacht und ihm damit die Komplexität des Problems gar nicht bewusst wird. 123

4. Die inhaltliche Botschaft muss beim Publikum ankommen

Natürlich nützt es dem Zuhörer wenig, wenn ihm nur klar wird, wie schwierig das vom Vortragenden behandelte Thema ist. Der Vortragende darf die Zuhörer also nicht überfordern. Die Komplexität der Probleme ist zu verringern und die Dichte der Informationen zu lockern, wenn ansonsten die Verständlichkeit gefährdet ist. Der **rote Faden** darf in den Ausführungen nie verloren gehen. Hierzu dient insbesondere eine überschaubare Gliederung, die schon vor dem Vortrag ausgeteilt wird So haben die Zuhörer während des Vortrags stets einen Überblick über die Gliederung und können sich Anmerkungen und ggf auch Fragen gleich bei dem entsprechenden Gliederungspunkt notieren. 124

Der Vortragende sollte sich fragen: Was ist die Botschaft, die ich den Zuhörern vermitteln will? Was sollte sich von meinen Ausführungen besonders einprägen? Was sollte in Erinnerung bleiben? Der gewählte **Informationsgehalt** muss sich an diesen Fragen messen lassen. Wer zu viele und zu heterogene Informationen zu dicht in den Vortrag packt, braucht sich nicht zu wundern, wenn am Ende nichts hängen bleibt. Wer sich zu wenig an Problemen orientiert, also zu abstrakt auf der reinen Sachinformationsebene bleibt, der wird damit rechnen müssen, dass die Aufmerksamkeit der Zuhörer abflacht. Wer die Zuhörer motivieren kann, etwa weil er ihnen deutlich vor Augen führt, wie drängend die geschilderten Probleme sind, welche Konsequenzen eine bestimmte Sichtweise hat usw, der wird auf wachsames Interesse stoßen, wenn in überschaubarer Weise Lösungsvorschläge diskutiert werden. Es gilt, beim Zuhörer eine **Anfangsmotivation** herzustellen, die über Anschaulichkeit, gelungene Schwerpunktsetzung und interessante Beispiele in eine **andauernde Motivation** mündet. 125

Am **Schluss des Vortrags** sollte eine Zusammenfassung der wesentlichen Aussagen stehen, wenn sich diese in wenigen Sätzen formulieren lassen (keinesfalls mehr als fünf Sätze). Ist dies (etwa wegen der Bandbreite des behandelten Stoffs) nicht möglich, so sollte man sich um einen gelungen Schluss bemühen, der in einem nachdenkenswerten 126

Satz, in einem Zitat oder in einer Antwort auf eine eingangs gestellte Frage bestehen soll. Die Schlusssätze sollten einen „abgerundeten" Eindruck hinterlassen, also den Zuhörern vermitteln, dass der Vortrag nun zu einem **„guten Ende"** gekommen ist. Es gibt verschiedene Möglichkeiten, bei den Zuhörern am Ende der Phase passiven Aufnehmens fachspezifischer Informationen ein Gefühl der Zufriedenheit hervorzurufen. Jeder Vortragende sollte überlegen, welche Methode am besten zu ihm passt.

5. Lernen aus den Reden anderer

127 Man kann aus guten und aus schlechten Reden/Vorträgen anderer lernen. Ein guter Vortrag wird einen regelmäßig in den Bann ziehen und man wird sich wahrscheinlich gar nicht fragen, warum der Vortrag so gut war. Bei einem schlechten Vortrag wird man sich langweilen oder sogar abschalten und sich über die vergeudete Zeit ärgern. **Gute Vorträge** wird man interessiert „konsumieren" und sich über das Gefühl der geistigen Bereicherung freuen, schlechte Vorträge wird man „abhaken" und ungeduldig das Ende abwarten. Aus beiden Erlebnissen kann man aber für eigene Vortragszwecke wertvollen Nutzen ziehen. Gute Vorträge sollte man im Hinblick auf die genannten Punkte analysieren und sich die Frage stellen, was besonders gelungen war und welche Mittel der Vortragende mit welchem Erfolg genutzt hat. Meist ist es die gute Mischung äußerer (Gestik, Sprechweise, Mittel der Präsentation usw) und inhaltlicher Mittel (klare Gliederung, Beispiele, auflockernde Anekdoten, Wiederholungen usw), die den guten Vortrag ausmacht. Das „Mischungsverhältnis" sollte man genau studieren, um daraus für den eigenen nächsten Vortrag zu lernen.

128 Aber auch der **schlechte Vortrag** bietet Chancen des Lernens. Woran liegt es, dass die Botschaft nicht gut vermittelt wurde? Lagen die Mängel in der äußeren Präsentation oder in der inhaltlichen Darstellung? In welchen Defiziten erkennt man sich als Zuhörer wieder („… ach diesen Fehler mache ich ja auch")? Was könnte der Vortragende spontan besser machen, an welchen Punkten müsste er länger „feilen"? Welchen Rat würde man als Zuhörer dem Vortragenden geben? Welche Mängel sind leicht zu beheben, welche erfordern viel Aufwand und Übung? Sich nach einem Vortrag als Zuhörer die Frage zu stellen, ob man in vertauschten Rollen als Vortragender genauso aufgetreten wäre, kann sehr nützlich sein.

Literatur: *Gast, Wolfgang*, Juristische Rhetorik, 5. Auflage 2015; *Walter, Tonio*, Kleine Rhetorikschule für Juristen, 2. Auflage 2017; *Bartsch, Tim-Christian/Hoppmann, Michael/Rex, Bernd*, Trainingsbuch Rhetorik, 3. Auflage 2012.

2. Teil

Musterklausuren

Fall 1

Der pensionierte Finanzbeamte

Schwerpunkte: **Abgabenordnung:** Korrekturnormen (LB § 4 Rn 397–462); **Einkommensteuerrecht:** Liebhaberei (LB § 5 Rn 707–710); Spendenrecht (LB § 5 Rn 1083, § 3 Rn 352 ff); außergewöhnliche Belastungen (LB § 5 Rn 1085–1116)

Schwierigkeitsgrad: eher hoch, Bearbeitungszeit: 2 Stunden

P ist nach langjähriger Tätigkeit als Vorsteher des Finanzamts von S im November 01 pensioniert worden. Da er nicht so recht weiß, was er mit seiner Zeit anfangen soll, lässt er sich Anfang 02 in angemieteten Büroräumen als Steuerberater nieder. Mit dieser Tätigkeit erzielte P nur Verluste. Er führte seine Praxis jedoch aus Prestigegründen weiter. Zudem will er seinem 29 Jahre alten Sohn nach Abschluss der Ausbildung die Praxisübernahme im Jahr 13 ermöglichen. **129**

In seiner Einkommensteuererklärung für 08 macht P – neben Einkünften aus nichtselbstständiger Arbeit iHv 50 000 € und den Verlusten aus seiner Tätigkeit als Steuerberater iHv 3000 € – Aufwendungen iHv 700 € für die Anschaffung von Schlafzimmermöbeln geltend. Die bisherige, bereits 13 Jahre alte, Schlafzimmereinrichtung sei wegen seiner chronischen Nasennebenhöhlenerkrankung teilweise ausgetauscht worden. Hierzu reicht P ein amtsärztliches Attest ein, nach dem er an einer „chronisch rezidivierenden Nasennebenhöhlenentzündung aufgrund einer nachgewiesenen Formaldehydbelastung“ leidet und sich in ständiger Behandlung der Universitätsklinik S befindet. Auf den ärztlichen Rat, die Wohnung zu sanieren, habe er neue, von jeglichen Schadstoffen freie, Schlafzimmermöbel angeschafft. Dies sei – was zutrifft – erforderlich gewesen, um seine Gesundheit zu erhalten.

Weiter bringt P für 08 zehn Kleiderspenden iHv 500 € und eine Geldspende iHv 100 € an das Deutsche Rote Kreuz eV (DRK) als Sonderausgaben in Abzug. Bei den Kleiderspenden handelt es sich um gebrauchte Kleider seiner bereits seit längerem verstorbenen Frau, die P bei dem Umräumen des Schlafzimmers noch in einem Schrank gefunden hatte. Zum Nachweis der Spende legt P eine Zuwendungsbestätigung des DRK über 500 € vor. Danach sind die gespendeten Kleidungsstücke mit folgenden Werten angesetzt worden: „Mäntel (70 €); Jacken (50 €); Kleider (50 €); Röcke (60 €); Blusen und T-Shirts (25 €); Pullover (50 €); Hosen (60 €); Schuhe (135 €)“ und wurden „unmittelbar im Rahmen der Wohnungslosenhilfe verwendet“. Weitere Unterlagen über den Wert der einzelnen Kleidungsstücke existieren nicht. Die Geldspende (100 €)

belegt P durch einen entsprechenden Kontoauszug. Außerdem legt er dem FA ein Schreiben des DRK vor, in dem angegeben ist: „Spende Wohnungslosenhilfe, DRK eV, steuerbefreit gem. § 5 Abs. 1 Nr 9 KStG".

Im Rahmen der Veranlagung für 08 erkennt das FA einen Verlust aus selbstständiger Tätigkeit in Höhe von 3000 € an, versagt jedoch den Abzug der Kosten für die Schlafzimmereinrichtung, da es sich um Kosten für die private Lebensführung handele und schadstofffreie Möbel auch von Gesunden angeschafft würden. Die steuerliche Berücksichtigung der Spenden lässt das FA ebenfalls nicht zu. Ein Nachweis der Geldspende durch den Kontoauszug und den Beleg des DRK reiche als Zuwendungsbestätigung nicht aus. Die Spende in Form der gebrauchten Kleider habe das Einkommen des P nicht belastet, die gebrauchte Bekleidung habe keinerlei Marktwert. Jedenfalls sei der in den Bescheinigungen genannte Wert völlig überhöht und unrealistisch. P legt gegen den Einkommensteuerbescheid für 08 keinen Einspruch ein, da er seinen „alten Kollegen wohl noch vertrauen" könne.

Bei einer Außenprüfung im Oktober 09 stellt das FA fest, dass P seit Gründung der Steuerberaterpraxis nur vereinzelt Mandanten betreut hat. Er hat auch keine Akquise betrieben, um seine Einnahmen zu steigern. P bestätigt zudem, dass er die Praxis nur aus Sozialprestige weiter führt und die Praxis ansonsten für den Sohn „vorgehalten" werde.

Das FA will daher die Verluste aus der Tätigkeit als Steuerberater nicht mehr anerkennen.

Kann das FA den Einkommensteuerbescheid für 08 ändern? Welche Änderungen ergeben sich dabei ggf für das zu versteuernde Einkommen (zvE) des P?

Vorüberlegungen

Der Fall behandelt drei Probleme aus dem Einkommensteuerrecht, die im Rahmen der Korrekturvorschriften (§§ 172 ff AO) inzident zu prüfen sind, und verknüpft damit materielle und verfahrensrechtliche Aspekte. Für eine gute Bearbeitung entscheidend ist vor allem ein Aufbau, der die Einzelfragen in ihrer Verflechtung zutreffend einordnet und gleichzeitig den Sachverhalt möglichst umfassend auswertet. Obwohl zunächst nur die Verluste als Steuerberater Anlass der vom FA beabsichtigten Änderung sind, muss sich der Bearbeiter überlegen, in welchem Zusammenhang die beiden anderen Probleme (Spenden, Schlafzimmer) in die Prüfung eingebaut werden können. **130**

Da die beabsichtigte Nichtanerkennung der Verluste zu einer *Erhöhung* der Einkünfte und damit letztlich zu einer Erhöhung der festzusetzenden Steuer führt, während eine abweichende steuerliche Beurteilung bei Spenden und Anschaffung der Schlafzimmermöbel zu einer *Verminderung* der Steuerlast führen kann, ist hier an eine *Saldierung* (§ 177 Abs. 1 AO) zu denken.

Die Berichtigung von materiellen Fehlern im Rahmen des § 177 Abs. 1 AO ist ein durchaus beliebtes Prüfungsthema, da zwischen Ausgangs- und Änderungsbescheid einerseits sowie zwischen *Tenor* und *Feststellung der Besteuerungsgrundlagen* andererseits unterschieden werden muss und die Saldierung materielles Recht und Verfahrensrecht verklammert.

Ausgangspunkt der Bearbeitung ist die Prüfung der Voraussetzungen für die Änderung des Steuerbescheids für 08 zu*un*gunsten des Steuerpflichtigen (vgl § 177 Abs. 1 AO) wegen der Verluste aus der Tätigkeit als Steuerberater. **131**

Der Bearbeiter muss hier die im Sachverhalt gegebenen Informationen (ständige Verluste, reibungsloser Einstieg des Sohnes) umfassend würdigen und anhand dieser die Frage der Gewinnerzielungsabsicht des P erörtern.

Das „Spendenrecht" ist in steuerrechtlichen Klausuren eher selten ein Thema; spezielles Fachwissen wird nicht erwartet. Für eine gute Bearbeitung notwendig, aber auch ausreichend ist hier ein Arbeiten nah am Gesetz und eine ordentliche Argumentation. Mit einer entsprechenden Begründung wird bei der Frage der „Kleiderspende" auch ein von dem Lösungsvorschlag abweichendes Ergebnis vertretbar sein.

Gliederung

132 **I. Änderung wegen der Verluste als Steuerberater, § 172, § 173 AO**

1. „Tatsachen oder Beweismittel …"
   a) Gewinnerzielungsabsicht als innere Tatsache
   b) Feststellung der Gewinnerzielungsabsicht
      aa) Totalgewinnprognose
      bb) Bereich der persönlichen Lebensführung
2. „… nachträglich bekannt werden …"
3. „… zu einer höheren Steuer führen"

II. Änderung wegen der Kleiderspende, Saldierung (§ 177 AO)

1. Sachspende als Sonderausgabe iSd § 10b EStG
   a) Zuwendungen, § 10b Abs. 1, 3 Satz 1 EStG
   b) Steuerbegünstigter Zweck, § 10b Abs. 1 Satz 1 EStG iVm §§ 52–54 AO
   c) Wert der Kleiderspende
2. Nachweis der Spende, § 50 Abs. 1, 4 Satz 2 EStDV
   a) Zuwendungsbestätigung
   b) Unzulässige Pauschalbewertung
   c) Kein Vertrauensschutz gem. § 10b Abs. 4 EStG

III. Änderung wegen der Geldspende, § 177 AO

1. Geldspende als Sonderausgabe iSd § 10b EStG
2. Wirkung der Saldierung

IV. Änderung wegen des Schlafzimmers, § 177 AO

1. Anschaffung als außergewöhnliche Belastung, § 33 EStG
   a) Keine anderweitige Abzugsmöglichkeit
   b) Aufwendung
   c) Zwangsläufigkeit
   d) Außergewöhnlichkeit
   e) Belastung trotz Gegenwert
2. Rechtsfolge
   a) Höhe des anzusetzenden Betrages
   b) Zumutbare Belastung

V. Ergebnis

Musterlösung

Das FA kann den Einkommensteuerbescheid für 08 ändern, wenn eine der Korrekturvorschriften (§§ 172 ff AO) eingreift.

I. Änderung wegen der Verluste als Steuerberater, § 172, § 173 AO

Das FA könnte wegen der Verluste gem. § 172 Abs. 1 Satz 1 Nr 2 lit. d iVm § 173 Abs. 1 Nr 1 AO zu einer Änderung des Einkommensteuerbescheids für 08 verpflichtet sein. **133**

§ 172 Abs. 1 Satz 1 AO müsste anwendbar sein. Für die Korrektur der besonderen Steuerverwaltungsakte, also vor allem der Steuerbescheide, gelten nicht die § 130, § 131 AO (s. § 172 Abs. 1 Satz 1 Nr 2 lit. d AO), sondern besondere Vorschriften[1]. Der Einkommensteuerbescheid 08 stand weder unter dem Vorbehalt der Nachprüfung (§ 164 AO) noch war die Einkommensteuer in dem Bescheid vorläufig festgesetzt (§ 165 AO)[2]. § 172 Abs. 1 Satz 1 AO ist somit einschlägig. P hatte zudem keinen Einspruch (§ 347 AO) eingelegt, so dass der Einkommensteuerbescheid bestandskräftig geworden ist, § 172 Abs. 1 Satz 1 Nr 2 lit. a, § 355 AO. Die Änderungssperre des § 173 Abs. 2 AO greift vorliegend nicht ein, da der ursprüngliche Steuerbescheid nicht „auf Grund einer Außenprüfung ergangen" ist, sondern hier ein (ohne vorhergehende Außenprüfung) ergangener Steuerbescheid in Folge einer Außenprüfung geändert werden soll[3]. Schließlich ist auch die Festsetzungsfrist, die eine Änderung ausschließt, § 169 Abs. 1, 2 Satz 1 Nr 2 AO (vier Jahre), noch nicht abgelaufen.

1. „Tatsachen oder Beweismittel ..."

Es müssten neue Tatsachen oder Beweismittel nachträglich bekannt geworden sein, die zu einer höheren Steuer führen würden, § 173 Abs. 1 Nr 1 AO. **134**

a) Gewinnerzielungsabsicht als innere Tatsache

Tatsachen sind alle dem Beweis zugänglichen Umstände, die Merkmal oder Teilstück eines gesetzlichen Steuertatbestandes sein können; dazu zählen Rechtsverhältnisse sowie Zustände, Vorgänge, Beziehungen und Eigenschaften materieller und immaterieller Art[4]. Keine Tatsachen sind Schlussfolgerungen und juristische Subsumtionen, etwa Schätzungen[5]. *Beweismittel* sind alle Erkenntnismittel, die geeignet sind, das Vorliegen oder Nichtvorliegen von Tatsachen zu beweisen und die einer Wertung zugänglich sind[6] **135**

1 *Birk/Desens/Tappe*, Steuerrecht, Rn 411.
2 In diesem Fall könnte der Steuerbescheid bis zum Ablauf der Festsetzungsfrist (§ 164 Abs. 2 bzw § 171 Abs. 8 AO) jederzeit korrigiert werden (§ 164 Abs. 2 bzw § 165 Abs. 2 AO), vgl *Birk/Desens/Tappe*, Steuerrecht, Rn 413.
3 Zweck der Vorschrift ist das schutzwürdige Vertrauen nach Durchführung einer Außenprüfung; vgl *Birk/Desens/Tappe*, Steuerrecht, Rn 428.
4 BFH, VI R 94/13, BStBl II 2014, 864; I R 70/15, BStBl II 2017, 780; *Birk/Desens/Tappe*, Steuerrecht, Rn 424.
5 *Birk/Desens/Tappe*, Steuerrecht, Rn 424.
6 BFH, VIII R 121/83, BStBl II 1989, 585 (587); *Birk/Desens/Tappe*, Steuerrecht, Rn 424.

(vgl etwa § 92 Satz 2 AO). Zu den Tatsachen gehören auch Willens- und Wollensvorgänge (sog. *innere Tatsachen*)[7]. Die fehlende Gewinnerzielungsabsicht des P ist eine innere Tatsache, die ungeschriebene Voraussetzung für sämtliche steuerbaren Einkünfte ist[8] (vgl § 15 Abs. 2 Satz 3 EStG für die Einkünfte aus Gewerbebetrieb).

b) Feststellung der Gewinnerzielungsabsicht

136 Als *innere* Tatsache lässt sich die Gewinnerzielungsabsicht indes nur an Hand *äußerer* Umstände feststellen (Hilfstatsachen)[9]. Einzelne äußere Umstände können dabei einen Anscheinsbeweis liefern[10].

aa) Totalgewinnprognose

137 In *objektiver* Hinsicht ist eine Prognose darüber anzustellen, ob ein Betrieb nach seiner Wesensart und der Art seiner Bewirtschaftung auf Dauer geeignet ist, einen Gewinn zu erwirtschaften. Längere Verlustperioden in der Vergangenheit können dafür etwa einen Anhaltspunkt bieten[11].

Angesichts der geringen Zahl der Mandate sowie unter Berücksichtigung der anfallenden Kosten für die gemieteten Räume konnte ein Gewinn nicht erzielt werden. P hat auch keine Anstrengungen unternommen, die Zahl seiner Mandate zu steigern, um so wenigstens die Fixkosten auszugleichen. Eine fehlende Reaktion auf bereits eingetretene Verluste und das unveränderte Beibehalten eines verlustbringenden Geschäftskonzepts sind ein gewichtiges Anzeichen für eine fehlende Gewinnerzielungsabsicht[12]. Zudem kann P die Verluste durch seine zum Lebensunterhalt ausreichenden Einkünfte aus nichtselbstständiger Arbeit ausgleichen, was ebenfalls für eine fehlende Gewinnerzielungsabsicht spricht[13]. Für die Tätigkeit des P als Steuerberater ergibt sich somit insgesamt eine negative Gewinnprognose.

bb) Bereich der persönlichen Lebensführung

138 P müsste auch *subjektiv* die Erzielung eines Totalgewinns nicht beabsichtigt haben. Dies kann aus der objektiv negativen Gewinnprognose aber nicht ohne weiteres gefolgert werden. Ein solcher – vom Steuerpflichtigen widerlegbarer – Schluss ist nur dann gerechtfertigt, wenn die Verlust bringende Tätigkeit typischerweise dazu bestimmt und geeignet ist, der Befriedigung persönlicher Neigungen oder der Erlangung wirtschaftli-

7 *Seer*, in: Tipke/Lang, Rn 21.410.
8 Vgl *Birk/Desens/Tappe*, Steuerrecht, Rn 708.
9 Richtigerweise wird man die fehlende Gewinnerzielungsabsicht als innere Tatsache, die aus den Umständen geschlossen werden muss, bereits bei der Prüfung der „Tatsache" feststellen müssen. Vertretbar ist es aber auch, die Prüfung an das Tatbestandsmerkmal „bekannt werden" oder an das Merkmal „zu einer höheren Steuer führen" anzuknüpfen. Die Zuordnung ist hier, anders als bei äußeren Tatsachen, nicht ganz trennscharf.
10 BFH, GrS 4/82, BStBl II 1984, 751 (767); IV R 81/99, BStBl II 2002, 276 (277).
11 BFH, IV R 81/99, BStBl II 2002, 276 (277).
12 BFH, X R 62/01, BStBl II 2005, 336 (339); XI R 6/02, BStBl II 2005, 392 (394).
13 BFH, XI R 6/02, BStBl II 2005, 392 (395).

cher Vorteile außerhalb der Einkunftssphäre zu dienen[14]. Bei anderen Tätigkeiten müssen zusätzliche Anhaltspunkte dafür vorliegen, dass die Verluste aus *persönlichen* Gründen oder Neigungen hingenommen werden[15]. Zwar ist der Betrieb einer Steuerberaterkanzlei ebenso wie der Betrieb einer Rechtsanwaltskanzlei[16] typischerweise auf die Erzielung von Gewinnen iSd § 18 Abs. 1 EStG ausgerichtet. Indes hat P die Praxis ursprünglich zum Zeitvertreib gegründet. Trotz der Erzielung von Verlusten wollte er die Praxis aus Prestigegründen weiterbetreiben und um seinem Sohn nach Abschluss der Ausbildung die Praxisübernahme zu ermöglichen. Hierin ist eine private Veranlassung für die Hinnahme der Verluste zu sehen[17], so dass besondere Umstände vorliegen, die den Anscheinsbeweis für die Gewinnerzielungsabsicht des P (keine typische Privattätigkeit) erschüttern.

Es ist somit davon auszugehen, dass P die Absicht zur Gewinnerzielung fehlte (sog. Liebhaberei)[18].

2. „… nachträglich bekannt werden …"

Diese innere Tatsache müsste nachträglich bekannt geworden sein. Nachträglich **139** bekannt gewordene Tatsachen sind solche, die im Zeitpunkt des Erlasses des ursprünglichen Bescheides *bereits vorhanden*, aber noch unbekannt waren[19].

Kenntnis von der fehlenden Gewinnerzielungsabsicht des P erhielt das FA[20] bei der Außenprüfung im Oktober 09. Hier hat das FA diejenigen Anhaltspunkte feststellen können, die neben den langjährigen Verlusten einen sicheren Schluss auf die fehlende Gewinnerzielungsabsicht zuließen. Zu diesem Zeitpunkt war der Steuerbescheid bereits erlassen (und P zugegangen). Somit handelt es sich bei der fehlenden Gewinnerzielungsabsicht um eine nachträglich bekannt gewordene Tatsache iSd § 172 Abs. 1 Satz 1 Nr 2 lit. d iVm § 173 Abs. 1 Nr 1 AO.

3. „… zu einer höheren Steuer führen"

Diese nachträglich bekannt gewordene Tatsache müsste auch zu einer höheren Steuer **140** führen. Soweit die Verluste einkommensteuerlich unberücksichtigt bleiben, erhöht sich die Summe der Einkünfte. Berücksichtigungsfähig sind die Verluste jedoch nur dann, wenn sie einer Einkunftsart iSd § 2 Abs. 1 Satz 1 EStG zuzurechnen sind. Die Verluste könnten Einkünfte aus selbstständiger (freiberuflicher) Tätigkeit (§ 18 Abs. 1

14 BFH, IV R 81/99, BStBl II 2002, 276 (277).
15 BFH, XI R 10/97, BStBl II 1998, 663 (664 f); IV R 81/99, BStBl II 2002, 276 (277).
16 Vgl die sog. „Rechtsanwalts-Entscheidung" BFH, XI R 10/97, BStBl II 1998, 663 (665).
17 Vgl BFH, IV R 81/99, BStBl II 2002, 276 (278) mwN; XI R 6/02, BStBl II 2005, 392 (395).
18 S. hierzu *Birk/Desens/Tappe*, Steuerrecht, Rn 707–710.
19 Für nachträglich *entstandene* Tatsachen oder Beweismittel gilt hingegen § 175 Abs. 1 Satz 1 Nr 2 AO; *Birk/Desens/Tappe*, Steuerrecht, Rn 425.
20 Auf den Streit, ob der zuständige Amtsträger Kenntnis haben muss, sowie auf die Frage, ab welchem Zeitpunkt (Unterzeichnung des Bescheides?) „Nachträglichkeit" vorliegt, kommt es hier nicht an. Vgl dazu etwa *Loose*, in: Tipke/Kruse, § 173 AO Rn 28 ff und 43 ff.

Nr 1 EStG) sein. Eine einkommensteuerlich relevante Betätigung ist jedoch nur gegeben, wenn die Absicht besteht, auf Dauer gesehen nachhaltig Überschüsse zu erzielen. Das ist dann der Fall, wenn ein betrieblicher Totalgewinn erstrebt wird[21]. Auch bei Einkünften aus „selbstständiger Arbeit" muss eine derartige Gewinnerzielungsabsicht bestehen[22]. Einkünfte aus Liebhaberei sind nicht steuerbar. Somit können sich auch *negative* Einkünfte (= Verluste) nicht steuermindernd auswirken. Das nachträglich bekannt gewordene Fehlen einer Gewinnerzielungsabsicht führt daher zu einer höheren Steuer.

Das FA muss daher gem. § 172 Abs. 1 Satz 1 Nr 2 lit. d iVm § 173 Abs. 1 Nr 1 AO den Einkommensteuerbescheid für 08 ändern und die Steuer aufgrund einer um 3000 € erhöhten Bemessungsgrundlage neu berechnen.

II. Änderung wegen der Kleiderspende, Saldierung (§ 177 AO)

141 Möglicherweise muss infolge dieser Änderung auch der von P geltend gemachte Betrag iHv 500 € für die Kleiderspenden an das DRK berücksichtigt werden. Grundsätzlich gestatten die §§ 172 ff AO nur eine punktuelle Berichtigung (keine Gesamtaufrollung)[23]. § 177 AO schränkt jedoch den in §§ 172 ff AO enthaltenen Grundsatz ein, nach dem Fehler nur jeweils einzeln aufgrund einer gesetzlichen Grundlage berichtigt werden können[24]. § 177 AO gestattet eine *Fehlersaldierung*[25]. Der Umfang der möglichen Saldierung wird von den Hauptkorrekturnormen bestimmt[26].

Bei der Nichtberücksichtigung der Kleiderspende könnte es sich um einen solchen *gegenläufigen materiellen Fehler* handeln.

1. Sachspende als Sonderausgabe iSd § 10b EStG

142 Gem. § 10b Abs. 1 Satz 1 EStG sind Zuwendungen (Spenden und Mitgliedsbeiträge) zur Förderung steuerbegünstigter Zwecke iSd §§ 52–54 AO bis zu einer bestimmten Höhe als *Sonderausgaben* abziehbar.

a) Zuwendungen, § 10b Abs. 1, 3 Satz 1 EStG

143 Bei der Kleiderspende müsste es sich um eine Zuwendung zur Förderung eines solchen Zwecks handeln. Als Zuwendung gilt nach § 10b Abs. 3 Satz 1 EStG auch die Zuwendung

21 BFH, GrS 4/82, BStBl II 1984, 751 (766).
22 BFH, XI R 10/97, BStBl II 1998, 663 (664).
23 Anders noch der frühere § 222 Abs. 1 Nr 1 RAO.
24 Zu den Gründen vgl näher *Birk/Desens/Tappe*, Steuerrecht, Rn 455 f.
25 Zweck dieser Saldierung ist es, bereits im Rahmen der Korrektur durch das FA solche (gegenläufigen) Fehler zu berücksichtigen, die nicht Anlass der *punktuellen* Änderung sind, aber von dem Steuerpflichtigen im Rechtsbehelfsverfahren gegen den Änderungsbescheid nach § 351 Abs. 1 AO, § 42 FGO geltend gemacht werden könnten (Verfahrensökonomie). Vgl zur Darstellung in der Fallbearbeitung auch *Tappe*, JuS 2004, 134 (136).
26 *Seer*, in: Tipke/Lang, Rn 21.448.

von Wirtschaftsgütern mit Ausnahme von Nutzungen und Leistungen[27]. Handelt es sich – wie hier – um Wirtschaftsgüter, die nicht aus einem Betriebsvermögen, sondern aus dem Privatvermögen entnommen sind, bestimmt sich die Höhe der Zuwendung nach dem *gemeinen Wert* des zugewendeten Wirtschaftsguts (§ 10b Abs. 3 Satz 3 EStG)[28].

Entgegen der Auffassung des FA ist es im Rahmen des § 10b EStG nicht erforderlich, dass die Zuwendungen das *Einkommen* belasten. Die Herkunft der verwendeten Mittel ist grundsätzlich ohne Bedeutung[29]. Dies lässt sich in systematischer Hinsicht bereits daraus ableiten, dass nach § 10b Abs. 3 Satz 1 EStG auch die Hingabe von Wirtschaftsgütern als Zuwendung anzusehen ist und demnach auch die Hingabe von Wirtschaftsgütern aus dem *Vermögen* des Steuerpflichtigen als Sonderausgabe berücksichtigt werden kann. **144**

b) Steuerbegünstigter Zweck, § 10b Abs. 1 Satz 1 EStG iVm §§ 52–54 AO

Die Kleiderspende muss einen steuerbegünstigten Zweck iSd § 10b Abs. 1 Satz 1 EStG iVm §§ 52–54 AO fördern. Steuerbegünstigt ist nach § 52 Abs. 2 Nr 9 AO die Förderung der Zwecke amtlich anerkannter Verbände der freien Wohlfahrtspflege. Zu diesen Verbänden gehört das DRK. Daher dient die Spende des P an das DRK einem steuerbegünstigten Zweck. Auch ist das DRK als Empfänger der Spende gem. § 5 Abs. 1 Nr 9 KStG steuerbefreit[30], so dass auch die Voraussetzung des § 10b Abs. 1 Satz 2 Nr 2 EStG erfüllt ist. **145**

c) Wert der Kleiderspende

Fraglich ist, mit welchem *Wert* die Kleiderspende angesetzt werden kann. Der in § 10b Abs. 3 Satz 3 EStG genannte „gemeine Wert“ ist im EStG nicht definiert. Maßgeblich ist deshalb nach § 1 BewG die Begriffsbestimmung des § 9 Abs. 2 BewG[31]. Danach wird der gemeine Wert durch den Preis bestimmt, der im gewöhnlichen Geschäftsverkehr nach der Beschaffenheit des Wirtschaftsgutes bei einer Veräußerung zu erzielen wäre; es sind alle Umstände, die den Preis beeinflussen, zu berücksichtigen (§ 9 Abs. 2 Satz 2 BewG), jedoch nicht ungewöhnliche oder persönliche Verhältnisse (§ 9 Abs. 2 Satz 3 BewG). **146**

---

27 Das Problem der „Kleiderspende“ ist an BFH, X R 17/85, BStBl II 1989, 879, angelehnt, wobei sich die Rechtslage jedoch seitdem teilweise geändert hat. Eine Spende, hier in Form einer sog. *Sach*spende, kann unter den Voraussetzungen des § 10b EStG als Sonderausgabe zur Förderung steuerbegünstigter Zwecke abziehbar sein. Zu prüfen ist, ob bzw unter welchen Voraussetzungen die Zuwendung von Wirtschaftsgütern berücksichtigungsfähig ist, wie deren Wert zu ermitteln ist und welche Bedeutung im konkreten Fall der durch das DRK erteilten Zuwendungsbestätigung (s. § 50 EStDV, § 10b Abs. 4 EStG) zukommt.

28 Eine Begrenzung auf die Anschaffungs- oder Herstellungskosten nach § 10b Abs. 3 Satz 4 EStG findet hier keine Anwendung, da die Spende dem Privatvermögen entstammt und auch im Veräußerungsfall keinen Besteuerungstatbestand erfüllen würde. Insb fällt die Veräußerung von Wirtschaftsgütern des täglichen Lebens nicht unter § 22 Nr 2, § 23 Abs. 1 Nr 2 EStG; hierzu *Weber-Grellet*, in: Schmidt, EStG, § 23 Rn 12, 27. Zur Sicherung der stillen Reserven dürfen in den übrigen Fällen die Anschaffungs- oder Herstellungskosten nur überschritten werden, soweit eine Gewinnrealisierung stattgefunden hat.

29 BFH, X R 17/85, BStBl II 1989, 879 (880) mwN.

30 Dies kann – soweit es nicht als allgemein bekannt vorauszusetzen ist – aus dem Schreiben des DRK bezüglich der Geldspende abgeleitet werden.

31 BFH, X R 17/85, BStBl II 1989, 879 (880); *Brandl*, in: Blümich, § 10b EStG Rn 121.

147 § 9 Abs. 2 BewG setzt dabei aber einen funktionierenden Markt, dh eine Nachfrage nach Wirtschaftsgütern von der Art des jeweils zu bewertenden Wirtschaftsguts, voraus. Dies ist bei gebrauchten Kleidungsstücken zumindest zweifelhaft. Entgegen der Auffassung des FA besteht aber auch für *gebrauchte* Kleidung grundsätzlich ein Markt, wie sich etwa an dem Vorhandensein von „Secondhand-Shops“ zeigt[32].

148 IdR lässt sich der gemeine Wert des zu bewertenden Wirtschaftsguts am zuverlässigsten anhand von Verkaufspreisen gleicher oder vergleichbarer Wirtschaftsgüter ermitteln. Voraussetzung hierfür ist jedoch, dass Verkaufsfälle in ausreichender Zahl stattgefunden haben und die maßgebenden Wertfaktoren der zu vergleichenden Wirtschaftsgüter im Wesentlichen übereinstimmen[33]. Ist das nicht möglich, so muss der gemeine Wert geschätzt werden[34]. Die wertbildenden Faktoren der gespendeten Kleidungsstücke (Anschaffungspreis, Zustand und Qualität) können hier jedoch nicht mehr ermittelt werden, so dass eine tragfähige Grundlage für die Schätzung fehlt.

2. Nachweis der Spende, § 50 Abs. 1, 4 Satz 2 EStDV

149 Möglicherweise kann der gemeine Wert der Spende ohne eine weitere Prüfung bereits aufgrund der für P ausgestellten Zuwendungsbestätigung mit 500 € angesetzt werden.

a) Zuwendungsbestätigung

150 Der Zuwendungsbestätigung könnte, auch wenn man eine Bindung des FA nicht annimmt[35], eine Beweiswirkung für den Wert der Spende zukommen. Aus § 10b Abs. 4 EStG ergibt sich ein Gutglaubensschutz, der sich ua auf Art, Höhe und Zeitpunkt der Zuwendung erstreckt[36]. An den Nachweis des Wertes einer *Sach*spende sind jedoch, insb bei gebrauchter Kleidung, strenge Anforderungen zu stellen[37]. Zwar kann eine Bewertung von gutachterlicher Qualität nicht verlangt werden, da sie die Spendentätigkeit behindern und somit dem Förderungszweck des § 10b EStG zuwiderlaufen würde. Aus der Zuwendungsbestätigung muss aber zumindest der Wert und die genaue Bezeichnung der gespendeten Sache ersichtlich sein (§ 50 Abs. 7 Satz 3 EStDV)[38].

b) Unzulässige Pauschalbewertung

151 Werden *mehrere* Gegenstände gespendet, muss der Aussteller der Zuwendungsbestätigung den Einzelveräußerungspreis jedes einzelnen Wirtschaftsguts ermitteln und in der Zuwendungsbestätigung gesondert ausweisen. Dies ergibt sich aus dem Wortlaut des § 10b Abs. 3 Satz 3 EStG („des zugewendeten Wirtschaftsguts“) und aus der Definition

---

32 Vgl BFH, VI R 310/69, BStBl II 1972, 55 (56) einerseits sowie BFH, X R 17/85, BStBl II 1989, 879 (880) andererseits.
33 BFH, X R 2/80, BStBl II 1987, 769 (771) mwN.
34 BFH, III R 4/73, BStBl II 1975, 374 (376).
35 Vgl BFH, VI R 72/73, BStBl II 1976, 338 (340); X R 17/85, BStBl II 1989, 879 (880).
36 *Seer*, in: Kirchhof/Seer, EStG, § 10b Rn 67.
37 BFH, X R 17/85, BStBl II 1989, 879 (880); *Seer*, in: Kirchhof/Seer, EStG, § 10b Rn 58.
38 BFH, VI R 310/69, BStBl II 1972, 55 (56); *Kulosa*, in: HHR, § 10b EStG Rn 82; *Seer*, in: Kirchhof/Seer, EStG, § 10b Rn 58.

des „gemeinen Werts". Hier ist der Gesamtbetrag iHv 500 € nur teilweise – nach Gruppen jeweils gleichartiger Kleidungsstücke – aufgeschlüsselt. Jedoch bleiben die preisbildenden Faktoren wie Material, Verarbeitung, Design, Marke etc der *einzelnen* Kleidungsstücke auch dann wertbestimmend, wenn die Gegenstände gebraucht weiterveräußert werden. Die Annahme, gebrauchte Kleidung einer bestimmten Warengattung (Mantel, Anorak, Blusen, Schuhe etc) habe ohne Rücksicht auf deren Neuwert einen gleichen Gebrauchtwarenmarktwert, ist somit nicht nachvollziehbar. Es ist nicht zulässig, alle Kleidungsstücke eines bestimmten Warentyps mit *einem* bestimmten Wert anzusetzen. Die Angaben auf der von P vorgelegten Zuwendungsbestätigung sind daher nicht geeignet, den wahren Wert der Kleidungsstücke nachvollziehen zu können. Zudem spricht die „runde Summe" iHv 500 € für eine unzulässige Pauschalbewertung[39]. § 50 Abs. 7 Satz 3 EStDV verlangt, dass sich aus den Aufzeichnungen auch die „Grundlagen für den vom Empfänger bestätigten Wert der Zuwendung ergeben" müssen.

c) Kein Vertrauensschutz gem. § 10b Abs. 4 EStG

Möglicherweise kann sich P jedoch gegenüber dem FA darauf berufen, er habe gem. 152
§ 10b Abs. 4 EStG auf die Richtigkeit der vom DRK ausgestellten Zuwendungsbestätigung vertraut.

Fraglich ist bereits, ob der bestätigte Wert einer Sachspende von dem Schutz des § 10b Abs. 4 Satz 1 EStG umfasst ist. Schutzzweck des § 10b Abs. 4 EStG ist es, in erster Linie solche Faktoren, die nicht dem Einfluss des Spenders, sondern dem des Spenden*empfängers* unterliegen (zB fehlende Körperschaftsteuerbefreiung, zweckwidrige Verwendung), nicht zu Lasten des gutgläubigen Spenders zu berücksichtigen. Im Fall einer (bewusst) zu hoch angegebenen Geldspende wird die Bestätigung regelmäßig „durch falsche Angaben erwirkt" sein, so dass bereits aus diesem Grunde ein schutzwürdiges Vertrauen ausscheidet. Ebenso dürfte eine „Vereinbarung" über den Wert einer gespendeten Sache als Missbrauch anzusehen sein. Für den Wert einer Spende kann schutzwürdiges Vertrauen daher nur eingeschränkt begründet werden.

Die Zuwendungsbestätigung ist zudem nicht nur Nachweis für die Spende, sondern 153
zugleich eine unverzichtbare *sachliche* Voraussetzung für den Spendenabzug[40]. Dies ergibt sich aus § 50 Abs. 1 EStDV, wonach ein Abzug nur zulässig ist, wenn der Nachweis zumindest formal ordnungsgemäß ist. Dies ist aber bei einer *Sammel*zuwendungsbestätigung, die die einzelnen zugewendeten Gegenstände nicht detailliert auflistet, gerade nicht der Fall.

Ein schutzwürdiges Vertrauen scheidet zudem aus, wenn P die Unrichtigkeit der Bestä- 154
tigung kannte oder ihm die Unrichtigkeit infolge grober Fahrlässigkeit nicht bekannt war, § 10b Abs. 4 Satz 1 EStG. Hierbei ist ein individueller Maßstab anzulegen. Grob fahrlässig handelt, wer die nach seinen persönlichen Kenntnissen und Fähigkeiten

39 Dieses – sehr praxisnahe – Argument ist in der Klausur freilich nur sehr vorsichtig zu verwenden. In Klausuren werden die „Zahlen" fast immer gerundet, um dem Bearbeiter das Rechnen zu erleichtern. Daher können aus runden Zahlen idR *keine* Rückschlüsse auf eine bestimmte Lösung gezogen werden.

40 BFH, X R 17/85, BStBl II 1989, 879 (880).

gebotene und zuzumutende Sorgfalt in besonders hohem Maße verletzt. Als ehemaliger Finanzbeamter und Steuerberater musste P aber die erhöhten Voraussetzungen für den Abzug von Sachspenden, insb im Fall gebrauchter Kleidung, kennen.

155 Der Wert der Kleiderspende kann somit auch nicht aufgrund der Zuwendungsbestätigung mit 500 € angesetzt werden. Der Spender ist im Fall einer Sachspende verpflichtet, die für eine Schätzung maßgeblichen Faktoren (Neupreis, Zeitraum zwischen Anschaffung und Weggabe, tatsächlicher Erhaltungszustand) nachzuweisen[41]. Unterlagen, mit denen ein solcher Nachweis erbracht werden kann oder aufgrund derer eine Schätzung möglich ist, existieren aber nicht, so dass der fehlende Nachweis vorliegend zu Lasten des P geht.

Eine Berücksichtigung der Kleiderspende als Sonderausgabe gem. § 10b Abs. 3 EStG kommt daher nicht in Betracht. Eine Saldierung gem. § 177 Abs. 1 AO scheidet insofern aus.

III. Änderung wegen der Geldspende, § 177 AO

156 Die Nichtberücksichtigung der Geldspende könnte ein gegenläufiger materieller Fehler iSd § 177 Abs. 1, 3 AO sein.

1. Geldspende als Sonderausgabe iSd § 10b EStG

157 Problematisch bei der Frage des Abzugs der Geldspende iHv 100 € als Sonderausgabe iSd § 10b Abs. 1 Satz 1 EStG ist allein, ob der Nachweis in Form des Kontoauszuges und des Belegs des DRK ausreichend ist.

158 Grundsätzlich muss die Zuwendung an eine in § 5 Abs. 1 Nr 9 KStG bezeichnete Körperschaft gem. § 50 Abs. 1 EStDV durch eine Zuwendungsbestätigung nachgewiesen werden, die der Empfänger nach amtlich vorgeschriebenem Vordruck ausgestellt hat. Diese Anforderungen erfüllen die von P vorgelegten Unterlagen nicht. Indes trifft § 50 Abs. 4 Satz 1 Nr 2 lit. b EStDV hier eine Ausnahmeregelung. Nach dieser Vorschrift genügt eine Buchungsbestätigung eines Kreditinstituts, wenn „die Zuwendung 300 € nicht übersteigt und der Empfänger eine Körperschaft iSd § 5 Abs. 1 Nr 9 KStG ist, wenn der steuerbegünstigte Zweck, für den die Zuwendung verwendet wird, und die Angaben über die Freistellung des Empfängers von der Körperschaftsteuer auf einem von ihm hergestellten Beleg aufgedruckt sind und darauf angegeben ist, ob es sich um eine Spende oder einen Mitgliedsbeitrag handelt“. Nach § 50 Abs. 4 Satz 3 EStDV hat der Steuerpflichtige die Buchungsbestätigung und den Empfangsbeleg vorzulegen. P hat neben dem entsprechenden Kontoauszug auch einen Beleg des DRK eingereicht. Dieser Beleg enthält Angaben zur Verwendung der Spende und zur Freistellung des DRK von der Körperschaftsteuer und genügt somit den Anforderungen des § 50 Abs. 4 Satz 1 Nr 2 lit. b EStDV. Damit hat P einen ausreichenden Nachweis erbracht, so dass das FA die Spende anerkennen muss.

---

41 Vgl auch H 10 b.1 EStH 2012; *Seer*, in: Kirchhof/Seer, EStG, § 10b Rn 58.

Die Spende iHv 100 € übersteigt auch nicht den maximal abzugsfähigen Betrag iHv 20 % des Gesamtbetrags der Einkünfte (§ 10b Abs. 1 Satz 1 Nr 1 EStG), da schon alleine bei Berücksichtigung der Einkünfte aus nichtselbstständiger Arbeit (50 000 €) die 20 % (10 000 €) unterschritten sind. Die Spende ist damit als Sonderausgabe (im Rahmen der Höchstgrenze des § 10b Abs. 1 Satz 1 EStG) bei der Ermittlung des Einkommens von dem Gesamtbetrag der Einkünfte des P abziehbar. Die Nichtberücksichtigung stellt einen materiellen Fehler dar, dessen Berichtigung sich zugunsten des P auswirkt. 159

2. Wirkung der Saldierung

Allerdings ist eine Berichtigung nach § 177 Abs. 1 AO nur zulässig, *soweit die Änderung reicht.* Die nachträgliche Nichtanerkennung der Verluste des P iHv 3000 € führt zu einer Erhöhung der Bemessungsgrundlage in dieser Höhe. Die nachträgliche Anerkennung der Spende führt hingegen zu einer Verminderung des Einkommens um 100 €. Im Rahmen der Saldierung (§ 177 Abs. 1 AO) sind bei der Bemessungsgrundlage[42] also 100 € von den 3000 € abzuziehen. Das zu versteuernde Einkommen des P erhöht sich somit um 2900 €[43]. 160

IV. Änderung wegen des Schlafzimmers, § 177 AO

Ein im Rahmen des § 177 Abs. 1 AO zu berücksichtigender gegenläufiger materieller Fehler könnte darin liegen, dass das FA die Kosten für die neue Schlafzimmereinrichtung iHv 700 € nicht bei der Ermittlung des Einkommens als Bemessungsgrundlage für die Einkommensteuer abgezogen hat. 161

1. Anschaffung als außergewöhnliche Belastung, § 33 EStG

Nach § 33 Abs. 1 EStG wird die Einkommensteuer auf Antrag ermäßigt, wenn einem Steuerpflichtigen zwangsläufig größere Aufwendungen als der überwiegenden Mehrzahl der Steuerpflichtigen gleicher Einkommensverhältnisse, gleicher Vermögensverhältnisse und gleichen Familienstands erwachsen *(außergewöhnliche Belastungen)*. 162

a) Keine anderweitige Abzugsmöglichkeit

Die Aufwendungen dürften zunächst keine Betriebsausgaben, Werbungskosten oder Sonderausgaben sein, § 33 Abs. 2 Satz 2 EStG. Eine betrieblich oder beruflich veranlasste Ausgabe liegt in dem Kauf einer Schlafzimmereinrichtung jedoch nicht vor; der Kauf ist *privat* veranlasst. Eine Einordnung als Sonderausgabe (§§ 10 ff EStG) kommt ebenfalls nicht in Betracht. 163

---

42 Die Saldierung wird zwar grundsätzlich *nicht* auf Ebene der Bemessungsgrundlage, sondern auf Ebene der festzusetzenden *Steuer* vorgenommen. Wegen des komplizierten Tarifs (§ 32a EStG) wird die Fallfrage aber – wie auch hier – regelmäßig darauf gerichtet sein zu ermitteln, wie sich die Bemessungsgrundlage ändert. In der Klausur ist es daher nicht nötig, die Steuer zu berechnen (vgl Fallfrage).

43 Zum Verständnis: Wären Spenden iHv 4000 € vom Einkommen des P abzuziehen, würde sich die Bemessungsgrundlage iE nicht verändern, da sich die Sonderausgaben (Spende) gem. § 177 Abs. 1 AO nur „soweit die Änderung reicht", also iHv 3000 € auswirken. Auch die festzusetzende Steuer änderte sich dann im Ergebnis nicht.

b) Aufwendung

164 Es müsste sich um eine *Aufwendung* iSd § 33 Abs. 1 EStG handeln. Aufwendungen sind bewusste und gewollte Vermögensverwendungen, also insb Geldausgaben[44]. Der Kauf der neuen Schlafzimmereinrichtung ist somit eine Aufwendung iSd § 33 Abs. 1 EStG. Aufwendungen sind in dem Veranlagungszeitraum zu berücksichtigen, in dem die Verausgabung der Mittel erfolgt (Abflussprinzip, § 11 Abs. 2 EStG), hier also im VZ 08.

c) Zwangsläufigkeit

165 Die Aufwendung müsste nach § 33 Abs. 1 EStG *zwangsläufig* gewesen sein[45]. Aufwendungen erwachsen dem Steuerpflichtigen zwangsläufig, wenn er sich ihnen aus rechtlichen, tatsächlichen oder sittlichen Gründen nicht entziehen kann, soweit die Aufwendungen den Umständen nach notwendig sind und einen angemessenen Betrag nicht übersteigen (§ 33 Abs. 2 Satz 1 EStG). Aufwendungen zur Beseitigung einer konkreten, von einem Gegenstand des existenznotwendigen Bedarfs ausgehenden Gesundheitsgefährdung können aus *tatsächlichen* Gründen zwangsläufig sein[46]. Entscheidend ist letztlich, ob das *Ereignis,* dessen Folge die Aufwendungen oder die Verpflichtung zum Bestreiten dieser Aufwendungen sind, für den Steuerpflichtigen zwangsläufig war[47]. P hat hier durch ein amtsärztliches Attest (vgl § 64 Abs. 1 Satz 1 Nr 2 EStDV) nachgewiesen, dass die ersetzten Schlafzimmermöbel eine konkrete Gefahr für seine Gesundheit darstellten. Insoweit ist der Austausch der Möbel für P mehr als eine nur vorbeugende Maßnahme. Auch sind Schlafzimmermöbel als Gegenstände des existenznotwendigen Bedarfs anzusehen, P konnte den Aufwendungen *dem Grunde nach* somit nicht ausweichen. Kostengünstigere Maßnahmen (zB Reinigung bzw Sanierung der Möbel) sind nicht ersichtlich[48], so dass die Aufwendungen auch *der Höhe nach* zwangsläufig sind.

d) Außergewöhnlichkeit

166 Ein Abzug als außergewöhnliche Belastung kommt zudem nur bei *Außergewöhnlichkeit* in Betracht. Aufwendungen sind gem. § 33 Abs. 1 EStG außergewöhnlich, wenn dem Steuerpflichtigen größere Aufwendungen als der überwiegenden Mehrzahl der Steuerpflichtigen gleicher Einkommensverhältnisse, gleicher Vermögensverhältnisse und gleichen Familienstands erwachsen. Entscheidend ist, dass nur eine kleine Minderheit von

---

44 *Birk/Desens/Tappe*, Steuerrecht, Rn 1089.

45 Das Problem der Neuanschaffung von formaldehydbelasteten Schlafzimmermöbeln als außergewöhnliche Belastung ist BFH, III R 52/99, BStBl II 2002, 592, nachgebildet. Außergewöhnliche Belastungen sind grundsätzlich Kosten der privaten Lebensführung, die aber ausnahmsweise abgezogen werden können, wenn sie zwangsläufig sind und das Maß des Üblichen überschreiten. Von dem Nachweis einer konkreten Gesundheitsgefährdung durch die Schlafzimmermöbel kann hier ausgegangen werden, da P ein entsprechendes amtsärztliches Attest vorgelegt hat.

46 BFH, III R 6/01, BStBl II 2002, 240 (241).

47 BFH, III R 12/92, BStBl II 1995, 774 (776); *Wernsmann*, StuW 1998, 317 (324 ff), jeweils mwN.

48 Vgl etwa die bei BFH, III R 52/99, BStBl II 2002, 592 (594) diskutierten Möglichkeiten. Solche waren hier jedoch – wegen der insoweit klaren Vorgaben im Sachverhalt – nicht zu prüfen.

Steuerpflichtigen durch Sonderaufwendungen belastet ist[49]. *Gewöhnliche* Aufwendungen für die Lebensführung sind, soweit es hier nicht ohnehin bereits an der Zwangsläufigkeit fehlt, durch den Grundfreibetrag (§ 32a Abs. 1 Nr 1 EStG) abgedeckt und, soweit sie diesen übersteigen, nicht abzugsfähig (§ 12 Nr 1 EStG). Eine chronische behandlungsbedürftige Erkrankung aufgrund der Schadstoffbelastung in Möbeln kann jedoch nicht als „typischer Lebenssachverhalt" eingeordnet werden, die Aufwendungen des P für den Austausch der formaldehydbelasteten Schlafzimmermöbel sind somit als außergewöhnlich anzusehen.

e) Belastung trotz Gegenwert

Die Aufwendungen müssen P schließlich auch „erwachsen", dh sie müssen zu einer endgültigen Belastung in der Einkommens- oder Vermögenssphäre führen und seine wirtschaftliche Leistungsfähigkeit beeinträchtigen[50]. Dies ist vorliegend fraglich, da P für seine Aufwendungen möglicherweise einen *Gegenwert* in Form der Schlafzimmereinrichtung erhalten hat. 167

Die Rspr[51] nimmt an, es fehle an einer endgültigen Belastung des Steuerpflichtigen, wenn Teile des Einkommens für die Anschaffung von solchen Gegenständen verwendet werden, die von bleibendem oder doch mind länger dauerndem Wert und Nutzen sind und die eine gewisse Marktgängigkeit besitzen (sog. *Gegenwerttheorie*)[52]. 168

Nach der Gegenauffassung handelt es sich bei dem Erfordernis eines „Gegenwerts" um eine Einschränkung des gesetzlichen Tatbestandes, die im Wortlaut des § 33 EStG keine Stütze finde[53]. Zudem sei die Gegenwerttheorie verzichtbar: Das die Anschaffung von Gegenständen des privaten Bedarfs *auslösende Ereignis* sei regelmäßig nicht *außergewöhnlich*. Bei konsequenter Anwendung des Tatbestandsmerkmals der Außergewöhnlichkeit sei somit ein Abstellen auf den Gegenwert entbehrlich, zumal im Rahmen der Gegenwerttheorie ohnehin keine echte Wertermittlung (etwa iS einer AfA) stattfinde[54]. 169

Der Streit bedarf vorliegend jedoch keiner Entscheidung. Auch nach der die Gegenwerttheorie grundsätzlich befürwortenden Ansicht ist diese nicht anwendbar, wenn die betroffenen Aufwendungen stark unter dem Gebot der sich aus der Situation ergebenden Zwangsläufigkeit stehen[55] bzw das erworbene Gut am Markt nicht verwertbar ist (fehlende Marktgängigkeit, zB Prothese) oder wenn es sich um sog. *verlorenen Auf-* 170

---

49 *Birk/Desens/Tappe*, Steuerrecht, Rn 1095.

50 Vgl *Birk/Desens/Tappe*, Steuerrecht, Rn 1092.

51 BFH, VI 23/65 S, BStBl III 1965, 441 (442); VI R 189/79, BStBl II 1983, 378 (379). Die Gegenwerttheorie ist nach Auffassung des BVerfG verfassungsgemäß, vgl BVerfG, 1 BvR 512/65, BVerfGE 21, 1 ff.

52 BFH, VI R 189/79, BStBl II 1983, 378 (379); vgl *Birk/Desens/Tappe*, Steuerrecht, Rn 1093 f.

53 *Kanzler*, in: HHR, § 33 EStG Rn 39.

54 *Birk/Desens/Tappe*, Steuerrecht, Rn 1093 f.

55 BFH, VI R 7/09, BStBl II 2010, 280; vgl auch BFH, VI R 16/09, BStBl II 2011, 966; VI R 16/10, BStBl II 2011, 1012; *Heger*, in: Blümich, § 33 EStG Rn 65; *Loschelder*, in: Schmidt, § 33 EStG Rn 16.

wand handelt. Dies wird etwa angenommen, wenn aufgrund unabwendbarer Ereignisse (zB Brand, Diebstahl, Naturkatastrophen) Verluste an Hausrat und Kleidung eintreten und der Steuerpflichtige Aufwendungen zur Ersatzbeschaffung tätigt[56].

171 Ein solcher Fall des „verlorenen Aufwands“ liegt hier vor. Anders als bei der reinen Vermögensumschichtung ist der Steuerpflichtige belastet, soweit Werte endgültig abgeflossen sind[57]. Bei einem Verlust von Gegenständen des lebensnotwendigen Bedarfs infolge eines unabwendbaren Ereignisses oder einer schwerwiegenden Beeinträchtigung des Wohnens ist § 33 EStG im Rahmen des Notwendigen und Angemessenen anwendbar, wenn weder Anhaltspunkte für ein Verschulden vorliegen noch von anderer Seite Ersatz zu erlangen ist[58]. Die (alten) Möbel des P sind infolge der von ihnen ausgehenden Gesundheitsgefährdung wertlos, so dass dies einem unverschuldeten Verlust gleichkommt. Obwohl P mit den schadstoffarmen Möbeln einen Gegenwert erhalten hat, stellen die Aufwendungen, die P durch den Austausch der schadstoffbelasteten Möbel erwachsen sind, entgegen der Auffassung des FA somit eine außergewöhnliche Belastung dar.

2. Rechtsfolge

a) Höhe des anzusetzenden Betrages

172 Fraglich ist jedoch, ob die gesamten 700 € als außergewöhnliche Belastung angesetzt werden können. Hier ist zu berücksichtigen, dass die mit dem Erwerb der schadstoffarmen Möbel zugeflossene Werterhöhung (neu für alt) grundsätzlich im Wege des Vorteilsausgleichs anzurechnen ist[59]. Die ausgetauschten Schlafzimmermöbel waren vorliegend bereits 13 Jahre alt; geeignete Anhaltspunkte im Sachverhalt, die einen Rückschluss auf den Restwert der Möbel zulassen, fehlen jedoch.

b) Zumutbare Belastung

173 Eine endgültige Ermittlung des abziehbaren Betrages kann jedoch dahinstehen, wenn die Aufwendungen bereits aus anderen Gründen nicht von dem Gesamtbetrag der Einkünfte abgezogen werden können. Dies ist der Fall, wenn die Grenze der zumutbaren Belastung iSd § 33 Abs. 3 EStG durch den Betrag iHv 700 € nicht überschritten ist. Im Rahmen des § 33 Abs. 1 EStG wird nur derjenige Teil der Aufwendungen, der die dem Steuerpflichtigen zumutbare Belastung *übersteigt*, vom Gesamtbetrag der Einkünfte abgezogen.

---

56 BFH, III R 52/99, BStBl II 2002, 592 (595).
57 BFH, III R 8/95, BStBl II 1999, 766 (768) mwN.
58 BFH, III R 8/95, BStBl II 1999, 766 (768 f).
59 Vgl BFH, III R 6/01, BStBl II 2002, 240 (244) mwN; zur Berechnung FG Düsseldorf, 10 K 3923/96 E, EFG 1999, 1075.

Die zumutbare Belastung richtet sich nach der typisierten individuellen Leistungsfähigkeit des Belasteten, also nach der Höhe der Einkünfte, dem Familienstand und der Kinderzahl (§ 33 Abs. 3 EStG)[60]. Aufgrund der (wenigen) Angaben im Sachverhalt kann der Gesamtbetrag der Einkünfte des P auf eine Größenordnung von 15 340 bis 51 130 € eingegrenzt werden, was angesichts der Einkünfte aus nichtselbstständiger Arbeit iHv 50 000 € realistisch ist. P ist zudem verwitwet (kein Splitting iSd § 33 Abs. 3 Satz 1 Nr 1 lit. b EStG) und hat, da sein Sohn bereits über 25 Jahre alt ist, keine Kinder iSv § 33 Abs. 3 Satz 2 iVm § 32 Abs. 6, Abs. 1, 3, 4 EStG. Daher ist gem. § 33 Abs. 3 Satz 1 Nr 1 lit. a EStG *mindestens* eine Zumutbarkeitsgrenze von (6 % von 15 340 € =) 920,40 € anzunehmen. 174

Mit Aufwendungen von maximal 700 € ist die Grenze der für P *zumutbaren Belastung* iSd § 33 Abs. 3 Satz 1 EStG somit noch nicht erreicht.

Ein im Rahmen des § 177 Abs. 1 AO zu berücksichtigender materieller Fehler liegt daher wegen der Kosten für die neue Schlafzimmereinrichtung nicht vor.

V. Ergebnis

Die nachträgliche Nichtanerkennung der Verluste führt zu einer Erhöhung der Summe der Einkünfte um 3000 €. Dagegen führt die Anerkennung der Geldspende als Sonderausgabe zu einer Verminderung des Einkommens um 100 € (gegenläufiger materieller Fehler). 175

Im Rahmen der Saldierung (§ 177 Abs. 1 AO) sind daher die 100 € (Geldspende) von den 3000 € abzuziehen. Die Bemessungsgrundlage erhöht sich damit (nur) um 2900 €.

Das FA muss den Einkommensteuerbescheid für 10 damit auf der Grundlage des insoweit veränderten zu versteuernden Einkommens (§ 2 Abs. 5 Satz 1 EStG) gem. §§ 173 Abs. 1 Satz 1 Nr 1, 177 Abs. 1 AO ändern.

60 Vgl *Birk/Desens/Tappe*, Steuerrecht, Rn 1106. Es ist dem Steuerpflichtigen auch von Verfassungs wegen zuzumuten, einen mit seiner Leistungsfähigkeit steigenden (kleinen) Teil seiner zwangsläufigen privaten Aufwendungen selbst zu tragen; *Wernsmann*, StuW 1998, 317 (328 f).

Zur Wiederholung

Übersicht 1.1: Steuerverwaltungsakte[61]

176

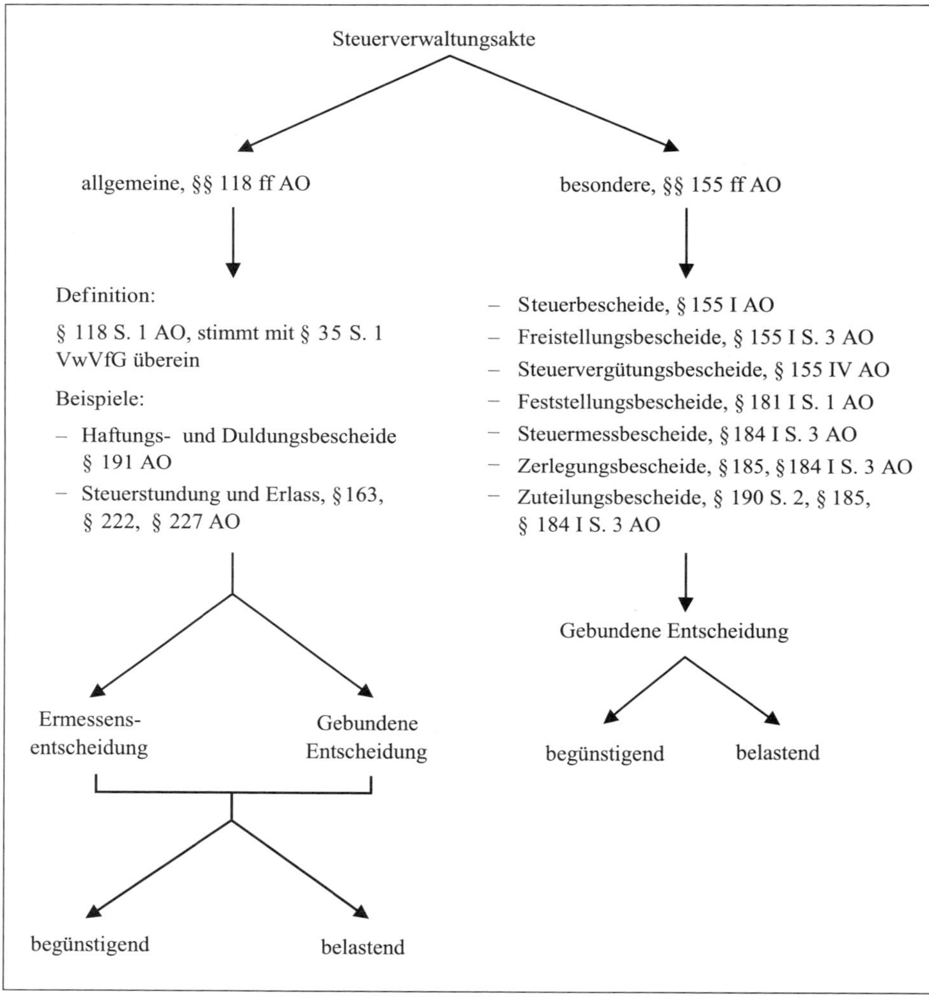

61 *Birk/Desens/Tappe*, Steuerrecht, Rn 362–368.

Übersicht 1.2: Korrektur von Steuerverwaltungsakten[62]

177

materielle Rechtsrichtigkeit ← Ausgleich → **Rechtssicherheit und Vertrauensschutz**

Allgemeine Steuerverwaltungsakte

- **§ 130 AO:** Rücknahme rechtswidriger Verwaltungsakte
- **§ 131 AO:** Widerruf rechtsmäßiger Verwaltungsakte

Allgemeine und besondere Steuerverwaltungsakte:

- **§ 129 AO:** Korrektur offenbarer Unrichtigkeiten

Besondere Steuerverwaltungsakte (insbesondere Steuerbescheide)

- **§ 164 II AO:** Korrektur bei Festsetzung unter Vorbehalt der Nachprüfung
- **§ 165 II AO:** Aufhebung oder Änderung bei vorläufiger Festsetzung
- **§ 172 I S. 1 Nr 2 lit. a AO:** Korrektur auf Antrag oder mit Zustimmung des Steuerpflichtigen (sog. schlichte Änderung)
- **§ 173 AO:** Korrektur wegen neuer Tatsachen
- **§ 173a AO:** Korrektur wegen Schreib- oder Rechenfehlern bei Erstellung einer Steuererklärung
- **§ 174 AO:** Korrektur wegen widerstreitender Steuerfestsetzungen
- **§ 175 I S. 1 Nr 2, II AO:** Korrektur wegen eines rückwirkenden Ereignisses
- **§ 175a AO:** Korrektur wegen Verständigungsvereinbarungen
- **§ 175b AO:** Korrektur bei Datenübermittlung durch Dritte
- **§ 176 AO:** Vertrauensschutz bei der Korrektur
- **§ 177 AO:** Saldierung gegenläufiger materieller Fehler, nur punktuelle Berichtigung, nicht Gesamtaufrollung Steuerfall

62 *Birk/Desens/Tappe*, Steuerrecht, Rn 397–462.

Übersicht 1.3: Voraussetzungen der Korrektur von Steuerbescheiden[63]

178 **§ 172 I S. 1 Nr 2 lit. a AO**

- Antrag des Steuerpflichtigen innerhalb der Einspruchsfrist bei Änderung zugunsten des Steuerpflichtigen oder
- Zustimmung des Steuerpflichtigen bei Änderung zu Ungunsten des Steuerpflichtigen

§ 173 I AO

1. Tatsachen oder Beweismittel
2. nachträgliches Bekanntwerden
3. keine Änderungssperre, § 173 II AO
4. kein grobes Verschulden des Steuerpflichtigen, § 173 I Nr 2 AO bei Änderung zugunsten des Steuerpflichtigen
5. Rechtserheblichkeit der neuen Tatsachen oder Beweismittel (ungeschriebenes Merkmal)

§ 173a AO

1. Schreib- oder Rechenfehler
2. bei Erstellung der Steuererklärung
3. unzutreffende Mitteilung von Tatsachen zum Zeitpunkt des Erlasses des Steuerbescheids
4. Kausalität zwischen 1. und 3.
5. Rechtserheblichkeit der Tatsachen

§ 174 AO

§ 174 I, II AO (positiver Widerstreit)

1. Bestimmter Sachverhalt
2. Mehrfachberücksichtigung
3. zuungunsten (I) oder zugunsten (II) eines oder mehrerer Steuerpflichtiger
4. nach materiellem Recht nur einmalige Berücksichtigung zulässig
5. Antrag (I) bei Berücksichtigung zuungunsten
6. Vertrauensschutz nach § 174 II S. 2 AO bei Berücksichtigung zugunsten

§ 174 III AO (negativer Widerstreit)

1. irrtümliche Nichtberücksichtigung eines Sachverhalts in einem Bescheid
2. in erkennbarer Annahme, dass er in einem anderen zu berücksichtigen sei
3. Kausalität zwischen Annahme und Nichtberücksichtigung

§ 174 IV, V AO

1. Aufhebung oder Änderung eines fehlerhaften anderen Bescheids zugunsten
2. aufgrund eines Antrags oder Rechtsbehelfs des Steuerpflichtigen

RF: Möglichkeit der richtigen steuerlichen Folgerung in einem anderen Bescheid des Steuerpflichtigen (IV) oder eines Dritten (V), wenn dieser an dem Verfahren, das zu dem fehlerhaften Bescheid geführt hat, beteiligt war

63 *Birk/Desens/Tappe*, Steuerrecht, Rn 411–462.

§ 175 AO

§ 175 I S. 1 Nr 1 AO
1. Erlass oder Korrektur eines Grundlagenbescheids
2. mit Bindungswirkung für den Steuerbescheid

RF: Änderung des Steuerbescheids, *soweit* der Erlass oder die Korrektur des Grundlagenbescheids reicht

§ 175 I S. 1 Nr 2 AO
1. Ereignis
2. nachträglicher Eintritt
3. steuerliche Rückwirkung

§ 175b AO

§ 175b I AO
1. Datenübermittlung durch mitteilungspflichtige Stelle
2. Daten iSd § 93c AO
3. bei der Steuerfestsetzung nicht (Alt. 1) oder nicht zutreffend (Alt. 2) berücksichtigt
4. Rechtserheblichkeit nachträglich übermittelter Daten (§ 175b IV AO)

§ 175b II AO
1. Datenübermittlung durch mitteilungspflichtige Stelle
2. Daten iSd § 93c AO
3. Steuerpflichtiger macht keine Angaben (§ 150 VII AO)
4. übermittelte Daten sind zuungunsten des Steuerpflichtigen unrichtig
5. Rechtserheblichkeit nachträglich übermittelter Daten (§ 175b IV AO)

§ 175b III AO
1. Einwilligung für die Übermittlung von Daten iSd § 93c AO erforderlich
2. Einwilligung liegt nicht vor

§ 177 AO
1. materielle Fehler im Sinne des § 177 III AO
2. Korrekturmöglichkeit des Steuerbescheids zuungunsten (I) oder zugunsten (II) des Steuerpflichtigen

RF: *Fehlersaldierung* innerhalb des durch die Korrekturnormen vorgegebenen Rahmens

Übersicht 1.4: Außergewöhnliche Belastungen (§§ 33 ff EStG)[64]

179 = zwangsläufige, existenziell notwendige private Aufwendungen, die das Maß des Üblichen überschreiten

Tatbestandsvoraussetzungen des Grundtatbestands (§ 33 EStG)

1. **keine anderweitige Abzugsmöglichkeit** (§ 33 II 2 EStG), zB Betriebsausgaben, Werbungskosten, Sonderausgaben
2. **Aufwendungen** = bewusste und gewollte Vermögensverwendungen
   (–) bloße *Schäden*, wohl aber Wiederbeschaffungs-/Reparaturkosten
   (–) *entgangene Einnahmen* (Verdienstausfall)
   Zeitpunkt: Abfluss (§ 11 EStG)
3. **(endgültige) Belastung**
   (–) wenn Versicherung später (uU auch erst im Folgejahr) *erstattet*
   (–) wenn Stpfl *Gegenwert* erhält (noch hM; str; nicht anwendbar, wenn Zwangsläufigkeit im Vordergrund, zudem Rückausnahme: bei *fehlender Marktgängigkeit*, zB Aufwendungen für Prothesen, Rollstuhl usw, sowie bei *verlorenem Aufwand* [zB Ersatzbeschaffung von Hausrat nach Hochwasser])
4. **Außergewöhnlichkeit** (§ 33 I EStG)
   = wenn dem Stpfl größere Aufwendungen als der überwiegenden Mehrzahl der Steuerpflichtigen gleicher Einkommens- und Vermögensverhältnisse und gleichen Familienstands erwachsen (hinsichtlich Grund und Höhe)
   (–) zB Fahrtkosten zur Beerdigung eines nahen Angehörigen
5. **Zwangsläufigkeit** (dem Grunde und der Höhe nach, § 33 II 1 EStG)
   a) **aus rechtlichen Gründen** (gesetzliche Unterhaltspflicht, behördliche Verfügung usw)
   b) **aus tatsächlichen Gründen** (unabwendbare Ereignisse wie Krieg, Krankheit, Asbestsanierung usw)
   c) **aus sittlichen Gründen** (wenn die Pflicht einer gesetzlichen Pflicht nahe kommt)
      (–) bei vorsätzlichem oder grob fahrlässigem Verhalten (zB Trunkenheitsfahrt)
      (+) stets: Krankheitskosten, auch wenn durch schuldhaftes Verhalten (Gefahrsportarten, Rauchen, Fehlernährung …) verursacht
      (–) medizinisch nicht indizierte Kosten (Fahrt zum Wunderheiler)

Rechtsfolge

Aufwendungen abziehbar nur, soweit sie zumutbare Belastung übersteigen (zur Höhe s. § 33 I letzter HS, III EStG)

Verfassungsmäßigkeit der Begrenzung des Abzugs durch nicht abziehbaren Eigenanteil (subjektives Nettoprinzip)? hM: (+)[65]

---

64 *Birk/Desens/Tappe*, Steuerrecht, Rn 1085–1116.
65 S. hierzu *Birk/Desens/Tappe*, Steuerrecht, Rn 1106.

Fall 2

Das luxuriöse Gefährt

Schwerpunkte: **Abgabenordnung:** Haftung (LB § 3 Rn 293–308); Einspruch (LB § 4 Rn 560–576); **Einkommensteuerrecht:** Arbeitslohn (LB § 5 Rn 763–779)

Schwierigkeitsgrad: leicht bis mittel, Bearbeitungszeit: 2 Stunden

Die Glitzer & Bling-Bling Schmuck GmbH (G-GmbH) produziert und vertreibt Schmuck, insbesondere Goldwaren und Edelsteine, an ihrem Firmensitz in Idar-Oberstein. Von dort exportiert sie begehrte Edelsteine in alle Teile der Welt. Zuständig für den Vertrieb und Verhandlungen mit Großkunden ist vorrangig V, der sich als leidenschaftlicher Edelsteinsammler mit dem Job einen Traum verwirklicht hat. Aufgrund seiner hervorgehobenen Rolle im Betrieb erhält V zum Jahresbeginn 02 einen Dienstwagen von der G-GmbH. Das luxuriöse Gefährt (Bruttolistenpreis 120 000 €) ist mit besonderen und repräsentativen Edelsteinen verziert. Da V den Wagen auch privat nutzt, leistet er monatlich eine Zuzahlung von 500 €, die die G-GmbH direkt vom Lohn einbehält. Ein Fahrtenbuch führt V nicht. Er ist durch viele Außentermine beruflich stark eingespannt und hat daher kaum Freizeit. Um den teuren Wagen vor Witterungen und Diebstahl zu schützen, mietet die G-GmbH eine Garage (50 €/Monat) in der Nähe des Wohnhauses von V an. Dieser ist hierüber erfreut, da er sich ohnehin schon lange nach einer Garage umgesehen hatte. **180**

Bei Außenprüfungen im Januar 04 stellt das zuständige FA fest, dass bei V im Jahr 02 für die private Pkw-Nutzung und die Nutzung der Garage keine Lohnsteuerabzüge vorgenommen wurden. Der Prüfer setzt daher für 02 geldwerte Vorteile (rechnerisch richtig) in Höhe von 600 € (Garage) und 8400 € (Auto) an. Hierfür ergibt sich eine zusätzliche Lohnsteuer von 3780 €, wovon 3528 € auf die Pkw-Überlassung und 252 € auf die Anmietung der Garage entfallen.

Bei der G-GmbH, deren Geschäftsführer A und B sind, ist auch S angestellt, um sich um die steuerlichen Angelegenheiten zu kümmern. Er ging (ohne entsprechende Mitteilung) davon aus, dass die private Pkw-Nutzung des V nicht versteuert werden müsse. Schließlich zahle V ja genau zu diesem Zweck monatlich 500 € aus eigener Tasche. Bei der Garage habe V zudem keine Wahl gehabt, da die G-GmbH aus Sicherheitsgründen die Nutzung eines Garagenstellplatzes verlangt habe. Auch hier könne von einem privaten Vorteil daher nicht ausgegangen werden.

B, nach der mündlichen Aufgabenverteilung auf Leitungsebene zuständig für „Finanzen und Steuern", war mit der Arbeit des S bislang immer sehr zufrieden. Daher hält er es schon seit 01 nicht mehr für angebracht, „ihm bei jedem Schritt über die Schulter zu schauen", zumal er sich in letzter Zeit intensiv seinem Hobby – der Teilnahme an internationalen Tennisturnieren – gewidmet hatte, wovon auch A wusste.

Das Finanzamt fordert daher den anderen Geschäftsführer A, der sich nie um die steuerlichen Angelegenheiten kümmerte, nach Anhörung mit Bescheid vom 5.4.04 auf, einen Lohnsteuerbetrag von 378 € zu entrichten. Dem zuständigen Bearbeiter fällt der Tippfehler wenig später beim Ablegen der Akten auf, woraufhin er bereits am 12.4.04 einen geänderten Bescheid mit einer Zahllast iHv 3780 € erlässt. Zur Begründung wird angeführt, dass B inzwischen so verarmt sei, dass er die Haftungsschuld auf absehbare Zeit nicht begleichen könne. Dass auch die G-GmbH nach § 42d EStG in Anspruch genommen werden könnte, spiele keine Rolle. A müsse bei einer derart schweren Pflichtverletzung vor Augen geführt werden, dass auch er Verantwortung trage und dieser gerecht werden müsse. A ist entsetzt. Er legt einen Tag, nachdem ihm der geänderte Bescheid zugegangen ist, schriftlich Einspruch ein. Diesen begründet er damit, dass seiner Meinung nach eine Garage für einen Firmenwagen nicht privat veranlasst sein könne und die private Pkw-Nutzung durch die Zuzahlung abgegolten sei. Darüber hinaus könne das Finanzamt auch nicht beliebig Bescheide erlassen. Eine Änderung des ersten Bescheids vom 5.4.04 habe nicht erfolgen dürfen. Ferner müsse das Finanzamt die interne Verteilung der Geschäftsführungsbefugnisse beachten.

Hat der Einspruch des A Erfolg?

181 **Abwandlung:** Das Finanzamt nimmt den A hinsichtlich der Pkw-Überlassung irrtümlich zunächst lediglich in Höhe von 2000 € in Anspruch. Erst später erkennt der zuständige Sachbearbeiter X, dass die Voraussetzungen der Inanspruchnahme des A in Höhe von insgesamt 3528 € vorlagen. Er fragt sich, ob er einen weiteren Haftungsbescheid an A über 1528 € richten kann oder ob er den alten Haftungsbescheid dahingehend „ändern" könne, dass A nun insgesamt über 3528 € haften müsse. Da er sich aber nicht sicher ist, ob das rechtlich zulässig ist, bittet er den Rechtspraktikanten R zu prüfen, ob die von ihm skizzierten Wege gangbar sind.

Vorüberlegungen

Die Klausur behandelt einen Haftungsfall, nämlich die Konstellation der Haftung eines Geschäftsführers für nicht abgeführte Lohnsteuer nach § 69 AO. Eingekleidet ist die Haftungsproblematik in die Prüfung eines Einspruchs. Dessen Prüfung dürfte den Bearbeitern keine großen Probleme bereiten, da der Prüfungsaufbau aus dem Verwaltungsprozessrecht (Widerspruch) bekannt sein dürfte. **182**

Zunächst ist zu thematisieren, ob eine Änderung des ersten Haftungsbescheids vom 5.4.04 möglich war, denn der Einspruch richtet sich gegen den geänderten Bescheid. Für Haftungsbescheide greifen nicht die Korrekturvorschriften nach §§ 172 ff AO, sondern die Vorschriften über allgemeine Steuerverwaltungsakte nach §§ 130 ff AO. Im Fall muss § 129 Satz 1 AO geprüft werden, der sowohl auf allgemeine als auch auf besondere Steuerverwaltungsakte Anwendung findet. Im Ergebnis ist eine offenbare Unrichtigkeit zu bejahen, die die Änderungsmöglichkeit nach § 129 Satz 1 AO eröffnet. Der Bearbeiter sollte zudem erkennen, dass § 351 Abs. 1 AO der vollumfänglichen Überprüfung des Einspruchs nicht entgegensteht, da der ursprüngliche Bescheid im Zeitpunkt des Erlasses des Änderungsbescheids noch nicht unanfechtbar geworden ist.

Im Rahmen der materiellen Rechtmäßigkeit ist problematisch, dass kein Steueranspruch gegen die GmbH selbst vorliegt, sondern wenn überhaupt ein Haftungsanspruch nach § 42d Abs. 1 EStG gegen diese. Für diesen Haftungsanspruch könnte A wiederum haften. Ein Haftungsanspruch liegt aber nur vor, wenn die Vorteile aus der Pkw-Überlassung sowie der Anmietung der Garage steuerbare Einkünfte sind. Insoweit ergibt sich bereits ein Hinweis aus dem Sachverhalt, dass es sich nämlich um Einkünfte aus nichtselbstständiger Arbeit (§ 19 EStG) handeln könnte. Der Bearbeiter muss hinsichtlich der Garage herausarbeiten, was für und was gegen eine Qualifizierung als steuerbare Einkünfte spricht. Er sollte darauf kommen, dass die private Nutzung des Firmenwagens unzweifelhaft einen geldwerten Vorteil darstellt, dessen Höhe sich nach der Differenz des anzusetzenden Betrags, der sich aus der 1%-Methode ergibt, und den geleisteten Zuzahlungen bestimmt. Bei der Anmietung der Garage überwiegt aber im Ergebnis das eigenbetriebliche Interesse des Arbeitgebers, so dass es sich hierbei nicht um Arbeitslohn handelt.

Die angegebene Lohnsteuer wurde laut Sachverhalt vom Prüfer richtig berechnet. Es hat keine Überprüfung der Beträge zu erfolgen.

Bei der weiteren Prüfung des Haftungsanspruchs muss der Bearbeiter erkennen, dass die interne Aufgabenverteilung der Geschäftsführer auf zwei Ebenen von Bedeutung ist, nämlich zum einen bei der Pflichtverletzung und zum anderen beim Verschulden. Zunächst einmal ist im Rahmen der Pflichtverletzung herauszuarbeiten, dass nach § 38, § 41a EStG eine Pflicht zur Abführung der Lohnsteuer besteht. Anschließend ist zu diskutieren, ob diese Pflicht durch die Pflichtenteilung der Geschäftsführer beschränkt ist. An dieser Stelle ist wiederum die Argumentationskraft des Bearbeiters gefragt. Gleiches gilt für das Verschulden. Hier muss der Bearbeiter sorgfältig die Hinweise im

Sachverhalt aufgreifen und in seiner Argumentation verarbeiten. Wichtig ist, dass es um die Begründung eigenen Verschuldens des A gehen muss.

Im Rahmen der Begründetheit ist in einem Gutachten zu allen aufgeworfenen Fragen Stellung zu nehmen. So ergeben sich im Auswahlermessen noch zwei Probleme, zum einen die Frage des Ermessensfehlgebrauchs, weil A aus gleichsam „erzieherischen Gründen" in Anspruch genommen wird, und zum anderen die Frage des Ermessensnichtgebrauchs, weil die Finanzbehörde meinte, dass es für die Inanspruchnahme des A keine Rolle spiele, dass auch die G-GmbH als Arbeitgeber haftet.

183 Die Besonderheit der Abwandlung besteht zunächst darin, dass nicht ein feststehender Sachverhalt – aus der Perspektive des Finanzgerichts bzw der Einspruchsbehörde – darauf überprüft werden soll, ob dieser zutreffend behandelt worden ist („Urteilsklausur"), sondern dass danach gefragt wird, ob ein bestimmtes Ziel über einen bestimmten Weg erreichbar ist („Gestaltungsklausur" – hier aus der Sicht der Behörde, deren Entscheidung vorbereitet werden soll).

Inhaltlich behandelt die Abwandlung das Problem der Zulässigkeit einer verbösernden Entscheidung: Zum einen stellt sich die Frage nach der Reichweite der Bindungswirkung von Steuerverwaltungsakten, zum anderen die Frage nach der Möglichkeit einer „Anpassung" von Steuerverwaltungsakten. Für Haftungsbescheide greifen nicht die Korrekturvorschriften nach §§ 172 ff AO, sondern die Vorschriften über allgemeine Steuerverwaltungsakte nach §§ 130 ff AO. Zu erörtern ist daher, ob dem Erlass eines zweiten Bescheides der in §§ 130 ff AO verbürgte Vertrauensschutz entgegensteht.

Gliederung

Musterlösung

Der Einspruch des A hat Erfolg, soweit er zulässig und begründet ist.

Ausgangsfall

A. Zulässigkeit

I. Statthaftigkeit

186 Der Einspruch des A gegen den Haftungsbescheid betreffend die Haftung für die Überlassung des Firmenwagens und der Garage ist statthaft nach § 347 Abs. 1 Satz 1 Nr 1 AO.

II. Einspruchsbefugnis

187 A ist einspruchsbefugt, wenn er geltend machen kann, durch den Verwaltungsakt beschwert zu sein (§ 350 AO). Eine Beschwer liegt vor, wenn der Adressat eines belastenden VA entweder eine Rechtsverletzung oder die Beeinträchtigung rechtlich geschützter Interessen geltend machen kann[1]. Durch die Verpflichtung zur Zahlung von 3780 € könnte A in seinem Grundrecht aus Art. 2 Abs. 1 GG verletzt sein (allgemeine Handlungsfreiheit)[2]. § 351 AO, der die Anfechtbarkeit von Änderungsverwaltungsakten beschränkt, kommt hier nicht zur Anwendung, da der erste Haftungsbescheid vom 5.4.04 zum Zeitpunkt des Erlasses des Änderungsbescheids am 12.4.04 noch nicht bestandskräftig und somit unanfechtbar geworden ist. Folglich ist A einspruchsbefugt.

III. Form und Frist

188 Da A nur einen Tag nach Zugang des geänderten Haftungsbescheids schriftlich bei dem Finanzamt Einspruch erhob, ist der Einspruch form- (§ 357 Abs. 1 Satz 1 AO) und fristgerecht (§ 355 Abs. 1 Satz 1 AO) eingelegt worden.

Folglich ist der Einspruch des A zulässig.

B. Begründetheit

189 Der Einspruch ist gem. § 367 Abs. 2 Satz 1 AO *zumindest dann*[3] begründet, wenn der Bescheid (1) nicht auf eine Ermächtigungsgrundlage gestützt werden kann, er (2) formell und/oder (3) materiell rechtswidrig ist und (4) der Einspruchsführer hierdurch in seinen Rechten verletzt ist.

---

1 *Birk/Desens/Tappe*, Steuerrecht, Rn 563.

2 Da eine Abgabenverpflichtung nach hM die Eigentumsgarantie aus Art. 14 Abs. 1 GG nicht berührt (dazu *Birk/Desens/Tappe*, Steuerrecht, Rn 187 f), bleibt als Auffanggrundrecht nur die allgemeine Handlungsfreiheit.

3 Der Einspruch ist auch dann begründet, wenn ein im Ermessen der Behörde stehender VA zwar rechtmäßig, aber unzweckmäßig ist. Die Zweckmäßigkeit eines VA kann im Rahmen von Prüfungsarbeiten aber in aller Regel nicht sinnvoll geprüft werden.

I. Ermächtigungsgrundlage

Ermächtigungsgrundlage für die Inanspruchnahme des A als Haftungsschuldner durch einen Haftungsbescheid für die Steuerschuld des Mitarbeiters betreffend der Pkw-Überlassung und der Anmietung der Garage ist § 191 Abs. 1 Satz 1 Alt. 1 AO. Da es sich bei dem angefochtenen Bescheid um einen Änderungsbescheid handelt, müssten zudem die Voraussetzungen einer Korrekturvorschrift vorgelegen haben. In Betracht kommt als Ermächtigungsgrundlage daher § 129 Satz 1 AO iVm § 191 Abs. 1 Satz 1 Alt. 1 AO. **190**

II. Formelle Rechtmäßigkeit

Da Fehler bezüglich der Zuständigkeit, des Verfahrens (insb die nach § 91 Abs. 1 Satz 1 AO nötige Anhörung wurde durchgeführt) und der Form nicht ersichtlich sind, ist der Haftungsbescheid formell rechtmäßig. **191**

III. Materielle Rechtmäßigkeit

Der Änderungsbescheid vom 12.4.04 ist materiell rechtmäßig, wenn die Voraussetzungen einer Korrekturvorschrift vorlagen und A nach § 191 Abs. 1 Satz 1 Alt. 1 AO für eine Steuer haftet. In Betracht kommt hier lediglich eine Änderung nach § 129 Satz 1 AO oder nach §§ 130, 131 AO, da es sich bei einem Haftungsbescheid um einen allgemeinen, und nicht um einen besonderen Steuerverwaltungsakt (Steuerbescheide und diesen gleichgestellte Bescheide), handelt, auf den die Vorschriften der §§ 172 ff AO nicht anwendbar sind[4]. **192**

1. Vorliegen der Tatbestandsvoraussetzungen des § 129 Satz 1 AO

Nach § 129 Satz 1 AO kann die Finanzbehörde Schreibfehler, Rechenfehler und ähnliche offenbare Unrichtigkeiten, die beim Erlass des Verwaltungsakts unterlaufen sind, jederzeit berichtigen. Eine ähnliche Unrichtigkeit liegt vor, wenn der Behörde ein mechanisches Versehen unterlaufen ist und ein Tatsachen- oder Rechtsirrtum ausgeschlossen werden kann[5]. Der Sachbearbeiter hat den Prüfungsbericht der Außenprüfung ausgewertet, der für jeden Dritten erkennbar ausweist, dass der Gesamtbetrag der festzusetzenden Lohnsteuer 3780 € betragen sollte[6]. Es wurde lediglich die letzte Ziffer (0) vergessen. Beim Eintippen in den PC ist dem Bearbeiter daher ein mechanisches Versehen unterlaufen. Ob es sich dabei um einen Schreibfehler oder einen Eingabefehler, der als ähnliche Unrichtigkeit einzuordnen ist, handelt, kann dahinstehen. Es liegt jedenfalls ein mechanisches Versehen vor, sodass es sich um eine Unrichtigkeit iSd § 129 Satz 1 AO handelt. **193**

4 Zur Korrektur allgemeiner Steuerverwaltungsakte *Birk/Desens/Tappe*, Steuerrecht, Rn 397 ff.
5 BFH, V R 37/18, BStBl II 2021, 50.
6 Vgl für die Möglichkeit einer Änderung nach § 129 AO bei Auswertung eines Prüfungsberichts BFH, III R 59/89, BFH/NV 1989, 341 (342).

Eine Unrichtigkeit ist offenbar, wenn sie für einen unvoreingenommenen (objektiven) Dritten bei Offenlegung des Sachverhalts klar zu erkennen ist[7]. Der Tippfehler war sowohl für einen unvoreingenommenen Dritten als auch für A eindeutig erkennbar. Es liegt demnach eine offenbare Unrichtigkeit vor.

Der Fehler ist auch in der Sphäre der Finanzbehörde bei Erlass des Haftungsbescheides entstanden.

Es handelt sich um eine Steuerschuld aus 02, für die die Lohnsteuer in diesem Jahre nicht abgeführt worden ist. Der Haftungsbescheid wurde jedoch bereits im April 04 erlassen, sodass die vierjährige Festsetzungsfrist nach § 191 Abs. 3 Satz 1, § 169 Abs. 2 Satz 1 Nr 2 AO noch nicht verstrichen ist. Es ist also noch keine Festsetzungsverjährung nach § 169 Abs. 1 Satz 1 AO eingetreten, die nach § 169 Abs. 1 Satz 2 AO auch für die Berichtigung wegen offenbarer Unrichtigkeiten gilt. Die Berichtigung des ursprünglichen Haftungsbescheids war folglich aufgrund des Vorliegens der Tatbestandsvoraussetzungen des § 129 Satz 1 AO zulässig.

2. Tatbestand des § 191 Abs. 1 Satz 1 Alt. 1 AO

194 Damit der rechtmäßig geänderte Haftungsbescheid materiell rechtmäßig ist, müsste A nach § 191 Abs. 1 Satz 1 Alt. 1 AO zunächst kraft Gesetzes für eine Steuer haften. Da Arbeitgeber nicht A, sondern die G-GmbH ist, scheidet eine Haftung des A nach § 42d Abs. 1 EStG aus. In Betracht kommt aber eine Haftung nach § 69 Satz 1 AO, wofür Ansprüche aus dem Steuerschuldverhältnis bestehen müssten, die aufgrund einer grob fahrlässigen Pflichtverletzung des A nicht oder nicht rechtzeitig festgesetzt oder erfüllt wurden. Zudem müsste A unter den Personenkreis der § 34 oder § 35 AO fallen.

a) Anspruch aus dem Steuerschuldverhältnis

195 Voraussetzung für eine Haftung des A ist nach § 69 Satz 1 AO zunächst ein bestehender Anspruch aus dem Steuerschuldverhältnis gem. § 37 AO. In Betracht kommt ein Steueranspruch (Var. 1) oder ein Haftungsanspruch (Var. 3).

aa) Haftung für einen Steueranspruch?

196 Steueranspruch ist der Anspruch des Steuergläubigers gegen den Steuerschuldner auf Entrichtung der Steuer iSd § 3 Abs. 1 AO[8]. Einziger Steueranspruch, für den A haften könnte, wäre derjenige gegen den Mitarbeiter V aufgrund der Pkw- und Garagengestellung (wenn ein solcher bestehen sollte). Steuerschuldner der Lohnsteuer ist der Arbeitnehmer, § 38 Abs. 2 Satz 1 EStG, so dass der Steueranspruch gegen den Mitarbeiter, nicht aber gegen die G-GmbH bestünde. Im Verhältnis zum Mitarbeiter der G-GmbH selbst erfüllt A allerdings ersichtlich nicht die nach § 69 Satz 1 AO nötigen weiteren Voraussetzungen des § 34 oder § 35 AO. Er ist weder gesetzlicher Vertreter (§ 34 Abs. 1

7 BFH, V R 37/18, BStBl II 2021, 50.
8 *Birk/Desens/Tappe*, Steuerrecht, Rn 239.

AO), Vermögensverwalter (§ 34 Abs. 3 AO), noch Verfügungsberechtigter (§ 35 AO) des Mitarbeiters. Somit scheidet eine Haftung für einen Steueranspruch aus.

bb) Haftung für einen Haftungsanspruch

Allerdings könnte A für einen Haftungsanspruch gegen die G-GmbH haften. Dafür **197**
müsste gegen die G-GmbH zunächst ein solcher Haftungsanspruch bestehen. Dieser könnte aus § 42d Abs. 1 Nr 1 EStG folgen, wonach ein Arbeitgeber für einzubehaltende und abzuführende Lohnsteuer haftet. Nach § 38 Abs. 1 Satz 1, Abs. 3 Satz 1 EStG hat der Arbeitgeber bei Einkünften aus nichtselbstständiger Arbeit die Steuer (Lohnsteuer) einzubehalten und gem. § 41a Abs. 1 Satz 1 Nr 2 EStG abzuführen. Die danach grds begründete Haftung der G-GmbH für die Lohnsteueransprüche gegen den Mitarbeiter setzt allerdings weiter voraus, dass es sich bei der Überlassung von Pkw und Garage tatsächlich um zu versteuernde Einkünfte aus nichtselbstständiger Arbeit iSd § 19 Abs. 1 Nr 1 EStG handelt (vgl § 38 Abs. 1 Satz 1 EStG).

Gem. § 19 Abs. 1 Nr 1 EStG gehören zum steuerpflichtigen Arbeitslohn alle Vorteile, **198**
die für eine Beschäftigung im öffentlichen oder privaten Dienst gewährt werden. Hierzu zählen alle Güter in Geld oder Geldeswert, die dem Arbeitnehmer aus dem Dienstverhältnis im weitesten Sinne als Gegenleistung für das Zurverfügungstellen seiner individuellen Arbeitskraft zufließen[9].

Die private Nutzung des Firmenwagens stellt einen geldwerten Vorteil für den Arbeit- **199**
nehmer dar[10]. Dessen Höhe berechnet sich nach den Vorschriften des § 8 Abs. 2 Satz 2 EStG iVm § 6 Abs. 1 Nr 4 Satz 2 EStG. Danach muss der Steuerpflichtige für die Überlassung eines Kfz zu Privatfahrten für jeden Kalendermonat 1 % des auf volle 100 € abgerundeten inländischen Bruttolistenpreises bei Erstzulassung zzgl. USt und Sonderausstattung versteuern. Mangels vorhandener Angaben zum Umfang der beruflichen und privaten Fahrten des V und aufgrund des Fehlens eines Fahrtenbuchs ist die Bruttolistenpreismethode anzuwenden. Es ist auch davon auszugehen, dass der Pkw zu mehr als 50 % beruflich genutzt wird, da V laut Sachverhalt beruflich stark eingespannt ist und kaum mehr Freizeit hat. Die Voraussetzungen zur Anwendung der Bruttolistenpreismethode liegen daher vor.

Zuzahlungen des Arbeitnehmers mindern die Lohnzuwendung des Arbeitgebers und sind folglich vom geldwerten Vorteil abzuziehen[11]. Es fehlt insoweit an einer Bereicherung des Arbeitnehmers[12]. Der geldwerte Vorteil beträgt laut Sachverhalt vorliegend rechnerisch richtig – und damit unter vorteilsmindernder Einbeziehung der erfolgten Zuzahlungen – 8400 €. Dieser Betrag ist als zusätzlicher Arbeitslohn zu versteuern. Das Argument des A, die private Pkw-Nutzung sei durch die Zuzahlung abgegolten, greift mithin nicht ein. Die Differenz des Betrages, der sich aus der Bruttolistenpreismethode und den monatlichen Zuzahlungen des V ergibt, ist zu versteuern.

9 *Krüger*, in: Schmidt, EStG, § 19 Rn 40.
10 *Krüger*, in: Schmidt, EStG, § 19 Rn 100.
11 Vgl BFH, VI R 49/14, BStBl II 2017, 1011.
12 *Krüger*, in: Schmidt, EStG, § 8 Rn 37.

200 Vorteile stellen hingegen keinen Arbeitslohn dar, wenn sie sich bei objektiver Betrachtung und Würdigung der Umstände des Einzelfalls nicht als Entlohnung, sondern als notwendige Nebenfolge betrieblicher Zielsetzungen darstellen[13]. Der Arbeitslohncharakter von Vorteilen ist danach zu verneinen, soweit sie im ganz überwiegend eigenbetrieblichen Interesse des Arbeitgebers erbracht werden[14]. Die Anmietung der Garage in der Nähe des Wohnhauses des V stellt für diesen zweifelsfrei einen Vorteil da. Er hat dadurch jederzeit einen wohnortnahen Stellplatz für „seinen" Pkw. Die Bereitstellung der Garage erfolgt jedoch auch im eigenbetrieblichen Interesse der G-GmbH, da der Pkw in deren Eigentum steht und durch die Garage vor Diebstahl und Witterungseinflüssen geschützt ist. Insbesondere ist hervorzuheben, dass der Firmenwagen mit teuren Edelsteinen verziert und daher besonders wertvoll ist. Das Interesse der G-GmbH an dessen Unversehrtheit wird somit, insbesondere in den nächtlichen Stunden, in denen der Pkw sonst unbewacht wäre, sehr hoch sein. In Anbetracht dieser Umstände überwiegt bei der Anmietung der Garage das Interesse der G-GmbH dasjenige des V. Es liegt insoweit kein steuerbarer Arbeitslohn vor.

201 Eine Steuerschuld des Mitarbeiters besteht daher lediglich iHv 3528 €. Für diesen Steueranspruch haftet die G-GmbH als Arbeitgeber des Mitarbeiters gem. § 42d Abs. 1 Nr 1 EStG. Es besteht somit ein Anspruch aus einem Steuerschuldverhältnis in Form eines Haftungsanspruchs, für den A haftet, wenn die weiteren Voraussetzungen vorliegen[15]. Die Lohnsteuer für die Anmietung der Garage iHv 252 € ist nicht entstanden. Insoweit ist der Änderungsbescheid mangels Haftungsanspruch bereits materiell rechtswidrig.

b) Person nach §§ 34 f AO

202 Damit A für diesen Haftungsanspruch haftet, müsste er gem. § 69 Satz 1 AO eine Person iSd § 34 Abs. 1 Satz 1 AO sein. A ist Geschäftsführer der G-GmbH. Gem. § 35 Abs. 1 GmbHG ist der Geschäftsführer der gesetzliche Vertreter der GmbH. Folglich ist A eine Person iSd § 69 Satz 1, § 34 Abs. 1 Satz 1 AO.

c) Pflichtverletzung

203 A müsste gem. § 69 Satz 1 AO eine ihm auferlegte Pflicht verletzt haben. Gem. § 34 Abs. 1 Satz 1 AO muss der Vertreter die steuerlichen Pflichten der juristischen Person erfüllen. Dazu gehören alle Verpflichtungen eines Steuersubjekts, die durch die AO und die anderen Einzelsteuergesetze begründet werden. Nach § 41a EStG ist der Arbeitgeber, hier also die G-GmbH, verpflichtet, die Lohnsteuer der Arbeitnehmer anzumelden und abzuführen. Für die Erfüllung dieser Pflichten sind grds *alle* Geschäftsführer verantwortlich. Die Tätigkeit eines Geschäftsführers betrifft nicht einen besonderen Geschäftsbereich, sondern die Führung der Geschäfte im Ganzen[16]. Daher liegt grds auch eine Pflichtverletzung vor, die A zurechenbar ist.

---

13 BFH, VI R 75/79, BStBl II 1983, 39; BFH, VI R 95/92, BStBl II 1993, 687 (689).
14 BFH, VI R 75/79, BStBl II 1983, 39 (41).
15 Es handelt sich also um den Fall der Haftung für einen Haftungsanspruch.
16 BFH, V R 128/79, BStBl II 1984, 776 (777).

Möglicherweise ist dies aufgrund der mündlichen Einigung zwischen A und B über die Aufgabenverteilung anders zu beurteilen, da B für die steuerlichen Angelegenheiten zuständig sein soll. Möglich ist, die Pflichten der Geschäftsführer aufzuteilen und dadurch die Verantwortlichkeit zu begrenzen. Allerdings setzt dies voraus, dass vorweg eine eindeutige und daher schriftliche Klarstellung getroffen wird, welcher Geschäftsführer für welchen Bereich zuständig ist, damit nicht im Haftungsfall jeder Geschäftsführer auf den Aufgabenbereich des jeweils anderen verweisen kann[17]. Daher kann sich A nicht auf die *mündliche* Aufgabenverteilung mit B berufen. Der Umfang der Pflichten kann ferner nur so lange und so weit begrenzt sein, wie für sie unter den Maßstäben eines sorgfältigen Geschäftsmanns kein Anlass besteht anzunehmen, die steuerlichen Pflichten der Gesellschaft würden nicht exakt erfüllt[18]. A wusste jedoch, dass B sich im Ausland aufhält und daher die Pflichten nicht ordnungsgemäß wahrnehmen konnte. Daher kann sich A nicht auf die mündliche Aufgabenverteilung berufen. **204**

Eine Pflichtverletzung liegt folglich vor.

d) Verschulden

A müsste vorsätzlich oder grob fahrlässig gehandelt haben. In Betracht kommt allenfalls grobe Fahrlässigkeit. Grob fahrlässig handelt, wer die Sorgfalt, zu der er nach seinen persönlichen Kenntnissen und Fähigkeiten verpflichtet und imstande ist, in ungewöhnlich großem Maße verletzt[19]. Es muss ein *eigenes* Verschulden gegeben sein; auf den Rechtsgedanken des § 278 BGB kann nicht zurückgegriffen werden[20]. Das Verschulden des S bei der Erfüllung der steuerlichen Pflichten, indem er ohne weitere Nachfrage davon ausging, es handle sich bei der Pkw-Überlassung wegen der Zuzahlung nicht um einen geldwerten Vorteil, kann daher A nicht als eigenes Verschulden zugerechnet werden. Den gesetzlichen Vertreter trifft jedoch eigenes Verschulden, wenn er die zur Erledigung der Pflichten zuständigen Mitarbeiter nicht in ausreichendem Umfang überwacht und so nicht für eine pünktliche Erledigung der Steuerangelegenheiten sorgt[21]. Zwar war B intern für die Kontrolle zuständig. Die interne und nicht schriftlich festgehaltene Vereinbarung entfaltet jedoch keine Außenwirkung. Ferner hätte sie allenfalls so lange exkulpierende Wirkung, wie der nicht mit der Verpflichtung betraute Geschäftsführer von einer Pflichterfüllung ausgehen darf[22]. Da A jedoch wusste, dass B sich sehr häufig aus privaten Gründen im Ausland aufhält, hätte er die Kontrolle selbst durchführen müssen. B war seit 01 nicht mehr in der Lage, den S in ausreichendem Maße zu überwachen. Dieser konnte daher knapp drei Jahre ohne effektive Aufsicht arbeiten, was auch nicht dadurch gerechtfertigt werden kann, dass er zuvor stets zur Zufriedenheit des B gearbeitet hatte. Eine solch gleichgültige Auffassung den steuerlichen Verpflichtungen gegenüber bedeutet eine schwere Verletzung der **205**

17 BFH, V R 128/79, BStBl II 1984, 776 (778); VII R 4/98, BStBl II 1998, 761 (763).
18 BFH, V R 128/79, BStBl II 1984, 776 (778).
19 Statt aller: *Loose*, in: Tipke/Kruse, § 69 AO Rn 26.
20 FG Nürnberg, II 104/91, EFG 1992, 241 (242).
21 BFH, VII S 15/89, BFH/NV 1989, 757; VII R 101/92, BStBl II 1995, 278 (279).
22 BFH, V R 128/79, BStBl II 1984, 776 (778); VII R 4/98, BStBl II 1998, 761 (763).

im Verkehr erforderlichen Sorgfalt. Diese Kontrolle hat daher auch A vollständig unterlassen. Umstände, die darauf schließen lassen, dass A dazu nicht die erforderlichen Kenntnisse hatte und nicht imstande war die Kontrolle auszuüben, sind nicht ersichtlich. Vielmehr übte A auch über andere Geschäftsbereiche der G-GmbH die Aufsicht aus. A handelte mithin grob fahrlässig.

e) Nicht rechtzeitige Erfüllung der steuerlichen Verpflichtung

206 Eine nicht rechtzeitige Erfüllung der steuerlichen Verpflichtung könnte daraus folgen, dass die Lohnsteuer für die private Pkw-Nutzung für 02 bislang nicht angemeldet und abgeführt ist. Die steuerliche Pflicht der GmbH ist hier deren Anmelde- und Entrichtungspflicht für die Lohnsteuer des Mitarbeiters. Diese Pflicht wird erfüllt durch Anmeldung der Lohnsteuer (§ 168 Satz 1 AO). Da die Lohnsteueranmeldung gegen den Arbeitgeber wie ein Haftungsbescheid wirkt (§ 42d Abs. 4 Satz 1 Nr 1 EStG), begründet die nicht erfolgte Lohnsteueranmeldung die „Nichtfestsetzung" des Anspruchs aus dem Steuerschuldverhältnis (hier: des Haftungsanspruchs). Mangels Festsetzung ist auch keine Entrichtung der Lohnsteuer erfolgt. Daher sind die steuerlichen Pflichten nicht rechtzeitig gem. § 41a Abs. 1 Satz 1 EStG erfüllt worden.

§ 69 Satz 1 AO ist mithin erfüllt. Der in § 69 Satz 1 AO genannte „Anspruch aus dem Steuerschuldverhältnis" ist der Haftungsanspruch der GmbH, auf den sich sowohl Pflichtverletzung als auch Nichtfestsetzung beziehen müssen. Folglich ist ein Haftungstatbestand gegeben. A haftet gem. § 191 Abs. 1 Satz 1 Alt. 1 AO kraft Gesetzes für eine Steuer.

3. Festsetzungsverjährung

207 Da es sich um eine Steuerschuld aus 02 handelt und die Lohnsteuer in diesem Jahre nicht abgeführt worden ist, der Haftungsbescheid jedoch bereits im April 04 erlassen wurde, ist die vierjährige Festsetzungsverjährung nach § 191 Abs. 3 Satz 1, § 169 Abs. 2 Satz 1 Nr 2 AO noch nicht verstrichen.

4. Ermessen

208 Jedoch könnte das Ermessen seitens der Behörde fehlerhaft ausgeübt worden sein. Dem FA steht sowohl ein Entschließungs- als auch ein Auswahlermessen zu, vgl § 191 Abs. 1 Satz 1 HS 1 AO.

a) Entschließungsermessen

209 Das FA könnte bereits sein Entschließungsermessen fehlerhaft ausgeübt haben. Dieses ist nämlich durch die (eigentlich nur für das Erhebungsverfahren geltende) Vorschrift des § 219 Satz 1 AO begrenzt. Hiernach darf ein Haftungsschuldner nur dann auf Zahlung in Anspruch genommen werden, soweit die Vollstreckung in das bewegliche Vermögen des Steuerschuldners ohne Erfolg geblieben oder anzunehmen ist, dass die Vollstreckung aussichtslos sein würde. Da es sinnwidrig wäre, einen Haftungsbescheid zu erlassen, der wegen der vorrangigen Inanspruchnahme des Steuerschuldners nicht durchgesetzt werden könnte, darf ein Haftungsbescheid nur erlassen werden, wenn die Inanspruchnahme des Steuerpflichtigen keinen Erfolg verspricht[23]. Das FA hätte den V als Schuldner der Lohnsteuer in Anspruch nehmen können, § 38 Abs. 2 Satz 1 EStG. Dabei wären einerseits die Grenzen der Inanspruchnahme des Arbeitnehmers zu beachten gewesen (vgl § 42d Abs. 3 EStG), anderseits gilt die Einschränkung des § 219 Satz 1 AO nicht bei Abzugsteuern wie der Lohnsteuer. Vorliegend soll A jedoch nicht als Entrichtungspflichtiger haften, sondern als dessen gesetzlicher Vertreter, sodass § 219 Satz 2 AO für den in Rede stehenden Haftungsanspruch nicht greift. Sinn und Zweck der Inanspruchnahme von Haftungsschuldnern soll die subsidiäre Sicherung des Steueranspruchs sein. Dritte sollen erst dann herangezogen werden können, wenn die Inanspruchnahme des Steuerschuldners erfolglos bleibt. Fraglich ist, ob die Subsidiarität der Haftung auch bei der „Haftung für einen Haftungsanspruch" gilt. § 219 AO regelt dem Wortlaut nach nur die „Haftung für einen Steueranspruch". Eine Regelung zur Haftung für einen Haftungsanspruch gibt es nicht. Die Interessenlage als Haftungsschuldner nur nachrangig in Anspruch genommen zu werden, ist jedoch unabhängig von der Art des Anspruchs, für den gehaftet werden soll. Es besteht also eine gleichgerichtete Interessenlage. Mangels Regelung des Verhältnisses „Haftung für einen Haftungsanspruch" besteht eine Regelungslücke. Wenn diese Regelungslücke planwidrig ist, ist § 219 Satz 1 AO analog anzuwenden. Aus dem Gesetz ist nicht ersichtlich, dass der Gesetzgeber die Haftung für einen Haftungsanspruch anders regeln wollte als in § 219 AO. Daher ist die Regelungslücke planwidrig. § 219 Satz 1 AO ist analog anwendbar. Das FA hat die Zielsetzung des § 219 Satz 1 AO bei seiner Entscheidung nicht beachtet, eine Inanspruchnahme des V und der G-GmbH wurde nicht erwogen. Insoweit liegt ein Ermessensfehlgebrauch bereits auf der Ebene des Entschließungsermessens vor.

b) Auswahlermessen

Auch das Auswahlermessen könnte fehlerhaft ausgeübt worden sein, indem das FA A **210**
und nicht B in Anspruch nahm *(Ermessensfehlgebrauch)*. So ist es nach der Rspr des BFH nicht ermessensfehlerhaft, wenn das FA nur denjenigen in Anspruch nimmt, dem nach der intern getroffenen Geschäftsaufteilung die Erfüllung der steuerlichen Pflichten übertragen ist. Daraus lässt sich aber nicht schließen, dass die (gleichzeitige) Inanspruchnahme anderer potentiell Haftender als Gesamtschuldner ermessenswidrig wäre[24]. Voraussetzung ist jedoch, dass ein sachlicher Grund für die Inanspruchnahme des nicht für die Erledigung der steuerlichen Angelegenheiten zuständigen Geschäftsführers vorliegt. Das FA entschied sich vorliegend gegen eine Inanspruchnahme des B, weil dieser

23 *Birk/Desens/Tappe* Steuerrecht, Rn 304; *Loose*, in: Tipke/Kruse, § 219 AO Rn 1; *Loose*, in: Tipke/Kruse, § 191 AO Rn 38; *Boeker*, in: HHSp, § 191 AO Rn 28.

24 BFH, VII B 172/94, BFH/NV 1995, 941 (942); VII R 4/98, BStBl II 1998, 761 (765); aA FG Bremen, II 76/77, EFG 1981, 602 (rk), nach dem es „allgemein anerkannt" sei, dass als Haftender zunächst der in Anspruch genommen werden müsste, der nach der internen Geschäftsverteilung für die Bearbeitung der Steuerangelegenheiten zuständig sei.

finanziell auf absehbare Zeit nicht in der Lage sein würde zu zahlen. Mittels Haftung soll eine zeitnahe Steuererhebung ermöglicht und ein Steuerausfall vermieden werden. Mit einer Inanspruchnahme des B wären diese Ziele nicht erreichbar. Daher liegt ein sachlicher Grund vor, der die Inanspruchnahme gerade des A rechtfertigt. Außerdem wurden die steuerrechtlichen Pflichten aufgrund der lediglich mündlichen Absprache im Außenverhältnis nicht wirksam aufgeteilt (s. Rn 204).

211 Indes hat das FA den Haftungsbescheid auch mit einer repressiven Begründung versehen; ein Ermessensfehlgebrauch würde darin nur dann nicht liegen, wenn in der Sache keine andere Entscheidung hätte getroffen werden können. Hier wäre jedoch eine Inanspruchnahme der G-GmbH hinsichtlich der Einbehaltung und Abführung der Lohnsteuer gem. § 42d EStG in Betracht gekommen, so dass nicht ausgeschlossen werden kann, dass der Bescheid bei zutreffend begründeter Ermessensentscheidung[25] nicht erlassen worden wäre. Vielmehr wurde der Bescheid nur damit begründet, dass A für seine Pflichtverletzung die Verantwortung tragen, sprich sanktioniert werden müsse. Es liegt somit auch aus diesem Grund ein Ermessensfehlgebrauch vor.

212 Zudem könnte ein *Ermessensnichtgebrauch* vorliegen, weil nichts dafür ersichtlich ist, dass die Finanzbehörde in ausreichendem Maße auch die Haftung der G-GmbH in Betracht gezogen hat. Die Behörde muss das ihr zukommende Ermessen betätigen und darf nicht entsprechende Überlegungen, aus welchen Gründen auch immer, schon von vornherein unterlassen. In der Begründung findet sich nur der Hinweis, dass das FA der Auffassung war, dass es für die Auswahl des A keine Rolle spielen könne, dass auch die G-GmbH Haftungsschuldnerin sei. A soll für die Haftungsschuld der G-GmbH haften und damit mittelbar für die Lohnsteuerschuld des V einstehen. Als potentielle Haftungsschuldner für die Ansprüche gegen die G-GmbH hat das FA zurecht sowohl A als auch B erkannt und A als Haftungsschuldner ausgewählt. Folglich liegt kein Ermessensnichtgebrauch vor.

213 Aufgrund der fehlerhaften Ausübung des Entschließungs- und Auswahlermessens ist der Haftungsbescheid materiell rechtswidrig.

Der Bescheid ist rechtswidrig.

IV. Verletzung in eigenen Rechten

214 Durch die Rechtswidrigkeit des Haftungsbescheids ist A auch in seinem Recht aus Art. 2 Abs. 1 GG verletzt.

Damit ist der Einspruch des A begründet. Der Einspruch des A hat also Erfolg.

25 Zur Bedeutung fehlerhafter Begründungen für die Identifizierung von Ermessensfehlern *Wernsmann*, in: HHSp, § 5 AO Rn 132, 253 mwN.

Abwandlung

A. Erlass eines weiteren Haftungsbescheids über 1528 €

Dem Erlass eines weiteren Haftungsbescheids über 1528 €, der neben den schon vorhandenen Haftungsbescheid über 2000 € tritt, könnte dessen Bindungswirkung entgegenstehen. Nach § 124 Abs. 2 AO bleibt ein Verwaltungsakt wirksam, solange und soweit er nicht zurückgenommen, widerrufen, anderweitig aufgehoben oder durch Zeitablauf oder auf andere Weise erledigt ist. Beim Haftungsbescheid handelt es sich um einen VA iSd § 118 Satz 1 AO. Ob die Bindungswirkung einer Neuregelung tatsächlich entgegensteht, richtet sich danach, wieweit die Bindungswirkung des ursprünglichen Haftungsbescheids über 2000 € reicht. Vorliegend soll der etwaige weitere Haftungsbescheid über 1528 € auf denselben Sachverhalt (Haftung des A für Lohnsteuer im Jahr 02 wegen der Pkw-Überlassung) gestützt werden wie der bereits existente Bescheid. Hat der erste Bescheid über denselben Sachverhalt entschieden wie der (etwaige) zweite Bescheid und beruht die ergänzende Inanspruchnahme auf einer rechtsirrtümlichen Beurteilung des Sachverhalts oder einer fehlerhaften Ermessensentscheidung, so steht dem Erlass eines ergänzenden weiteren Bescheids, solange der Erstbescheid gem. § 124 Abs. 2 AO wirksam ist, der Grundsatz der Rechtssicherheit und der Bindungswirkung einer bestandskräftigen Entscheidung entgegen. Die Bestandskraft will gerade verhindern, dass derselbe Sachverhalt nochmals anders entschieden wird und trägt damit der Rechtssicherheit Rechnung[26]. Anders läge der Fall indes, wenn der weitere Bescheid aufgrund eines anderen, bisher nicht berücksichtigten Sachverhalts ergeht, der Gegenstand eines selbstständigen, durch den ursprünglichen Haftungsbescheid nicht erfassten Haftungsanspruchs ist. Vorliegend geht es dagegen um dieselbe Steuer (Lohnsteuer) für denselben Besteuerungszeitraum (02) beim selben Haftungsschuldner (A) aufgrund derselben Pflichtverletzung (Verletzung der Überwachungspflicht). Dem Erlass eines ergänzenden Haftungsbescheids über 1528 € steht daher der bereits bestehende bestandskräftige Haftungsbescheid entgegen, solange dieser nach § 124 Abs. 2 AO wirksam ist. 215

B. Aufhebung des ersten Bescheids und Neuerlass eines Haftungsbescheids über 3528 €

Fraglich ist, ob das FA den ursprünglichen Haftungsbescheid über Lohnsteuer iHv 2000 € aufheben und rechtmäßig einen neuen Bescheid über 3528 € erlassen könnte. Nach Aufhebung des ursprünglichen bestandskräftigen Haftungsbescheids stünde dessen Bindungswirkung (vgl A.) dem Neuerlass eines Haftungsbescheids nicht entgegen. Fraglich ist jedoch, ob eine Verböserung nach Korrektur zulässig ist. 216

26 BFH, VII R 29/02, BStBl II 2005, 3 (5 f); *Wernsmann*, in: HHSp, Vor §§ 130–133 AO Rn 57.

I. Anwendbarkeit der §§ 130 f AO

217 Beim Haftungsbescheid (§ 191 Abs. 1 Satz 1 AO) handelt es sich nicht um einen Steuerbescheid (vgl § 218 Abs. 1 Satz 1 AO) oder um einen diesem durch gesetzlichen Verweis gleichgestellten Bescheid, so dass §§ 172 ff AO als Regelungen für besondere Steuerverwaltungsakte (Steuerbescheide und diesen gleichgestellte Bescheide) nicht anwendbar sind[27]. Die „Korrektur" eines Haftungsbescheids richtet sich folglich nach § 130, § 131 AO.

II. Begrenzung der Verböserung durch § 130 Abs. 2 AO?

218 Nach § 130 Abs. 1 AO kann ein rechtswidriger VA, auch nachdem er unanfechtbar geworden ist, ganz oder teilweise mit Wirkung für die Zukunft oder die Vergangenheit zurückgenommen werden. Ein begünstigender rechtswidriger VA darf jedoch gem. § 130 Abs. 2 AO nur unter bestimmten engen Voraussetzungen zurückgenommen werden.

1. Rechtswidrigkeit des ursprünglichen Haftungsbescheids

219 Der Begrenzung auf 2000 € lag ein Irrtum der Behörde zugrunde. Wegen der unzutreffenden Erfassung des Sachverhalts war der Bescheid damit jedenfalls auch ermessensfehlerhaft. Der ursprüngliche Bescheid war folglich rechtswidrig iSd § 130 Abs. 1, 2 AO.

2. Begrenzung auf 2000 € als Begünstigung?

220 § 130 Abs. 2 AO könnte der Aufhebung des ursprünglichen Haftungsbescheids bei gleichzeitigem Erlass eines stärker belastenden neuen Haftungsbescheids entgegenstehen, wenn die in § 130 Abs. 2 AO normierten Einschränkungen nicht nur für die isolierte Aufhebung eines VA gelten würden, sondern möglicherweise auch für den Neuerlass eines zweiten, stärker belastenden Haftungsbescheids. Bei einer Gesamtbetrachtung der Auswirkungen soll die ursprüngliche Haftsumme von 2000 € auf 3528 € heraufgesetzt werden. Wirtschaftlich betrachtet stellt dies eine Änderung des ersten Haftungsbescheids dar[28]. Eine solche Änderung wird – in Ermangelung einer Änderungsvorschrift nach Art der §§ 172 ff AO – über die Aufhebung des ersten und den Erlass eines zweiten Verwaltungsaktes erreicht[29].

221 Die bei einer Gesamtbetrachtung aus der Aufhebung des belastenden Haftungsbescheids und Neuerlass folgende Verböserung wäre nur an § 130 Abs. 2 AO zu messen, wenn der aufzuhebende ursprüngliche Haftungsbescheid in diesem Sinne einen auch begünstigenden VA darstellt. Begünstigend könnte der Bedeutungsgehalt des Haftungsbescheids sein, dass A *nur* 2000 € zahlen müsse. Dann würde es sich um einen sog. VA mit Mischwirkung handeln. Die Aufhebung des ersten Bescheids könnte insoweit eine

27 *Birk/Desens/Tappe*, Steuerrecht, Rn 303, 368, 398.
28 Vgl *Seer*, in: Tipke/Lang, Rn 21.387, 21.454.
29 *Wernsmann*, in: HHSp, Vor §§ 130–133 AO Rn 53, 57.

Aufhebung einer begünstigenden Regelung darstellen, als A durch den Haftungsbescheid über 2000 € nicht nur belastet, sondern zugleich durch die *Begrenzung* der Haftsumme auf 2000 € begünstigt ist. Richtiger Ansicht nach ist jemand, der auf einen VA vertraut hat und dem eine Begünstigung genommen werden soll, ebenso schutzwürdig wie jemand, der auf einen VA vertraut hat und der jetzt nochmals höher belastet werden soll. Auch wenn die Systematik der Vertrauensschutzgewährung nach §§ 130 f AO anders erfolgt als nach §§ 172 ff AO, so ist unter Wertungsgesichtspunkten auch im Bereich der §§ 130 f AO darauf abzustellen, ob die Änderung insgesamt zu einer Schlechterstellung (Verböserung) führt oder nicht. In beiden Fällen soll durch Erlass des Bescheids Rechtssicherheit eintreten. § 130 Abs. 2 AO ist daher auch in Fällen anzuwenden, in denen bei einer *Gesamtbetrachtung* eine Verböserung gegenüber dem ursprünglichen VA erfolgt[30].

3. Rücknahmevoraussetzungen nach § 130 Abs. 2 AO

Die Rücknahmevoraussetzungen nach § 130 Abs. 2 AO liegen nicht vor. Insbesondere **222**
geht aus dem Sachverhalt nicht hervor, dass A die Rechtswidrigkeit kannte oder sie ihm infolge grober Fahrlässigkeit nicht bekannt war (§ 130 Abs. 2 Nr 4 AO).

III. Ergebnis

Eine Rücknahme des ursprünglichen Haftungsbescheids über 2000 €, verbunden mit **223**
dem Erlass eines neuen Haftungsbescheids über 3528 €, ist ebenfalls nicht möglich, da § 130 Abs. 2 AO entgegensteht.

30 Dazu *Birk/Desens/Tappe*, Steuerrecht, Rn 404; *Seer*, in Tipke/Lang, Rn 21.454; *Wernsmann*, in HHSp, § 130 AO Rn 20 ff, 88. Offen lassend BFH, VII R 29/02, BStBl II 2005, 3 mwN.

Zur Wiederholung

Übersicht 2: Einkünfte aus nichtselbstständiger Arbeit (§ 19 EStG)

224 (*Hinweis:* Übersicht zur Haftung *Birk/Desens/Tappe*, Steuerrecht, Rn 306)

- **Begriff: § 19 I EStG**
  Nr 1: Gehälter, Löhne usw für eine Beschäftigung im öffentlichen oder privaten Dienst
  Nr 1a: Zuwendungen des Arbeitgebers an seinen Arbeitnehmer im Rahmen von Betriebsveranstaltungen
  Nr 2: Witwen- und Waisengelder uä auf früheren Dienstleistungen beruhende Zahlungen (vgl auch § 24 Nr 2 EStG)
  Nr 3: Laufende Zahlungen des Arbeitgebers an Pensionsfonds uä
- **Bedeutung der Abgrenzung:**
  - *Lohnsteuer* als Erhebungsform („Quellensteuer"), §§ 38 ff EStG; Benachteiligung ggü anderen wird ausgeglichen durch deren Pflicht zu ESt-Vorauszahlungen
  - Art der Einkünfteermittlung:
    Einnahme-/Werbungskosten-Überschuss, nicht Gewinn; zu Einkunftserzielung eingesetztes Vermögen bleibt Privatvermögen, dh wird steuerlich nicht „verstrickt"
- **Abgrenzung insb zu selbstständiger Tätigkeit (§ 18 EStG)**
  Begriff des *Arbeitnehmers* → § 1 LStDV:
  Dienstverhältnis, dh Schulden der Arbeitsleistung; Weisungsabhängigkeit; Bezug eines festen Gehalts
  Bsp: Gesellschafter-Geschäftsführer einer GmbH bei festem Gehalt
  Steuerlich aber nicht maßgeblich: Rechtsanspruch auf Entlohnung (§ 19 I 2 EStG); Ausnahme: Arbeitsverträge mit nahen Angehörigen (wegen der zusätzlichen Voraussetzungen für steuerliche Anerkennung: zivilrechtliche Wirksamkeit; Fremdvergleich; tatsächliche Durchführung)
- **Besonderheiten bei der Einkünfteermittlung**
  (Einkünfte = Einnahmen abzüglich Werbungskosten, § 2 II 1 Nr 2 EStG)
  - *Einnahmen*: (Brutto-)*Arbeitslohn*;
    aber: Arbeitgeberanteile zur Sozialversicherung beim AN steuerfrei gem. § 3 Nr 62 EStG
    1. Sachbezüge, § 8 II–III EStG, zB Werksrabatte, verbilligte Überlassung von Wirtschaftsgütern
    2. Von Dritten zugewandte Vorteile (zB Trinkgeld; s. aber § 3 Nr 51 EStG; Miles-and-More-Rabatte, s. aber § 3 Nr 38 EStG)
  - *Werbungskosten* (§ 9 EStG)
    - Insb *Entfernungspauschale* (§ 9 I 3 Nr 4, II EStG) 0,30 € pro km, höchstens 4500 €; vgl zur Abziehbarkeit ab dem 1. Entfernungskilometer BVerfG v. 9.12.2008, 2 BvL 1/07 ua
    - *Doppelte Haushaltsführung* (§ 9 I 3 Nr 5 EStG)
    - *Arbeitsmittel* (§ 9 I 3 Nr 6, ggf iVm Nr 7 und §§ 7 ff EStG)
    - *Arbeitszimmer (beschränkt abziehbar)* (§ 9 I 1, V iVm § 4 V 1 Nr 6b EStG)
    - *Werbungskostenpauschbetrag* (§ 9a S. 1 Nr 1 EStG): 1000 €;
      Wird in jedem Fall berücksichtigt, höhere Aufwendungen können geltend gemacht werden

Fall 3

„Fit durchs Leben"

Schwerpunkt: **Einkommensteuerrecht:** Abgrenzung der Einkunftsarten – Einkünfte aus Gewerbebetrieb (LB § 5 Rn 700–715) und Einkünfte aus selbstständiger Arbeit (LB § 5 Rn 745–755), vorweggenommene und vergebliche Betriebsausgaben (LB § 5 Rn 993–995), gemischte Aufwendungen (LB § 5 Rn 996–1002, 1060), Sachwertzugänge ins Betriebsvermögen (LB § 5 Rn 987)

Schwierigkeitsgrad: leicht, Bearbeitungszeit: 4 Stunden

Z, Sportstudent an der Universität Leipzig, plant sein Studium im Jahr 01 durch eine Tätigkeit als Personal-Trainer zu finanzieren. Von seinen Professoren wurden ihm die dafür erforderlichen Kenntnisse und Fähigkeiten attestiert. Da bereits einige seiner Kommilitonen als Personal-Trainer erfolgreich sind, übernimmt Z deren Geschäftsmodell. Er beabsichtigt, für jeden Kunden ein auf diesen individuell zugeschnittenes Trainingsprogramm zu erstellen, welches unter seiner Anleitung durchgeführt wird. Je Trainingsstunde soll Z 100 € erhalten. Durch die permanente Begleitung der Kunden soll sich der erstellte Trainingsplan kurzfristig an den jeweiligen Entwicklungsfortschritt anpassen lassen. Außerdem möchte Z seine Kunden über den positiven Trainingseffekt von Ruhepausen und einer zielgerichteten Ernährung umfassend informieren. So sollen diese in die Lage versetzt werden, auch außerhalb der bei ihm gebuchten Stunden, bewusst und sportlich zu leben. Um das Geschäft in Gang zu bringen, investiert Z 1000 € für diverse Werbeanzeigen. Entgegen seiner Erwartungen werden seine Leistungen als Personal-Trainer jedoch nicht in Anspruch genommen. Daher entschließt Z sich im Dezember 01, diese Tätigkeit wieder aufzugeben. **225**

Frage 1: Führt die Tätigkeit des Z als Personal-Trainer im Jahr 01 zu steuerbaren Einkünften? Falls ja, in welcher Höhe?

Im Jahr 02 präsentiert Z auf seinem zunächst hobbymäßig betriebenen YouTube-Kanal selbst gefilmte Trainingsvideos, in denen er die „saubere" Ausführung von Bewegungsabläufen erläuternd vorführt und auf Risiken bei deren Ausübung hinweist. Die professionellen Videoaufnahmen und sein selbstbewusstes Auftreten lassen die Klickzahlen schnell in ungeahnte Sphären schießen. Von YouTube erhält Z einen Geldbetrag pro 1000 Videoaufrufe ausgezahlt. Dieser bemisst sich an den erzielten Werbeeinnahmen durch Werbebanner und Anzeigen, die von YouTube vor und nach den Videos angezeigt werden. Auf den Inhalt der Werbung hat Z ebenso wenig Einfluss wie YouTube auf den Inhalt und die Anzahl der von Z hochgeladenen Videos. Im Jahr 02 wurden Z so Einnahmen iHv 17 000 € auf seinem Bankkonto gutgeschrieben. Aufgrund der Reichweite seiner Videos wird ein bekannter Sportartikelhersteller auf Z aufmerksam und übersendet ihm unentgeltlich einen Trainingsanzug (Verkaufswert: 200 €). Nachdem Z diesen in mehreren seiner Videos trug, veräußert er ihn für 300 € an einen seiner begeisterten

Zuschauer. Um Eindrücke für innovative Fitnessübungen für seinen YouTube-Kanal zu sammeln, reist Z am 7.5.02 nach Köln und besucht am 8. und 9.5.02 eine globale Fitnessmesse. An den vier weiteren Tagen joggt Z jeden Morgen zwei Stunden am Rhein, besucht alte Schulfreunde und seine Großmutter. Am 13.5.02 reist Z wieder zurück nach Leipzig. Die Reisekosten mit der Bahn betragen 120 € und die Hotelkosten 80 € je Nacht (insgesamt 480 €). Um den Zuschauern seiner Videos stärkere Trainingsanreize zu setzen und den Erfolg seiner Trainingsstrategien zu veranschaulichen, möchte Z ihnen kontinuierlich die positive Entwicklung seiner eigenen körperlichen Konstitution aufzeigen. Dafür meldet er sich im Juni 02 in einem Fitnessstudio an. Die monatlichen Kosten dafür belaufen sich auf 50 €.

Frage 2: Welcher Einkunftsart sind die Einkünfte von Z im Jahr 02 zuzuordnen und in welcher Höhe sind diese angefallen?

Infolge seiner zunehmenden Bekanntheit plant Z im Januar 03, Sport als Kunstform zu etablieren. Er beabsichtigt, sich im Rahmen der aktiven sportlichen Betätigung in Verbindung mit der jeweiligen Umgebung als Gesamtkunstwerk fotografisch in Szene zu setzen und durch die Arbeit mit Kontrasten sowie der Belichtung eine Symbiose zwischen Sport und seiner Umwelt zu erzeugen. Die Aufnahmen möchte Z ua auf seinem Instagram-Profil posten. Zur Finanzierung seines Vorhabens geht Z eine Kooperation mit dem Sportartikelhersteller ein. Dieser zahlt ihm einen monatlichen Betrag iHv 1000 € und stellt ihm im Jahr 03 kostenlos Sportbekleidung (Verkaufswert insgesamt 3000 €) zur Verfügung. Dafür muss Z die erhaltene Sportbekleidung im Rahmen seines Kunstprojekts tragen und die auf seinem Instagram-Profil veröffentlichten Fotografien mit einem persönlichen Rabattcode für seine Follower versehen. Die Zusammenstellung der Outfits, die Wahl der Umgebung und die Art der Präsentation sind Z selbst überlassen. Die Fotografien sind dabei – bis auf die Darstellung von Z selbst – schwarz-weiß gehalten. Durch diese Farbgebung soll sowohl die Schönheit und Leichtigkeit des Sports in den Vordergrund treten als auch die Funktionalität der Sportbekleidung veranschaulicht werden. Um die Qualität seiner Aufnahmen zu verbessern, erhält Z im Juli 03 von seinem Kooperationspartner unentgeltlich eine Spiegelreflexkamera (Wert: 2100 €). Diese hat eine betriebsgewöhnliche Nutzungsdauer von sieben Jahren.

Frage 3: Welcher Einkunftsart sind die Einkünfte von Z im Jahr 03 zuzuordnen und in welcher Höhe sind diese angefallen?

Bearbeitervermerk: Z hat besseres zu tun, als freiwillig Bücher zu führen und Abschlüsse zu machen. Die den Abzug von Betriebsausgaben betreffenden Wahlrechte übt Z zugunsten eines Sofortabzugs aus. Die einzelnen Sportbekleidungsstücke übersteigen jeweils nicht den Wert von 250 €.

Vorüberlegungen

Drei Fragen müssen unabhängig voneinander beantwortet werden. Hierbei handelt es sich jeweils um die Qualifikation der Einkünfte und die Ermittlung ihrer Höhe. 226

Zu Beginn muss der Bearbeiter eine Abgrenzung der Einkünfte aus selbstständiger Arbeit von solchen aus Gewerbebetrieb anhand des Vorliegens einer unterrichtenden Tätigkeit vornehmen. Daneben ist mangels erzielter Einnahmen das Merkmal der Gewinnerzielungsabsicht sowie die Möglichkeit der Berücksichtigung von vergeblichen Aufwendungen als Betriebsausgaben zu problematisieren.

Der zweite Teil widmet sich wiederum der Differenzierung zwischen Einkünften aus Gewerbebetrieb und selbstständiger Arbeit. Bei der Ermittlung der Höhe der Einkünfte ist die Problematik der Sachwertzugänge ins Betriebsvermögen zu berücksichtigen. Zudem wird mit der Behandlung gemischter Aufwendungen ein „klassisches“ steuerrechtliches Problem aufgegriffen. Der hierzu ergangene richtungsweisende Beschluss des Großen Senats des BFH (GrS 1/06), in dem dieser von seiner bisherigen Rechtsprechung abwich (kein auf § 12 Satz 1 Nr 1 EStG gestütztes allgemeines Aufteilungs- und Abzugsverbot mehr), ist maßgebend. Die Notwendigkeit von objektivierbaren Kriterien zur Aufteilung bei gemischt veranlassten Aufwendungen sollte in diesem Rahmen bekannt sein. 227

Im dritten Teil der Aufgabe ist das Vorliegen einer künstlerischen Betätigung in Abgrenzung zur gewerblichen Tätigkeit zu untersuchen. Abschließend muss sich der Bearbeiter mit der linearen Absetzung für Abnutzung sowie dem Sofortabzug auseinandersetzen. 228

Die Lösung sollte dabei stets zielorientiert gegliedert werden. Soweit man nach seiner Lösungsskizze zu dem Ergebnis kommt, dass Einkünfte aus Gewerbebetrieb (§ 15 EStG) vorliegen, sollte die Abgrenzung zur selbstständigen Arbeit (§ 18 EStG) als negatives Tatbestandsmerkmal geprüft werden. Steht nach der Lösungsskizze dagegen fest, dass man Einkünfte aus selbstständiger Arbeit bejahen wird, kann mit diesen sofort begonnen werden; ein „Antäuschen“ von Einkünften aus Gewerbebetrieb würde dann nur Platz und Zeit verschwenden. 229

Mit der hier aufgezeigten Musterlösung sollen auch zwei zentrale Kompetenzen für das erfolgreiche Schreiben einer Klausur vermittelt werden: So muss der Sachverhalt nicht nur vollständig ausgewertet, sondern auch bei der Subsumtion konkret verwertet werden. Überdies sind bei ähnlichen Fragestellungen, wie sie hier in den drei Teilen zu erkennen sind, genau auf die feinen Differenzierungen in den Sachverhalten zu achten. Oftmals sind es in Klausuren genau diese Unterschiede, welche die tragenden Gründe für die konkrete Lösung des jeweiligen Teils liefern und daher über den jeweiligen Lösungsweg entscheiden. 230

Gliederung

231 **Frage 1**

A. Einkunftsart

I. Freiberufliche
Tätigkeit

1. Katalogberuf oder ähnlicher Beruf
2. Ausübung einer unterrichtenden Tätigkeit

II. Positive Begriffsmerkmale des Gewerbebetriebs iSd § 15 Abs. 2 Satz 1 EStG

III. Zwischenergebnis

B. Betriebsausgaben

C. Ergebnis

Frage 2

A. Einkunftsart

I. Positive Begriffsmerkmale des Gewerbebetriebs iSd § 15 Abs. 2 Satz 1 EStG

II. Keine Einkünfte aus selbstständiger Arbeit (§ 18 EStG)

1. Katalogberuf oder ähnlicher Beruf
2. Ausübung einer unterrichtenden Tätigkeit

III. Zwischenergebnis

B. Bestimmung der Höhe der Einkünfte

I. Betriebseinnahmen

1. Zahlungen von YouTube
2. Erhalt und Veräußerung des Trainingsanzugs

II. Betriebsausgaben

1. Reise nach Köln
   a) Reise- und Übernachtungskosten
      aa) Betriebliche Veranlassung
      bb) Aufteilbarkeit der Kosten
   b) Verpflegungsmehraufwand
2. Mitgliedschaft im Fitnessstudio

III. Gewinn

C. Ergebnis

Frage 3

A. Einkunftsart

I. Freiberufliche Tätigkeit

1. Katalogberuf oder ähnlicher Beruf
2. Ausübung einer künstlerischen Tätigkeit

II. Positive Begriffsmerkmale des Gewerbebetriebs iSd § 15 Abs. 2 Satz 1 EStG

III. Zwischenergebnis

B. Bestimmung der Höhe der Einkünfte

I. Betriebseinnahmen
1. Monatliche Zahlungen
2. Sportbekleidung
3. Spiegelreflexkamera

II. Betriebsausgaben
1. Sportbekleidung
2. Spiegelreflexkamera

III. Gewinn

C. Ergebnis

Musterlösung

Frage 1

232 Die Tätigkeit des Z als Personal-Trainer führt im Jahr 01 zu steuerbaren Einkünften, wenn diese einer Einkunftsart iSd § 2 Abs. 1 Sätze 1, 2 iVm §§ 13–24 EStG zuzuordnen ist und die Kosten für die Werbeanzeigen iHv 1000 € steuerlich zu berücksichtigende Aufwendungen darstellen.

A. Einkunftsart

233 Die Tätigkeit als Personal-Trainer könnte eine selbstständige Arbeit iSd § 2 Abs. 1 Satz 1 Nr 3 iVm § 18 EStG sein, wenn es sich dabei um eine freiberufliche Tätigkeit iSd § 18 Abs. 1 Nr 1 Satz 1 EStG handelt und sie im Übrigen die positiven Begriffsmerkmale des Gewerbebetriebs (§ 15 Abs. 2 Satz 1 EStG) erfüllt.

I. Freiberufliche Tätigkeit

234 Die Tätigkeit als Personal-Trainer gehört zu den freiberuflichen Tätigkeiten, wenn es sich bei dieser um eine wissenschaftliche, künstlerische, schriftstellerische, unterrichtende oder erzieherische Tätigkeit handelt, die selbstständig ausgeübt wird (§ 18 Abs. 1 Nr 1 Satz 2 EStG). Das ist insbesondere der Fall, wenn sie einen dort genannten Katalogberuf darstellt oder es sich um einen „ähnlichen Beruf“ handelt[1]. Im Gegensatz zur gewerblichen Tätigkeit tritt bei der selbstständigen Arbeit der Einsatz von Kapital gegenüber der Nutzung geistiger Fähigkeit und eigener Arbeitskraft zurück[2].

1. Katalogberuf oder ähnlicher Beruf

235 Da B als Personal-Trainer keinem in § 18 Abs. 1 Nr 1 Satz 2 EStG aufgeführten Katalogberuf nachgeht, stellt sich die Frage, ob es sich zumindest um einen ähnlichen Beruf handelt. Das setzt eine Vergleichbarkeit der Tätigkeit als Personal-Trainer mit einem Katalogberuf in wesentlichen Punkten voraus. Hierzu müssen die für den ähnlichen Beruf erforderliche Ausbildung sowie die Ausübung der Tätigkeit mit dem betreffenden Katalogberuf vergleichbar sein[3]. Eine Tätigkeit als Personal-Trainer ist aber weder hinsichtlich der Ausbildung noch nach der Art der Tätigkeit mit einem der genannten Katalogberufe vergleichbar und daher kein ähnlicher Beruf iSd § 18 Abs. 1 Nr 1 Satz 2 EStG.

2. Ausübung einer unterrichtenden Tätigkeit

236 Z übt als Personal-Trainer eine unterrichtende Tätigkeit iSd § 18 Abs. 1 Nr 1 Satz 2 EStG aus, wenn deren Ausübung die Vermittlung von Wissen, Fähigkeiten, Fertigkeiten

---

1 *Hutter*, in: Blümich, § 18 EStG Rn 49.
2 *Wacker*, in: Schmidt, EStG, § 18 Rn 1; *Birk/Desens/Tappe*, Steuerrecht, Rn 751.
3 *Birk/Desens/Tappe*, Steuerrecht, Rn 750.

und Einstellungen durch lehrende Tätigkeit umfasst[4]. Das ist der Fall, wenn die persönliche Begleitung des Trainings einen Umfang annimmt, der ua den Entwurf eines individuellen Trainingsplans, die laufende Kontrolle der Trainingseinheit sowie gegebenenfalls die Anpassung der Übungen beinhaltet und sich nicht auf die bloße Einweisung in ein Trainingsprogramm beschränkt[5].

Z beabsichtigt, seine Kunden persönlich anzuleiten und sie während des gesamten Trainings zu begleiten. Dadurch soll sich der erstellte Trainingsplan bedarfsweise modifizieren lassen, was eine individuelle Orientierung am Trainings- bzw Leistungsstand der Kunden und somit deren fortlaufende Betreuung gewährleistet. Es handelt sich daher nicht um eine bloße Einweisung in das Trainingsprogramm, welches die Kunden dann eigenständig durchzuführen haben. Auch begleitet Z das Training seiner Kunden durch ernährungs- und sportwissenschaftliche Beratung und bringt seine Kenntnisse damit individuell ein. Insofern lässt sich jedenfalls bejahen, dass die Vermittlung der Trainingsinhalte in Form der Trainingsbegleitung des Z durchaus unterrichtend ist.

Problematisch könnte jedoch sein, dass Z sein Studium noch nicht beendet und somit noch keinen qualifizierenden Universitätsabschluss hat. Zwar ist ein formaler Befähigungsnachweis für eine unterrichtende Tätigkeit grds nicht erforderlich[6]. Dennoch bedarf es einer fachlichen Vorbildung des Unterrichtenden dergestalt, dass er die sein Unterrichtsgebiet betreffenden Kenntnisse und Fertigkeiten sowie die Fähigkeit besitzt, diese seinen Schülern zu vermitteln[7].

Diesbezüglich lässt sich zunächst anführen, dass eine Ausbildung zum Personal-Trainer je nach Sportart über verschiedene Wege erreicht werden kann, wobei der Begriff des Personal-Trainings lediglich eine Art und Weise der Leistungserbringung beschreibt (Einzeltraining bzw. Kleingruppen). Insofern ist vielmehr entscheidend, welche Inhalte bereits in der Ausbildung vermittelt werden. Je fachspezifischer und ggf wissenschaftlicher diese sind, desto individueller lässt sich das erlernte Wissen auf den jeweiligen Kunden anwenden. Darunter ließe sich jedenfalls das Studium von Z fassen. Z studiert Sportwissenschaften und kann daher den Nachweis führen, sich selbstständig durch den Besuch von Vorlesungen und Veranstaltungen fortzubilden. Die für die Tätigkeit als Personal-Trainer notwendigen Kenntnisse wurden ihm zudem von seinen Professoren attestiert. Mithin kann Z trotz fehlendem Universitätsabschluss eine qualifizierende Vorbildung nachweisen. Damit erweist sich die Tätigkeit des Z als unterrichtend, mithin als freiberuflich iSd § 18 Abs. 1 Nr 1 Satz 2 EStG.

4 BFH, VIII R 11/15, BStBl II 2017, 911.
5 BFH, IV R 79/92, BStBl II 1994, 362.
6 *Hutter*, in: Blümich, § 18 EStG Rn 107.
7 BFH, IV R 130/79, BStBl II 1982, 589.

II. Positive Begriffsmerkmale des Gewerbebetriebs iSd § 15 Abs. 2 Satz 1 EStG

237 Die Tätigkeit als Personal-Trainer erfüllt die positiven Begriffsmerkmale des Gewerbebetriebs (§ 15 Abs. 2 Satz 1 EStG), wenn sie eine selbstständige, nachhaltige und mit Gewinnerzielungsabsicht unternommene Teilnahme am allgemeinen wirtschaftlichen Verkehr darstellt. Z beabsichtigte, die Tätigkeit als Personal-Trainer eigenverantwortlich und auf eigene Rechnung auszuüben, mithin Unternehmerrisiko sowie Unternehmerinitiative zu entfalten. Die Betätigung sollte längerfristig zur Finanzierung seines Studiums beitragen und war damit auf Wiederholung angelegt. Zudem bot Z seine Leistung erkennbar für einen unbegrenzten Kundenkreis gegen Entgelt an. Insoweit wollte Z eine selbstständige und nachhaltige Betätigung ausüben und sich am allgemeinen Wirtschaftsverkehr beteiligen.

Das subjektive Merkmal der Gewinnerzielungsabsicht ist gegeben, wenn Z innerhalb einer Totalperiode, dh vom Beginn bis zur Beendigung seiner selbstständig ausgeübten Tätigkeit, danach strebt, eine Betriebsvermögensmehrung iS eines Totalgewinns zu erzielen[8]. Objektiv hat Z als Personal-Trainer keine Honorare erzielt. Ob zumindest die subjektive Absicht vorlag, ist anhand objektiv erkennbarer Umstände näher zu bestimmen[9]. Im Allgemeinen spricht bei der Neuaufnahme einer Tätigkeit der Beweis des ersten Anscheins für das Vorliegen der Gewinnerzielungsabsicht[10]. Generell ist es möglich, als Personal-Trainer Gewinne zu erzielen. Beim Entwurf seines Geschäftsmodells hat Z sich an seinen bereits erfolgreich tätigen Kommilitonen orientiert. Zweck der Betätigung war die Finanzierung seines Studiums und folglich die Erzielung von Gewinnen. Dafür hat Z mit den Werbeanzeigen sogar finanzielle Mittel aufgewendet. Somit hat Z den Versuch einer Tätigkeit als Personal-Trainer mit der notwendigen Ernsthaftigkeit unternommen. Im Übrigen ist nicht ersichtlich, dass diese Tätigkeit allein aus privaten Gründen (Liebhaberei) ausgeübt werden sollte. Mithin ist auch das Merkmal der Gewinnerzielungsabsicht verwirklicht.

III. Zwischenergebnis

238 Bei der Tätigkeit des Z als Personal-Trainer handelt es sich um eine selbstständige Arbeit iSd § 2 Abs. 1 Satz 1 Nr 3 iVm § 18 EStG.

B. Betriebsausgaben

239 Die Z durch die Werbeanzeigen entstandenen Kosten (1000 €) sind steuerlich als Betriebsausgaben iSv § 4 Abs. 3 iVm § 4 Abs. 4 EStG abziehbar, wenn es sich um Aufwendungen handelt, die durch den Betrieb (hier: Tätigkeit als Personal-Trainer) veran-

---

8 *Birk/Desens/Tappe*, Steuerrecht, Rn 709.

9 BFH, XI R 10/97, BStBl II 1998, 663 (664); IV R 33/99, BStBl II 2000, 227 (228); *Bode*, in: Blümich, § 15 EStG Rn 45.

10 BFH, X B 106/12, BFH/NV 2013, 1090, auch mwN zu den Ausnahmen; *Desens/Blischke*, in: Kirchhof/Söhn/Mellinghoff, EStG, § 15 Rn B 33.

lasst sind. Die Aufwendungen sind betrieblich veranlasst, wenn sie in einem objektiven Zusammenhang mit der Tätigkeit als Personal-Trainer stehen und Z damit subjektiv ihre Förderung erstrebt hat[11].

Die Aufwendungen sind entstanden, bevor Z seine Tätigkeit aufgenommen hat, die dann selbst nicht zu Betriebseinnahmen führte. In Betracht kommen mithin lediglich vergebliche Betriebsausgaben. Diese werden als Unterfall der vorweggenommenen Betriebsausgaben angesehen[12]. Der BFH verlangte dafür in seiner früheren Rechtsprechung, dass sich aus objektiven Umständen der endgültige Entschluss des StPfl feststellen lässt, Einkünfte einer bestimmten Einkunftsart erzielen zu wollen[13]. Aus der neueren Rechtsprechung des BFH lässt sich die Tendenz entnehmen, dass nur noch ein Zusammenhang zwischen Ausgaben und der Erzielung von Einnahmen erforderlich ist[14]. Z hat die Aufwendungen für die Werbeanzeigen zu einem Zeitpunkt getätigt, als er die Absicht hatte, mit seiner Tätigkeit als Personal-Trainer Gewinn zu erzielen (vgl Rn 237). Damit hat Z die Aufwendungen im Zusammenhang mit der erstrebten Erzielung von Einnahmen getätigt.

Z hat die Werbeanzeigen zudem in Auftrag gegeben, um Aufmerksamkeit für seine angebotenen Leistungen als Personal-Trainer und damit Kunden zu generieren. Der Zweck der Aufwendungen bestand daher in der Förderung seiner beruflichen Tätigkeit, sodass ein tatsächlicher und wirtschaftlicher Zusammenhang zwischen diesen besteht. Mithin sind die durch die Werbeanzeigen entstandenen Kosten iHv 1000 € steuerlich als Betriebsausgaben iSv § 4 Abs. 3 iVm § 4 Abs. 4 EStG abziehbar.

C. Ergebnis

Die Tätigkeit des Z als Personal-Trainer führt im Jahr 01 zu Einkünften aus selbststän- **240**
diger Arbeit iSd § 2 Abs. 1 Satz 1 Nr 3 iVm § 18 EStG. Der Höhe nach liegt ein steuerbarer Verlust iHv 1000 € vor.

Frage 2

A. Einkunftsart

Die Einkünfte des Z im Jahr 02 unterfallen den Einkünften aus Gewerbebetrieb (§ 2 **241**
Abs. 1 Satz 1 Nr 2 iVm § 15 EStG), wenn es sich bei dem Betreiben seines YouTube-Kanals um eine selbstständige und nachhaltige Betätigung handelt, die sich als Beteiligung am allgemeinen Wirtschaftsverkehr darstellt, mit Gewinnerzielungsabsicht unter-

11 BFH, GrS 2/82, BStBl II 1984, 160 (163); VI R 193/77, BStBl II 1981, 368 (369).
12 BFH, IX R 24/16, BStBl II 2018, 168 (169); *Loschelder*, in: Schmidt, EStG, § 4 Rn 484.
13 BFH, IV R 90/96, BFH/NV 1999, 754 (757); VIII R 252/82, BStBl II 1988, 992 (994); III R 38/03, BFH/NV 2005, 202 (203).
14 BFH, VI R 7/10, BStBl II 2012, 557; VI R 38/10, BStBl II 2012, 561; IX R 24/16, BStBl II 2018, 168 (169); *Loschelder*, in: Schmidt, EStG, § 4 Rn 484; *Wied*, in: Blümich, § 4 EStG Rn 590.

nommen wird und weder den Betrieb einer Land- und Forstwirtschaft (§ 13 EStG) noch eine selbstständige Arbeit (§ 18 EStG) oder reine private Vermögensverwaltung[15] darstellt.

I. Positive Begriffsmerkmale des Gewerbebetriebes iSd § 15 Abs. 2 Satz 1 EStG

242 Auf den Inhalt sowie die Häufigkeit der von Z hochgeladenen Videos hat YouTube keinen Einfluss, sondern zahlt lediglich in Abhängigkeit der erreichten Klickzahlen. Daher betreibt Z seinen YouTube-Kanal eigenverantwortlich sowie auf eigene Rechnung, mithin selbstständig. Da Z wiederholt Videos auf seinem Kanal hochlädt und sich gerade zu diesem Zweck auf der Fitnessmesse weiterbildet, ist seine Betätigung auch auf Dauer angelegt und erweist sich als nachhaltig. Zudem tritt Z nach außen erkennbar dergestalt auf, dass er seine Videos zumindest gegenüber YouTube auch weiterhin als Werbeplattform gegen Entgelt anbietet und nimmt daher am allgemeinen Wirtschaftsverkehr teil.

243 Z hat seinen YouTube-Kanal ursprünglich hobbymäßig angelegt, sodass fraglich erscheint, ob er diese Tätigkeit mit Gewinnerzielungsabsicht ausübt oder es sich um bloße Liebhaberei handelt. Der Annahme einer Liebhaberei lassen sich die Professionalität der von Z hochgeladenen Videos, der getätigte finanzielle Aufwand für die Weiterbildung auf der Fitnessmesse sowie die Höhe der tatsächlich erzielten Einnahmen (17 000 €) entgegenhalten. Zudem erweist sich das Vorliegen der Gewinnerzielungsabsicht insbesondere nur als problematisch, wenn es um die Anerkennung negativer Einkünfte geht, welche auf den persönlichen Neigungen und privaten Interessen des StPfl gründen können. Bei positiven Einkünften ist eine für die Einkommensteuer beachtliche Steigerung der steuerlichen Leistungsfähigkeit ohnehin gegeben. Daneben grenzt § 15 Abs. 2 Satz 3 EStG das Merkmal dahingehend ein, dass die Gewinnerzielungsabsicht lediglich Nebenzweck sein kann. Mithin betreibt Z seinen YouTube-Kanal auch mit der nötigen Gewinnerzielungsabsicht.

II. Keine Einkünfte aus selbstständiger Arbeit (§ 18 EStG)

244 Die Einkünfte aus dem Betrieb des YouTube-Kanals gehören nicht zu den Einkünften aus Gewerbebetrieb (§ 2 Abs. 1 Satz 1 Nr 2 iVm § 15 EStG), sondern zu den Einkünften aus selbstständiger Arbeit (§ 2 Abs. 1 Satz 1 Nr 3 iVm § 18 EStG), wenn es sich dabei um eine freiberufliche Tätigkeit iSd § 18 Abs. 1 Nr 1 Satz 1 EStG handelt und diese im Übrigen die positiven Begriffsmerkmale des Gewerbebetriebs (§ 15 Abs. 2 Satz 1 EStG) erfüllt.

1. Katalogberuf oder ähnlicher Beruf

245 Mit dem Betreiben seines YouTube-Kanals geht Z weder einem in § 18 Abs. 1 Nr 1 Satz 2 EStG aufgeführten Katalogberuf noch einem ähnlichen Beruf nach.

15 BFH, GrS 4/82, BStBl II 1984, 751 (762); IV R 65/04, BStBl II 2006, 259.

2. Ausübung einer unterrichtenden Tätigkeit

Der Betrieb des YouTube-Kanals stellt eine unterrichtende Tätigkeit iSd § 18 Abs. 1 Nr 1 Satz 2 EStG dar, wenn dieser die Vermittlung von Wissen, Fähigkeiten, Fertigkeiten und Einstellungen durch eine lehrende Tätigkeit beinhaltet[16]. In seinen Trainingsvideos erläutert Z die ordnungsgemäße Ausführung von Bewegungsabläufen, führt diese vor und weist auf Risiken bei deren Ausübung hin. Die Vermittlung und Darstellung spezifischer Trainingsübungen besitzt insoweit durchaus lehrenden Charakter. Allerdings beschränkt sich die Leistung des Z vorliegend auf das Hochladen der Videos. Anders als bei der Tätigkeit als Personal-Trainer erfolgt keine individuelle Betreuung der Zuschauer. Die Ausführung der dargestellten Übungen erfolgt vielmehr eigenständig, ohne dass für Z die Möglichkeit einer weiteren Kontrolle oder persönlichen Hilfestellung besteht. Eine nähere Berücksichtigung des individuellen Trainings- und Leistungsstands des jeweiligen Zuschauers erfolgt zudem nicht. Daher erweist sich das Betreiben des YouTube-Kanals mangels individueller Trainingsbegleitung nicht als Ausübung einer unterrichtenden und damit selbstständigen Tätigkeit iSd § 18 Abs. 1 Nr 1 Satz 1 EStG. 246

Ebenso wenig handelt es sich um eine land- und forstwirtschaftliche Tätigkeit oder eine reine private Vermögensverwaltung.

III. Zwischenergebnis

Z erzielt im Jahr 02 mit seinem YouTube-Kanal Einkünfte aus Gewerbebetrieb (§ 2 Abs. 1 Satz 1 Nr 2 iVm § 15 EStG). 247

B. Bestimmung der Höhe der Einkünfte

Die Ermittlung der Einkünfte, die Z mit seinem YouTube-Kanal als Gewerbebetrieb erzielt, erfolgt gem. § 2 Abs. 2 Satz 1 Nr 1 EStG als Gewinn. Da Z weder aufgrund gesetzlicher Vorschriften verpflichtet ist, Bücher zu führen und regelmäßig Abschlüsse zu machen und dies auch nicht freiwillig unternimmt, kann er gem. § 4 Abs. 3 EStG als Gewinn den Überschuss seiner Betriebseinnahmen über seine Betriebsausgaben ansetzen. 248

I. Betriebseinnahmen

Der Begriff der Betriebseinnahmen wird im EStG nicht definiert. Die von Z erzielten Einkünfte sind Betriebseinnahmen, wenn sie unter Rückgriff auf die Definition der Einnahmen in § 8 Abs. 1 Satz 1 EStG sowie der Betriebsausgaben in § 4 Abs. 3 iVm § 4 Abs. 4 EStG Zugänge in Geld oder Geldeswert darstellen, die durch den Betrieb veranlasst sind[17]. Eine Einnahme ist dann betrieblich veranlasst, wenn aus der (objektiven) Sicht eines Unternehmers ein tatsächlicher oder wirtschaftlicher Zusammenhang mit 249

16 BFH, VIII R 11/15, BStBl II 2017, 911.
17 BFH, VIII R 35/93, BStBl II 1996, 273 (274) mwN; IV R 86/86, BStBl II 1988, 633 (634) mwN; *Birk/Desens/Tappe*, Steuerrecht, Rn 985.

dem Betrieb besteht[18]. Insoweit ist zwischen den einzelnen Einnahmen (Zahlungen von YouTube sowie Erhalt und Veräußerung des Trainingsanzugs) zu unterscheiden.

1. Zahlungen von YouTube

250 Durch die werbewirksame Nutzung seiner Videos wurden Z im Jahr 02 17 000 € auf seinem Bankkonto gutgeschrieben, sodass mit der Wertstellung im Kontosaldo Zugänge in Geld erfolgten. Diese sind durch das Hochladen der Videos zur werbewirksamen Nutzung durch YouTube und damit durch den Betrieb des YouTube-Kanals veranlasst. Somit stellen die Zahlungen von YouTube iHv 17 000 € Betriebseinnahmen dar.

2. Erhalt und Veräußerung des Trainingsanzugs

251 Der erhaltene Trainingsanzug stellt als Sachzuwendung einen Zugang in Geldeswert (Verkaufswert 200 €) dar. Diesen wendete der Sportartikelhersteller Z aufgrund der mit seinem YouTube-Kanal erzielten Aufmerksamkeit und Reichweite zu, sodass ein tatsächlicher Zusammenhang mit seiner betrieblichen Tätigkeit besteht. Mithin ist die Zuwendung des Trainingsanzugs betrieblich veranlasst. Da Z der Trainingsanzug unentgeltlich übertragen wurde, ist gem. § 4 Abs. 1 Satz 10 iVm § 6 Abs. 4 EStG grds dessen gemeiner Wert als Betriebseinnahme zu berücksichtigen. Dieser bemisst sich sowohl gem. § 9 Abs. 2 Satz 1 BewG als auch unter analoger Heranziehung des § 8 Abs. 2 Satz 1 EStG[19] nach seinem üblichen Ladenverkaufspreis und wäre daher mit 200 € anzusetzen.

Als problematisch erweist sich allerdings, dass der Trainingsanzug als Sachwertzugang ins Betriebsvermögen des Z übergeht und anschließend von diesem weiterveräußert wird[20]. Würde man im Hinblick auf den Erhalt des Trainingsanzugs dessen Sachwert (200 €) sowie bei seiner Verwertung den Verkaufserlös (300 €) jeweils als Betriebseinnahme erfassen, käme es zu einer doppelten Besteuerung des Sachwerts des Trainingsanzugs. Um das zu vermeiden, neutralisiert der BFH[21] bei Wirtschaftsgütern des Umlaufvermögens den Sachwertzugang, indem er für Zwecke der Gewinnermittlung eine gleich hohe Betriebsausgabe entgegenstellt. Der Vorgang wird also so behandelt, als hätte Z zunächst Geld in der entsprechenden Höhe vereinnahmt (BE iHv 200 €) und damit den Trainingsanzug erworben (BA iHv 200 €). Damit wird eine Betriebseinnahme iErg erst bei der Verwertung des Trainingsanzugs, dann aber in voller Höhe angenommen. Mithin hat Z nach Auffassung des BFH mit dem Erlös aus der Veräußerung des Trainingsanzugs Betriebseinnahmen iHv insgesamt 300 € erzielt.

Nach vorzugswürdiger Auffassung[22] ist der eintretende Sachwertzugang als geldwerter Vorteil im Zeitpunkt seines Zuflusses, dh mit Erhalt des Trainingsanzugs, als Betriebs-

---

18 BFH, IV R 103/75, BStBl II 1979, 512; VIII R 60/03, BStBl II 2006, 650 mwN; *Birk/Desens/Tappe*, Steuerrecht, Rn 985.

19 *Birk/Desens/Tappe*, Steuerrecht, Rn 986.

20 S. dazu *Birk/Desens/Tappe*, Steuerrecht, Rn 987.

21 BFH, IV R 29/91, BStBl II 1993, 36 (38).

22 *Birk/Desens/Tappe*, Steuerrecht, Rn 987.

einnahme iHv 200 € zu erfassen. Dieser Wert ist sodann im Zeitpunkt der Verwertung des Trainingsanzugs als fiktive Anschaffungskosten vom erzielten Verkaufserlös abzuziehen (300 € – 200 € = 100 €; fiktiver Verkaufserlös iHv 100 € als BE). Nach dieser Auffassung wird ebenfalls die gesamte Betriebsvermögensmehrung erfasst, allerdings in den Veranlagungszeiträumen, in denen tatsächlich die Bereicherung eintritt. Dieses periodengerechte Ergebnis entspricht jenem im Falle einer Gewinnermittlung durch Betriebsvermögensvergleich (§ 4 Abs. 1, § 5 Abs. 1 EStG). Dadurch wird eine Ungleichbehandlung im Verhältnis zum Überschussrechner, der nach § 2 Abs. 2 Nr 2 EStG seine Sachwertzugänge sofort (§ 8 Abs. 1, § 11 Abs. 1 EStG) versteuern muss, verhindert[23]. Folglich hat Z mit der Zuwendung des Trainingsanzugs iHv 200 € sowie mit dessen Veräußerung iHv 100 € Betriebseinnahmen erzielt. Diese belaufen sich damit im Jahr 02 insgesamt auf 300 €.

II. Betriebsausgaben

Die Z im Jahr 02 entstandenen Aufwendungen sind steuerlich als Betriebsausgaben iSv § 4 Abs. 3 iVm § 4 Abs. 4 EStG abziehbar, soweit diese durch den Betrieb seines YouTube-Kanals veranlasst sind. Eine betriebliche Veranlassung ist gegeben, wenn die Aufwendungen in einem tatsächlichen oder wirtschaftlichen Zusammenhang mit der konkreten Gewinnerzielung angefallen sind[24]. Dies wäre nicht der Fall, wenn es sich um nicht abziehbare Kosten der privaten Lebensführung (vgl § 12 Nr 1 EStG) handelt. Insoweit ist zwischen den einzelnen Aufwendungen (Reise nach Köln und Mitgliedschaft im Fitnessstudio) zu unterscheiden. 252

1. Reise nach Köln

Bei den Aufwendungen für die Reise nach Köln ist zwischen den tatsächlich angefallenen Reise- und Übernachtungskosten und einem Verpflegungsmehraufwand für die Auswärtstätigkeit des Z zu differenzieren. 253

a) Reise- und Übernachtungskosten

aa) Betriebliche Veranlassung

Z unternahm die Reise nach Köln, um sich im Hinblick auf die von ihm veröffentlichten Trainingsvideos auf der dort stattfindenden Fitnessmesse weiterzubilden[25]. Da Z diese an zwei aufeinanderfolgenden Tagen (8.5. und 9.5.02) besuchte, waren mindestens zwei Übernachtungen in Köln notwendig und damit beruflich veranlasst. Jedoch hat die Reise insgesamt sechs Tage gedauert. Vier Tage (10.5.–13.5.02) in Köln hat Z mit dem Besuch von Freunden und seiner Großmutter der privaten Lebensführung gewidmet. Diese Tage waren also privat veranlasst (Erholungsurlaub). 254

---

23 Da die Verwertung hier im gleichen VZ wie der Erhalt des Trainingsanzugs erfolgt, ergeben sich iErg keine Abweichungen zur Auffassung des BFH.

24 *Loschelder*, in: Schmidt, EStG, § 4 Rn 30; *Birk/Desens/Tappe*, Steuerrecht, Rn 992.

25 Ob eine gleichwertige Weiterbildung auch auf einfacherem Wege hätte erfolgen können, ist mangels Prüfung der Angemessenheit der Betriebsausgaben unerheblich.

bb) Aufteilbarkeit der Kosten

255 Vor diesem Hintergrund ist fraglich, ob Z die Kosten für die gesamte Reise nicht als Betriebsausgaben abziehen kann oder ob zumindest eine Aufteilung der Reise- und Übernachtungskosten in einen beruflich und privat veranlassten Teil möglich ist.

Nach der älteren Rechtsprechung des BFH wurde aus § 12 Nr 1 EStG neben einem Abzugs- auch ein Aufteilungsverbot für Aufwendungen entnommen, die teilweise betrieblich und teilweise privat veranlasst sind[26]. Dagegen spricht aber, dass sich ein solches Aufteilungsverbot nicht explizit aus dem Wortlaut des § 12 Nr 1 EStG entnehmen lässt und auch das allgemeine Kriterium „Veranlassungszusammenhang“ zumindest dann kein Aufteilungsverbot fordert, wenn objektive Aufteilungskriterien vorhanden sind und die betriebliche Veranlassung nicht nur einen unerheblichen Teil umfasst. Dementsprechend soll nach der geänderten Rechtsprechung des BFH eine Aufteilung von Aufwendungen möglich sein, die teilweise privat und teilweise betrieblich veranlasst wurden[27].

Bei Reise- und Übernachtungskosten kommt als Aufteilungsmaßstab eine Aufteilung nach Tagen in Betracht[28]. Z hat die Fitnessmesse an zwei aufeinanderfolgenden Tagen besucht und infolgedessen die vorangegangenen Nächte in Köln verbracht. Diese Tage der Reise stehen in einem wirtschaftlichen Zusammenhang mit der betrieblichen Tätigkeit des Z. Die restlichen vier Tage wurden hingegen privat veranlasst. Ein betrieblicher Anteil von 1/3 (33,3 %) kann bei Gesamtkosten von 600 € auch nicht als unerheblich angesehen werden.

Folglich sind 1/3 der Aufwendungen – also 200 € (40 € Reisekosten und 160 € Übernachtungskosten) – als Betriebsausgaben zu qualifizieren.

b) Verpflegungsmehraufwand

256 Mehraufwendungen für die Verpflegung des StPfl dürfen gem. § 4 Abs. 5 Satz 1 Nr 5 Satz 1 EStG den Gewinn grds nicht mindern. Z kann gem. § 4 Abs. 5 Satz 1 Nr 5 Satz 2 EStG allerdings einen pauschalen Verpflegungsmehraufwand nach Maßgabe des § 9 Abs. 4a EStG gewinnmindernd berücksichtigen, wenn er vorübergehend von seiner Wohnung und dem Mittelpunkt seiner dauerhaft angelegten betrieblichen Tätigkeit entfernt betrieblich tätig wird. Unter einer Wohnung ist gem. § 9 Abs. 4a Satz 4 HS 2 EStG der Hausstand zu verstehen, der den Mittelpunkt der Lebensinteressen des StPfl bildet. Die dauerhaft angelegte betriebliche Tätigkeit des Z besteht im Betrieb seines YouTube-Kanals. Da Z in Leipzig einem Sportstudium nachgeht, ist davon auszugehen, dass auch dort der Mittelpunkt seiner betrieblichen Tätigkeit sowie seiner privaten Lebensinteressen liegt. Indem Z die Fitnessmesse in Köln besucht, um neue Ideen für seine Trai-

---

26 BFH, GrS 2/70, BStBl II 1971, 17 (18 ff).

27 BFH, GrS 1/06, BStBl II 2010, 672 (680) – der Beschluss betrifft nur die Aufteilbarkeit von Reisekosten, soll aber allgemein für gemischt veranlasste Aufwendungen gelten, vgl *Birk/Desens/Tappe*, Steuerrecht, Rn 996; *Fissenewert*, in: HHR, § 12 EStG Rn 60.

28 *Birk/Desens/Tappe*, Steuerrecht, Rn 997 ff; beim Fehlen objektivierbarer Aufteilungskriterien sind gemischt veranlasste Aufwendungen untrennbar. Eine schätzungsweise Aufteilung wäre willkürlich und ist daher unzulässig, vgl *Söhn*, in: FS Spindler, 2011, S. 795 (800 f).

ningsvideos zu erhalten, wird er mithin von seiner Wohnung und dem Ort seiner dauerhaft angelegten betrieblichen Tätigkeit entfernt betrieblich tätig.

Zur Abgeltung der Z tatsächlich entstandenen, beruflich veranlassten Mehraufwendungen ist gem. § 9 Abs. 4a Satz 2 EStG eine Verpflegungspauschale anzusetzen. Diese beträgt gem. § 9 Abs. 4a Satz 3 EStG 28 € für jeden Kalendertag mit einer Abwesenheit von 24 Stunden sowie jeweils 14 € für den An- und Abreisetag. Z reiste am 7.5.02 nach Köln, sodass dieser als Tag der Anreise mit einer Pauschale iHv 14 € anzusetzen ist. Am 8.5. und 9.5.02 besuchte Z die Fitnessmesse. Daher sind diese Tage mit einer Verpflegungspauschale iHv jeweils 28 € zu berücksichtigen. Mangels beruflicher Veranlassung seines weiteren Aufenthalts in Köln scheidet die Berücksichtigung eines Verpflegungsmehraufwands für den 10.–12.5.02 aus. Am 13.5.02 reiste Z zurück nach Leipzig. Der Abreisetag war selbst nicht durch eine betriebliche Tätigkeit des Z geprägt. Zudem ging ihm unmittelbar kein betrieblich geprägter Aufenthalt in Köln voraus. Allerdings kann es keinen Unterschied machen, ob Z nach dem betrieblich veranlassten Besuch der Messe am 10.5.02 abreist oder erst am 13.5.02. Die Rückreise von Köln nach Leipzig ist dennoch zumindest auch betrieblich durch den Besuch der Messe veranlasst, sodass für den 13.5.02 als Abreisetag eine Pauschale iHv 14 € anzusetzen ist.

Mithin kann Z durch die Reise nach Köln Betriebsausgaben in Form eines pauschalen Verpflegungsmehraufwands iHv insgesamt 84 € geltend machen.

2. Mitgliedschaft im Fitnessstudio

Z kann die Kosten für die Mitgliedschaft im Fitnessstudio im Jahr 02 (350 €) als **257**
Betriebsausgaben berücksichtigen, wenn diese in einem tatsächlichen oder wirtschaftlichen Zusammenhang mit der konkreten Gewinnerzielung entstanden sind und keine nicht abziehbaren Aufwendungen der privaten Lebensführung darstellen (§ 12 Nr 1 Satz 1 EStG). Zu letzteren gehören nach § 12 Nr 1 Satz 2 EStG auch die Aufwendungen der privaten Lebensführung, die die wirtschaftliche und gesellschaftliche Stellung des StPfl mit sich bringt, auch wenn sie zur Förderung der Tätigkeit des StPfl erfolgen.

Zwar besteht ein Motiv des Z darin, den Zuschauern seiner Videos durch die Darstellung seiner trainingsbedingten körperlichen Entwicklung stärkere Trainingsanreize zu setzen und den Erfolg seiner dargestellten Trainingsstrategien zu veranschaulichen. Insoweit liegt ein Zusammenhang mit seiner betrieblichen Tätigkeit, dem Betrieb seines YouTube-Kanals, vor.

Jedoch ist die Stärkung der eigenen körperlichen Konstitution sowie Fitness zugleich auch der privaten Lebensführung zuzuordnen. Das Training im betreffenden Fitnessstudio konnte von jedem anderen ebenfalls wahrgenommen werden und war nicht auf bestimmte Personengruppen zugeschnitten. Die etwaigen Vorteile der Mitgliedschaft nutzen Z ebenso privat. Selbst wenn zugleich von einer Förderung der ausgeübten, beruflichen Tätigkeit auszugehen sein sollte, verbietet es die Wertung aus § 12 Nr 1 Satz 2 EStG, den erforderlichen Veranlassungszusammenhang mit der ausgeübten Tätigkeit anzunehmen.

Auch eine etwaige Kostenaufteilung in einen betrieblich und einen privat veranlassten Teil anhand objektiver Kriterien ist insoweit nicht möglich. Daher sind die Kosten für die Mitgliedschaft im Fitnessstudio nicht als Betriebsausgaben zu qualifizieren.

III. Gewinn

258 Z hat im Jahr 02 Betriebseinnahmen iHv 17 300 € erzielt. Dem stehen Betriebsausgaben iHv 284 € entgegen. Der Gewinn des Z iSd § 4 Abs 3 EStG beläuft sich im Jahr 02 auf 17 016 €.

C. Ergebnis

259 Z hat mit seinem YouTube-Kanal im Jahr 02 einen steuerbaren Gewinn iHv 17 016 € aus Gewerbebetrieb iSd § 2 Abs. 1 Satz 1 Nr 2 iVm § 15 EStG erzielt.

Frage 3

A. Einkunftsart

260 Die von Z im Jahr 03 in Zusammenhang mit seinem Kunstprojekt erzielten Einkünfte sind den Einkünften aus selbstständiger Arbeit (§ 2 Abs. 1 Satz 1 Nr 3 iVm § 18 EStG) zuzuordnen, wenn es sich dabei um eine freiberufliche Tätigkeit iSd § 18 Abs. 1 Nr 1 Satz 1 EStG handelt und diese im Übrigen die positiven Begriffsmerkmale des Gewerbebetriebs (§ 15 Abs. 2 Satz 1 EStG) erfüllt.

I. Freiberufliche Tätigkeit

1. Katalogberuf oder ähnlicher Beruf

261 Mit der Veröffentlichung von Fotografien im Rahmen seines Kunstprojekts geht Z keinem Katalogberuf iSd § 18 Abs. 1 Nr 1 Satz 2 EStG sowie mangels Vergleichbarkeit mit einem solchen auch keinem ähnlichen Beruf nach.

2. Ausübung einer künstlerischen Tätigkeit

262 Z übt mit der Veröffentlichung der Aufnahmen auf seinem Instagram-Profil eine künstlerische Tätigkeit iSd § 18 Abs. 1 Nr 1 Satz 2 EStG aus, wenn diese einer freien schöpferischen Gestaltung unterliegt, bei der Eindrücke, Erfahrungen und Erlebnisse mittels eines Mediums dargestellt werden[29] und die Individualität des Schöpfers zum Ausdruck gebracht wird[30]. Der deutliche Persönlichkeitsbezug muss daher einen gewissen Umfang erreichen, also ersichtlich hervortreten. Z setzt sich auf den veröffentlichten Fotografien im Rahmen der aktiven sportlichen Betätigung in Verbindung mit der jeweiligen Umge-

29 *Wacker*, in: Schmidt, EStG, § 18 Rn 66.
30 BFH, VIII R 32/75, BStBl II 1981, 170; *Brandt*, in: HHR, § 18 EStG Rn 105.

bung als Gesamtkunstwerk in Szene. Allerdings trägt Z dabei bewusst die Bekleidungsstücke des Sportartikelherstellers, um diese seinen Followern zu präsentieren. Damit unterliegen die Aufnahmen auch einer werbewirksamen Nutzung zugunsten des Sportartikelherstellers. Für diesen ist ein künstlerisch geprägter Inhalt der Fotografien von untergeordneter Bedeutung. Die Kooperation mit Z beruht vielmehr auf dessen medialer Reichweite und damit auf der Erwartung, für die eigenen Produkte eine möglichst hohe Werbewirksamkeit zu generieren. Z erbringt gegenüber dem Sportartikelhersteller daher eine Leistung dergestalt, dass seine Aufnahmen unabhängig von ihrem künstlerischen Wert dazu dienen, einen verkaufsfördernden Effekt zu erzielen.

Für die Annahme einer künstlerischen Tätigkeit ist es jedoch unerheblich, aus welcher Zielsetzung heraus der Künstler schafft und wozu seine Arbeiten im Folgenden verwendet werden[31]. Auch im Grenzbereich zwischen Kunst und Gewerbe schließt ein gewerblicher Verwendungszweck das Vorliegen einer künstlerischen Tätigkeit nicht aus. Diese kann vielmehr auch dann vorliegen, wenn der Künstler seine Leistung in den Dienst der Werbung stellt, vorausgesetzt das Geschaffene ist nach seinem Gesamtbild eigenschöpferisch und erreicht eine gewisse künstlerische Gestaltungshöhe[32]. An das Vorliegen einer eigenschöpferischen Leistung sind beim Einsatz technischer Mittel jedoch strenge Anforderungen dergestalt zu stellen, dass beim Überwiegen fototechnischer Arbeiten die künstlerische Eigenschaft der Aufnahmen zurücktritt[33].

Z kann die Gestaltung der von ihm erstellten Fotografien sowie die Art der Zurschaustellung der überlassenen Kleidung frei wählen. Er ist dabei nicht an Vorgaben des Sportartikelherstellers gebunden. Insoweit wird Z kreativ tätig, sodass seiner Arbeit bereits aus diesem Grund ein schöpferisches Element innewohnt. Dies wird umso deutlicher, als er mit der besonderen Farbgebung der Bilder sowie durch das Spiel mit Kontrasten und der Belichtung überzeichnende Effekte erreichen möchte. Diese erschöpfen sich nicht in der bloßen Präsentation der Kleidung. Vielmehr soll durch die Farbgebung auch die Schönheit und Leichtigkeit des Sports, als über den Werbebezweck hinausgehende Botschaft, in den Vordergrund treten. Indem Z mit der Darstellung als Gesamtkunstwerk eine Symbiose zwischen seiner sportlichen Betätigung und der jeweiligen Umgebung schafft, überwiegen bei seiner Tätigkeit auch nicht allein fototechnische Arbeiten. Die Nutzung seiner Fotografien für werbende und damit gewerbliche Zwecke hat daher nicht zur Folge, dass die schöpferische Leistung davon überlagert wird[34]. Dies gilt selbst dann, wenn der Gebrauchswert den Kunstwert seiner Fotografien übersteigt[35]. Die kreative Schöpfung des Z ordnet sich daher nicht der werbenden Tätigkeit unter. Mithin übt Z eine künstlerische und damit freiberufliche Tätigkeit iSd § 18 Abs. 1 Nr 1 Satz 2 EStG aus[36].

---

31 BFH, V 96/59 S, BStBl III 1960, 453.

32 BFH, VIII R 76/75, BStBl II 1977, 474.

33 BFH, VIII R 76/75, BStBl II 1977, 474; *Schmidt/Kollmann/Karl*, DStR 2021, 765 (767).

34 BFH, IV 62/65, BStBl III 1967, 618.

35 BFH, VIII R 76/75, BStBl II 1977, 474.

36 Ein abweichendes Ergebnis ist hier vertretbar, wenn man ein Überwiegen des Werbezwecks gegenüber der schöpferischen Gestaltung des Z annimmt.

II. Positive Begriffsmerkmale des Gewerbebetriebs iSd § 15 Abs. 2 Satz 1 EStG

263 Die künstlerische Tätigkeit des Z verwirklicht die positiven Begriffsmerkmale des Gewerbebetriebs (§ 15 Abs. 2 Satz 1 EStG) wenn es sich bei ihr um eine selbstständige, nachhaltige und mit Gewinnerzielungsabsicht unternommene Teilnahme am allgemeinen wirtschaftlichen Verkehr handelt. Z übt seine Tätigkeit unabhängig von Weisungen des Sportartikelherstellers und damit eigenverantwortlich aus. Die Veröffentlichung der Fotografien ist auf regelmäßige Wiederholung angelegt. Zudem will Z dem Sportartikelhersteller seine künstlerische Arbeit erkennbar auch zukünftig entgeltlich für Werbezwecke zur Verfügung stellen. Mithin übt Z eine selbstständige und nachhaltige Betätigung aus, mit der er sich am allgemeinen Wirtschaftsverkehr beteiligt. Aufgrund des monatlichen Entgelts iHv 1000 € sowie den im Jahr 03 erhaltenen Sachwerten iHv 3000 € ist zudem von einer Gewinnerzielungsabsicht des Z auszugehen.

III. Zwischenergebnis

264 Die Betätigung des Z im Rahmen seines Kunstprojekts stellt eine selbstständige Arbeit iSd § 2 Abs. 1 Satz 1 Nr 3 iVm § 18 EStG dar.

B. Bestimmung der Höhe der Einkünfte

265 Die Ermittlung der Einkünfte, die Z mit seiner künstlerischen Betätigung erzielt, erfolgt gem. § 2 Abs. 2 Satz 1 Nr 1 EStG als Gewinn. Dieser ergibt sich gem. § 4 Abs. 3 EStG als Überschuss seiner Betriebseinnahmen über seine Betriebsausgaben.

I. Betriebseinnahmen

266 Die von Z erzielten Einnahmen stellen Betriebseinnahmen dar, soweit es sich um Zugänge in Geld oder Geldeswert handelt, die durch seine künstlerische Tätigkeit veranlasst sind.

1. Monatliche Zahlungen

267 Z erhält seit Januar 03 vom Sportartikelhersteller eine monatliche Zahlung iHv 1000 €. Dafür muss er auf seinen Fotografien die erhaltene Sportbekleidung tragen und diese bei der Veröffentlichung auf seinem Instagram-Profil mit einem Hinweis auf das Unternehmen des Sportartikelherstellers versehen. Folglich besteht ein tatsächlicher Zusammenhang zwischen der künstlerischen Tätigkeit des Z und den eingegangenen Zahlungen, sodass diese durch die künstlerische Betätigung veranlasst sind. Z hat damit im Jahr 03 Betriebseinnahmen iHv 12 000 € mit den Zahlungen des Sportartikelherstellers erzielt.

2. Sportbekleidung

Bei der erhaltenen Sportbekleidung handelt es sich jeweils um Zugänge in Geldeswert (Verkaufswert insgesamt 3000 €). Diese werden Z zugewendet, um sie auf seinen Fotografien und damit im Rahmen seiner künstlerischen Betätigung zu tragen. Die Zuwendung ist daher betrieblich veranlasst. Da die Übertragung der Bekleidung mit der werbewirksamen Nutzung der Aufnahmen durch den Sportartikelhersteller eine Gegenleistung voraussetzt, erfolgt diese nicht unentgeltlich iSd § 4 Abs. 1 Satz 10 iVm § 6 Abs. 4 EStG, sondern im Wege des Tausches iSd. § 4 Abs. 1 Satz 10 iVm § 6 Abs. 6 Satz 1 EStG[37]. Danach ist der gemeine Wert der Sportbekleidung, der sich gem. § 9 Abs. 2 Satz 1 BewG sowie gem. § 8 Abs. 2 Satz 1 EStG[38] nach deren üblichen Ladenverkaufspreis bemisst, als Betriebseinnahmen zu berücksichtigen. Diese belaufen sich im Jahr 03 mithin auf 3000 €. 268

3. Spiegelreflexkamera

Die Zuwendung der Kamera erfolgte, um die Qualität der von Z veröffentlichten Aufnahmen zu verbessern und wurde daher durch seine künstlerische Betätigung veranlasst. Entsprechend ist ihr üblicher Ladenverkaufspreis iHv 2100 € als Betriebseinnahme zu berücksichtigen. 269

II. Betriebsausgaben

Die Z im Jahr 03 entstandenen Aufwendungen sind als Betriebsausgaben iSv § 4 Abs. 3 iVm § 4 Abs. 4 EStG zu berücksichtigen, soweit sie durch seine künstlerische Betätigung veranlasst sind. 270

1. Sportbekleidung

Die Kosten für die Abnutzung der erhaltenen Sportbekleidung sind durch die künstlerische Tätigkeit veranlasst, wenn diese in einem tatsächlichen oder wirtschaftlichen Zusammenhang mit der konkreten Gewinnerzielung angefallen sind. Z nutzt die Bekleidungsstücke, indem er sie auf seinen Fotografien werbewirksam zugunsten des Sportartikelherstellers trägt. Da die Nutzung der Kleidung jedoch für deren Abnutzung sorgt, vermindert sich ihr Wert zunehmend, sodass die Leistungsfähigkeit des Z ebenfalls abnimmt (Wertverzehr). Mithin stehen die Kosten für die Abnutzung der Sportkleidung in einem tatsächlichen und wirtschaftlichen Zusammenhang mit der künstlerischen Tätigkeit des Z. 271

Fraglich ist, ob Z die Kosten für die Abnutzung der Sportbekleidung im Jahr 03 vollständig abziehen kann. Die Anschaffungskosten von abnutzbaren beweglichen Wirtschaftsgütern des Anlagevermögens können gem. § 4 Abs. 1 Satz 10 iVm § 6 Abs. 1 Nr 1 Satz 1, § 6 Abs. 2 Satz 1 EStG im Wirtschaftsjahr der Anschaffung sofort in voller

37 Vgl. *Homuth*, NWB 2018, 1894 (1896).
38 *Birk/Desens/Tappe*, Steuerrecht, Rn 986.

Höhe als Betriebsausgaben abgezogen werden, soweit diese einer selbstständigen Nutzung fähig sind und den Wert von 800 € nicht übersteigen.

Die vom Sportartikelhersteller erhaltenen Bekleidungsartikel sind nach der Verkehrsauffassung jeweils einer besonderen Bewertung zugänglich, eigens nutzungsfähig sowie einzeln oder im Zusammenhang mit dem Betrieb des Z übertragbar[39] und stellen mithin bewegliche Wirtschaftsgüter seines Anlagevermögens dar. Die einzelnen Kleidungsstücke können unabhängig voneinander getragen werden und sind daher einer selbstständigen Nutzung fähig. Da die Anschaffungskosten für die Bekleidungsstücke jeweils nicht den Wert von 800 € übersteigen, können diese von Z im Jahr 03 in voller Höhe (insgesamt 3000 €) als Betriebsausgaben abgezogen werden. Sein Wahlrecht hat Z dahingehend ausgeübt. Zudem übersteigen die Anschaffungskosten der Sportbekleidung jeweils nicht den Wert von 250 €, sodass es für diese nicht der Führung eines Verzeichnisses iSd § 6 Abs. 2 Satz 4 EStG bedarf.

2. Spiegelreflexkamera

272 Indem Z die Kamera für Aufnahmen im Rahmen seines Kunstprojekts verwendet, ist der mit ihrer Abnutzung verbundene Wertverzehr durch seine künstlerische Tätigkeit veranlasst. Da die Anschaffungskosten der Kamera iHv 2100 € den Wert von 800 € übersteigen, scheidet ein Sofortabzug im Jahr 03 iSd § 4 Abs. 1 Satz 10 iVm § 6 Abs. 1 Nr 1 Satz 1, § 6 Abs. 2 Satz 1 EStG aus. Gem. § 4 Abs. 1 Satz 10 iVm § 6 Abs. 1 Nr 1 Satz 1, § 7 Abs. 1 Satz 1 EStG ist bei abnutzbaren Wirtschaftsgütern des Anlagevermögens, deren Verwendung oder Nutzung durch den StPfl zur Erzielung von Einkünften sich erfahrungsgemäß auf einen Zeitraum von mehr als einem Jahr erstreckt, jeweils für ein Jahr der Teil der Anschaffungskosten abzusetzen, der bei der gleichmäßigen Verteilung dieser Kosten auf die Gesamtdauer der Verwendung oder Nutzung auf ein Jahr entfällt. Die Absetzung bemisst sich hierbei nach der betriebsgewöhnlichen Nutzungsdauer des Wirtschaftsguts (§ 7 Abs. 1 Satz 2 EStG). Im Jahr der Anschaffung vermindert sich jedoch der Absetzungsbetrag um jeweils ein Zwölftel für jeden vollen Monat, der dem Monat der Anschaffung vorangeht (§ 7 Abs. 1 Satz 4 EStG).

Die betriebsgewöhnliche Nutzungsdauer der Kamera beträgt sieben Jahre. Somit wären im Jahr 03 grds 300 € (2100 €/7) als AfA gewinnmindernd zu berücksichtigen. Da Z die Kamera erst im Juli 03 zugewendet wurde, verringert sich die als Betriebsausgaben abziehbare AfA für das Jahr 03 allerdings auf 150 € (6/12 von 300 €). Daher kann Z für die Abnutzung der Kamera im Jahr 03 150 € als Betriebsausgaben geltend machen.

III. Gewinn

273 Im Jahr 03 hat Z Betriebseinnahmen iHv 17 100 € erzielt. Seine Betriebsausgaben für diesen Zeitraum belaufen sich auf 3150 €. Sein Gewinn im Jahr 03 beträgt daher 13 950 €.

---

39 BFH, I R 218/82, BStBl II 1987, 14; zum Begriff des Wirtschaftsguts vgl *Birk/Desens/Tappe*, Steuerrecht, Rn 891 ff.

C. Ergebnis

Z hat mit seiner künstlerischen Betätigung im Jahr 03 einen steuerbaren Gewinn iHv 13 950 € aus selbstständiger Arbeit iSd § 2 Abs. 1 Satz 1 Nr 3 iVm § 18 EStG erzielt. 274

Zur Wiederholung

Übersicht 3.1: Betriebsausgaben

Einordnung 275

Einkünfteermittlung durch Errechnung des Gewinns bei den in § 2 II 1 Nr 1 EStG genannten Einkunftsarten

Begriffsbestimmung

Betriebsausgaben sind Aufwendungen, die durch den Betrieb veranlasst sind (§ 4 IV EStG) genannten Einkunftsarten

1. **Betriebliche Veranlassung:**
   objektiv ein Zusammenhang mit dem Beruf oder Betrieb
   subjektiv Aufwendungen zur Förderung des Berufs/Betriebs
   - objektiver Zusammenhang ist stets Voraussetzung für Betriebsausgabe
   - **subjektive Absicht**, den Beruf oder Betrieb zu fördern, kann **fehlen**
2. Grds keine Voraussetzung des BA-Abzugs: **Notwendigkeit, Üblichkeit, Angemessenheit, Zweckmäßigkeit der Aufwendungen**
   (Ausnahme: § 4 V 1 Nr 7 EStG)
3. **Möglich: unfreiwillige, vorweggenommene, vergebliche, nachträgliche BA**
   a) **unfreiwillige BA** (zB Schadensersatz)
      - subjektive Komponente fehlt; Zwangsausgaben
   b) **vorweggenommene BA:**
      - ausreichender (zeitlicher) Zusammenhang zur (späteren) Gewinnerzielung
      - Zusammenhang mit einer Vorbereitungshandlung für eine konkrete betriebliche Tätigkeit
      - Feststellung anhand objektiver Umstände, dass der Entschluss, Einkünfte einer bestimmten Einkunftsart zu erzielen, endgültig gefasst worden ist
   c) **vergebliche BA**
      - mit Aufwendungen wird nicht nur irgendeine, noch unsichere Einkommensquelle angestrebt
      - klar erkennbare Beziehung zwischen Aufwendungen und bestimmter Einkunftsart
   d) **nachträgliche BA (zB: Schuldzinsen für betrieblich veranlasste Verbindlichkeit)**
      - betriebliche Veranlassung für Aufwendung besteht (trotz Beendigung der einkunftserzielenden Tätigkeit) fort
4. **gemischte Aufwendungen:** Aufwendungen, die sowohl der Lebensführung als auch dem Beruf dienen
   BFH: Möglichkeit der **Aufteilung und anteiliger Abzug**:
   - Voraussetzung: Möglichkeit der Aufteilung nach objektiven Kriterien
   - Kein Aufteilungs- und Abzugsverbot aus § 12 Nr 1 EStG (aA alte Rspr)
   - Abzug des beruflich veranlassten Teils der Kosten

Ausnahme:
- Abzugsverbot, wenn berufliche und private Veranlassung so ineinander greifen, dass Trennung nicht möglich ist

5. **keine** BA
   - durchlaufende Posten, Darlehensrückzahlungen
   - **Vermögensschäden und -verluste von WG** des Betriebsvermögens, wenn privat veranlasst (zB Totalschaden KfZ durch Trunkenheitsfahrt)
6. **Beachte Abzugsverbote und Sondertatbestände des §§ 4 IVa, V, 4h EStG, § 8 KStG**
   - Zweck: Lenkung, Berücksichtigung der Berührung der privaten Lebenssphäre, ordre public
   - Verfassungsrechtliche Rechtfertigung nötig (fiskalische Gründe reichen nicht)
   - Verbote oder Einschränkungen der Abziehbarkeit betreffen insb: Geschenke, Bewirtung, Jagd/Fischerei/Segeljachten, Verpflegungsmehraufwand, Arbeitszimmer, unangemessene Aufwendungen, die die persönliche Lebensführung berühren, Geldbußen/Ordnungs- und Verwarnungsgelder, Schmiergelder

Zu Wertänderungen im Betriebsvermögen vgl Übersicht 6

Übersicht 3.2: Werbungskosten

276 **Einordnung**

Einkünfteermittlung durch Bildung des Überschusses der Einnahmen über die Werbungskosten bei den in § 2 II 1 Nr 2 EStG genannten Einkunftsarten

Überschussrechnung (§ 8, § 9 EStG)

- **gilt für**
  1. nichtselbstständige Arbeit (§ 19 EStG)
  2. Kapitalvermögen (§ 20 EStG)
  3. VuV (§ 21 EStG)
  4. sonstige Einkünfte (§ 22 EStG)
- **Berechnung:** Überschuss der Einnahmen über die Werbungskosten
- **Maßgeblicher Zeitpunkt: grds Zu- und Abfluss (§ 11 EStG; Ausnahme: § 9 I 3 Nr 7 EStG: Verteilung des Aufwands – AfA)**
- **Überschuss kann auch negativ sein** → dann Verlustausgleich (§ 2 III EStG) oder Verlustabzug (-rück- bzw -vortrag, § 10d EStG → Übersicht 10.2)
- Zentrale Besonderheit gegenüber Gewinneinkünften: **Veränderungen im Bereich des eingesetzten Vermögens** bleiben grds unberücksichtigt
  1. **Aber: Veräußerungsgewinne** steuerbar (bzw Veräußerungsverluste steuerlich berücksichtigungsfähig), wenn § 17, § 20 II oder § 23 EStG (+)
     Beachte: künftig generell Substanzgewinnbesteuerung bei privaten Kapitalanlagen für ab 2009 angeschaffte Wertpapiere (zB Aktien) gem. § 20 II EStG.
  2. **Abschreibungen** (zB auf Miethaus) möglich, § 9 I 3 Nr 7 EStG
- **Was sind Werbungskosten (Wk) iSv § 9 EStG?**
  1. **Begriff: kausal oder final?**
     a) **Gesetzeswortlaut der Definition in § 9 I 1 EStG** (anders als § 4 IV EStG – Betriebsausgaben) final, nicht kausal formuliert

b) Problemfälle:
- Staatsanwalt S muss neue Autoreifen kaufen, da ihm diese aus Rache zerstochen wurden, ohne dass der Täter überführt werden konnte
- Richterin R kauft sich am Tag vor ihrer Pensionierung einen neuen Kommentar
- Arbeitnehmer A hat den Lkw seines Arbeitgebers grob fahrlässig beschädigt und muss Schadensersatz leisten

c) HM: aus steuersystematischen und verfassungsrechtlichen Gründen ist **auch Wk-Begriff kausal** zu verstehen, dh **Wk = alle Aufwendungen, die durch die Erwerbstätigkeit veranlasst sind**

2. Grds keine Voraussetzung des Wk-Abzugs: **Notwendigkeit, Üblichkeit, Angemessenheit, Zweckmäßigkeit der Aufwendungen** (Ausnahmen: § 4 V 1 Nr 7 EStG iVm § 9 V 1 EStG; § 9 I 3 Nr 5 EStG)
3. Für **unfreiwillige, vorweggenommene, vergebliche, nachträgliche Wk und gemischte Aufwendungen vgl Übersicht BA**
4. **Änderungen im Bereich des eingesetzten Vermögens**
   - **Keine Wk: Wertminderungen privaten Vermögens (Ausnahme: Abschreibungen** – § 9 I 3 Nr 7 EStG; Relevanz auch bei Berechnung des Veräußerungsgewinns bzw -verlusts im Rahmen der § 17, § 20 II, § 23 EStG)
   - **Wohl aber Wk: Vermögensschäden und -verluste anlässlich** (nicht „gelegentlich") **der Erwerbstätigkeit** (Racheakt gegen Staatsanwalt/zerstochene Reifen [+]; Diebstahl einer Geldbörse auf einer Dienstreise [–])
   - **Absetzung für Abnutzung (§ 9 I 3 Nr 7 iVm § 7, § 6 II EStG);**
     a) **Einordnung str:**
        (1.) BFH: § 9 I 3 Nr 7 EStG rechtsbegründende Ausnahme vom Grundsatz, dass Wertveränderungen nicht zu berücksichtigen sind
        (2.) Teile der Lit: § 9 I 3 Nr 7 EStG nur Verteilungsregel; ohne diese Norm wären die Aufwendungen in voller Höhe Wk
     b) Durchbrechung des Zu- und Abflussprinzips (§ 11 EStG)
     c) Voraussetzung: ***abnutzbare*** Wirtschaftsgüter (Grund und Boden [–]; Gebäude [+]; Computer [+])
     d) § 6 II 1 EStG für ***geringwertige*** Wirtschaftsgüter anwendbar mit Maßgabe, dass Anschaffungs- oder Herstellungskosten bis zu 800 € sofort absetzbar sind
5. **Sondertatbestände: § 9 I 3 Nr 1 ff EStG** (vorrangig vor § 9 I 1 EStG zu prüfen!)
   Insb: Schuldzinsen, Beiträge zu Berufsverbänden, Entfernungspauschale, doppelte Haushaltsführung, Arbeitsmittel, AfA
   a) Beachte: grds Abgeltungswirkung der Entfernungspauschale (§ 9 II 1 EStG) und übrige Begrenzungen der Höhe nach (zB § 9 I 3 Nr 5 EStG)
   b) Beachte: Erstreckung für Arbeitnehmer geltender Regelungen auf andere Einkunftsarten, § 9 III EStG
6. **Beachte Abzugsverbote des § 4 V iVm § 9 V 1 EStG**
7. **Werbungskostenpauschbeträge: § 9a EStG**
   - Beachte: Höhere Aufwendungen können geltend gemacht werden
   - Rechtfertigung: Vereinfachungszwecke, soweit Norm typischen Fall realitätsgerecht abbildet und zur Vereinfachung geeignet, erforderlich und angemessen ist
   - Pauschalen dürfen – anders als nachgewiesene Wk – nicht zu Verlust führen, § 9a S. 2 EStG

Übersicht 3.3: Abgrenzung der Einkünfte aus Gewerbebetrieb (§ 15 EStG) von Einkünften aus selbstständiger Arbeit (§ 18 EStG)

277 **Bedeutung der Abgrenzung**

- Für die GewSt: selbstständige Arbeit unterliegt nicht der GewSt-Pflicht
- Für die Gewinnermittlung: Freiberufler können zwischen Bilanzierung (§ 4 I EStG) und EÜR (§ 4 III EStG) wählen; Gewerbetreibende müssen idR bilanzieren (§ 140 AO iVm § 241a HGB; § 141 I 1 Nr 4 AO)

Was sind Einkünfte aus Gewerbebetrieb?

I. Einkünfte aus Gewerbebetrieb (§§ 15–17 EStG)

- Einkünfte aus **gewerblichen Unternehmen** (insb **Einzelunternehmer)**, § 15 I 1 Nr 1 EStG
- **Gewinnanteile der Gesellschafter einer OHG, KG** oder einer anderen gewerblichen Gesellschaft, bei der die Gesellschafter als Mitunternehmer anzusehen sind, § 15 I 1 Nr 2 EStG (dazu Übersicht 7.3)
- Gewinne bei **Veräußerung oder Aufgabe eines Gewerbebetriebs**, Teilbetriebs oder eines Mitunternehmeranteils, § 16 I 1 Nr 1–3, III EStG
- Gewinn aus der **Veräußerung von Anteilen an einer Kapitalgesellschaft, sofern Veräußerer irgendwann in den letzten fünf Jahren mit mindestens 1 % beteiligt war, § 17 EStG**
  Besonderheit: *privater* Veräußerungsgewinn wird in gewerblichen *umqualifiziert* **(Fiktion)**
- Gewinne solcher **Körperschaftsteuersubjekte** (insb KapGes, zB AG und GmbH), die nach den Vorschriften des HGB zur Führung von Büchern verpflichtet sind, sind gem. § 8 II KStG als Einkünfte aus Gewerbebetrieb zu behandeln – Dies ist bei AG und GmbH stets der Fall: § 238 I, § 6 I HGB iVm § 3 I AktG bzw § 13 III GmbHG.

II. Einkünfte aus einem gewerblichen Unternehmen, insb Einzelunternehmer (§ 15 I 1 Nr 1 EStG)

- **Originär gewerbliche Tätigkeit** (dh keine Fiktion oder Umqualifizierung)
- *Voraussetzung* daher: **Gewerbebetrieb iSd § 15 II EStG**
- **Selbstständig** (§ 15 II EStG) Abgrenzung zu § 19 EStG (Unternehmerrisiko/Unternehmerinitiative)
- **Nachhaltig** = auf Dauer/Wiederholung angelegt
- Beteiligung am **allgemeinen wirtschaftlichen Verkehr**
- **Gewinnerzielungsabsicht** (vgl auch § 15 II 3 EStG) – Streben nach Totalgewinn (dh von Gründung bis zum Ende der Tätigkeit, dh Aufgabe bzw Veräußerung);
  nicht gegeben bei sog. Liebhaberei (zweistufige Prüfung: (1)
  Betrieb objektiv nicht geeignet, nachhaltig Gewinne abzuwerfen? (2) Wird Betrieb aus Gründen ausgeübt, die dem Bereich der persönlichen Lebensführung zuzuordnen sind?)
- **Keine LuF, keine freiberufliche Tätigkeit**
- außerdem ungeschriebenes TB-Merkmal: **keine private Vermögensverwaltung** (ergibt sich aus der Systematik des EStG)
  1. **Problemfälle:** „Intensiver" Handel mit *privaten* Vermögensgegenständen
  2. **Für Grundstücke:** Drei-Objekt-Grenze (vom BFH entwickelte Beweislastregel) – *gewerblicher* Grundstückshandel liegt in der Regel vor, wenn StPfl innerhalb von fünf Jahren mehrere Grundstücke erwirbt und innerhalb von ca fünf Jahren mehr als drei wieder veräußert.

3. **Für Wertpapiere:** Gewerblicher Wertpapierhandel (dh § 15 statt § 23 und § 17 EStG), aber erst bei besonderen Umständen (Beschäftigung von Mitarbeitern, erhebliche Fremdfinanzierung, Büroräume usw). Gewerblichkeit könnte hier für StPfl interessant sein wg grds unbeschränkten Verlustausgleichs (vgl sonst § 23 III 7–8 EStG).

Was sind Einkünfte aus selbstständiger Arbeit?

- Einkünfte aus **freiberuflicher Tätigkeit** (selbstständiger Steuerberater, Rechtsanwalt, Arzt), § 18 I Nr 1 EStG
  1. **Freiberufliche Tätigkeit**
  2. **Katalogberufe** (akademische Berufe);
     a) Problem: was ist „ähnlicher Beruf"?
     b) Vergleichbarkeit mit allen typischen Merkmalen eines Katalogberufs (theoretische Kenntnisse; entscheidend: *persönliche Arbeitsleistung des Berufsträgers*, nicht in erster Linie Einsatz von Kapital)
     c) Beispiel: selbstständiger EDV-Berater nur dann § 18 EStG (+), wenn Uni- oder FH-Studium absolviert oder erfolgreiche Wissensprüfung durch Sachverständigen
  3. Beachte: StPfl muss selbst selbstständig tätig sein (Ausnahme: § 18 I Nr 1 S. 3, 4 EStG); Bsp: Arztwitwe stellt Arzt ein
- Einkünfte der Einnehmer einer staatlichen Lotterie (grds), § 18 I Nr 2 EStG
- Einkünfte aus **sonstiger selbstständiger Tätigkeit** (zB Testamentsvollstrecker, Vermögensverwalter, Aufsichtsratsmitglied), § 18 I Nr 3 EStG
- **Veräußerungsgewinne** (§ 18 III, § 16 EStG)

Voraussetzungen

selbstständig, nachhaltig (vgl auch § 18 II EStG), Beteiligung am allgemeinen wirtschaftlichen Verkehr und Gewinnerzielungsabsicht (vgl § 15 II EStG)

Fall 4

Schweig still

Schwerpunkte: **Einkommensteuerrecht:** (atypische) stille Gesellschaft (LB § 6 Rn 1155, 1143, 1171; **Abgabenordnung**: Bindungswirkung Grundlagenbescheid (LB § 4 Rn 535 ff), Einspruch (§ 4 Rn 560 ff)

Schwierigkeitsgrad: eher leicht, Bearbeitungszeit: 2 Stunden

278 X und Y haben sich zu der im Handelsregister eingetragenen X & Y OHG zu gleichen Anteilen zusammengeschlossen, sind jeweils alleinvertretungsberechtigt und betreiben in Leipzig ein Autohaus. Die Gewinne werden entsprechend der Anteile (50:50) geteilt.

Zur Eröffnung eines neuen Standorts in Trier benötigen sie Kapital in Höhe von 200 000 €, von denen X und Y jeweils 50 000 € leisten und A die weiteren 100 000 € aufbringt, der als „stiller Gesellschafter" mit ins Boot geholt wird.

Mit A vereinbaren X und Y, dass A für die Hingabe des Kapitals zehn Prozent des jährlichen Gewinns erhält. Eine Beteiligung am etwaigen laufenden Verlust wurde auf die Einlage des A beschränkt. Für den Fall eines Ausscheidens von A wurde vereinbart, dass sich der Rückzahlungsbetrag am Unternehmenswert, insbesondere unter Einbeziehung von Firmenwert und stillen Reserven zu diesem Zeitpunkt, prozentual zum überlassenen Kapital errechnen. Die Mitwirkungs- und Kontrollrechte des A ergeben sich aus den gesetzlichen Vorgaben (§§ 230 ff HGB). Er hat darüber hinaus entsprechend des Umfangs seiner Beteiligung ein Stimmrecht bei Gesellschafterbeschlüssen. A darf vor allem nicht nach außen für die Gesellschaft auftreten und auch keinen direkten Einfluss auf das operative Geschäft nehmen.

Während X seinen Anteil aus Erspartem finanziert, muss Y zur Finanzierung seines Anteils ein Darlehen in Höhe von 50 000 € zu einem Zinssatz von 8 % jährlich aufnehmen. Gegenüber X äußert er allerdings, dass er für solche „Peanuts" kein Darlehen brauche. Um nicht gegenüber X bloßgestellt zu werden, gibt Y auch bei der einheitlichen und gesonderten Gewinnfeststellung der X & Y OHG als Sonderbetriebsausgaben „0" an. Dementsprechend wurde der Zinsaufwand des Y (4000 €) nicht im Bescheid vom Freitag, den 15.6.02, über die Gewinnfeststellung berücksichtigt, der per Post an die „X & Y OHG, zHd X" geschickt wurde. X nimmt den Bescheid aus dem Briefkasten der OHG, faxt ihn an Y und legt ihn nach einer Prüfung zu seinen Unterlagen. Y findet das Fax, legt es ebenfalls zu seinen Unterlagen und vergisst es dort.

Am Dienstag, dem 28.8.02, erhält Y seinen Einkommensteuerbescheid 01, der hinsichtlich der Einkünfte aus der X & Y OHG den Gewinnfeststellungsbescheid vom 15.6.02 zugrunde legt, ohne den erst in seiner Einkommensteuererklärung angegebenen Zinsaufwand (4000 €) zu berücksichtigen.

Y kommt zu Ihnen und fragt, welche Möglichkeiten er habe, den Zinsaufwand des Jahres 01 doch steuermindernd zu berücksichtigen. Schließlich habe er den Feststellungsbescheid nicht direkt vom Finanzamt erhalten. Einen gemeinsamen Empfangsbevollmächtigen habe man für die OHG auch nicht bestellt. Am liebsten würde Y allein gegen seinen Einkommensteuerbescheid vorgehen. Notfalls würde er auch unmittelbar den Gewinnfeststellungsbescheid anfechten, der nach seiner Auffassung zumindest hinsichtlich seiner Zinsaufwendungen geändert oder ergänzt werden müsste.

Frage 1: Zu welcher Einkunftsart gehören die Einkünfte des A, die er aufgrund seiner Beteiligung als stiller Gesellschafter bezieht?

Frage 2: Welche Möglichkeiten hat Y, damit seine Zinsaufwendungen bei der Veranlagung für das Jahr 01 noch gewinnmindernd berücksichtigt werden?

Bearbeitervermerk: Etwaigen gesetzlichen Hinweispflichten ist das FA nachgekommen.

Vorüberlegungen

279 **Frage 1** behandelt ein klassisches Problem der Mitunternehmereigenschaft, nämlich die Abgrenzung eines stillen vom atypisch stillen Gesellschafter. Dabei ist vor allem die Mitunternehmerstellung des stillen Gesellschafters zu prüfen. Da es sich dabei um einen Typusbegriff handelt, sind bei der Subsumtion die im Sachverhalt gegebenen Informationen vollständig im Rahmen einer eigenständigen Diskussion auszuwerten. Zu welchem Ergebnis der Bearbeiter gelangt, ist meist zweitrangig, da oft einzelfallabhängig beide Ansichten vertretbar sind.

280 **Frage 2** geht auf Rechtsschutzmöglichkeiten eines Gesellschafters einer Personengesellschaft gegen die Festsetzung eines zu hohen Gewinns aus seiner Beteiligung ein.

Das Vorgehen gegen den Einkommensteuerbescheid (Folgebescheid) ist wegen § 351 Abs. 2 AO problematisch. Wenn es sich dabei mit der hM um eine Zulässigkeitsvoraussetzung handelt, ist ein Einspruch gegen den Folgebescheid wegen Fehlern im Grundlagenbescheid regelmäßig unzulässig. Etwas anderes kann nur gelten, wenn der Grundlagenbescheid im Einzelfall keine Wirkungen gegenüber einzelnen Gesellschaftern entfaltet.

Bei einem Vorgehen gegen den Feststellungsbescheid (Grundlagenbescheid) ist hingegen zumeist die Einspruchsfrist abgelaufen. Es bleibt höchstens eine Wiedereinsetzung in den vorigen Stand. Anhand der Fragestellung müssen die Bearbeiter auch weitere Handlungsalternativen prüfen, etwa einen Antrag auf Änderung des Grundlagenbescheids oder Erlass eines Ergänzungsbescheids.

Gliederung

Frage 1: 281

A. Einkünfte aus Kapitalvermögen (§ 20 Abs. 1 Nr 4 EStG)

- I. Beteiligung als stiller Gesellschafter an einem Handelsgewerbe (§ 230 HGB)
- II. Mitunternehmerstellung des A (§ 15 Abs. 1 Satz 1 Nr 2 EStG)
- III. Ergebnis

B. Einkünfte aus Gewerbebetrieb (§ 15 Abs. 1 Satz 1 Nr 2 EStG)

Frage 2:

A. Einspruch gegen den eigenen Einkommensteuerbescheid

- I. Zulässigkeit
  - 1. Statthaftigkeit
  - 2. Einspruchsbefugnis
  - 3. Einspruchsfrist
  - 4. Bindungswirkung des Grundlagenbescheids
    - a) § 351 Abs. 2 AO als Zulässigkeitsvoraussetzung?
    - b) Grundsätzliche Bindungswirkung des Grundlagenbescheides
    - c) Bindungswirkung gegenüber Y
- II. Ergebnis

B. Einspruch gegen den Grundlagenbescheid

- I. Zulässigkeit
  - 1. Statthaftigkeit
  - 2. Einspruchsbefugnis
  - 3. Einspruchsfrist
  - 4. Antrag auf Wiedereinsetzung in den vorigen Stand
- II. Ergebnis

C. Änderung des Grundlagenbescheids

D. Ergänzungsbescheid

E. Ergebnis

Musterlösung

Frage 1

282 Bei den Einkünften des A könnte es sich um solche aus Kapitalvermögen gem. § 20 Abs. 1 Nr 4 EStG oder aus Gewerbebetrieb gem. § 15 Abs. 1 Satz 1 Nr 2 EStG handeln.

A. Einkünfte aus Kapitalvermögen (§ 20 Abs. 1 Nr 4 EStG)

283 A erzielt Einkünfte aus Kapitalvermögen gem. § 2 Abs. 1 Satz 1 Nr 5, § 20 Abs. 1 Nr 4 EStG, wenn es sich bei den Einnahmen aus der Kapitalüberlassung um Einnahmen aus der Beteiligung an einem Handelsgewerbe als stiller Gesellschafter handelt, es sei denn, dass der Gesellschafter oder Darlehensgeber als Mitunternehmer anzusehen ist.

I. Beteiligung als stiller Gesellschafter an einem Handelsgewerbe (§ 230 HGB)

284 A beteiligt sich gem. § 20 Abs. 1 Nr 4 EStG als stiller Gesellschafter (§ 230 HGB) an einem Handelsgewerbe, wenn er sich an einem von einem anderen betriebenen Handelsgewerbe mit einer Vermögenseinlage beteiligt, die in das Vermögen des Inhabers des Handelsgeschäfts übergeht. Dabei muss er zwingend am Gewinn des Geschäftsinhabers beteiligt werden (§ 231 Abs. 2 2. HS HGB). Die Beteiligung am Verlust kann hingegen ausgeschlossen sein (§ 231 Abs. 2 1. HS HGB).

A beteiligt sich an der X & Y OHG. Die X & Y OHG ist eine Handelsgesellschaft iSd § 6 Abs. 1 HGB, die bereits wegen ihrer Rechtsform Kaufmann ist[1]. Die Vermögenseinlage des A ging in das Vermögen der OHG über und A wurde am Gewinn der OHG beteiligt.

A beteiligte sich somit als stiller Gesellschafter an der X & Y OHG.

II. Mitunternehmerstellung des A (§ 15 Abs. 1 Satz 1 Nr 2 EStG)

285 A dürfte gem. § 20 Abs. 1 Nr 4 Satz 1 2. HS EStG nicht Mitunternehmer des Handelsgewerbes sein[2]. Mitunternehmer ist, wer Mitunternehmerinitiative entfaltet und Mitunternehmerrisiko trägt[3]. Dabei ist zu beachten, dass es sich bei dem Begriff des Mitunternehmers um einen sog. Typusbegriff handelt[4]. Das bedeutet, dass die genannten Merkmale des Begriffs vorliegen müssen, allerdings verschieden stark ausgeprägt sein können. So kann eine Mitunternehmerschaft vorliegen, wenn die Mitunternehmerinitia-

---

1 *Wedemann*, in: Oetker, Handelsgesetzbuch, 7. Aufl 2021, § 230 Rn 17.

2 Generell zu dieser Abgrenzung bei der stillen Gesellschaft: BFH, IV R 61/78, BStBl II 1982, 59; VIII R 364/83, BStBl II 1986, 311; VIII R 20/01, BFH/NV 2003, 601.

3 BFH, GrS 4/82, BStBl II 1984, 751 (769); VIII R 66/97 ua, BStBl II 2000, 183 (184).

4 BFH, IV B 28/73, BStBl II 1974, 404 (406); GrS 4/82, BStBl II 1984, 751 (769); *Hennrichs*, in: Tipke/Lang, Rn 10.38; *Wacker*, in: Schmidt, EStG, § 15 Rn 261; zum Typusbegriff vgl *Englisch*, in: Tipke/Lang, Rn 5.53 f.

tive deutlich hervortritt, das Mitunternehmerrisiko hingegen nur schwach ausgeprägt ist. Gleiches gilt für den umgekehrten Fall[5]. Es ist insoweit eine Gesamtbildbetrachtung vorzunehmen.

(Volles) Mitunternehmerrisiko liegt vor, wenn eine Beteiligung nicht nur am laufenden **286** Gewinn und Verlust gegeben ist (vgl § 232 Abs. 1, 2 Satz 1 und § 235 Abs. 2 Satz 2 HGB), sondern darüber hinaus auch an den stillen Reserven und dem Firmenwert teilgenommen wird[6].

A ist (mittelbar) am laufenden Gewinn beteiligt und sein Abfindungsguthaben soll sich **287** unter Berücksichtigung von stillen Reserven und Firmenwert errechnen. Insoweit steht er einem Mitunternehmer gleich. Hingegen ist A nur eingeschränkt am laufenden Verlust beteiligt. Dadurch ist sein Risiko der Beteiligung entgegen einem typischen Unternehmer reduziert, allerdings nicht ausgeschlossen. Insoweit entspricht die vertraglich vorgesehene Regelung derjenigen des Gesetzes, § 232 Abs. 2 Satz 1 HGB. Es ist deshalb nicht von einem Fehlen des Mitunternehmerrisikos auszugehen; dies ist lediglich leicht eingeschränkt[7].

Mitunternehmerinitiative beschreibt die Einflussnahmemöglichkeiten des stillen Gesell- **288** schafters auf das Handelsgewerbe und die unternehmerischen Entscheidungen[8]. Das Gesetz gibt dem stillen Gesellschafter nach § 233 Abs. 1 HGB lediglich ein Prüfrecht bezüglich der Jahresabschlüsse und schließt ausdrücklich die weitergehenden Kontrollrechte gem. § 716 BGB aus, § 233 Abs. 2 HGB. Dem stillen Gesellschafter können allerdings vertraglich weitergehende Rechte gewährt werden.

Die Kontrollrechte des A halten sich im Rahmen des § 233 Abs. 1 HGB. Weitergehende **289** Rechte sind ihm aber nicht eingeräumt. Ihm ist insoweit lediglich eine prüfende Funktion gegeben. Er darf weder nach außen hin auftreten, noch wird ihm ein Einflussrecht auf das operative Geschäft eingeräumt. Er kann also grundsätzlich nicht lenkend bzw mitbestimmend auf die Gesellschaft und deren Geschäfte Einfluss nehmen. Allerdings kann er in besonders wichtigen Fällen, nämlich immer dann, wenn ein Gesellschafterbeschluss notwendig ist, direkt auf die Entscheidung Einfluss nehmen. Zusammengefasst hat er trotzdem relativ geringe Möglichkeiten, auf die Gesellschaft einzuwirken.

Im Gesamtbild ergibt sich, dass A gegenüber einem typischen Mitunternehmer ein **290** lediglich etwas geringeres Mitunternehmerrisiko trägt, das sich allerdings im Rahmen des gesetzlich vorgegebenen Normalfalles hält. Die Mitunternehmerinitiative entspricht zum großen Teil den gesetzlichen Regelungen, geht aber leicht darüber hinaus und gibt ihm damit ein, wenn auch nur geringes, Recht, aktiv auf Entscheidungen Einfluss zu

5 BFH, VIII R 66/97 ua, BStBl II 2000, 183 (184); VIII R 20/01, BFH/NV 2003, 601 (602); VIII R 74/03, BStBl II 2006, 595 (597); VIII R 5/04, BFH/NV 2007, 906 (907).

6 BFH, VIII R 66–70/97, BStBl II 2000, 183 (184); VIII R 20/01, BFH/NV 2003, 601 (602); *Haep*, in: HHR, § 15 EStG Rn 394.

7 Vgl BFH, IV 294/64, BStBl II 1970, 320 (321); IV R 61/78, BStBl II 1982, 59 (60): „Unternehmerrisiko … wesentlich vermindert", wenn gar nicht am Verlust teilgenommen wird.

8 BFH, GrS 4/82, BStBl II 1984, 751 (769); VIII R 50/92, BStBl II 1994, 282 (285); VIII R 74/03, BStBl II 2006, 595 (597).

nehmen und diese nicht nur im Nachhinein zu kontrollieren. Insgesamt spricht das Gesamtbild dafür, den A als Mitunternehmer anzusehen.

291 Dieses Ergebnis wird durch einen Vergleich mit dem Kommanditisten einer KG bekräftigt[9]. Da § 15 Abs. 1 Satz 1 Nr 2 EStG alle Gesellschafter umfasst, geht er davon aus, dass auch die Kommanditisten einer KG Mitunternehmer sind. Bezüglich des Mitunternehmerrisikos sieht § 167 Abs. 3 HGB eine der vorliegenden Regelung identische Regelung vor[10]. Die für die Mitunternehmerinitiative wichtigen Rechte des § 233 HGB entsprechen denjenigen des § 166 HGB für den Kommanditisten[11]. Auch diesem steht fast ausschließlich bei Gesellschafterbeschlüssen ein Mitwirkungsrecht zu, § 161 Abs. 2, § 119 HGB. Lediglich im Einzelfall gehen die gesetzlichen Rechte eines Kommanditisten weiter als diejenigen des A (§ 164 Satz 1 2. HS HGB), so dass die Stellung des A derjenigen eines Kommanditisten stark angenähert ist. Es ist dann nur konsequent, ihn ebenfalls als Mitunternehmer zu behandeln.

Im Ergebnis ist A deshalb Mitunternehmer[12].

III. Ergebnis

292 A erzielt keine Einkünfte aus Kapitalvermögen gem. § 20 Abs. 1 Nr 4 EStG.

B. Einkünfte aus Gewerbebetrieb (§ 15 Abs. 1 Satz 1 Nr 2 EStG)

293 A könnte Einkünfte aus Gewerbebetrieb gem. § 2 Abs. 1 Satz 1 Nr 2, § 15 Abs. 1 Satz 1 Nr 2 EStG erzielen. A ist Gesellschafter der X & Y OHG und dabei als Mitunternehmer anzusehen (s. Rn 285 ff). Er müsste darüber hinaus Mitunternehmer „des Betriebs" gem. § 15 Abs. 1 Satz 1 Nr 2 EStG sein. Dies ist der Fall, wenn die OHG ihrerseits gewerblich tätig ist[13].

294 Ob jemand gewerblich tätig ist, ist richtigerweise typologisch zu bestimmen[14]. Die in § 15 Abs. 2 EStG genannten Merkmale sind solche, die dabei regelmäßig vorliegen. Die OHG betätigt sich durch den Autohandel unproblematisch mit Gewinnerzielungsabsicht selbstständig und nachhaltig am allgemeinen wirtschaftlichen Verkehr. Es handelte sich dabei weder um eine land- und forstwirtschaftliche noch um eine freiberufliche Tätigkeit. Die Tätigkeit geht auch über die private Vermögensverwaltung hinaus. Dieses

---

9 Zu einem solchen Vergleich BFH, IV R 61/78, BStBl II 1982, 59; VIII R 364/83, BStBl II 1986, 311 (314).

10 Dies sieht BFH, GrS 4/82, BStBl II 1984, 751 (769 f); VIII R 74/03, BStBl II 2006, 595 (596 f) beim Kommanditisten als ausreichend an.

11 BFH, GrS 4/82, BStBl II 1984, 751 (769); VIII R 12/94, BStBl II 1997, 272 (275) geht davon aus, dass es für die Mitunternehmerinitiative genügt, dass die Stimm-, Kontroll- und Widerspruchsrechte denjenigen eines Kommanditisten angenähert sind.

12 Mit entsprechender Begründung ist auch das gegenteilige Ergebnis vertretbar. Wichtig ist lediglich, dass die im Sachverhalt gegebenen Angaben gewürdigt werden.

13 *Haep*, in: HHR, § 15 EStG Rn 367.

14 BFH, GrS 1/93, BStBl II 1995, 617 (619); X R 7/99, BStBl II 2004, 408 (409); III R 31/07, BFH/NV 2010, 844 (845); *Hey*, in: Tipke/Lang, Rn 8.415; *Stapperfend*, in: HHR, § 15 EStG Rn 1004.

negative Tatbestandsmerkmal ist zwar nicht in § 15 Abs. 2 Satz 1 EStG, sondern nur in § 14 Sätze 1, 3 AO genannt. Es ist jedoch allgemein anerkannt und lässt sich aus der Systematik des EStG unproblematisch herleiten[15].

Da sämtliche Merkmale vorliegen, die im Regelfall eine gewerbliche Tätigkeit ausmachen, und auch sonst keine Anhaltspunkte ersichtlich sind, weswegen der Autohandel nicht in gewerblicher Form ausgeübt werden sollte, handelt es sich bei der Tätigkeit der X & Y OHG um eine gewerbliche, so dass A auch Mitunternehmer „des Betriebes" ist[16]. **295**

Die aufgrund der Beteiligung an der X & Y OHG erzielten Einkünfte sind somit solche aus Gewerbebetrieb gem. § 2 Abs. 1 Satz 1 Nr 2, § 15 Abs. 1 Satz 1 Nr 2 EStG.

Frage 2

A. Einspruch gegen den eigenen Einkommensteuerbescheid

Ein Einspruch gegen den Einkommensteuerbescheid vom 28.8.02 hat Aussicht auf Erfolg, wenn er zulässig und begründet ist. **296**

I. Zulässigkeit

1. Statthaftigkeit

Da es sich bei dem Einkommensteuerbescheid um einen Verwaltungsakt in einer Abgabenangelegenheit gem. § 347 Abs. 1 Satz 1 Nr 1 AO handelt, auf den die AO gem. § 1 Abs. 1 Satz 1 AO anwendbar ist, ist der Einspruch das statthafte Rechtsmittel. **297**

2. Einspruchsbefugnis

Als Adressat eines belastenden Verwaltungsaktes ist Y beschwert, § 350 AO. **298**

3. Einspruchsfrist

Gem. § 355 Abs. 1 Satz 1 AO müsste Y innerhalb eines Monats ab Bekanntgabe den Einspruch einlegen. Davon ist auszugehen. **299**

4. Bindungswirkung des Grundlagenbescheids

Der Einspruch könnte gem. § 351 Abs. 2 AO unzulässig sein. Dazu müsste es sich bei § 351 Abs. 2 AO um eine Zulässigkeitsvoraussetzung, bei dem Feststellungsbescheid vom 15.6.02 um einen Grundlagenbescheid handeln und dieser Grundlagenbescheid müsste gegenüber Y wirksam sein. **300**

---

15 StRspr BFH, VIII R 130/76, BStBl II 1980, 389 (391); VIII R 149/78, BStBl II 1981, 522 (525); GrS 4/82, BStBl II 1984, 751 (762); *Buge*, in: HHR, § 15 EStG Rn 1100; *Hey*, in: Tipke/Lang, Rn 8.414.

16 Das Vorliegen einer gewerblichen Tätigkeit muss nicht in dieser Ausführlichkeit dargestellt werden, da dies bei einem Autohandel offensichtlich ist. Wichtig ist aber, dass positiv festgestellt wird, dass die OHG gewerblich tätig ist.

a) § 351 Abs. 2 AO als Zulässigkeitsvoraussetzung?

301 Für die Annahme, § 351 Abs. 2 AO enthalte keine Zulässigkeitsvoraussetzung, könnte sprechen, dass ein Einspruch gem. § 357 Abs. 3 Satz 3 AO nicht zwingend begründet werden muss („sollen"). Daraus ließe sich folgern, dass es für die Zulässigkeit ausreicht, inhaltlich allein die Beschwer im Rahmen der Einspruchsbefugnis hinreichend substantiiert darzulegen. Da auch von einem bestandskräftigen Verwaltungsakt eine solche Beschwer ausgehen kann, ließe sich der Schluss ziehen, dass § 351 Abs. 2 AO erst den Prüfungsumfang im Rahmen der Begründetheit des Einspruchs einschränkt[17].

302 Dagegen spricht, dass § 351 Abs. 2 AO ausdrücklich auf die „Anfechtung" als solche abstellt, also eine weitere einschränkende Regelung für die „Anfechtung" selbst und damit für die Zulässigkeit des Einspruchs vorsieht. Hierfür spricht auch die gesetzessystematische Stellung in § 351 AO im Ersten Abschnitt des Siebenten Teils mit der amtlichen Überschrift „Zulässigkeit". Auch in der Sache greift der Beschwerdeführer, der Fehler des Grundlagenbescheids beanstandet, nur diesen an. Nur dadurch ist er seiner Ansicht nach zu Unrecht beschwert. Dafür steht ihm gerade der Einspruch gegen den Grundlagenbescheid, nicht aber gegen den Folgebescheid zur Verfügung. Das spricht dafür, die Vorgaben aus § 351 Abs. 2 AO bereits als Zulässigkeitsvoraussetzungen anzusehen[18].

Hinweis: Die andere Ansicht ist an dieser Stelle ebenso vertretbar. Bearbeiter die dieser folgen, müssen im Rahmen der Begründetheit die nachfolgende Prüfung vornehmen.

b) Grundsätzliche Bindungswirkung des Grundlagenbescheides

303 Damit der Einspruch tatsächlich gem. § 351 Abs. 2 AO unzulässig ist, müsste es sich bei dem an die OHG gerichteten Bescheid vom 15.6.02 um einen Grundlagenbescheid und bei dem nunmehr an Y übersandten Bescheid vom 28.8.02 um einen Folgebescheid handeln.

304 Der Grundlagenbescheid ist ein für die Festsetzung einer Steuer bindender Feststellungsbescheid, § 171 Abs. 10 AO. Nach § 179 Abs. 1, § 180 Abs. 1 Satz 1 Nr 2 lit. a AO werden Besteuerungsgrundlagen bei einkommensteuerpflichtigen Einkünften durch Feststellungsbescheid gesondert (und gem. § 179 Abs. 2 Satz 2 AO einheitlich) festgestellt, wenn an den Einkünften mehrere Personen beteiligt sind und die Einkünfte diesen zuzurechnen sind. Die Bindungswirkung für Folgebescheide ergibt sich aus § 182 Abs. 1 Satz 1 AO.

305 An den Einkünften der OHG sind mehrere Personen (A, X und Y) beteiligt und diesen Personen sind die Einkünfte zuzurechnen. Für den Einkommensteuerbescheid des Y ist die Gewinnfeststellung des ihm zuzurechnenden Gewinns im Rahmen des Feststellungsbescheids der OHG von Bedeutung (vgl § 182 Abs. 1 Satz 1 AO), so dass es sich

---

17 BFH, I R 162/84, BStBl II 1988, 142.

18 BFH, IV R 67/95, BFH/NV 1997, 114; *Birk/Desens/Tappe*, Steuerrecht, Rn 537, 544; *Birkenfeld*, in: HHSp, § 351 AO Rn 12 f; *Seer*, in: Tipke/Kruse, § 351 AO Rn 54.

um einen für die Folgebescheide bindenden Grundlagenbescheid handelt. Danach ist der Einspruch des Y grundsätzlich unzulässig.

c) Bindungswirkung gegenüber Y

Diese Bindungswirkung kann für Y aber nur eintreten, wenn der Grundlagenbescheid ihm gegenüber wirksam ist. Unwirksame Grundlagenbescheide entfalten dagegen auch keine Bindungswirkung[19]. Die mangelnde Bindungswirkung kann auch im Einspruchsverfahren gegen den Einkommensteuerbescheid geltend gemacht werden. **306**

Ein Steuerverwaltungsakt wird nach § 124 Abs. 1 Satz 1 AO gegenüber demjenigen, für den er bestimmt ist oder der von ihm betroffen wird (sog. Inhaltsadressat[20]), in dem Zeitpunkt wirksam, indem er ihm bekannt gegeben worden ist (vgl § 122 AO). **307**

Der Inhaltsadressat muss als solcher ausreichend klar im Bescheid bezeichnet sein[21]. Als Adressat des Bescheids ist im Adressfeld nur die OHG angegeben. In der Begründung des Bescheids sind jedoch ausdrücklich auch Sonderbetriebsausgaben des Y mit „0" angegeben. Damit ist auch Y als Inhaltsadressat anzusehen. Nicht notwendig ist dafür, dass jeder Adressat im Adressfeld eines Bescheides genannt ist[22]. Ansonsten würde – systematisch betrachtet – § 183 AO leer laufen. **308**

Ein Verwaltungsakt ist nach § 122 Abs. 1 Satz 1 AO demjenigen bekannt zu geben, der von ihm betroffen ist. Bekanntgabe eines schriftlichen Verwaltungsaktes setzt den Zugang mit entsprechendem Willen der Behörde voraus. Zugegangen ist der Verwaltungsakt, wenn er so in den Machtbereich des Adressaten gelangt ist, dass diesem die Kenntnisnahme möglich war und erwartet werden konnte[23]. **309**

Die Übersendung des Bescheids per Fax durch X an Y stellt keine solche Bekanntgabe dar, da sie nicht mit Willen der Behörde geschah.

Die Bekanntgabe gegenüber X könnte gem. § 183 Abs. 1 AO jedoch zugleich eine Bekanntgabe gegenüber Y bewirkt haben, wenn X als Empfangsbevollmächtigter anzusehen wäre (Satz 1 oder Satz 2) und bei der Bekanntgabe an X darauf hingewiesen wurde, dass die Bekanntgabe für und gegen alle Feststellungsbeteiligten wirkt (Satz 5). **310**

Eine Empfangsbevollmächtigung durch ausdrückliche Bestellung (§ 183 Abs. 1 Satz 1 AO), scheidet aus, weil für die OHG kein gemeinsamer Empfangsbevollmächtigter bestellt wurde. In solchen Konstellationen fingiert jedoch § 183 Abs. 1 Satz 2 AO, dass ein zur Vertretung der Gesellschaft Berechtigter als Empfangsbevollmächtigter anzusehen ist. X ist – wie im Übrigen auch Y – für die OHG alleinvertretungsberechtigt und wird damit als Empfangsbevollmächtigter fingiert. Der Hinweispflicht über die Wir- **311**

19 Für den Fall der Änderung eines Einkommensteuerbescheids (Folgebescheids): BFH, III B 6/85, BStBl II 1986, 477 (477 f); III R 26/85, BStBl II 1988, 660 (661).
20 Vgl *Seer*, in: Tipke/Kruse, § 122 AO Rn 18; *Müller-Franken*, in: HHSp, § 122 AO Rn 90 ff.
21 BFH, XI R 42, 43/88, BStBl II 1992, 585 (586).
22 BFH, III R 19/75, BStBl II 1977, 783 (784); XI R 42, 43/88, BStBl II 1992, 585 (586).
23 *Seer*, in: Tipke/Kruse, § 122 AO Rn 11.

kung gegenüber den übrigen Feststellungsbeteiligten (§ 183 Abs. 1 Satz 5 AO) ist das Finanzamt laut Bearbeitervermerk nachgekommen.

Die gegenüber X erfolgte Bekanntgabe des Feststellungsbescheides wirkte daher gem. § 183 Abs. 1 Sätze 2, 5 AO auch gegenüber Y.

II. Ergebnis

312 Der Grundlagenbescheid ist gegenüber Y wirksam. Ein Einspruch gegen den Einkommensteuerbescheid durch Y ist daher nach § 351 Abs. 2 AO bereits unzulässig.

B. Einspruch gegen den Grundlagenbescheid

313 Ein Einspruch gegen den Grundlagenbescheid vom 15.6.02 hat Aussicht auf Erfolg, wenn er zulässig und begründet ist.

I. Zulässigkeit

1. Statthaftigkeit

314 Der Einspruch gegen den Grundlagenbescheid ist gem. § 347 Abs. 1 Satz 1 Nr 1 AO statthaft.

2. Einspruchsbefugnis

315 Da die Sonderbetriebsausgaben des Y in dem Grundlagenbescheid, dessen Adressat er ist (s. Rn 307 f), nicht aufgenommen sind, kann er gem. § 350 AO geltend machen, durch den Bescheid beschwert zu sein. Das Vorliegen einer solchen Beschwer ist zumindest möglich.

3. Einspruchsfrist

316 Der Einspruch müsste gem. § 355 Abs. 1 Satz 1 AO innerhalb eines Monats ab Bekanntgabe eingelegt werden. Die Frist beginnt demgemäß mit der Bekanntgabe des Steuerbescheids.

317 Die Bekanntgabe des Grundlagenbescheids an X wirkte auch gegenüber Y (§ 183 Abs. 1 Sätze 2, 5 AO). Er gilt gemäß § 122 Abs. 2 Nr 1 AO am dritten Tage nach Aufgabe zur Post als übermittelt, also am Montag, den 18.6.02. Die Widerspruchsfrist lief somit gem. § 108 Abs. 1 AO, § 187 Abs. 1 BGB vom 19.6.02 bis zum 18.7.02 (§ 108 Abs. 1 AO, § 188 Abs. 2 Alt. 1 BGB). Der Einspruch erfolgte jedoch nicht vor dem 28.8.02 und ist somit nicht fristgerecht.

4. Antrag auf Wiedereinsetzung in den vorigen Stand

Ein möglicher Antrag auf Wiedereinsetzung in den vorigen Stand (§ 110 Abs. 1 Satz 1 AO) hätte Aussicht auf Erfolg, wenn Y ohne eigenes Verschulden an der Einspruchseinlegung gehindert gewesen wäre. Schuldhaft idS handelt, wer die gebotene und eigenmögliche Sorgfalt bei der Fristwahrung außer Acht lässt und dadurch die Frist versäumt[24]. **318**

Indem Y den Bescheid vergaß, ließ er diese eigenmögliche Sorgfalt vollkommen außer Acht und handelte somit beim Fristversäumnis schuldhaft[25]. Ein Antrag auf Wiedereinsetzung in den vorigen Stand hat somit keine Aussicht auf Erfolg.

II. Ergebnis

Ein Einspruch gegen den Grundlagenbescheid vom 15.6.02 ist unzulässig. **319**

C. Änderung des Grundlagenbescheids

Möglicherweise kommt eine Änderung des Grundlagenbescheides gem. § 181 Abs. 1 Satz 1, § 172 Abs. 1 Satz 1 Nr 2 lit. d, § 173 Abs. 1 Nr 2 AO in Betracht. Dafür müssten Tatsachen oder Beweismittel nachträglich bekannt werden, die zu einer niedrigeren Steuer führen würden und den Steuerpflichtigen dürfte kein grobes Verschulden am nachträglichen Bekanntwerden der Tatsachen treffen. **320**

Nachträglich bekannt werdende Tatsachen für das Finanzamt, wären die von Y gezahlten Zinsen, welche als Sonderbetriebsausgaben grundsätzlich einkünftemindernd wirken. Allerdings hätte Y im Veranlagungs- oder spätestens im von ihm (rechtzeitig) durchzuführenden Einspruchsverfahren diese Zinsen angeben können. Er handelte insoweit grob schuldhaft, so dass eine nachträgliche Änderung gem. § 181 Abs. 1 Satz 1, § 172 Abs. 1 Satz 1 Nr 2 lit. d, § 173 Abs. 1 Nr 2 AO nicht möglich ist. **321**

D. Ergänzungsbescheid

Möglicherweise kommt in Betracht, die Sonderbetriebsausgaben im Rahmen eines Ergänzungsbescheids gem. § 179 Abs. 3 AO zu berücksichtigen. **322**

Es müsste in dem Feststellungsbescheid eine notwendige, nachholbare Feststellung unterblieben sein. Die Feststellung von Sonderbetriebsausgaben ist nachholbar. Unter-

24 Vgl ausführlich *Brandis*, in: Tipke/Kruse, § 110 AO Rn 11 ff.

25 Problematisch wäre es gewesen, wenn X dem Y den Bescheid nicht weitergeleitet hätte und er deshalb keinen Einspruch hätte einlegen können. Mangels Eigenverschuldens des Y würde sich dann die Frage stellen, ob ein Verschulden des X dem Y zuzurechnen wäre. In Betracht kämen als Zurechnungsnormen § 110 Abs. 1 Satz 2 AO oder § 278 BGB analog. Die hM lehnt eine solche Zurechnung des Verschuldens des Empfangsbevollmächtigten gem. § 110 Abs. 1 Satz 2 AO und analog § 278 BGB ab BFH, XI R 11/07, HFR 2008, 665; *Brandis*, in: Tipke/Kruse, § 110 AO Rn 16 und *Söhn*, in: HHSp, § 110 AO Rn 246 (beide für Empfangsbevollmächtigte iSv § 123 AO).

blieben ist die Feststellung, wenn eine Lücke im Bescheid besteht. Dies ist hingegen nicht der Fall, wenn der Bescheid lediglich materiell-rechtlich falsch ist.

323 Die Sonderbetriebsausgaben des Y sind mit „0“ festgestellt worden. Das bedeutet, es existiert eine Feststellung. Diese ist falsch. Es kann insoweit keinen Unterschied machen, ob die Sonderbetriebsausgaben mit einer positiven, einer negativen Summe oder eben null festgestellt werden. Es ist in allen Fällen eine bestimmte Summe festgestellt. Anders wäre dies nur, wenn gar nichts festgestellt worden wäre und die Sonderbetriebsausgaben deshalb bei null lägen. Für eine solche Handhabung spricht auch, dass für eine inhaltlich falsche, aber positive Feststellung von null Euro Sonderbetriebsausgaben gerade die Korrekturvorschriften existieren, deren enge Voraussetzungen nicht ausgehöhlt werden dürfen[26].

Mangels Lücke können die Sonderbetriebsausgaben deshalb nicht im Rahmen eines Ergänzungsbescheids geltend gemacht werden.

E. Ergebnis

324 Y hat keine Möglichkeit, seine Zinsausgaben als Sonderbetriebsausgaben geltend zu machen.

26 BFH, IX R 21/98, BStBl II 2002, 309 (310); *Birk/Desens/Tappe*, Steuerrecht, Rn 544; *Brandis*, in: Tipke/Kruse, § 179 AO Rn 25 aE.

Zur Wiederholung

Übersicht 4: Rechtsschutzverfahren

I. Außergerichtlicher Rechtsschutz 325

1. Ziele des Einspruchsverfahrens

- Rechtsschutz des Steuerpflichtigen (kostenfreies Rechtsschutzverfahren)
- Selbstkontrolle der Verwaltung (verlängertes Verwaltungsverfahren)
- Entlastung der Finanzgerichte

2. Zulässigkeitsvoraussetzungen des Einspruchs → gem. § 358 AO von Amts wegen zu prüfen und ggf als unzulässig zu verwerfen

a) Statthaftigkeit des Einspruchs, § 347, § 348 AO
- hauptsächlich gegen VA in Abgabenangelegenheiten (§ 347 I 1 Nr 1, II AO)
- Statthaftigkeit in den Fällen des § 348 AO wieder ausgeschlossen

b) Einspruchsbefugnis, §§ 350–353 AO
- Notwendigkeit der Beschwer im Tenor des VA (§ 350 AO); dafür genügt schon die Beeinträchtigung rechtlich geschützter Interessen, zB bei unzweckmäßigem, aber nicht rechtswidrigem Ermessensgebrauch

c) Form und Frist, § 355, § 356, § 357 I, III AO
- Schriftlich oder zur Niederschrift, § 357 I 1 AO
- Innerhalb eines Monats ab Bekanntgabe, § 355 I 1, § 122 AO (mit ordnungsgemäßer Rechtsbehelfsbelehrung, § 356 AO)

d) Kein Rechtsbehelfsverbrauch (zB gem. § 354 AO)

e) Keine Bindungswirkung anderer Verwaltungsakte (str, s. Falllösung)

f) Sonstige Zulässigkeitsvoraussetzungen wie zB richtiger Adressat des Einspruchs, Verfahrensfähigkeit

3. Wirkungen des Einspruchs

- Gem. § 361 I 1 AO kein Suspensiveffekt, dh der VA bleibt vollziehbar
- Die Vollziehung kann ganz oder teilweise auf Antrag oder von Amts wegen ausgesetzt werden, § 361 II AO
  - Aussetzung der Vollziehung (AdV) soll (und muss) geschehen, wenn ernstliche Zweifel an der Rechtmäßigkeit des VA bestehen, § 361 II 2 Alt. 1 AO
  - AdV ist ebenfalls zu gewähren, wenn durch die Vollziehung eine unbillige, nicht durch überwiegende öffentliche Interessen gebotene Härte entstünde; unbillig ist die Härte, wenn sie durch eine spätere Rückzahlung nicht wieder gut gemacht werden könnte, § 361 II 2 Alt. 2 AO
  - Die AdV wirkt richtigerweise als Vollzugshemmnis, die Fälligkeit wird hingegen nicht hinausgeschoben
  - Vor einem gerichtlichen Antrag auf AdV ist gem. § 69 IV 1 FGO grds ein Antrag bei der Behörde zu stellen

4. Einspruchsentscheidung

- Ergeht gem. § 367 I 1 AO durch die Ausgangsbehörde → kein Devolutiveffekt
  - Die Einspruchsbehörde prüft den VA in vollem Umfang, § 367 II 1 AO, also auf Rechtmäßigkeit und Zweckmäßigkeit
  - Einer Einspruchsentscheidung bedarf es nur, wenn dem Einspruch nicht vollständig abgeholfen wird
  - Eine Verböserung ist gem. § 367 II 2 AO nach einem entsprechenden Hinweis möglich

II. Gerichtlicher Rechtsschutz

1. **Zulässigkeitsvoraussetzungen einer Klage → ähnlich derjenigen im Verwaltungsrechtsstreit**
   a) Finanzrechtsweg, § 33 FGO
   b) Statthafte Klageart
   - Das System der Klagearten ist demjenigen der VwGO ähnlich
   - Häufigster Fall ist die Anfechtungsklage (§ 40 I Alt. 1 FGO) gegen einen Steuerbescheid
   - Ebenso gibt es die Verpflichtungsklage (§ 40 I Alt. 2), die Feststellungsklage (§ 41 I FGO), die allgemeine Leistungsklage (§ 40 Alt. 3) sowie die Fortsetzungsfeststellungsklage (arg. e § 100 I 4 FGO)

   c) Klagebefugnis, § 40 II FGO (analog für Feststellungsklagen) → die Verletzung eigener Rechte muss möglich erscheinen
   d) Erfolgloses Einspruchsverfahren, § 44 I FGO
   - Nach Sinn und Zweck des § 44 I FGO, der auch dem Schutz des Klägers dient, schließt die Rechtsbehelfsentscheidung das Vorverfahren auch ab, wenn sie unvollständig ist
   - Ausnahme: Sog. Sprungklage gem. § 45 FGO mit Zustimmung der Behörde zB in Fällen der Rüge der Verfassungswidrigkeit eines Gesetzes
   - Ausnahme: Sog. Untätigkeitsklage gem. § 46 I 1 FGO, wenn nicht in angemessener Frist (mindestens 6 Monate, § 46 I 2 FGO) über den Einspruch entschieden wurde oder gem. § 46 II FGO iVm § 348 Nr 3, 4 AO

   e) Form (§ 64 FGO) und Frist (nur bei Anfechtungs- und Verpflichtungsklagen, § 47, § 55 FGO; Ausnahme gem. § 367 IIb 5 AO)
   f) Sonstige Zulässigkeitsvoraussetzungen wie zB Beteiligtenfähigkeit (§ 57 FGO), Prozessfähigkeit (§ 58 FGO) oder Klageverzicht (§ 50 I 3 FGO) in der Klausur nur prüfen, wenn der SV Anlass dazu gibt
2. **Rechtsmittel gegen Entscheidungen des Finanzgerichts**
   - Die Finanzgerichtsbarkeit hat als einziger Gerichtszweig in Deutschland nur einen zweistufigen Instanzenzug; eine Berufungsinstanz gibt es nicht, Rechtsmittelinstanz ist daher der BFH
   - Urteile und Gerichtsbescheide sind mit der Revision (§§ 115 ff FGO), andere Entscheidungen mit der Beschwerde (§§ 128 ff FGO) anzugreifen
   - Die Revision ist nur aus den in § 115 II FGO genannten Gründen zulässig; sie muss entweder im Urteil zugelassen sein (§ 115 I FGO) oder auf Beschwerde vom BFH (§ 116 FGO) zugelassen werden

Fall 5

Der unterrichtende Fahrlehrer

Schwerpunkte: **Einkommensteuerrecht:** Abgrenzung der freiberuflichen zur gewerblichen Tätigkeit (LB § 5 Rn 748–755); Gewinnermittlung: Betriebsvermögensvergleich (LB § 5 Rn 852–861, 889–901); Entnahmen und Einlagen (§ 5 Rn 963–970); AfA (LB § 5 Rn 938–945); **Abgabenordnung:** sog. wirtschaftliches Eigentum (LB § 3 Rn 316–321); Drittaufwand (LB § 5 Rn 1054); Korrektur von Steuerbescheiden (LB § 4 Rn 411–440)

Schwierigkeitsgrad: hoch, Bearbeitungszeit: 5 Stunden

Teil 1 326

X, der nach seinem abgebrochenen Abitur eine Bäckerlehre absolviert und eine zehnmonatige Fahrlehrerausbildung abgeschlossen hat, ist Inhaber einer Fahrschule. Seinen Gewinn ermittelt er durch Betriebsvermögensvergleich. Die meiste Zeit unterrichtet er eigene Fahrschüler. Daneben beschäftigt er aber weitere zehn angestellte Fahrlehrer mit der gleichen beruflichen Qualifikation. Im Jahr 01 mietet er für seine Fahrschulautos eine große Garage (Herstellungskosten: 100 000 €, betriebsgewöhnliche Nutzungsdauer: 20 Jahre) für monatlich 1000 € an, wobei er den Mietvertrag vorausschauend planend für die nächsten 50 Jahre abschließt. Die Garage wird von ihm deshalb in die Bilanz als Wirtschaftsgut mit aufgenommen.

Da das äußere Erscheinungsbild nicht seinen Ansprüchen genügt, plant er – da sich der Vermieter dazu nicht bereit erklärt – auf seine Kosten die Fassade neu streichen zu lassen. Aufgrund eines längeren Krankenhausaufenthaltes bittet er seine Mutter (M) für ihn einen Malermeister herauszusuchen und zu beauftragen. M holt diverse Angebote ein und beauftragt schlussendlich einen Handwerker in eigenem Namen mit den entsprechenden Leistungen. Die Rechnung in Höhe von 10 000 € – die auch an M gerichtet ist – bezahlt M kurzerhand selbst, da sie ohnehin vorhatte, ihrem einzigen Sohn X einen Teil des Erbes vorab auszuzahlen. Die 10 000 € hat X bei sich in voller Höhe gewinnmindernd berücksichtigt, da eine steuerrechtliche Berücksichtigung bei M ja nicht möglich sei.

1. Sind die Einkünfte gewerbesteuerpflichtig?

2. Durfte X die Garage in seine Steuerbilanz aufnehmen?

3. Erfolgte die Gewinnminderung aufgrund des Fassadenanstrichs durch X zu Recht? Auf umsatzsteuerrechtliche Fragen ist nicht einzugehen.

Teil 2

X, der noch ein größeres Wohnhaus in einer anderen Stadt zu Wohnzwecken an verschiedene Mieter umsatzsteuerfrei vermietet, hat im Juli eine spezielle Nebenkostenabrechnungssoftware (betriebsgewöhnliche Nutzungsdauer: 9 Jahre) für 900 € (756,30 € + 19 % USt [143,70 €]) erworben. In der Steuererklärung 01 macht X 50 € Werbungskosten aus AfA für die Software geltend. Das Computerprogramm der Finanzverwaltung ändert die Angabe automatisch und setzt für die Software einen Sofortabzug in Höhe von 900 € an. Der Bescheid von 01 wird bestandskräftig. Als X bei der Steuererklärung 02 Werbungskosten aus AfA für die Software iHv 100 € geltend macht, erkennt der zuständige Finanzbeamte, dass X bereits in seiner Steuererklärung für 01 die reguläre AfA gewählt hat. Nachforschungen ergaben, dass das Computerprogramm der Finanzverwaltung fehlerhaft programmiert war und bei Anschaffungskosten bis 800 € (ohne Vorsteuerbetrag) zwingend von einem Sofortabzug ausgegangen ist. Der Finanzbeamte ändert – nach Anhörung des X – den Steuerbescheid 01 dementsprechend.

Der Finanzbeamte ist der Auffassung, dass der Bescheid von 01 offenbar unrichtig war. Zudem habe er auch erst jetzt, also bei der Veranlagung 02, von der Ausübung des Wahlrechts Kenntnis erlangt; jedenfalls sei die unterschiedliche Behandlung in 01 und 02 unlogisch. Außerdem müsse der Steuerpflichtige einer Änderung des Bescheids von 01 offenkundig zustimmen; eine Verweigerung des Einverständnisses verstieße jedenfalls gegen Treu und Glauben.

X legt gegen den Änderungsbescheid Einspruch ein.

4. Ist der Einspruch des X begründet?

Bearbeitervermerk: Es ist einheitlich das derzeit geltende Recht anzuwenden. Auf alle im Sachverhalt angesprochenen Rechtsfragen ist ggf im Wege eines Hilfsgutachtens einzugehen.

Vorüberlegungen

Auch wenn zunächst nach der Gewerbesteuerpflicht der Einkünfte gefragt wird, werden damit nicht Spezialkenntnisse des Gewerbesteuerrechts, sondern die grundsätzliche Frage nach der Abgrenzung von gewerblichen Einkünfte zu den übrigen Einkünften thematisiert. **327**

In der zweiten Frage wird die Gewinnermittlung durch Betriebsvermögensvergleich (§ 5 Abs. 1 EStG) angerissen, wobei auch hier die entscheidende Frage anhand allgemeiner Zurechnungsgrundsätze und nicht durch Spezialwissen aus dem Bilanzsteuerrecht gelöst werden kann. Gleiches gilt für die dritte Frage. Aus der Sicht des Bearbeiters gilt es zu erkennen, wie sich bestimmte Geschäftsvorfälle auf das Geschäftsergebnis eines bilanzierenden Gewerbetreibenden auswirken und über welche Instrumentarien eine nicht betrieblich veranlasste Vermögensmehrung durch einen Dritten in der Gewinnermittlung nach § 5 Abs. 1 EStG zu korrigieren ist.

Anhand der vierten Frage werden schließlich einige Probleme aus dem Bereich der Korrekturvorschriften der Abgabenordnung bei Steuerbescheiden erörtert. Es empfiehlt sich, die am Ende des Sachverhalts genannten Argumente des Finanzbeamten, die eine Änderung rechtfertigen könnten, nacheinander anhand der § 129, §§ 172 ff AO zu prüfen. **328**

Gliederung

329 **Teil 1: Die ertragsteuerrechtlichen Fragen**

A. Gewerbesteuerpflicht der Einkünfte eines Fahrschullehrers

I. Gewerbliche Tätigkeit oder freiberufliche Tätigkeit

1. Voraussetzungen einer unterrichtenden Tätigkeit
2. Vorliegen einer leitenden und eigenverantwortlichen Tätigkeit?

II. Ergebnis

B. Aktivierung der Garage in der Bilanz

I. Ansatz als Wirtschaftsgut im Betriebsvermögen

II. Zurechnung der Garage aufgrund langfristiger Vermietung?

1. Maßgebende Zurechnungsvorschrift
2. Vom Eigentum abweichende, wirtschaftliche Zurechnung

III. Ergebnis

C. Gewinnminderung aufgrund des Fassadenanstrichs

I. Berücksichtigung des Aufwands der M bei X

1. Verstoß gegen Besteuerung nach der eigenen Leistungsfähigkeit?
   a) Leistungsfähigkeit bei abgekürztem Zahlungsweg
   b) Leistungsfähigkeit bei abgekürztem Vertragsweg
2. Bewertung

II. Ergebnis

Teil 2: Begründetheit des Einspruchs des X

A. Rechtsgrundlage des Änderungsbescheides

B. Formelle Rechtmäßigkeit des Änderungsbescheides

C. Materielle Rechtmäßigkeit des Änderungsbescheides

I. Änderung nach § 129 Satz 1 AO

II. Änderung nach § 173 Abs. 1 Nr 1 AO

1. Tatsache, die zu einer höheren Steuer führt
2. Nachträgliches Bekanntwerden
3. Zwischenergebnis

III. Änderung nach § 173a AO

IV. Änderung nach § 174 AO

V. Änderung nach § 172 Abs. 1 Satz 1 Nr 2 lit. a AO iVm dem Grundsatz von Treu und Glauben

VI. Ergebnis

Musterlösung

Teil 1: Die ertragsteuerrechtlichen Fragen

A. Gewerbesteuerpflicht der Einkünfte eines Fahrschullehrers

Der Gewerbesteuer unterliegt gem. § 2 Abs. 1 Satz 1 GewStG jeder stehende Gewerbebetrieb, soweit er im Inland betrieben wird. Unter Gewerbebetrieb ist ein gewerbliches Unternehmen iSd EStG zu verstehen (§ 2 Abs. 1 Satz 2 GewStG). Über diesen Verweis in das EStG ist daher zu prüfen, ob die Tätigkeit des X als gewerbliche Tätigkeit iSd § 15 EStG zu betrachten ist. **330**

I. Gewerbliche Tätigkeit oder freiberufliche Tätigkeit

Gewerbebetrieb ist gem. § 15 Abs. 2 Satz 1 EStG eine selbstständige nachhaltige Tätigkeit, die mit der Absicht der Gewinnerzielung unternommen wird und sich als Beteiligung am allgemeinen wirtschaftlichen Verkehr darstellt, wenn die Betätigung weder als Ausübung von Land- und Forstwirtschaft noch als Ausübung eines freien Berufs oder einer anderen selbstständigen Arbeit anzusehen ist. Ungeschriebenes Merkmal des Gewerbebetriebs ist zudem, dass es sich um keine bloße Vermögensverwaltung (vgl § 14 AO) handelt. Die Tätigkeit des X geht über die private Vermögensverwaltung hinaus. Auch die positiven Merkmale des Gewerbebetriebs sind erfüllt. Zu prüfen ist nun, ob X als Fahrlehrer und Inhaber der Fahrschule eine freiberufliche Tätigkeit ausübt. Der Gewerbebetrieb ist daher von der freiberuflichen Tätigkeit gem. § 18 EStG abzugrenzen. § 18 Abs. 1 Nr 1 Satz 2 EStG zählt bestimmte freiberufliche Tätigkeiten auf, ua die *unterrichtende* Tätigkeit. **331**

1. Voraussetzungen einer unterrichtenden Tätigkeit

Im vorliegenden Fall könnte X als Fahrlehrer eine *unterrichtende Tätigkeit* selbstständig ausüben. Der BFH[1] geht grundsätzlich davon aus, dass die Tätigkeit als Fahrlehrer eine solch unterrichtende Tätigkeit sei. Zweifel an dieser Bewertung des BFH bestehen zum einen im Hinblick auf die Tatsache, dass sich der Fahrunterricht nicht auf die Vermittlung von Wissen (wie zB bei Lehrenden) konzentriert, sondern der Hauptteil idR in dem (bloßen) Üben von alltäglichen Abläufen im Straßenverkehr unter Zurverfügungstellung eines besonderen Hilfsmittels (Fahrschulauto) besteht. **332**

Zum anderen bestehen Zweifel, da bei der Bejahung von den „ähnlichen Berufen" iSv § 18 Abs. 1 Nr 1 Satz 2 (letzte Var.) EStG im Allgemeinen[2] auf die besondere berufliche Qualifikation (Hochschulstudium, naturwissenschaftliche Ausbildung) von Freiberuflern abgestellt wird. So soll § 18 EStG Tätigkeiten erfassen, bei denen idR nach wissenschaftlicher oder hochschulmäßiger Ausbildung die eigene Verantwortung im Vordergrund steht[3]. **333**

1 BFH, IV 601/55 U, BStBl III 1956, 334; V R 87/85, BFH/NV 1991, 848.
2 Vgl *Pfirrmann*, in: Kirchhof/Seer, EStG, § 18 Rn 83 mwN.
3 *Pfirrmann*, in: Kirchhof/Seer, EStG, § 18 Rn 1.

334 Hinzu kommt – jedenfalls bei der Beurteilung der Gewerbesteuerpflicht – der Sinn und Zweck der Gewerbesteuer. Dieser besteht – sofern die Gewerbesteuer zusätzlich zur Einkommensteuer noch gerechtfertigt werden soll – als Gemeindesteuer in der besonderen Inanspruchnahme der natürlichen Ressourcen einer Gemeinde, welche durch einen Gewerbetreibenden typisiert betrachtet deutlich höher sind als bei einem Freiberufler, der seine Tätigkeit weniger unter Einsatz von Material, Maschinen und Personal als mehr durch den Einsatz seiner *geistigen Fähigkeiten* und seiner persönlichen Arbeitskraft erbringt[4].

335 Gerade Letzteres scheint bei einem Fahrlehrer weniger der Fall zu sein, da dieser die natürlichen Ressourcen einer Gemeinde (Luft, Platz und Raum, Ruhe) in erheblichem Maße unter Einsatz von Treibstoff und eines Pkw nutzt (Staub, Abgase, Lärm). Auch die berufliche Qualifikation (Bäckerlehre und zehnmonatige Fahrlehrerausbildung) entspricht nicht unbedingt dem typischen Bild eines Freiberuflers (sofern ein solches überhaupt existiert), was letztendlich auch durch den geringen Anteil an Wissensvermittlung (eigenverantwortliche Lehrtätigkeit) in der „Fahrschulausbildung" verstärkt bzw bestätigt wird.

Insofern kann bereits die Tätigkeit als Fahrschullehrer nicht als unterrichtende Tätigkeit iSd § 18 Abs. 1 Nr 1 Satz 2 EStG eingestuft werden.

2. Vorliegen einer leitenden und eigenverantwortlichen Tätigkeit?

336 Darüber hinaus könnte das Vorliegen von Einkünften aus selbstständiger Arbeit daran scheitern, dass X im Rahmen seiner Fahrschule nicht leitend und eigenverantwortlich iSv § 18 Abs. 1 Nr 1 Satz 3 HS 2 EStG tätig ist.

337 Der Steuerpflichtige erzielt Einkünfte aus freiberuflicher Tätigkeit (§ 18 Abs. 1 Nr 1 Satz 2 EStG), wenn er – ggf unter Mithilfe fachlich vorgebildeter Arbeitskräfte – auf Grund der eigenen Fachkenntnisse leitend und eigenverantwortlich tätig wird. Dies wird im Allgemeinen nach den Umständen des Einzelfalls beurteilt. Hierfür sind die Unternehmensstruktur, die individuelle Leistungskapazität des Steuerpflichtigen und die Qualifikation der Mitarbeiter zu berücksichtigen[5]. Eine leitende und eigenverantwortliche Tätigkeit liegt im Einzelfall zB – im Falle eines Arztes – dann nicht vor, wenn die Zahl der vorgebildeten Arbeitskräfte und die Zahl der täglich anfallenden Untersuchungen eine Eigenverantwortlichkeit ausschließen.

338 Für die Ausübung einer selbstständigen Tätigkeit ist nach gängiger Auffassung charakteristisch und auch erforderlich, dass der Berufsträger eine persönliche Arbeitsleistung erbringt, hinter der die für einen Gewerbebetrieb ausreichende Betriebsleistung zurücktritt[6]. Der BFH hält dabei an dem Gedanken fest, dass sich der Umfang einer freiberuf-

4 Vgl BFH, IV 429/52 U, BStBl III 1953, 142 (143); *Siewert*, in: Frotscher/Geurts, § 18 EStG Rn 4; *Hutter*, in: Blümich, § 18 EStG Rn 4, 50.
5 Vgl BMF v. 12.2.2009, BStBl I 2009, 398 zur ärztlichen Tätigkeit.
6 BFH, V R 87/85, BFH/NV 1991, 848 (Fahrlehrer mit acht Angestellten); *Wacker*, in: Schmidt, EStG, § 18 Rn 6.

lichen Tätigkeit nicht beliebig vergrößern lässt, ohne dass ihre Freiberuflichkeit in Frage gestellt ist. Kennzeichnend für die leitende Tätigkeit ist – neben der Festlegung von Grundzügen für die Organisation des Tätigkeitsbereichs sowie der dienstlichen Aufsicht über die Mitarbeiter – die Planung, Überwachung und Kompetenz zur Entscheidung in Zweifelsfällen[7]. Eine eigenverantwortliche Berufsausübung ist gegeben, wenn die persönliche Teilnahme des Berufsträgers an der praktischen Tätigkeit gewährleistet ist[8].

Letzteres scheidet im vorliegenden Fall aus, da alle gleich qualifizierten Fahrlehrer ihre Fahrschüler eigenverantwortlich „unterrichten" und es daher für X unmöglich ist, bei allen zehn angestellten Fahrlehrern zumindest partiell eigenverantwortlich bzw kontrollierend an deren unterrichtender Tätigkeit teilzunehmen bzw persönlich zu verantworten. Das gilt umso mehr, als dass X noch selbst die meiste Zeit eigene Fahrschüler unterrichtet. Insofern tritt die persönliche Arbeitsleistung des X hinter der „Betriebsleistung" der „Fahrschule X" zurück. **339**

II. Ergebnis

Die Tätigkeit als Fahrlehrer stellt keine unterrichtende Tätigkeit iSd § 18 EStG dar. Unabhängig davon stellt sich aufgrund der fehlenden Eigenverantwortlichkeit des X für die Tätigkeiten im Rahmen seiner Fahrschule bei einer Gesamtbetrachtung heraus, dass die Einkünfte aus der Fahrschule des X nicht mehr als Einkünfte aus einer leitenden und eigenverantwortlichen freiberuflichen, sondern als Einkünfte aus einer gewerblichen Tätigkeit iSd § 15 EStG zu betrachten sind. Damit liegen zugleich auch die Voraussetzungen des § 2 GewStG vor, so dass die Einkünfte des X gewerbesteuerpflichtig sind. **340**

B. Aktivierung der Garage in der Bilanz

Zu klären ist, ob X die Garage in die Bilanz aufnehmen konnte. X unterhält mit der Fahrschule einen Gewerbebetrieb. Einkünfte sind bei Gewerbebetrieb gem. § 2 Abs. 2 Satz 1 Nr 1 EStG der Gewinn. Gewinn ist gem. § 4 Abs. 1 Satz 1 EStG der Unterschiedsbetrag zwischen dem Betriebsvermögen am Schluss des Wirtschaftsjahres und dem Betriebsvermögen am Schluss des vorangegangenen Wirtschaftsjahres, vermehrt um den Wert der Entnahmen und vermindert um den Wert der Einlagen. X ermittelt laut Sachverhalt seinen Gewinn durch Betriebsvermögensvergleich (§ 5 Abs. 1, § 4 Abs. 1 EStG). **341**

Hinweis: Damit würde sich auch bei der Annahme einer freiberuflichen Tätigkeit die Gewinnermittlung nach § 4 Abs. 1 EStG richten, was über den Gedanken des Art. 3 Abs. 1 GG zu dem gleichen Ergebnis wie bei der Gewinnermittlung nach § 5 Abs. 1 EStG führen würde[9].

---

7 BFH, X B 54/87, BStBl II 1988, 17 (18); IV R 140/88, BStBl II 1990, 507 (508).
8 BFH, X B 54/87, BStBl II 1988, 17 (19); IV R 140/88, BStBl II 1990, 507 (508); V R 87/85, BFH/NV 1991, 848.
9 Vgl BFH, VIII R 110/79, BStBl II 1984, 227 (229); X R 37/91, BStBl II 1994, 172 (173); ähnlich *Reddig*, in: Kirchhof/Seer, EStG, § 5 Rn 13, *Bode*, in: Kirchhof/Seer, EStG, § 4 Rn 2a f.

I. Ansatz als Wirtschaftsgut im Betriebsvermögen

342 Gem. § 5 Abs. 1 Satz 1 EStG ist für den Schluss des Wirtschaftsjahres das Betriebsvermögen anzusetzen, das nach den handelsrechtlichen Grundsätzen ordnungsgemäßer Buchführung (sog. Maßgeblichkeitsgrundsatz[10]) auszuweisen ist. X ist somit verpflichtet, im Rahmen des Betriebsvermögensvergleichs nach § 4 Abs. 1, § 5 Abs. 1 EStG iVm § 242 Abs. 1 Satz 1, § 246 Abs. 1 Satz 2 HGB alle seine zum Betriebsvermögen gehörenden Wirtschaftsgüter in der Bilanz auszuweisen.

343 Unter einem Wirtschaftsgut werden alle vermögenswerten Vorteile verstanden, deren Erlangung sich der Kaufmann etwas kosten lässt, die einer selbstständigen Bewertung zugänglich sind, in der Regel einen Nutzen über mehrere Jahre erbringen und übertragbar sind[11]. Die Garage stellt ein solches Wirtschaftsgut dar. Da sie von X für die Fahrschulautos genutzt und damit ausschließlich und unmittelbar für betriebliche Zwecke verwendet wird, wäre sie auch ein Wirtschaftsgut des Betriebsvermögens. Zu klären ist aber noch, ob sie ein Wirtschaftsgut *seines* Betriebsvermögens ist.

Die Garage steht nicht in seinem Eigentum, sondern wurde „nur" über 50 Jahre (mithin mehr als das Doppelte der betriebsgewöhnlichen Nutzungsdauer) angemietet. Zu entscheiden ist daher, ob dennoch bereits ein Wirtschaftsgut des X vorliegt, das er gem. § 4 Abs. 1, § 5 Abs. 1 EStG auf der Aktivseite in der Bilanz auszuweisen hat, oder ob aufgrund der durch die Anmietung unberührten Eigentümerstellung des Vermieters ein Wirtschaftsgut des Vermieters vorliegt, das – wenn überhaupt – in der Bilanz des Vermieters auszuweisen wäre.

II. Zurechnung der Garage aufgrund langfristiger Vermietung?

1. Maßgebende Zurechnungsvorschrift

344 Zu bilanzieren hat das Wirtschaftsgut derjenige, dem es zuzurechnen ist. Fraglich ist aber, nach welchen Regeln die Zurechnung eines Wirtschaftsguts zu erfolgen hat. Einerseits enthält § 39 AO eigenständige steuerrechtliche Zurechnungsregeln für Wirtschaftsgüter und wird daher als vorrangige Zurechnungsvorschrift angesehen[12]. Andererseits soll, da ein entsprechender Vorbehalt für eine spezielle steuerrechtliche Zurechnung in § 4 Abs. 1 Satz 10, § 5 Abs. 6 EStG fehlt, und § 5 Abs. 1 EStG (auch: § 4 Abs. 2 EStG) nur auf die Grundsätze ordnungsgemäßer Buchführung (GoB) verweist, die Zurechnung nach den GoB erfolgen (vgl auch § 246 Abs. 1 Satz 2 HGB)[13]. Jedoch stellt die *steuerrechtliche* Zurechnungsvorschrift des § 39 AO eine Spezialregelung zu den lediglich über den Verweis in § 5 Abs. 1 EStG geltenden *handelsrechtlichen* Grundsät-

10 Zur Reichweite ausführlich *Hummel*, FR 2010, 163 ff.

11 BFH, XI R 34/88, BStBl II 1992, 893 (894); X R 139/93, BFH/NV 1997, 105; *Weber-Grellet*, in: Schmidt, EStG, § 5 Rn 94 ff mwN.

12 BFH, IV R 144/66, BStBl II 1970, 264 (272); IV R 43/80, BStBl II 1983, 631 (632).

13 BFH, I R 146/81, BStBl II 1984, 825 (826); *Anzinger*, in: HHR, § 5 EStG Rn 35 f; *Krumm*, in: Blümich, § 5 EStG Rn 510; *Drüen*, in: Tipke/Kruse, § 39 AO Rn 11.

zen ordnungsgemäßer Buchführung dar. Die Zurechnung von Wirtschaftsgütern richtet sich im Ertragsteuerrecht daher nach § 39 AO[14].

2. Vom Eigentum abweichende, wirtschaftliche Zurechnung

Nach der Grundaussage in § 39 Abs. 1 AO sind Wirtschaftsgüter dem Eigentümer zuzuordnen. Allerdings erlaubt § 39 Abs. 2 Nr 1 Satz 1 AO davon abweichende Zurechnungen, wenn ein anderer als der Eigentümer die tatsächliche Herrschaft so ausübt, dass er den Eigentümer wirtschaftlich von dem Wirtschaftsgut ausschließen kann. Ein wirtschaftlicher Ausschluss ist nicht nur in den beispielhaften Fällen des § 39 Abs. 2 Nr 1 Satz 2 AO, sondern regelmäßig dann anzunehmen, wenn dem Eigentümer während der gewöhnlichen Nutzungsdauer ein Herausgabeanspruch nicht mehr zusteht oder der Herausgabeanspruch wirtschaftlich keine Bedeutung mehr hat[15]. Daraus leitet sich auch der Begriff des sog. „wirtschaftlichen Eigentums" ab. Die Bezeichnung als wirtschaftliches Eigentum ist insofern „missglückt", da weder das EStG noch das BGB ein von dem normalen Eigentum abweichendes Eigentum kennen[16]. 345

Hinweis: Insofern wird niemand abweichend vom Zivilrecht Eigentümer, sondern er bleibt ein Nichteigentümer. Insoweit besteht eine Kongruenz zwischen Zivil- und Steuerrecht. Außerdem weist § 39 Abs. 2 Nr 1 AO nicht abweichend vom Zivilrecht, sondern in Übereinstimmung mit dessen Wertungen, den materiellen Gehalt des Eigentums zu[17].

Es ist eine wertende Zuordnung vorzunehmen, die stets danach auszurichten ist, ob dem Nichteigentümer eine eigentumsähnliche Rechtsposition eingeräumt wurde[18]. 346

Allein aus seiner Stellung aus dem Mietvertrag als Nutzungsberechtigter ergibt sich kein Nutzungsrecht iSe wirtschaftlichen Eigentums[19]. Denn der Mieter kann weder wie ein Eigentümer mit der Sache nach Belieben verfahren noch den Eigentümer wirtschaftlich ausschließen. Fraglich ist, ob sich daran etwas ändert, weil die Garage über 50 Jahre angemietet wurde. Der BFH hat dies in seiner älteren Rspr so vertreten[20]. Mittlerweile stellt der BFH im Einkommensteuerrecht nicht mehr auf die Dauer der vereinbarten Nutzung im Verhältnis zur betriebsgewöhnlichen Lebensdauer ab. Insbesondere hat der 347

14 Diese Streitfrage hat jedoch kaum praktische Auswirkung und es ist kaum vorstellbar, dass es zu einer unterschiedlichen Beurteilung der Zurechnungsfragen in Handels- und Steuerrecht kommt, *Krumm*, in: Blümich, § 5 EStG Rn 510; *Fischer*, in: HHSp, § 39 AO Rn 27. Der BFH, I R 57/10, BStBl II 2012, 407 (410) hat die Streitfrage ebenfalls offengelassen.

15 ZB BFH, III R 233/90, BStBl II 1992, 182 (183 f); IV R 33/13, BStBl II 2018, 81 (83); *Drüen*, in: Tipke/Kruse, § 39 AO Rn 23.

16 *Drüen*, in: Tipke/Kruse, § 139 AO Rn 21.

17 Vgl ausführlich *Hummel*, Gebäude auf fremden Grund und Boden, 2009, S. 31 ff mwN.

18 BFH, X R 92/92, BStBl II 1998, 97; *Birk/Desens/Tappe*, Steuerrecht, Rn 318.

19 BFH, X R 91/94, BStBl II 1998, 203 (204); III R 42/02, BFH/NV 2005, 164 (165 f); IV R 33/13, BStBl II 2018, 81 (83); *Fischer*, in: HHSp, § 39 AO Rn 137.

20 BFH, V R 137/75, BStBl II 1978, 280 (283), der allein aus der 30-jährigen Laufzeit eine Zurechnung herleitet und die Kündigungsmöglichkeit als mit dem „normalen Verlauf der Dinge" unvereinbar ansieht; X R 92/92, BStBl II 1998, 97 (99).

BFH[21] klargestellt, dass allein aus der Nutzungsberechtigung (unerheblich ist dabei, ob diese schuldrechtlicher oder dinglicher Natur ist) und der voraussichtlichen Nutzungsdauer eines Gebäudes kein sog. wirtschaftliches Eigentum abgeleitet werden kann.

348 Dies ist zutreffend, denn allein die Nutzungsberechtigung über eine längere Zeit und das allenfalls zufällige Zusammenfallen mit der betriebsgewöhnlichen Lebensdauer führen nicht zu einer mit dem Eigentümer vergleichbaren Stellung[22]. Ansonsten würde jeder langfristige Mietvertrag[23] zum „wirtschaftlichen Eigentum" des Mieters führen, was nicht dem Sinn und Zweck des § 39 AO entspricht, der allein die formalen Kriterien des zivilrechtlichen Eigentums für unbeachtlich erklärt, sofern die materiellen Kriterien erfüllt sind. Im Ergebnis zeigt die entgeltliche Nutzungsüberlassung an den Mieter im Grundsatz, dass dem Vermieter die Nutzungsbefugnis (die sich in der Überlassung des Besitzes an einen Dritten – hier den Mieter – zeigt) an dem Gegenstand zusteht. Der Mieter hat lediglich ein vom Vermieter abgeleitetes, aber kein originäres Besitzrecht. Letztendlich kann auch der Vermieter den Gegenstand weiterhin veräußern, belasten und so darüber verfügen.

349 Insbesondere aufgrund eines jederzeit bestehenden Kündigungsrechts aus wichtigem Grund kann allein die Langfristigkeit eines Dauerschuldverhältnisses nicht zu einer von § 39 AO bezweckten Gleichstellung des formellen mit dem materiellen Eigentümer führen. Da der Vermieter grundsätzlich verpflichtet ist, den Mietgegenstand in einem entsprechenden Zustand zu erhalten, trägt er sowohl weiterhin das Risiko des zufälligen Untergangs, als auch den Vorteil potentieller Wertsteigerungen, die er unabhängig von der Vermietung an X mittels Verkauf des Grundstücks realisieren kann.

III. Ergebnis

350 Folglich hat die langfristige Vermietung keinen Einfluss auf die Zurechnung des Wirtschaftsgutes an den Vermieter der Garage, so dass X die Garage nicht als „sein Wirtschaftsgut" in der Bilanz zu erfassen hat.

C. Gewinnminderung aufgrund des Fassadenanstrichs

351 Fraglich sind die Gewinnauswirkungen im Rahmen des Fassadenanstrichs, da diese Kosten von M aus privaten Gründen (vorweggenommene Erbfolge) getragen wurden.

352 Hätte X die Kosten für den Anstrich der Garage mit betrieblichen Geldmitteln bezahlt, würden diese, da sie betrieblich veranlasst, aber mangels Anschaffung oder Herstellung eines Wirtschaftsgutes nicht aktivierungsfähig sind, grundsätzlich sofort und in gleicher Höhe das Betriebsvermögen und über den Betriebsvermögensvergleich als betrieblich

21 BFH, X R 20/99, BFH/NV 2001, 9 (10); III R 42/02, BFH/NV 2005, 164 (166); X R 55/01, BFH/NV 2005, 517 (518); vgl auch BFH, I 133/64, BStBl II 1971, 133 (134), der bei Mietkaufverträgen allein die Kaufoption darüber entscheiden lässt, ob denn nun sog. wirtschaftliches Eigentum vorliegt oder nicht.

22 BFH, III R 42/02, BFH/NV 2005, 164; IX R 14/06, BFH/NV 2007, 1471 (1472).

23 So aber noch BFH, V R 137/75, BStBl II 1978, 280 (283).

veranlasste Vermögensminderungen den Gewinn mindern. Insofern läge eine Gewinnminderung im Rahmen des § 5 Abs. 1, § 4 Abs. 1 EStG (durch die Reduzierung des Kassenbestandes bei fehlender Aktivierung des Aufwands in gleicher Höhe) vor.

Hätte X die Kosten von seinem Privatkonto bezahlt, dann hätte dies zwar keine Auswir- **353**
kungen auf den Betriebsvermögensvergleich im Sinne von § 4 Abs. 1 Satz 1 HS 1 EStG, es sei denn, man fingiert für eine logische Sekunde eine Einzahlung auf das betriebliche Konto bzw die Betriebskasse. Diese würde aber gem. § 4 Abs. 1 Satz 8 EStG als Einlage von dem Unterschiedsbetrag im Sinne von § 4 Abs. 1 Satz 1 HS 1 EStG abgezogen werden.

I. Berücksichtigung des Aufwands der M bei X

Da nicht X, sondern eine Dritte (hier M) aus privaten Gründen die Kosten getragen hat, **354**
stellt sich hier aber die Frage, ob X trotz fehlender Minderung seiner finanziellen Leistungsfähigkeit diese Aufwendungen als betrieblich veranlasste Vermögensminderungen steuerrechtlich geltend machen kann (sog. Drittaufwand).

Diese Problematik wird im Einkommensteuerrecht im Wesentlichen als eine Frage der **355**
Zurechnung der Aufwendungen betrachtet[24]. Die Annahme eines berücksichtigungsfähigen Drittaufwands wird dabei mit dem Zuwendungsgedanken gerechtfertigt[25], wobei es sich eigentlich weniger um eine Frage der Zurechnung des Aufwands, als mehr um eine Frage der Übertragung einer Belastung auf einen Dritten handelt.

Gem. § 5 Abs. 1, § 4 Abs. 1 EStG bemisst sich der Gewinn des X aus dem Unterschieds- **356**
betrag des Betriebsvermögens am Schluss des Wirtschaftsjahres und dem Betriebsvermögen am Schluss des vorangegangenen Wirtschaftsjahres, vermehrt um Entnahmen und vermindert um Einlagen. Da der Fassadenanstrich keine Auswirkungen auf das Betriebsvermögen (eine Aktivierung als Wirtschaftsgut scheidet mangels Wirtschaftsguteigenschaft dieser Dienstleistung aus) entfaltet, kommt eine Betriebsvermögensbeeinflussung nicht in Betracht.

Da die Zuwendung des Anstrichs (bzw die Bezahlung der Kosten) aus privaten Grün- **357**
den erfolgte, kommt aber eine gewinnreduzierende Berücksichtigung als Einlage gem. § 4 Abs. 1 Satz 8 EStG in Betracht. Insofern soll die Regelung des § 4 Abs. 1 Satz 8 EStG eine nicht betrieblich verursachte Steigerung des Betriebsvermögens ausgleichen, die vorläge, wenn M dem X das Geld auf das betriebliche Konto überwiesen und geschenkt hätte. § 4 Abs. 1 Satz 8 EStG verlangt, dass der Steuerpflichtige „Wirtschaftsgüter" dem Betrieb zugeführt hat. Hier hat aber M lediglich den Fassadenanstrich in Auftrag gegeben bzw bezahlt und somit „nur" den Aufwand iHv 10 000 € getragen.

24 BFH, VIII R 22/92, BStBl II 2001, 385 (388); *Hey*, in: Tipke/Lang, Rn 8.223; *Thürmer*, in: Blümich, § 9 EStG Rn 173; *Kreft*, in: Hermann/Heuer/Raupach, § 9 EStG Rn 43; wohl auch *Oertel*, in: Kirchhof/Seer, EStG, § 9 Rn 11.

25 *Hey*, in: Tipke/Lang, Rn 8.224 f; *Thürmer*, in: Blümich, § 9 EStG Rn 175; *Kreft*, in: Hermann/Heuer/Raupach, § 9 EStG Rn 43.

1. Verstoß gegen Besteuerung nach der eigenen Leistungsfähigkeit?

358 Fraglich ist, ob dennoch eine gewinnreduzierende Einlage iSd § 4 Abs. 1 S. 8 EStG angenommen werden kann, da insbesondere eine eigene Belastung des X nicht vorliegt. Die Notwendigkeit einer eigenen Belastung des Steuerpflichtigen ergibt sich im Einkommensteuerrecht aus dem Prinzip der Besteuerung nach der finanziellen Leistungsfähigkeit[26] und könnte hier fehlen.

359 Der Hintergrund dieser Problematik liegt darin, dass die Herkunft der Geldmittel für Aufwendungen im Rahmen einer Einkunftsart bei der zutreffenden Besteuerung (dh bei der Besteuerung nach der finanziellen Leistungsfähigkeit) nicht maßgeblich ist[27]. Andererseits soll für die Abgrenzung von beachtlichen Eigen- zum unbeachtlichen Drittaufwand das Kostentragungsprinzip maßgebend sein[28], das aber gerade im Verhältnis nahestehender Personen aufgrund der meist fehlenden Interessengegensätze (insb bei Ehegatten bzw Familienangehörigen) auch im Einkommensteuerrecht[29] nicht hilfreich ist.

a) Abgekürzter Zahlungsweg

360 Im Einkommensteuerrecht ist dabei die Tendenz erkennbar, den Drittaufwand unter erweiterten Voraussetzungen zuzulassen. Zunächst war nur die Fallgruppe des abgekürzten Zahlungswegs anerkannt[30]. Es kann keinen Unterschied machen, ob der Zahlende den Geldbetrag dem Steuerpflichtigen schenkt und dieser dann eigene Aufwendungen tätigt oder ob direkt für den Steuerpflichtigen gezahlt wurde[31].

Ein abgekürzter Zahlungsweg liegt jedoch vorliegend nicht vor. Vielmehr hat die Mutter M auf eine eigene Verbindlichkeit geleistet, weil sie den Werkvertrag mit dem Handwerker im eigenen Namen abgeschlossen hat.

---

26 *Lehner/Waldhoff*, in: Kirchhof/Söhn/Mellinghoff, EStG, § 1 Rn A 6, A 76 ff; *Hey*, in: HHR, Einf ESt Rn 1; *Ratschow*, in: Blümich, § 2 EStG Rn 11 f.

27 StRspr BFH, VI R 91/85; BStBl II 1987, 623 (624); IX R 25/03, BStBl II 2006, 623 (624); IX R 45/07, BStBl II 2008, 572 (573); IX R 27/08, BFH/NV 2009, 901 (902); *Kreft*, in: HHR, § 9 EStG Rn 40; *Hey*, in: Tipke/Lang, Rn 8.224.

28 *Hey*, in: Tipke/Lang, Rn 8.223; *Gröpl*, DStZ 2001, 65 (66); *Seitz*, FR 2006, 201 (203); vgl umfassend *Frye*, FR 1998, 973 (978 ff).

29 So zu Recht *Weber-Grellet*, DB 1995, 2550 (2554); ebenso *Eisgruber*, DStR 1997, 522 (528) zu Recht mit Hinweis auf die Wertung des § 26b EStG (Zusammenveranlagung).

30 BFH, VIII R 22/92, BStBl II 2001, 385 (388) X R 24/12, BStBl II 2015, 132 (133 f); *Hey*, in: Tipke/Lang, Rn 8.225; *Thürmer*, in: Blümich, § 9 EStG Rn 175; *Oertel*, in: Kirchhof/Seer, EStG, § 9 Rn 11.

31 BFH, IX R 25/03, BStBl II 2006, 623 (624); *Frye*, FR 1998, 973 (979); *Küffner/Haberstock*, DStR 2000, 1672 (1672).

b) Abgekürzter Vertragsweg

Der BFH[32] hat diesen Gedanken auch auf den abgekürzten Vertragsweg (mit der nicht ganz verständlichen Ausnahme der Dauerschuldverhältnisse[33]) ausgedehnt, da der wirtschaftliche Gehalt zwischen beiden Varianten der gleiche sei. Der zivilrechtliche Unterschied der Zahlung auf eine eigene oder eine fremde Schuld ist für die Besteuerung wirtschaftlicher Vorgänge (§ 39, § 41 AO) irrelevant[34]. Das gilt umso mehr, als dass der zufällige Unterschied zwischen einer verdeckten Stellvertretung (sog. Geschäft für den, den es angeht) und einer bloß wirtschaftlichen Stellvertretung zu marginal ist[35], um daran steuerrechtliche (im Gegensatz zu zivilrechtlichen) Unterschiede festmachen zu wollen. Somit ist dem BFH zuzustimmen. **361**

Hinweis: Dagegen soll die unentgeltliche Nutzungsüberlassung nicht dazu führen, dass der Nutzende auch die darauf entfallenden anteiligen AfA-Beträge geltend machen könne, da es an einem bilanzierungsfähigen Nutzungsrecht fehle[36]. Dagegen bestehen schon wegen Art. 3 Abs. 1 GG Bedenken. Hier braucht darauf aber nicht näher eingegangen zu werden, da eine bloße Nutzungsüberlassung eines Wirtschaftsgutes nicht vorliegt. **362**

2. Bewertung

Zutreffend ist, dass der BFH[37] großzügig mit der Annahme von berücksichtigungsfähigem Drittaufwand umgeht, wenn der Zahlende einen Ersatzanspruch gegenüber dem Begünstigten hat. Da diesen dann die wirtschaftlichen Folgen treffen, liege eine Minderung der Leistungsfähigkeit vor. **363**

Dieser Gesichtspunkt ist der Schlüssel zur zutreffenden Behandlung der Drittaufwandsfälle im Einkommensteuerrecht. Zivilrechtlich entsteht bei der Zahlung in fremdem Interesse grundsätzlich immer ein Aufwendungsersatzanspruch aufgrund einer Geschäftsführung ohne Auftrag gem. § 683 BGB oder bei deren Nichtvorliegen über die Konstruktion einer genehmigten Geschäftsführung[38] gem. § 684, § 683 BGB. Aufgrund dieser Verpflichtung des Geschäftsherrn gegenüber dem Geschäftsführer liegt ein Aufwand in der Sphäre des Steuerpflichtigen vor, auch wenn der Geschäftsführer auf **364**

---

32 BFH, IX R 25/03, BStBl II 2006, 623 f (ein vom Vater abgeschlossener Werkvertrag über Erhaltungsarbeiten am vermieteten Grundstück des StPfl); bestätigt durch IX R 45/07, BStBl II 2008, 572 (573); IX R 42/09, BStBl II 2011, 271 (272); für Bargeschäfte des täglichen Lebens so auch schon BFH, IV R 75/98, BStBl II 2000, 314 (315).

33 BFH, IV R 75/98, BStBl II 2000, 314 (315); IX R 14/00, BFH/NV 2003, 468 (469); III R 79/09, BStBl II 2011, 450 (451); BMF v. 7.7.2008, BStBl I 2008, 717. Zustimmend *Kreft*, in: HHR, EStG § 9 Rn 43. Kritisch zu Recht *Haenicke*, DStZ 2006, 793 (795).

34 *Weber-Grellet*, DB 1995, 2550 (2554); aA *Seitz*, FR 2006, 201 ff; *Brandis*, StuW 1990, 57 (64); *Gröpl*, DStZ 2001, 65 (67); krit *Haenicke*, DStZ 2006, 793 (799).

35 So auch der BFH, IX R 25/03, BStBl II 2006, 623 (624); ebenso schon BFH, IV R 75/98, BStBl II 2000, 314 (315) für Bargeschäfte des täglichen Lebens.

36 BFH, I R 104/81, BStBl II 1982, 594; GrS 2/97, BStBl II 1999, 782 (786); *Drenseck*, DStR 1995, 509 (513); *Seitz*, FR 2006, 201 (207).

37 BFH, VIII R 22/92, BStBl II 2001, 385 (388); *Kreft*, in: HHR, EStG, § 9 Rn 43.

38 Wenn der Begünstigte die Aufwendungen des Geschäftsführers als eigene steuerrechtlich geltend machen will, dann wird er spätestens nachträglich mit der Tätigkeit des Geschäftsführers einverstanden sein.

seinen Anspruch wenig später aufgrund des Näheverhältnisses verzichtet.[39] Dass dieser Verzicht lediglich eine logische Sekunde nach dem Entstehen des Anspruchs erfolgt, ist für die Annahme einer eigenen Belastung des Begünstigten irrelevant. Insoweit ist der Begünstigte für eine logische Sekunde in seiner Leistungsfähigkeit beeinträchtigt. Dass diese Beeinträchtigung aufgrund eines Verzichts wieder entfällt, ändert genauso wenig etwas an der einkommensteuerrechtlichen Betrachtung, wie die Schenkung eines Geldbetrags an den Steuerpflichtigen in Höhe von schon ausgegebenen Anschaffungskosten durch diesen.

365 Soweit teilweise mit der fehlenden Dispositionsbefugnis über die zugewandten Mittel argumentiert wird[40], übersieht diese Ansicht den maßgebenden Anknüpfungspunkt. Dieser liegt nicht in den Geldmitteln, sondern in dem Verzicht auf einen geldwerten Ersatzanspruch. Da die Schenkung von Geld und der Erlass einer Geldschuld in ihrer wirtschaftlichen Wirkung identisch sind, liegt eine Dispositionsbefugnis mit dem Entstehen der Verbindlichkeit vor. Diese Ersatzverpflichtung ist im Vermögensbereich des Betreffenden entstanden und von ihm zu erfüllen. Letztendlich erfolgt aufgrund des Handelns in fremdem Interesse unter gleichzeitigem Verzicht auf einen Ersatzanspruch für eine logische Sekunde die Übertragung der wirtschaftlichen Belastung auf den Begünstigten[41].

366 Dass die Übertragung fremden Aufwands im Steuerrecht nicht systemfremd ist, zeigt sich in den Einlageregelungen des § 4 Abs. 1 Satz 8 EStG, der alle nicht betrieblich veranlassten Betriebsvermögenszugänge und damit auch von Dritten geschenkte Wirtschaftsgüter erfasst. Gleiches muss für Aufwendungsersatzansprüche aufgrund Geldzahlungen Dritter gelten, wenn der Dritte – anstatt das Geld zu schenken – auf seinen Aufwendungsersatzanspruch verzichtet.

II. Ergebnis

367 Folglich kann X die 10 000 € als Einlage (eines Dritten) in entsprechender Anwendung von § 4 Abs. 1 Satz 8 EStG vom Unterschiedsbetrag abziehen und damit gewinnmindernd berücksichtigen.

Teil 2: Begründetheit des Einspruchs des X

368 Der Einspruch des X ist begründet, wenn der Änderungsbescheid rechtswidrig ist und X in seinen Rechten verletzt (§ 100 Abs. 1 Satz 1 FGO analog). Der Änderungsbescheid ist rechtmäßig, wenn er auf einer Rechtsgrundlage beruht und diese formell sowie materiell rechtmäßig angewendet wurde.

---

39 Entgegen *Seitz*, FR 2006, 201 (205) ist nicht der Wille entscheidend, sondern die wirtschaftliche Kostentragung aufgrund des entstandenen Ersatzanspruchs, auch wenn diese aufgrund des Verzichts nur für eine logische Sekunde vorlag.

40 BFH, X R 2/84, BStBl II 1989, 683 (685); *Seitz*, FR 2006, 201 (210 f).

41 *Söffing*, DStZ 2007, 147 (148).

A. Rechtsgrundlage

Grundsätzlich sind Steuerbescheide nach Eintritt ihrer Bestandskraft nicht mehr änderbar. Eine Durchbrechung der Bestandskraft kommt nur ausnahmsweise in Betracht, wenn der Steuerbescheid unter dem Vorbehalt der Nachprüfung (§ 164 AO) oder vorläufig (§ 165 AO) ergangen ist oder die Voraussetzungen der §§ 173 ff AO vorliegen, vgl § 172 Abs. 1 Satz 1 Nr 2 lit. d AO. **369**

Da der an den X ergangene Einkommensteuerbescheid 01 keinen Vorbehalt der Nachprüfung enthielt und auch nicht vorläufig ergangen ist, kann eine Änderung nicht auf § 164, § 165 AO gestützt werden. Daher wird das FA den Steuerbescheid nur dann und nur insoweit ändern, als die Änderungsvorschriften der §§ 172 ff AO oder die Berichtigungsmöglichkeit des § 129 AO eingreifen. **370**

B. Formelle Rechtmäßigkeit

An der formellen Rechtmäßigkeit bestehen keine Bedenken. Insbesondere ist der Bescheid durch das zuständige Finanzamt nach ordnungsgemäßer Anhörung erlassen worden. **371**

C. Materielle Rechtmäßigkeit

Der Änderungsbescheid ist materiell rechtmäßig, wenn gem. § 172 Abs. 1 Satz 1 Nr 2 lit. d AO eine Berichtigung des Steuerbescheides 01 gesetzlich (ausgenommen § 130, § 131 AO) zugelassen ist. Insofern könnten entweder § 129 AO oder §§ 173 ff AO eine Änderung des Steuerbescheides 01 erlauben. **372**

I. Änderung nach § 129 Satz 1 AO

Nach § 129 Satz 1 AO kann die Finanzbehörde Schreibfehler, Rechenfehler oder ähnliche offenbare Unrichtigkeiten, die beim Erlass eines Verwaltungsakts unterlaufen sind, jederzeit berichtigen. Bei berechtigtem Interesse des Beteiligten ist zu berichtigen (§ 129 Satz 2 AO). **373**

Ein Schreib- oder Rechenfehler ist nicht ersichtlich. Es könnte aber eine „ähnliche offenbare Unrichtigkeit" vorliegen. Diese muss mit einem Schreib- oder Rechenfehler vergleichbar sein[42]. Es muss sich um einen mechanischen Fehler handeln, der ohne weitere Prüfung erkannt und berichtigt werden kann[43]. Besteht auch nur die Möglichkeit eines Fehlers in der Tatsachenwürdigung oder Rechtsanwendung, ist eine Berichtigung nach § 129 AO ausgeschlossen[44]. **374**

---

42 BFH, III R 64/89, BStBl II 1992, 52; XI R 17/05, BFH/NV 2007, 1810 (1811).
43 StRspr vgl BFH, III R 64/89, BStBl II 1992, 52 mwN.
44 StRspr vgl BFH, VIII R 304/81, BStBl II 1984, 785 (786); I R 83/94, BStBl II 1996, 509 (510).

Fraglich ist, wie der Programmierfehler einzuordnen ist. Teilweise werden Programmierfehler pauschal als Rechtsfehler eingestuft, so dass eine Berichtigung nach § 129 AO in diesen Fällen ausscheiden würde[45]. Eine derart pauschale Betrachtungsweise ist jedoch abzulehnen. Auch beim Erstellen eines EDV-Programms können mechanische Fehler auftreten[46]. Vielmehr sind auch bei Programmierfehlern die von der Rechtsprechung entwickelten Grundsätze für die Abgrenzung zwischen berichtigungsfähigen „mechanischen" und nicht berichtigungsfähigen Rechtsfehlern heranzuziehen[47]. Unerheblich für diese Beurteilung ist, dass das Finanzamt das EDV-Programm nicht selbst erstellt hat. Ein Fehler im EDV-Programm ist ein Fehler „beim Erlass eines Verwaltungsakts"[48].

375 Eine Berichtigung nach § 129 Satz 1 AO kommt also nur dann in Betracht, wenn ausgeschlossen werden kann, dass der Programmierfehler auf einem Rechtsanwendungsfehler beruht. Eindeutig dem Bereich der Rechtsanwendungsfehler sind Fehler zuzuordnen, die auf der Auslegung oder (Nicht-)Anwendung einer Rechtsvorschrift beruhen[49]. Vorliegend hat ein Finanzbeamter die Vorschrift des § 6 Abs. 2 Satz 1 EStG falsch angewendet, indem er davon ausging, dass bei Anschaffungskosten in Höhe bis zu 900 € zwingend von einem Sofortabzug auszugehen sei. Auf Grundlage dieses falschen Verständnisses erteilte er dem Programmierer dann einen fehlerhaften Auftrag zur Erstellung des EDV-Programms. Der Programmierfehler beruht demnach auf der fehlerhaften Anwendung einer Rechtsvorschrift.

376 Eine Berichtigung nach § 129 AO scheidet bei diesem Rechtsanwendungsfehler aus.

Daher kann der Steuerbescheid nur geändert werden, wenn die Voraussetzungen der §§ 172 ff AO vorliegen.

II. Änderung nach § 173 Abs. 1 Nr 1 AO

377 Nach § 173 Abs. 1 Nr 1 AO sind Steuerbescheide insoweit aufzuheben oder zu ändern, als Tatsachen nachträglich bekannt werden, die zu einer höheren Steuer führen.

1. Tatsache, die zu einer höheren Steuer führt

378 Fraglich ist, ob die Tatsache, dass X nicht den Sofortabzug, sondern die AfA gewählt hat, zu einer höheren Steuer führt. Die Einkünfte aus der Vermietung des Wohnhauses stellen sog. Überschusseinkünfte (§ 2 Abs. 2 Satz 1 Nr 2, § 21 EStG) dar, die sich aus dem Überschuss der Einnahmen über die Werbungskosten zusammensetzen.

---

45 *Niewerth*, in: Lippross/Seibel, Basiskommentar AO, § 129 Rn 9.

46 Vgl BFH, III R 10/81, BStBl II 1985, 32; I R 83/94, BStBl II 1996, 509 (510).

47 Vgl BFH, III R 10/81, BStBl II 1985, 32; *Intemann*, in: Koenig, AO, § 129 Rn 40; *Wernsmann*, in: HHSp, § 129 AO Rn 58.

48 BFH, III R 10/81, BStBl II 1985, 32.

49 BFH, VI R 63/13, BFH/NV 2015, 1078 (1079); IX R 37/14, BStBl II 2015, 1040 (1042).

Gem. § 9 Abs. 1 Satz 1 EStG sind Werbungskosten alle Aufwendungen zur Erwerbung, Sicherung und Erhaltung der Einnahmen. Die Software dient der Vermietung des X. Daher stellen die Ausgaben für die Software grundsätzlich Werbungskosten dar. § 9 Abs. 1 Satz 3 EStG zählt diverse Werbungskosten auf, wobei sowohl für Aufwendungen für Arbeitsmittel (Nr 6), als auch für die Anschaffung von Wirtschaftsgütern (Nr 7 Satz 2) der § 6 Abs. 2 Satz 1–3 EStG entsprechend gilt. 379

Nach entsprechender Anwendung des § 6 Abs. 2 EStG, der entgegen seines Standorts bei den Bewertungsvorschriften eigentlich eine besondere AfA-Vorschrift ist, können abnutzbare Wirtschaftsgüter des Anlagevermögens, die einer selbstständigen Nutzung fähig sind, im Wirtschaftsjahr der Anschaffung in voller Höhe als Werbungskosten angesetzt werden, wenn die Anschaffungskosten – vermindert um einen darin enthaltenen Vorsteuerbetrag – 800 € nicht überschreiten. Vorliegend hat X für die Computersoftware insgesamt 900 € bezahlt. Die gezahlte Umsatzsteuer in Höhe von 143,70 € bleibt aber bei der Beurteilung, ob die Höchstgrenze des § 6 Abs. 2 EStG überschritten wurde, unberücksichtigt[50]. Nach Abzug der Umsatzsteuer übersteigen die Anschaffungskosten nicht die Höchstgrenze von 800 €. § 6 Abs. 2 EStG ist somit grundsätzlich anwendbar. 380

Daneben hat der Steuerpflichtige jedoch auch die Möglichkeit, die Absetzung für Abnutzung (§ 7 Abs. 1 EStG) als Werbungskosten anzusetzen, § 9 Abs. 1 Satz 3 Nr 7 EStG.

Insoweit sind nach § 7 Abs. 1 Satz 1 EStG bei Wirtschaftsgütern, deren Verwendung oder Nutzung durch den Steuerpflichtigen zur Erzielung von Einkünften sich erfahrungsgemäß auf einen Zeitraum von mehr als einem Jahr erstreckt, jeweils für ein Jahr der Teil der Anschaffungskosten abzusetzen, der bei gleichmäßiger Verteilung dieser Kosten auf die Gesamtdauer der Verwendung oder Nutzung auf ein Jahr entfällt.

Die 900 € sind auf die Restnutzungsdauer von neun Jahren zu verteilen, so dass im Veranlagungszeitraum 01 lediglich 100 € absetzbar sind. Hierbei ist allerdings noch nicht berücksichtigt, dass die Software erst im Juli 01 angeschafft wurde. Die Jahres-AfA reduziert sich gem. § 7 Abs. 1 Satz 4 EStG um 6/12 von 100 € und damit um 50 €, so dass sich lediglich 50 € als AfA einkünftereduzierend auswirken können. Da das Computerprogramm der Finanzverwaltung jedoch automatisch einen Sofortabzug in Höhe von 900 € vornahm, führt die Korrektur des Fehlers in der Steuererklärung 01 zu höheren Einkünften, weil die Einkünfte nicht um 900 €, sondern nur noch um 50 € gemindert werden. Dies führt dann zu einer höheren Steuer im Jahr 01. 381

2. Nachträgliches Bekanntwerden

Nachträglich bekannt geworden ist eine Tatsache jedenfalls, wenn der zuständige Sachbearbeiter erst nach der ursprünglichen Festsetzung Kenntnis von ihr erlangt. Werden der Finanzbehörde Tatsachen erst nachträglich bekannt, obwohl sie diese bei gehöriger Erfüllung ihrer amtlichen Ermittlungspflicht nach § 88 AO schon vorher hätte kennen 382

50 *Ehmcke*, in: Blümich, § 6 EStG Rn 1144.

müssen, so muss die Finanzbehörde diese Tatsachen nach Treu und Glauben aber gegen sich gelten lassen[51]. Der Steuerpflichtige kann sich aber nur dann auf Treu und Glauben berufen, wenn er seinerseits seiner Mitwirkungspflicht in einem zumutbaren Umfang nachgekommen ist, indem er den steuerlich relevanten Sachverhalt richtig, vollständig und deutlich dargestellt hat[52].

383 Durch die Geltendmachung von Werbungskosten aus AfA in Höhe von 50 € in der Steuererklärung 01 hat X sein Wahlrecht konkludent und korrekt ausgeübt. Die Behörde hätte also schon vor Erlass des Bescheides 01 kennen müssen, dass ein Sofortabzug vom Steuerpflichtigen nicht gewollt ist. X hat seine Mitwirkungspflichten erfüllt und kann sich damit auf Treu und Glauben berufen.

3. Zwischenergebnis

384 Die Einkommensteuer des X für 01 darf nicht nach § 173 Abs. 1 Nr 1 AO um die Einkommensteuer auf die Einkünfte in Höhe von 850 € erhöht werden.

III. Änderung nach § 173a AO

385 Eine Änderung des Steuerbescheides 01 nach § 173a AO kommt nicht in Betracht, weil dem Steuerpflichtigen X bei der Erstellung seiner Steuererklärung 01 offensichtlich kein Schreib- oder Rechenfehler unterlaufen ist. In der Steuererklärung 01 hat X konkludent und korrekt sein Wahlrecht durch den Ansatz von lediglich 50 € als Werbungskosten ausgeübt.

IV. Änderung nach § 174 AO

386 Allerdings könnte eine Änderung des Steuerbescheides 01 nach § 174 Abs. 2 AO in Betracht kommen. Steuerbescheide sind gem. § 174 Abs. 2 iVm Abs. 1 Satz 1 AO aufzuheben oder zu ändern, wenn ein bestimmter Sachverhalt in mehreren Steuerbescheiden zugunsten eines oder mehrerer Steuerpflichtiger berücksichtigt worden ist, obwohl er nur einmal hätte berücksichtigt werden dürfen.

387 § 174 Abs. 1 AO erfordert für die Änderung von Steuerbescheiden einen sog. positiven Widerstreit. Widerstreitend sind Festsetzungen, die aufgrund der materiellen Rechtslage nicht miteinander vereinbar, in diesem Sinne widersprüchlich oder inkompatibel sind, wenn sie miteinander kollidieren, weil nur eine der festgesetzten oder angeordneten Rechtsfolgen zutreffen kann[53]. Ein positiver Widerstreit liegt vor, wenn derselbe Sachverhalt in zwei Steuerfestsetzungen berücksichtigt wird, obwohl nach materiellem Recht nur entweder die eine oder die andere Steuerfestsetzung, nicht aber beide zugleich, diesen Sachverhalt hätten berücksichtigen dürfen[54].

---

51 StRspr zB BFH, VII R 58/87, BStBl II 1990, 249 (251); kritisch dazu *Loose*, in: Tipke/Kruse, § 173 AO Rn 29 ff.

52 BFH, II R 208/82, BStBl II 1986, 241 (242).

53 *Loose*, in: Tipke/Kruse, § 174 AO Rn 2.

54 *Loose*, in: Tipke/Kruse, § 174 AO Rn 3.

Ein positiver Widerstreit kann sich insbesondere daraus ergeben, dass ein bestimmter Sachverhalt bei einer Person (Steuerpflichtigen) in verschiedenen Besteuerungszeiträumen mehrfach erfasst wird (sog. Periodenkollision)[55]. Ein solcher Fall liegt hier vor, wenn in dem einen Jahr (01) der gesamte Aufwand (900 €) als AfA als Werbungskosten steuermindernd berücksichtigt wird, während im nächsten Jahr die anteilige AfA (100 €) erneut als Werbungskosten berücksichtigt werden soll. **388**

§ 174 Abs. 2 iVm Abs. 1 AO ermöglicht es, die Bestandskraft des fehlerhaften Bescheides – dies ist hier der Steuerbescheid 01 – zu durchbrechen und diesen zu ändern. § 174 Abs. 2 AO benötigt dabei – anders als § 174 Abs. 1 AO – keinen Antrag des Steuerpflichtigen, verlangt aber gem. Satz 2, dass die Berücksichtigung des Sachverhaltes – gemeint ist die fehlerhafte Doppelberücksichtigung – auf eine Erklärung des Steuerpflichtigen zurückzuführen ist. Es wird also eine Ursächlichkeit verlangt. „Antrag" und „Erklärung" sind nicht förmlich zu verstehen, sondern es genügt jede Willensbekundung, durch die der Steuerpflichtige den Widerstreit (mit-)veranlasst hat[56]. Sinn und Zweck dieser Beschränkung ist es, den durch widerstreitende Steuerfestsetzungen begünstigten Steuerpflichtigen den Steuervorteil dann zu nehmen, wenn er sie durch eine objektiv falsche Darstellung des Sachverhalts veranlasst hat[57]. **389**

Der Sofortabzug im Bescheid 01 wurde nicht durch den X, sondern allein durch das fehlerhafte Computerprogramm verursacht. Auch im Jahr 02 hat X durch den Ansatz von 100 € AfA sein ihm zustehendes Wahlrecht in zulässigerweise ausgeübt. Die Voraussetzungen für eine Änderung nach § 174 Abs. 2 AO liegen daher nicht vor.

Auch eine Änderung nach § 174 Abs. 3 AO kommt nicht in Betracht. Die Vorschrift erfasst im Unterschied zu den Absätzen 1 und 2 den sog. negativen Widerstreit[58]. Es handelt sich um Fälle, in denen ein Sachverhalt nicht berücksichtigt worden ist, weil die Finanzbehörde erkennbar davon ausgeht, der Sachverhalt müsse bei einer anderen Steuerfestsetzung berücksichtigt werden[59]. Dies liegt nicht vor, da die Anschaffung der Computersoftware (Sachverhalt) nicht unberücksichtigt blieb, sondern gleich doppelt als Sofortabzug im Jahr 01 und als AfA im Jahr 02 berücksichtigt wurde. **390**

V. Änderung nach § 172 Abs. 1 Satz 1 Nr 2 lit. a AO iVm dem Grundsatz von Treu und Glauben

Die Prüfung hat ergeben, dass der Steuerbescheid 01 nicht gem. §§ 173 ff AO geändert werden kann. Es bleibt daher nur die Möglichkeit, den Bescheid gem. § 172 Abs. 1 Satz 1 Nr 2 lit. a AO zu ändern. Dafür ist aber eine Zustimmung des Steuerpflichtigen erforderlich. X hat die Zustimmung zur Änderung verweigert. **391**

---

55 *Loose*, in: Tipke/Kruse, § 174 AO Rn 3.
56 *Von Groll*, in: HHSp, § 174 AO Rn 149 f.
57 BFH, I R 115/84, BFH/NV 1989, 482 (483) mwN.
58 *Birk/Desens/Tappe*, Steuerrecht, Rn 439.
59 BFH, X R 38/00, BFH/NV 2003, 1035 (1036).

Es wäre daher zu überlegen, ob die Verweigerung der Zustimmung in diesem Fall gegen Treu und Glauben verstößt. Der BFH hat vereinzelt angenommen, dass es unter besonderen Umständen gegen Treu und Glaube verstoße, wenn der Steuerpflichtige die Zustimmung zu einer Berichtigung des Steuerbescheides verweigert und sich hierdurch in Widerspruch zu früherem Verhalten setzt[60].

Diese Grundsätze können jedoch dann keine Anwendung finden, wenn die Gefahr besteht, dass spezielle Regelungen unterlaufen werden könnten. Vorliegend könnte die Regelung des § 174 Abs. 2 iVm Abs. 1 AO unterlaufen werden, durch die der Gesetzgeber den Konflikt zwischen materieller Rechtmäßigkeit der Steuerfestsetzung und Rechtssicherheit abschließend geregelt hat[61].

Im Fall muss daher von der Anwendung dieser Grundsätze abgesehen werden.

Darüber hinaus verstößt der Steuerpflichtige X auch nicht gegen Treu und Glauben, wenn er seine Zustimmung verweigert. Der Steuerpflichtige hat die widerstreitende Festsetzung nicht verursacht.

VI. Ergebnis

392 Für den Änderungsbescheid fehlt es an einer Rechtsgrundlage. Damit ist der geänderte Bescheid 01 rechtswidrig und der Einspruch des X ist begründet.

393 **Hinweis:** Im Bescheid für das Jahr 02 und den Folgejahren kann der Finanzbeamte jedoch die AfA (100 €) versagen, wenn der Bescheid für das Jahr 01 nicht mehr geändert werden kann. Die Geltendmachung von AfA setzt ein AfA-Potenzial – also eine bisherige Nichtberücksichtigung der Aufwendungen – voraus. Durch den Sofortabzug im Jahr 01 war das AfA-Potenzial bereits verbraucht und damit auch die Minderung der Leistungsfähigkeit bereits vollständig berücksichtigt. Eine doppelte Berücksichtigung von lediglich einmal getragenem Aufwand des StPfl scheidet aus[62].

60 BFH, V 20/64, BStBl III 1966, 613 (614); X R 214/ 87, BFH/NV 1994, 295 (297); V R 54/94, BFH/NV 1996, 733 (735).

61 BFH, V R 29/98, BStBl II 1999, 158 (160).

62 BFH, IX R 14/19, BStBl II 2020. 545.

Zur Wiederholung

Kurzübersicht 5.1: Gewinnermittlung durch Betriebsvermögensvergleich

Siehe auch die ausführliche Übersicht 6: Gewinnermittlung (Rn 452) **394**

Gewinnermittlung durch Betriebsvermögensvergleich (§ 4 I bzw § 5 I EStG) **395**

= Gewinnermittlung durch Bilanzierung (sog. **Bilanzsteuerrecht:** §§ 4–7k EStG, §§ 140 ff AO, §§ 238 ff HGB)

I. Anwendungsbereich

1. **§ 4 I EStG:** buchführungspflichtige und freiwillig buchführende Freiberufler und Land- und Forstwirte
2. **§ 5 I EStG:** buchführungspflichtige und freiwillig buchführende Gewerbetreibende

II. Gewinn iSd § 4 I bzw § 5 I EStG

= **Unterschiedsbetrag** zwischen dem **Betriebsvermögen** am Schluss des Wirtschaftsjahres und dem Betriebsvermögen am Schluss des vorangegangenen Wirtschaftsjahres, vermehrt um den Wert der **Entnahmen** und vermindert um den Wert der **Einlagen**

1. Betriebsvermögen in diesem Sinne: Differenz zwischen Aktiva und Passiva → Eigenkapital des Betriebs
2. Bilanzierung
   a) **Eigenkapital** ergibt sich aus der Differenz zwischen Aktiva und übrigen Passiva
   b) **Bilanzgleichgewicht**, dh immer: Aktiva = Passiva (vgl „Balance")
   - Jeder Geschäftsvorfall ändert immer *mindestens zwei* Bilanzposten
   - Geschäftsvorfall wirkt sich entweder auf das Betriebsvermögen aus (ist **„erfolgs-/gewinnwirksam"**) oder nicht
   - **Ergebnisneutral** sind bloße Umschichtungen des Betriebsvermögens
     - **Aktivtausch**; Bsp: Anschaffung eines Grundstücks gegen Überweisung des Kaufpreises vom Bankkonto
     - **Passivtausch**; Bsp: Aufnahme eines Darlehens zur Tilgung einer Kaufpreisforderung
     - **Aktiv-/Passivtausch**; Bsp: Rückzahlung eines Bankkredits in bar

   c) Betriebsvermögen kann auch durch **Entnahmen** oder **Einlagen** verändert werden; diese sind aber nicht gewinnwirksam (§ 4 I EStG)
   d) Erfolgswirksame Vermögenszugänge = **Ertrag** (zB Zinseinnahmen für Bankguthaben); Erfolgswirksame Vermögensabgänge = **Aufwand** (zB Mietzahlungen für gemietetes Betriebsgrundstück; Löhne für Mitarbeiter); **hier ändert sich das Betriebsvermögen!**
3. Buchführung
   Es kann nicht nach jedem Geschäftsvorfall eine ganz neue Bilanz erstellt werden (wäre unpraktikabel), daher muss **Buch geführt** werden.
   - Auflösung der Bilanz in Konten, in denen die Geschäftsvorfälle aufgezeichnet werden

Kurzübersicht 5.2: Korrektur von Verwaltungsakten im Steuerrecht

396 **I. Steuerbescheid oder „normaler“ Steuerverwaltungsakt**

- **normale Steuerverwaltungsakte (§ 118 AO):** sind relativ leicht unter den Voraussetzungen der §§ 129 ff AO zu ändern
- **Steuerbescheide (§ 155 AO):** nur gem. § 172 I 1 Nr. 2 lit. d AO, wenn dies gesetzlich zugelassen ist, wobei die § 130 u. § 131 AO nicht gelten → Folge: § 129 AO mgl; ansonsten nur unter den Voraussetzungen der §§ 173 ff AO, sofern eine zu durchbrechende Bestandskraft eingetreten ist (die fehlt bei einer Festsetzung unter dem Vorbehalt der Nachprüfung bzw einer vorläufigen Festsetzung nach § 164 und § 165 AO)

II. Selbstständige Korrekturnormen (siehe auch Übersicht 1.3 [Rn 178])

- § 173, § 173a, § 174, § 175 AO berechtigen zur isolierten Änderung eines bestandskräftigen Steuerbescheides → sofern diese nicht einschlägig sind, kann eine Korrektur aber noch mittels § 177 AO erfolgen.

III. Berichtigung von materiellen Fehlern gem. § 177 AO

397 **Siehe darüber hinaus:**

- Übersicht 1.3: Voraussetzungen der Korrektur von Steuerbescheiden[63] (Rn 178)
- Übersicht 6: Gewinnermittlung (Rn 452)

63 *Birk/Desens/Tappe*, Steuerrecht, Rn 411–461.

Fall 6

Allein und in Gesellschaft

Schwerpunkt: ***Einkommensteuerrecht:*** Besteuerung von Personengesellschaftern (LB § 6 Rn 1135–1215); Gewinnermittlung (LB § 5 Rn 850–1025)

Schwierigkeitsgrad: mittel, Bearbeitungszeit: 2 Stunden

A ist mit einer 50 %-Beteiligung stimmberechtigter Gesellschafter der Z-OHG mit Sitz in Leipzig. Die Z-OHG erwirbt Maschinenbauteile, fertigt aus ihnen größere Einheiten und liefert sie anschließend an die Automobilindustrie. Die OHG ermittelt ihren Gewinn (seit der Erteilung des Einvernehmens des Finanzamtes vor einigen Jahren) in einem vom Kalenderjahr abweichenden Wirtschaftsjahr vom 1.7. bis zum 30.6. 398

Für den Zeitraum vom 1.7.01 bis 30.6.02 ermittelte sie ein vorläufiges positives Geschäftsergebnis laut Handelsbilanz iHv 132 500 €, im folgenden Wirtschaftsjahr vom 1.7.02 bis 30.6.03 iHv 105 000 €. Hierbei sind folgende Geschäftsvorfälle noch nicht berücksichtigt worden:

Im März 02 wurde für 75 000 € eine Maschine zur Erweiterung der Produktion angeschafft. Ihre betriebsgewöhnliche Nutzungsdauer beträgt zehn Jahre.

A hat im Betrieb unter erheblichem Kostenaufwand im Februar 02 ein Verfahren zur Optimierung des Produktionsablaufes selbst entwickelt. Die bei der Verfahrensentwicklung laufend angefallenen Kosten sind schon im Geschäftsergebnis berücksichtigt. Nach der Patentierung soll die „Erfindung" jedoch auch in der Bilanz im Geschäftsjahr 01/02 aktiviert und dann anschließend abgeschrieben werden. A schätzt den Wert des Verfahrens auf 15 000 €, der Abschreibungszeitraum soll sich auf zehn Jahre belaufen. Im Januar 03 kann A das patentierte Verfahren, nachdem sich herausgestellt hat, dass es doch nicht wie gewünscht der Produktionssteigerung dient, schließlich an einen Interessenten für 10 000 € veräußern.

Im Januar 02 ergibt sich außerdem, dass ein betriebliches Grundstück aufgrund von Bauvorhaben benachbarter Firmen und damit einhergegangener Erhöhung der Grundstückspreise um 40 000 € kurzfristig im Wert gestiegen ist. Da die Z-OHG das Grundstück nicht mehr benötigt, wird es im Dezember 02 mit einem Gewinn von 40 000 € veräußert.

Schließlich hat A vom 1.7.01 bis 30.6.03 ein Grundstück, das ihm privat gehört, zu Produktionszwecken der Z-OHG vermietet und hierfür monatliche Zahlungen iHv 2500 € von einem betrieblichen Konto erhalten (AfA und sonstige Nebenkosten sind hierbei schon berücksichtigt).

Neben seiner Beteiligung an der Z-OHG ist A auch als freiberuflicher Ingenieur tätig und verdient 40 000 € im VZ 02 sowie 30 000 € im VZ 03. Eine Bilanz erstellt A nicht.

Die steuerliche Beurteilung folgender Vorfälle ist jedoch hierbei noch offen:

A hat sich noch kurz vor Weihnachten 02 ein neues Messinstrument für 952 € (inkl. 19 % USt iHv 152 €) angeschafft und diese Anschaffung noch nicht berücksichtigt.

Ein Kunde hat A aus Dankbarkeit neben dem Honorar im Jahr 02 kostenlos ein elektronisches Bauteil (Verkehrswert: 500 €) überlassen, welches A in eine von ihm entwickelte Maschine einbaut. Da ihm die Weiterentwicklung der Maschine im Jahr 03 nicht mehr rentabel erscheint, veräußert er dieses Bauteil für 1000 €.

Gleichzeitig zahlte A die Mietkosten seines angemieteten Ingenieurbüros für Januar 03 schon am 28.12.02 (1500 €) und möchte sie im Dezember 02 abziehen.

Bitte ermitteln Sie für A für die Veranlagungszeiträume 02 und 03 das zu versteuernde Einkommen.

Vorüberlegungen

399 Im Fall wird die Gewinnermittlung durch Betriebsvermögensvergleich (§ 5 EStG) anhand eines OHG-Gesellschafters thematisiert, der aus seiner Beteiligung Einkünfte aus Gewerbebetrieb bezieht. Trotz Betriebsvermögensvergleichs wird hier jedoch nicht Spezialwissen aus dem Bilanzsteuerrecht verlangt. Aus der Sicht des Bearbeiters gilt es lediglich zu erkennen, wie sich bestimmte typische Geschäftsvorfälle auf das Geschäftsergebnis einer OHG auswirken.

400 Ausgehend von der OHG-Beteiligung geht es um Grundzüge der Gewinnermittlung bei einer Personengesellschaft und ihren Gesellschaftern: Obwohl die Personengesellschaft kein Subjekt der Einkommen- oder Körperschaftsteuer ist, dient sie doch als „partielles Steuersubjekt" zur Qualifikation und Ermittlung der Einkünfte. Eine Besonderheit ist schließlich die Gewinnermittlung bei einem Gesellschafter, der neben seinem Gewinnanteil auch Vergütungen von der Gesellschaft erhält (sog. Sondervergütungen). Diese Konstellation findet sich im vorliegenden Fall (in Grundzügen).

401 Anhand der Ingenieurstätigkeit des A werden schließlich einige Besonderheiten aus dem Bereich der Gewinnermittlung durch Überschussrechnung nach § 4 Abs. 3 EStG erläutert. Hierzu zählen der Begriff der Betriebseinnahmen sowie spezielle Regelungen des § 4 Abs. 3 EStG und des § 11 EStG, die die zeitliche Zuordnung von Ausgaben zu bestimmten Veranlagungszeiträumen betreffen.

Gliederung

A. Veranlagungszeitraum 02 **402**

I. Einkünfte aus Gewerbebetrieb

1. Vorliegen von Einkünften aus Gewerbebetrieb
2. Höhe der Einkünfte aus Gewerbebetrieb
   a) Gewinnermittlung auf der Ebene der Z-OHG
      aa) Gewinnermittlungsart
      bb) Gewinnermittlungszeitraum
      cc) Gewinn für das Wirtschaftsjahr 01/02
         (1) Der Ansatz der neuen Maschine
         (2) Der Ansatz der „Verfahrenserfindung“
         (3) Wertsteigerung des Grundstücks
         (4) Mietzahlungen an A
      dd) Ergebnis
   b) Gewinn auf der Ebene des Gesellschafters A
3. Einkünfte aus Sondervergütungen, § 15 Abs. 1 Satz 1 Nr 2 Satz 1 HS 2 EStG
4. Ergebnis

II. Einkünfte aus selbstständiger Arbeit

1. Betriebseinnahmen
2. Betriebsausgaben
   a) Messinstrument
   b) Mietaufwand für Januar 03
3. Ergebnis

III. Ergebnis

B. Veranlagungszeitraum 03

I. Einkünfte aus Mitunternehmerschaft

1. Gewinnanteil, § 15 Abs. 1 Satz 1 Nr 2 Satz 1 HS 1 EStG
   a) Gewinn auf der Ebene der Z-OHG
      aa) AfA für die neue Maschine
      bb) „Verfahrenserfindung“
      cc) Wertsteigerung des Grundstücks
      dd) Mietaufwand
   b) Gewinnanteil bei A
2. Sondervergütungen
3. Ergebnis

II. Einkünfte aus selbstständiger Arbeit

1. Betriebseinnahmen
2. Betriebsausgaben
3. Ergebnis

III. Ergebnis

Musterlösung

A. Veranlagungszeitraum 02

403 Die Ermittlung des zu versteuernden Einkommens bestimmt sich nach § 2 Abs. 2–5 EStG. Hierfür sind zunächst die Einkünfte für jede Einkunftsart zu ermitteln (Gewinn bzw Überschuss der Einnahmen über die Werbungskosten), § 2 Abs. 2 EStG, anschließend deren Summe sowie, nach Abzug existenzsichernden Aufwands, das zu versteuernde Einkommen, § 2 Abs. 5 Satz 1 EStG[1]. Die Ermittlung erfolgt jeweils für ein Kalenderjahr, § 2 Abs. 7 Sätze 1, 2 EStG.

I. Einkünfte aus Gewerbebetrieb

404 A könnte Einkünfte aus Gewerbebetrieb gem. § 2 Abs. 1 Satz 1 Nr 2, § 15 Abs. 1 Satz 1 Nr 2 EStG als Mitunternehmer der Z-OHG bezogen haben.

1. Vorliegen von Einkünften aus Gewerbebetrieb

405 Damit A Einkünfte aus Gewerbebetrieb hat, müsste er Mitunternehmer einer gewerblich tätigen Gesellschaft iSv § 15 Abs. 1 Satz 1 Nr 2 EStG sein.

A war Gesellschafter der Z-OHG und als solcher aufgrund seines 50 %-Anteils an Gewinn, Verlust und stillen Reserven beteiligt, trug also *Mitunternehmerrisiko*; außerdem besaß er Vertretungs- und Geschäftsführungsbefugnisse und somit auch *Mitunternehmerinitiative*[2].

406 Die Z-OHG müsste *gewerbliche Einkünfte* erzielt haben (Umkehrschluss aus § 15 Abs. 3 Nr 1 EStG: „wenn die Gesellschaft *auch* eine Tätigkeit im Sinne des Absatzes 1 Satz 1 Nummer 1 ausübt"). Einkünfte aus Gewerbebetrieb liegen gemäß § 15 Abs. 2 Satz 1 EStG bei selbstständiger, nachhaltiger Betätigung, die mit der Absicht, Gewinn zu erzielen, unternommen wird und sich als Beteiligung am allgemeinen wirtschaftlichen Verkehr darstellt, vor, wenn sie nicht private Vermögensverwaltung ist oder sich den Einkünften aus § 13 oder § 18 EStG zuordnen lässt. Als Gesellschaft der Automobilzulieferindustrie betätigte sich die Z-OHG gewerblich iSv § 15 Abs. 2 Satz 1 EStG.

2. Höhe der Einkünfte aus Gewerbebetrieb

407 Der Umfang der Einkünfte aus Mitunternehmerschaft wird zweistufig ermittelt[3]. Zunächst gehört zu den Einkünften der Gewinnanteil des Unternehmers aus der Gesellschaft entsprechend des gesellschaftsvertraglichen Gewinnverteilungsschlüssels (§ 15 Abs. 1 Satz 1 Nr 2 Satz 1 HS 1 EStG). Hierzu sind anschließend die sog. Sondervergütungen hinzuzurechnen, also Vergütungen, die der Gesellschafter zB für die Überlassung von Wirtschaftsgütern an die Gesellschaft erhält (§ 15 Abs. 1 Satz 1 Nr 2 Satz 1 HS 2 EStG).

1 S. dazu *Birk/Desens/Tappe*, Steuerrecht, Rn 592.
2 Vgl *Birk/Desens/Tappe*, Steuerrecht, Rn 1156.
3 Vgl BFH, VIII R 78/97, BStBl II 1999, 163.

a) Gewinnermittlung auf der Ebene der Z-OHG

Um den Gewinnanteil eines Gesellschafters zu bestimmen, muss zunächst auf der Ebene der Z-OHG der Gewinn nach den Vorschriften der §§ 4–7i EStG ermittelt werden, um ihn anschließend direkt den Gesellschaftern entsprechend ihres Gesellschaftsanteils als Steuersubjekt zurechnen zu können[4]. Die Z-OHG ist nicht Einkommensteuersubjekt. Sie wird jedoch, da die einkünfteerzielende Tätigkeit von den Gesellschaftern in ihrer gesamthänderischen Verbundenheit vorgenommen wird, als Subjekt der Einkünftequalifikation und Einkünfteermittlung angesehen[5]. **408**

aa) Gewinnermittlungsart

Zur Ermittlung des Gewinns auf Gesellschaftsebene ist zunächst die Einkünfteermittlungsart der Z-OHG festzustellen. In Betracht kommt der Betriebsvermögensvergleich nach § 5 Abs. 1 Satz 1 iVm § 4 Abs. 1 Satz 1 EStG, der für Gewerbetreibende gilt, die aufgrund gesetzlicher Vorschriften verpflichtet sind, Bücher zu führen. Gesetzliche Buchführungs- und Abschlusspflichten können sich aus dem Steuerrecht (§ 141 Abs. 1 AO) oder aus anderen Gesetzen (§ 140 AO) ergeben. Als anderes Gesetz iSd § 140 AO kommt vorliegend § 238 Abs. 1 Satz 1 HGB in Betracht. Danach ist jeder Kaufmann buchführungspflichtig. Die für den Kaufmann geltenden Vorschriften sind gem. § 6 Abs. 1 iVm § 105 Abs. 1 HGB auch auf die OHG als Handelsgesellschaft anwendbar. Die Befreiung von der Buchführungspflicht nach § 241a HGB greift – unabhängig von der Umsatz- und Gewinnschwelle (600 000 € bzw 60 000 €) – nur bei Einzelkaufleuten, also nicht bei der Z-OHG. Die Z-OHG hat ihren Gewinn also nach § 5 Abs. 1 Satz 1 iVm § 4 Abs. 1 Satz 1 EStG durch Betriebsvermögensvergleich zu ermitteln. **409**

bb) Gewinnermittlungszeitraum

Aufgrund des vom Kalenderjahr abweichenden Wirtschaftsjahres der Z-OHG ist zu klären, für welchen Zeitraum der Gewinn der Z-OHG zu ermitteln ist. Gemäß § 25 Abs. 1 EStG ist das Kalenderjahr der Veranlagungszeitraum der Einkommensteuer; gem. § 2 Abs. 7 Sätze 1, 2 EStG ist das Kalenderjahr auch der Ermittlungszeitraum des zu versteuernden Einkommens. Als Zeitraum zur Ermittlung des Gewinns bei gewerblichen Einkünften dient gem. § 2 Abs. 7 Sätze 1, 2 iVm § 4a Abs. 1 Satz 2 Nr 2 Satz 1 EStG der Zeitraum, für den sie gewöhnlich Abschlüsse macht (Wirtschaftsjahr). Dies kann gem. § 4a Abs. 1 Sätze 1, 2 Nr 2 Satz 2 EStG mit Einvernehmen des Finanzamtes auch ein vom Kalenderjahr abweichender Zeitraum sein. **410**

Das Finanzamt hatte vor einigen Jahren ein solches Einvernehmen erteilt. Folglich hat die Z-OHG ihren Gewinn für den Zeitraum vom 1.7. bis zum 30.6. zu ermitteln, wobei gem. § 4a Abs. 2 Nr 2 EStG der Gewinn des Wirtschaftsjahres als in dem Kalenderjahr bezogen gilt, in dem das Wirtschaftsjahr endet.

---

4 S. dazu *Birk/Desens/Tappe*, Steuerrecht, Rn 1177.
5 BFH, GrS 4/82, BStBl II 1984, 751 (761 f); *Birk/Desens/Tappe*, Steuerrecht, Rn 1138 f.

cc) Gewinn für das Wirtschaftsjahr 01/02

411 Als Geschäftsergebnis laut Handelsbilanz hat die Z-OHG für das Wirtschaftsjahr 01/02 einen Gewinn iHv 132 500 € ermittelt.

(1) Der Ansatz der neuen Maschine

412 Möglicherweise ist der errechnete Gewinn aufgrund einer bisher falschen Berücksichtigung der Produktionsmaschine zu ändern. Da sich der Kauf der Maschine nicht auf den Gewinn ausgewirkt hat (Geschäftsvorfall wurde nicht berücksichtigt), ist davon auszugehen, dass die Maschine mit einem dem Kaufpreis entsprechenden Wert in die Bilanz aufgenommen worden ist[6]. Das Betriebsvermögen zum 30.6.02 und daraus folgend der Gewinn könnten aber aufgrund von bisher nicht berücksichtigten Absetzungen für Abnutzung (AfA) für die Maschine gem. § 7 Abs. 1 Satz 1 EStG geringer als bisher ermittelt sein[7].

413 Dafür müsste die Maschine jedoch zunächst dem Grunde nach als *Wirtschaftsgut* zu qualifizieren sein, das zum Betriebsvermögen gehört (§ 5 Abs. 1 Satz 1 EStG, § 246 Abs. 1 Sätze 1, 2 HGB). Es müsste also eine Sache sein, deren Erlangung sich der Kaufmann etwas kosten lässt, die einer besonderen Bewertung zugänglich ist und mit dem Betrieb oder einzeln übertragbar ist[8]. Diese Sache müsste ferner aus betrieblicher Veranlassung angeschafft worden sein[9]. Die Maschine wurde für die Produktion erworben; ihr Marktwert beträgt 75 000 €. Sie ist auch selbstständig veräußerbar. Es handelt sich bei der Maschine also um ein Wirtschaftsgut des Betriebsvermögens.

414 Gem. § 5 Abs. 1 Nr 1 EStG ist die Maschine als Wirtschaftsgut des Anlagevermögens, das der Abnutzung unterliegt, mit den Anschaffungskosten abzüglich AfA in der Bilanz anzusetzen.

Die Anschaffungskosten sind gem. § 255 Abs. 1 Satz 1 HGB die Aufwendungen, die geleistet werden, um einen Vermögensgegenstand zu erwerben und ihn in einen betriebsbereiten Zustand zu versetzen. Sie betrugen vorliegend 75 000 €.

415 Die AfA ist für die erfahrungsgemäß länger als ein Jahr genutzte Produktionsmaschine nach § 7 Abs. 1 EStG zu berechnen. Die Bemessung der Höhe der AfA orientiert sich an den Anschaffungs- und Herstellungskosten des Wirtschaftsgutes. Die Maschine ist gem. § 7 Abs. 1 Sätze 1, 2 EStG über den Zeitraum der betriebsgewöhnlichen Nutzungsdauer von 10 Jahren linear abzuschreiben, so dass die AfA pro Jahr 7500 € beträgt.

---

6 Das Betriebsvermögen verringert sich durch die Zahlung des Kaufpreises in gleichem Umfang, wie es sich durch die Aufnahme der Maschine in die Bilanz vermehrt.

7 Vgl zur AfA *Birk/Desens/Tappe*, Steuerrecht, Rn 938 ff.

8 BFH, X R 20/12, BStBl II 2015, 325 (327); *Krumm*, in: Blümich, § 6 EStG Rn 362 f.; *Birk/Desens/Tappe*, Steuerrecht, Rn 891.

9 Vgl *Birk/Desens/Tappe*, Steuerrecht, Rn 898 ff; *Hennrichs*, in: Tipke/Lang, Rn 9.210.

Allerdings wurde die Maschine im März 02, also kurz vor Ende des Wirtschaftsjahres 01/02 am 30.6.02, angeschafft. Gem. § 7 Abs. 1 Satz 4 EStG ist die AfA deshalb zu mindern. Sie wird für das Jahr 01/02 danach mit 4/12 des Jahresbetrages angesetzt. Damit beträgt die AfA im Wirtschaftsjahr 01/02 2500 €, so dass der errechnete Gewinn um 2500 € zu verringern ist. Die Maschine ist zum 30.6.02 mit 72 500 € in der Bilanz als Aktivvermögen anzusetzen. **416**

(2) Der Ansatz der „Verfahrenserfindung"

Möglicherweise ist die „Verfahrenserfindung" als Wirtschaftsgut zu berücksichtigen. Es träte in diesem Fall eine Erhöhung des Gewinns um den Wert des Wirtschaftsguts abzüglich der AfA ein. **417**

Es müsste sich dafür wiederum um ein ansatzfähiges *Wirtschaftsgut* handeln. Wie die Veräußerung der Erfindung im Jahr 02/03 zeigt, handelt es sich um ein einzeln bewertbares Recht, das am Markt veräußert werden kann und der Z-OHG zuvor Entwicklungskosten verursacht hat. Das neue Verfahren ist demnach ein Wirtschaftsgut iSd §§ 5–7 EStG.

Dem Ansatz dieses Wirtschaftsgutes könnte jedoch § 5 Abs. 2 EStG entgegenstehen, nach dem für *immaterielle Wirtschaftsgüter des Anlagevermögens* ein Aktivposten in der Bilanz nur anzusetzen ist, wenn sie entgeltlich erworben wurden. Immaterielle Wirtschaftsgüter sind unkörperliche Wirtschaftsgüter wie Marken, Patente, Warenzeichen etc[10]. Folglich handelt es sich auch bei dem patentierten Verfahren um ein immaterielles Wirtschaftsgut. Die Z-OHG hat es selbst entwickelt und demnach nicht entgeltlich von einem Dritten erworben. Der Umstand, dass die Z-OHG als „Herstellerin der Verfahrenserfindung" Aufwendungen in Form von Kosten für die Verfahrensentwicklung hatte, führt nicht zu einem entgeltlichen Erwerb iSd § 5 Abs. 2 EStG. Damit greift das *Aktivierungsverbot des § 5 Abs. 2 EStG*. Mithin ist die „Verfahrenserfindung" nicht zu aktivieren. **418**

Für das Jahr 01/02 ergibt sich daher insoweit keine Auswirkung auf den Gewinn.

(3) Wertsteigerung des Grundstücks

Möglicherweise ist die tatsächlich eingetretene Wertsteigerung des Grundstücks bereits im Jahr 01/02 zu berücksichtigen. Die Bewertung eines Wirtschaftsguts richtet sich nach § 6 EStG. **419**

Bei dem Grundstück handelt es sich um ein nicht abnutzbares Wirtschaftsgut des Anlagevermögens der Z-OHG, das bilanziell mit seinen Anschaffungskosten/Herstellungskosten erfasst ist (§ 6 Abs. 1 Nr 2 Satz 1 EStG). Als Ausdruck des handelsrechtlichen Vorsichtsprinzips (§ 252 Abs. 1 Nr 4 HS 2 HGB, in der Konkretisierung des Realisationsprinzips) dürfen Vermögensgegenstände nach dem Wortlaut des § 6 Abs. 1 Nr 1, 2 EStG jedoch maximal mit ihren Anschaffungskosten/Herstellungskosten angesetzt wer-

10 *Weber-Grellet*, in: Schmidt, EStG, § 5 Rn 171.

den[11]. Wertsteigerungen, die nicht realisiert werden, bleiben im Wirtschaftsgut als *stille Reserven* (Wertsteigerungen, die in den Buchwerten der Bilanz nicht zum Ausdruck kommen) gespeichert. Im Gegensatz zu einer dauernden Wertminderung sieht § 6 Abs. 1 Nr 1, 2 EStG für eine dauerhafte Wertsteigerung gerade keine Wertberichtigung nach oben vor.

Damit wirkt sich auch die kurzfristige Wertsteigerung des Grundstücks im Jahre 01/02 noch nicht auf den Gewinn aus.

(4) Mietzahlungen an A

420 Die Mietzahlungen an A dürften das Betriebsvermögen der Z-OHG nur mindern, wenn sie durch den Betrieb veranlasst wären. Die Z-OHG mietete das Grundstück zu Produktions- und somit betrieblichen Zwecken an. Es handelt sich danach grundsätzlich um eine betrieblich veranlasste Zahlung iHv 30 000 €.

421 Hierbei ist jedoch eine Besonderheit zu beachten: Es handelt sich vorliegend um die Vermietung eines Grundstücks an eine Gesellschaft durch einen ihrer Gesellschafter. Das Grundstück stellt somit, obwohl es zivilrechtlich im Eigentum des A steht, sog. *Sonderbetriebsvermögen* der Gesellschaft dar[12]. Die Mietzahlungen sind bilanziell als gewinnmindernder Aufwand zu berücksichtigen. Der sog. *Gesamtgewinn der Mitunternehmerschaft* bleibt dadurch jedoch unberührt, weil der Betrag, der in der Bilanz als Aufwand (der Gesellschaft) verbucht ist, in der *Sonderbilanz des Gesellschafters* als Ertrag angesetzt werden muss, § 15 Abs. 1 Satz 1 Nr 2 Satz 1 HS 2 EStG (korrespondierende Bilanzierung)[13].

dd) Ergebnis

422 Auf der Ebene der Z-OHG ergibt sich für das Wirtschaftsjahr 01/02 ein Gewinn iHv 100 000 €, der im Kalenderjahr 02 als bezogen gilt (132 500 € ./. 2500 € ./. 30 000 €).

b) Gewinn auf der Ebene des Gesellschafters A

423 Aufgrund seiner 50 %-Beteiligung sind dem A folglich Einkünfte aus Gewinnbeteiligung aus der Z-OHG für den VZ 02 gem. § 15 Abs. 1 Satz 1 Nr 2 Satz 1 HS 1 EStG iHv 50 000 € zuzurechnen.

3. Einkünfte aus Sondervergütungen, § 15 Abs. 1 Satz 1 Nr 2 Satz 1 HS 2 EStG

424 Die Mietzahlungen, die A von der Z-OHG für die Überlassung des Grundstücks erhalten hat, könnten bei ihm Sondervergütungen gem. § 15 Abs. 1 Satz 1 Nr 2 Satz 1 HS 2 EStG darstellen. Danach sind Einkünfte aus Gewerbebetrieb auch die Vergütungen, die der Gesellschafter von der Gesellschaft für die Überlassung von Wirtschaftsgütern

11 Vgl dazu *Birk/Desens/Tappe*, Steuerrecht, Rn 952.
12 Vgl *Birk/Desens/Tappe*, Steuerrecht, Rn 1188 ff.
13 *Birk/Desens/Tappe*, Steuerrecht, Rn 1191 f.

erhalten hat. Das von der Z-OHG für ihre gewerbliche Tätigkeit genutzte Grundstück stellt ein Wirtschaftsgut dar. Die Miete, die von der Z-OHG an A floss, erfüllt die Voraussetzungen einer Sondervergütung. Folglich handelt es sich bei dem erhaltenen Mietzins um Einkünfte aus Gewerbebetrieb (Sondervergütungen).

Die Mietzahlungen, die A von der Z-OHG erhält, stellen tatbestandlich zwar auch Einkünfte aus Vermietung und Verpachtung gem. § 21 Abs. 1 Satz 1 Nr 1 EStG dar. Allerdings gehören sie aufgrund der Subsidiaritätsklausel des § 21 Abs. 3 EStG zu den Einkünften aus Gewerbebetrieb.

Damit hat A Sondervergütungen iHv 30 000 € erzielt.

4. Ergebnis

Die steuerpflichtigen Einkünfte des A aus der Mitunternehmerschaft für den VZ 02 **425**
belaufen sich auf 80 000 €.

II. Einkünfte aus selbstständiger Arbeit

Aus der Betätigung als Ingenieur könnte A Einkünfte aus selbstständiger Arbeit gem. **426**
§ 2 Abs. 1 Satz 1 Nr 3, § 18 Abs. 1 Nr 1 EStG erzielt haben. Die Tätigkeit als Ingenieur zählt als sog. Katalogberuf gem. § 18 Abs. 1 Nr 1 Satz 2 EStG zu den freiberuflichen Tätigkeiten. Einkünfte aus freiberuflicher Tätigkeit sind ihrerseits gem. § 18 Abs. 1 Nr 1 Satz 1 EStG Einkünfte aus selbstständiger Arbeit.

Die Ermittlung des Gewinns als freiberuflich Tätiger erfolgt, solange nicht freiwillig **427**
gem. § 4 Abs. 1 EStG bilanziert wird, nach § 4 Abs. 3 EStG. Sie unterliegt dem Konzept der Geldverkehrsrechnung und somit dem Zu- und Abflussprinzip gem. § 11 EStG. Gewinn ist dabei gem. § 4 Abs. 3 Satz 1 EStG der Überschuss der Betriebseinnahmen über die Betriebsausgaben[14]. Da A als freiberuflich Tätiger nicht freiwillig bilanziert, ist sein Gewinn nach § 4 Abs. 3 EStG zu ermitteln.

1. Betriebseinnahmen

Der Begriff der Betriebseinnahmen ist im EStG nicht definiert. Aus der Zusammen- **428**
schau der Definition der Einnahmen in § 8 Abs. 1 EStG und der Betriebsausgaben gem. § 4 Abs. 4 EStG werden unter Betriebseinnahmen jedoch alle Zugänge in Geld oder Geldeswert verstanden, die durch den Betrieb veranlasst sind, dh wenn aus der (objektiven) Sicht des Unternehmers ein tatsächlicher oder wirtschaftlicher Zusammenhang mit dem Betrieb besteht[15].

Zunächst sind hier die 40 000 € zu berücksichtigen, die A im VZ 02 mit seiner Tätigkeit als Ingenieur erzielt hat.

14 Dazu *Birk/Desens/Tappe*, Steuerrecht, Rn 973 ff.
15 StRspr BFH, X R 94/96, BStBl II 1998, 619 (620 f) mwN; *Birk/Desens/Tappe*, Steuerrecht, Rn 985.

429 Ferner könnte das elektronische Bauteil, das A von einem Kunden erhielt, als Betriebseinnahme zu qualifizieren sein. Bei dem Bauteil handelt es sich um einen Zugang in Geldeswert (Sachwertzugang), den A vom Kunden für seine beruflichen Dienste erhalten hat und somit um eine Betriebseinnahme.

430 Fraglich ist jedoch, ob sich das Bauteil bereits zu dem Zeitpunkt als Betriebseinnahme auswirkte, als es vom Kunden in das Betriebsvermögen des A überging (02), oder erst dann, als es gewinnbringend veräußerte wurde (03).

431 Die Rspr[16] vertritt den Standpunkt, dass bei Wirtschaftsgütern des Umlaufvermögens sonstige (unentgeltlich erlangte) Sachwertzugänge dann als Betriebseinnahme anzusetzen sind, wenn sie ins Betriebsvermögen übergehen. Dem Umstand, dass die erworbene Sache hierdurch doppelt – im Zeitpunkt des Übergangs in das Betriebsvermögen und nach ihrer Veräußerung – als Gewinn erfasst und besteuert werden würde, begegnet der BFH folgendermaßen: Er setzt in Höhe des Sachwertzugangs eine Betriebsausgabe an und erreicht somit – trotz Annahme einer Betriebseinnahme – einen erfolgsneutralen Vorgang. Erst im Zeitpunkt einer späteren Veräußerung wirkt sich die Betriebseinnahme auf den Gewinn aus. Demzufolge hätte der Wertzugang iHv 500 € im Jahr 02 zwar eine Betriebseinnahme dargestellt; dieser hätten jedoch 500 € an Betriebsausgaben gegenübergestanden. Eine Auswirkung auf den Gewinn hätte sich hiernach erst im Jahr 03 ergeben.

432 Dagegen sollte richtigerweise bei Erhalt der Sache (Jahr 02) tatsächlich von einem gewinnerhöhenden Sachwertzugang iHd Verkehrswertes ausgegangen werden. Bei der Veräußerung (Jahr 03) sind dann dem Veräußerungserlös fiktive Anschaffungskosten gegenüberzustellen, so dass sich letztlich nur der seit Zugang zum Betriebsvermögen entstandene Mehrwert auf den Veräußerungserlös auswirkt. Denn nur so gelingt ein Gleichlauf zum Überschussrechner gemäß § 2 Abs. 2 Satz 1 Nr 2 EStG, der Sachwertvorgänge sofort versteuern muss[17]. Bereits im Jahr 02 sind daher 500 € (Sachwertzugang) und im Jahr 03 dann weitere 500 € (Veräußerungsgewinn: 1000 € ./. 500 €) als Betriebseinnahmen anzusetzen.

2. Betriebsausgaben

433 Betriebsausgaben sind gemäß § 4 Abs. 4 EStG alle Aufwendungen, die durch den Betrieb veranlasst sind.

a) Messinstrument

434 Die Ausgaben für das Messinstrument iHv 952 € (inkl 19 % USt iHv 152 €) könnten gem. § 4 Abs. 4 EStG Betriebsausgaben im Jahr 02 darstellen. Eine Aufwendung ist durch den Betrieb veranlasst, wenn sie objektiv mit dem Betrieb im Zusammenhang steht und sie subjektiv der Förderung des Betriebes dient[18], wobei das subjektive Element im Einzelfall

16 BFH, IV R 29/91, BStBl II 1993, 36 (38).
17 *Birk/Desens/Tappe*, Steuerrecht, Rn 987.
18 BFH, VI R 193/77, BStBl II 1981, 368 (369).

entbehrlich ist[19]. Bei der Bezahlung eines gerade für den Betrieb angeschafften Arbeitsmittels handelt es sich danach grundsätzlich um Betriebsausgaben.

Da es sich beim Messinstrument um einen Gegenstand handelt, der dauernd zum Gebrauch bei A geeignet und bestimmt ist (Anlagevermögen, § 247 Abs. 2 HGB), ist grundsätzlich nach § 4 Abs. 3 Satz 3, § 7 Abs. 1 EStG nur eine anteilige AfA als Betriebsausgabe abzugsfähig. Als Ausnahme davon können gem. § 6 Abs. 2 Satz 1 EStG jedoch für bewegliche Wirtschaftsgüter des Anlagevermögens, sofern ihr Wert *abzüglich des enthaltenen Vorsteuerbetrags* 800 € nicht übersteigt, ihre Anschaffungs- und Herstellungskosten im Jahr der Anschaffung in voller Höhe abgezogen werden (sog. Abzug für geringwertige Wirtschaftsgüter)[20]. Abzüglich des umsatzsteuerrechtlichen Vorsteuerbetrages (§ 9b EStG iVm § 15 UStG) beläuft sich der Wert des Messinstrumentes auf 800 €. Die 800 € sind daher im Jahr 02 *in voller Höhe* als Betriebsausgabe abzugsfähig[21]. **435**

b) Mietaufwand für Januar 03

Auch der Mietaufwand für das angemietete Ingenieursbüro im Januar 03 iHv 1500 € könnte als Betriebsausgabe gem. § 4 Abs. 4 EStG abzugsfähig sein. Es handelt sich um eine betrieblich veranlasste Aufwendung des A. Einem Abzug im Jahr 02 könnte jedoch § 11 Abs. 2 Satz 2 iVm Abs. 1 Satz 2 EStG entgegenstehen. Danach gelten regelmäßig wiederkehrende Betriebsausgaben, die dem Steuerpflichtigen kurze Zeit vor Beginn des Kalenderjahres entstanden sind, zu dem sie wirtschaftlich gehören, als in diesem Kalenderjahr entstanden[22]. Als „kurze Zeit“ in diesem Sinne wird ein Zeitraum von ca zehn Tagen angesehen[23]. Die Zahlung am 28.12.02 erfolgte also kurze Zeit vor Beginn des Kalenderjahres, zu dem sie wirtschaftlich gehörte. Der Mietaufwand zählt wirtschaftlich zum Jahr 03, er kann daher gemäß § 11 Abs. 2 Satz 2 iVm Abs. 1 Satz 2 EStG erst im Jahr 03 als Betriebsausgabe berücksichtigt werden. **436**

3. Ergebnis

Im Jahr 02 erzielte A somit einen steuerpflichtigen Gewinn aus selbstständiger Tätigkeit iHv 39 700 € (40 000 € + 500 € ./. 800 €)[24]. **437**

III. Ergebnis

Das zu versteuernde Einkommen des A für den VZ 02 beläuft sich insgesamt auf 119 700 € (80 000 € + 39 700 €). **438**

---

19 Vgl *Birk/Desens/Tappe*, Steuerrecht, Rn 992 f.

20 *Birk/Desens/Tappe*, Steuerrecht, Rn 1010.

21 Abweichend könnte A das Messinstrument mit 800 € auch in einen „Sammelposten 02“ einstellen, der jährlich um 1/5 gewinnmindernd aufzulösen ist (§ 6 Abs. 2a EStG), also um 160 € im Jahr 02.

22 Vgl dazu *Birk/Desens/Tappe*, Steuerrecht, Rn 984.

23 BFH, VIII R 15/83, BStBl II 1986, 342 (343); *Birk/Desens/Tappe*, Steuerrecht, Rn 984.

24 Wenn der Rechtsprechung gefolgt wurde, ergibt sich ein Gewinn iHv 39 200 € (40 000 € ./. 800 €).

B. Veranlagungszeitraum 03

I. Einkünfte aus Mitunternehmerschaft

1. Gewinnanteil, § 15 Abs. 1 Satz 1 Nr 2 Satz 1 HS 1 EStG

a) Gewinn auf der Ebene der Z-OHG

439 Als Geschäftsergebnis laut Handelsbilanz hat die Z-OHG für das Wirtschaftsjahr 02/03 einen Gewinn iHv 105 000 € erzielt.

aa) AfA für die neue Maschine

440 Der Wert, mit dem die Maschine anzusetzen ist, könnte durch eine weitere Berücksichtigung der AfA gem. § 6 Abs. 1 Nr 1 Satz 1 EStG zu verringern sein. Gem. § 7 Abs. 1 Sätze 1, 2 EStG beträgt die AfA bei einer zehnjährigen Nutzungsdauer jedes Jahr 1/10 des Werts des Wirtschaftsguts (sog. lineare AfA). Es ist für das Wirtschaftsjahr 02/03 folglich AfA iHv 7500 € zu berücksichtigen, so dass sich der Wert der Maschine um diesen Betrag verringert. Entsprechend ist der Gewinn um 7500 € zu mindern.

bb) „Verfahrenserfindung"

441 Durch die Veräußerung der Verfahrenserfindung des A könnte sich im Wirtschaftsjahr 02/03 das Betriebsvermögen der Z-OHG um 10 000 € gemehrt haben. Es müsste sich bei dem Erlös um eine betrieblich veranlasste Vermögensmehrung handeln. Die Z-OHG hatte zwar aufgrund von § 5 Abs. 2 EStG (Aktivierungsverbot) die Erfindung bisher nicht als Wirtschaftsgut aktiviert. Die Erfindung ist aber das Ergebnis ihrer Forschungen, so dass der Verkaufserlös iHv 10 000 € betrieblich veranlasst ist. Daher ist das Betriebsvermögen um 10 000 € zu erhöhen.

cc) Wertsteigerung des Grundstücks

442 Die im Grundstück gespeicherten stillen Reserven aus der Wertsteigerung des Grundstücks hat A mit der Veräußerung des Grundstücks im Dezember 02 *realisiert.* Die erzielte Wertsteigerung iHv 40 000 € stellt somit eine erfolgswirksame Betriebsvermögensmehrung dar, die den Gewinn erhöht.

dd) Mietaufwand

443 Die an A geleisteten Mietzahlungen stellen auch für das Jahr 02/03 eine Betriebsvermögensminderung dar, die den Gewinn um 30 000 € verringert.

b) Gewinnanteil bei A

444 Der Gewinn der Z-OHG beläuft sich somit für das Wirtschaftsjahr 02/03 auf 117 500 € (105 000 € ./. 7500 € + 10 000 € + 40 000 € ./. 30 000 €), der auf A entfallende Gewinnanteil mithin auf 58 750 €.

2. Sondervergütungen

A erzielte auch im Jahr 02/03 Einkünfte aus Sondervergütungen (§ 15 Abs. 1 Satz 1 Nr 2 Satz 1 HS 2 EStG) für die Überlassung des Grundstücks iHv 30 000 €. **445**

3. Ergebnis

Die steuerpflichtigen Einkünfte aus Gewerbebetrieb (Gewinnanteil und Sondervergütungen) belaufen sich für A im Wirtschaftsjahr 02/03 somit insgesamt auf 88 750 €. **446**

II. Einkünfte aus selbstständiger Arbeit

Einkünfte aus selbstständiger Arbeit erzielte A zunächst iHv 30 000 €. Folgende Vorfälle sind noch zu berücksichtigen: **447**

1. Betriebseinnahmen

Mit dem Verkauf des Bauteils hat A einen Veräußerungserlös von 1000 € erzielt. Um eine doppelte Berücksichtigung zu vermeiden, ist der Erlös um fiktive Anschaffungskosten iHv 500 € (Verkehrswert bei Überlassung) zu verringern (s. Rn 442). Der Gewinn erhöht sich damit nur um 500 €. **448**

2. Betriebsausgaben

Der Mietaufwand für das von A angemietete Büro, den A schon im Dezember 02 entrichtet hatte, ist gem. § 11 Abs. 2 Satz 2 iVm Abs. 1 Satz 2 EStG in dem Jahr, zu dem er wirtschaftlich gehört, abzuziehen. Folglich sind die 1500 € im Jahr 03 als Betriebsausgaben zu berücksichtigen. **449**

3. Ergebnis

A hat im VZ 03 Einkünfte aus selbstständiger Arbeit iHv 29 000 € erzielt[25]. **450**

III. Ergebnis

Das zu versteuernde Einkommen des A aus dem Veranlagungszeitraum 03 beläuft sich insgesamt auf 117 750 € (88 750 € + 29 000 €). **451**

25 Wenn der Rechtsprechung gefolgt wurde (Rn 442, 448), ergeben sich Einkünfte iHv 29 500 €.

Zur Wiederholung

Übersicht 6: Gewinnermittlung

452 (Hinweis: Zur Besteuerung von Personengesellschaften vgl Übersicht 7.3, Rn 518)

A. Gewinnermittlung durch Betriebsvermögensvergleich (§ 4 I bzw § 5 EStG)

= Gewinnermittlung durch Bilanzierung (sog. **Bilanzsteuerrecht:** §§ 4–7k EStG, §§ 140 ff AO, §§ 238 ff HGB)

I. Anwendungsbereich

1. **§ 4 I EStG:** buchführungspflichtige und freiwillig buchführende Freiberufler und Land- und Forstwirte
2. **§ 5 I EStG:** buchführungspflichtige und freiwillig buchführende Gewerbetreibende
3. **Gemeinsamkeiten und Unterschiede** zwischen § 4 I und § 5 I EStG
   a) Unterschied: bei **§ 5 I EStG** besteht Bindung an die handelsrechtlichen Grundsätze ordnungsgemäßer Buchführung **(GoB) → Maßgeblichkeitsgrundsatz**
   b) Beachte aber: auch im Rahmen des **§ 4 I EStG: § 141 I 2 AO iVm §§ 238, 240, 241, 242 I und §§ 243–256 HGB; analoge Anwendung des § 5 II–V EStG**
   c) Gemeinsamkeit zwischen § 4 I und § 5 I EStG: Gewinnermittlung durch **Betriebsvermögensvergleich**

II. Gewinn iSd § 4 I bzw § 5 I EStG

= **Unterschiedsbetrag** zwischen dem **Betriebsvermögen** am Schluss des Wirtschaftsjahrs und dem Betriebsvermögen am Schluss des vorangegangenen Wirtschaftsjahrs, vermehrt um den Wert der **Entnahmen** und vermindert um den Wert der **Einlagen**

1. **Betriebsvermögen in diesem Sinne: Differenz zwischen Aktiva und Passiva → Eigenkapital des Betriebs**
2. **Bilanzierung**
   a) **Eigenkapital** ergibt sich aus der Differenz zwischen Aktiva und übrigen Passiva
   b) **Bilanzgleichgewicht**, dh immer: Aktiva = Passiva (vgl „Balance")
      - Jeder Geschäftsvorfall ändert immer *mind zwei* Bilanzposten
      - Geschäftsvorfall wirkt sich entweder auf das Betriebsvermögen ieS (Eigenkapital) aus (ist **„erfolgs-/gewinnwirksam"**) oder nicht (ist „erfolgs-/gewinnneutral")
      - **Ergebnisneutral** sind bloße Umschichtungen im bilanzierten Betriebsvermögen iwS
        – **Aktivtausch**; Bsp: Anschaffung eines Grundstücks gegen Überweisung des Kaufpreises vom Bankkonto
        – **Passivtausch**; Bsp: Aufnahme eines Darlehens zur Tilgung einer Kaufpreisforderung
        – **Aktiv-/Passivtausch**; Bsp: Rückzahlung eines Bankkredits in bar
   c) Betriebsvermögen (Eigenkapital) kann auch durch **Entnahmen** oder **Einlagen** verändert werden; diese sind aber nicht erfolgs-/gewinnwirksam, da der Unterschiedsbetrag um den Wert der Entnahme oder Einlage zu vermehren bzw zu vermindern ist (§ 4 I EStG)

d) Erfolgswirksame Vermögenszugänge = **Ertrag** (zB Zinseinnahmen für Bankguthaben); Erfolgswirksame Vermögensabgänge = **Aufwand** (zB Mietzahlungen für gemietetes Betriebsgrundstück; Löhne für Mitarbeiter); **hier ändert sich das Betriebsvermögen (Eigenkapital)!**

3. **Buchführung**
Es kann nicht nach jedem Geschäftsvorfall eine ganz neue Bilanz erstellt werden (wäre unpraktikabel), daher muss **Buch geführt** werden.
   - Auflösung der Bilanz in Konten, in denen die Geschäftsvorfälle aufgezeichnet werden

III. Maßgeblichkeit der Handelsbilanz für die Steuerbilanz (in den Fällen des § 5 I EStG, s. o.) – sog. Maßgeblichkeitsgrundsatz

1. **Maßgeblichkeit trotz der unterschiedlichen Zwecke von Handels- und Steuerbilanz**
   - *Handels*bilanz dient dem Gläubigerschutz und der kritischen Selbstinformation des Kaufmanns, dh Kaufmann könnte sich ärmer rechnen, ohne dass dies problematisch wäre
   - die *Steuer*bilanz aber soll die Leistungsfähigkeit des Stpfl zutreffend abbilden
2. **Reichweite der Maßgeblichkeit**
   a) Maßgeblichkeit gilt sowohl für die Bilanzierung *dem Grunde nach* (§§ 246–251 HGB)
   b) ... als auch *der Höhe nach* (§§ 252–256 HGB)
3. **Durchbrechungen der Maßgeblichkeit**
   a) Wenn ein steuerrechtliches Wahlrecht besteht, kann dies in Abweichung zu handelsrechtlichen Vorgaben ausgeübt werden, § 5 I 1 HS 2, 2 EStG Einzelheiten sind dabei umstritten[26].
   b) insb § 5 I–V EStG und vor allem steuerliche Sonderregeln für die **Betriebsausgaben** (§ 4 V EStG) sowie die **Bewertung**, § 5 VI, §§ 6 ff EStG
   c) außerdem Rspr des BFH: handelsrechtliche Aktivierungs**wahlrechte** führen steuerrechtlich zu Aktivierungsgeboten; handelsrechtliche Passivierungs**wahlrechte** führen steuerrechtlich zu Passivierungsverboten (Grund: Gleichmäßigkeit der Besteuerung; kein beliebiges „Sich-ärmer-Rechnen")

IV. Grundsätze ordnungsgemäßer Buchführung

1. Geregelt insb in §§ 238 ff HGB, außerdem teilweise ungeschriebene GoB
2. **Formelle GoB**
   a) Bilanzklarheit (§ 238 I HGB),
   b) Verrechnungsverbot (§ 246 II HGB),
   c) Einzelbewertung (§ 252 I Nr 3 HGB),
   d) zeitnahe Bilanzaufstellung (§ 243 III HGB)
3. **Materielle GoB**
   a) Bilanzwahrheit und -vollständigkeit (§ 239 II, § 246 I HGB)
   b) **Bilanzkontinuität und -identität (§ 252 I Nr 6 HGB)**
      - zB Beibehaltung einmal angewandter Bewertungsmethoden (zB bei Wahlrechten); Übereinstimmung der Anfangsbilanz mit der Schlussbilanz des vorhergehenden Jahres (§ 252 I Nr 1 HGB)
      - **Folge: automatischer Fehlerausgleich** (aber möglicherweise keine periodengerechte Erfassung)
   c) **Verursachungsprinzip**

26 Vgl *Birk/Desens/Tappe*, Steuerrecht, Rn 873 ff.

- dh: Aufwendungen und Erträge sind unabhängig vom Zeitpunkt der Zahlung dem Geschäftsjahr bzw Wirtschaftsjahr zuzuordnen, in dem sie wirtschaftlich verursacht sind, § 252 I Nr 5 HGB; es kommt auf Entstehung der Forderung bzw Verbindlichkeit an, die schon bei Entstehung zu aktivieren bzw zu passivieren ist; s. ferner Rückstellungen und Rechnungsabgrenzungsposten für das Steuerrecht
- Unterschied zur Überschussrechnung (s. dazu § 11 I 5, II 6 EStG)

d) **Vorsichtsprinzip (§ 252 I Nr 4 HGB)**
dh: Kaufmann darf sich keinesfalls reicher rechnen, als er ist, allenfalls ärmer
- **Realisationsprinzip** (§ 252 I Nr 4 HS 2 HGB)
  - dh: Gewinne dürfen erst ausgewiesen werden, wenn sie realisiert sind (bei **Veräußerung** oder sonstigem Leistungsaustausch); Folge: **bloße Wertsteigerungen** allein sind steuerlich unbeachtlich, sie führen nur zu sog. **stillen Reserven**
  - Ausnahmen
    - **Besteuerung ohne Umsatzakt: Entnahmen (§ 6 I Nr 4 S. 1 EStG), Betriebsaufgabe (§ 16 III EStG)**; Grund: Sicherstellung der Besteuerung im letztmöglichen Zeitpunkt
    - **Keine Besteuerung trotz Umsatzakts:** Bildung einer **Rücklage nach § 6b EStG**; Rücklage für Ersatzbeschaffung
- **Imparitätsprinzip** (§ 252 I Nr 4 HS 1 HGB)
  - **Verluste und Risiken** sind (im Gegensatz zu Gewinnen) schon dann zu berücksichtigen, wenn sie *drohen*
  - Imparität = unterschiedliche Behandlung von Gewinnen und Verlusten; Ausprägungen:
    1. Niederstwertprinzip (§ 253 III, IV HGB)
    2. Rückstellungen (§ 249 HGB)
    3. Teilweises Verbot der Aktivierung nicht entgeltlich erworbener immaterieller Wirtschaftsgüter des Anlagevermögens (§ 248 II 2 HGB; weitergehend § 5 II EStG)
- **Grundsatz der Nichtbilanzierung schwebender Verträge (ungeschriebener GoB)**
  - Inhalt: Ansprüche und Verbindlichkeiten aus schwebenden Geschäften dürfen nicht bilanziert werden
  - **Folge: Vorleistungen** sind sowohl beim Leistenden als auch beim Empfänger **zu neutralisieren**
  - keine Rückstellungen wegen drohender Verluste (§ 249 I 1 HS 2 HGB, § 5 IVa EStG)

e) **Stichtagsprinzip (§ 252 I Nr 3 HGB)**
- Inhalt: Verhältnisse am Abschlussstichtag maßgebend, so wie ein sorgfältiger Kaufmann sie im Zeitpunkt der fristgerechten Bilanzaufstellung erkennen konnte
- erst nach dem Stichtag eingetretene **wertbeeinflussende Tatsachen** dürfen nicht mehr berücksichtigt werden
- bereits am Stichtag **vorliegende**, jedoch erst später bekannt gewordene **wertaufhellende Tatsachen** werden dagegen berücksichtigt, soweit sie bis zur Bilanzaufstellung bekannt waren

V. Bilanzierung „dem Grunde nach" („Ob" der Bilanzierung)

1. Was ist anzusetzen?
- grds HGB maßgeblich (§ 5 I EStG), vgl § 246 I 1 HGB

2. Beachte unterschiedliche Terminologie im Handels- und Steuerrecht
- Vermögensgegenstände → steuerrechtlich: Wirtschaftsgüter

- Schulden → steuerrechtlich: Verbindlichkeiten und Rückstellungen
- Eigenkapital → steuerrechtlich: Betriebsvermögen

3. **Was ist Wirtschaftsgut/Vermögensgegenstand?**
(§ 4, § 5, § 6 EStG; § 246 I, § 252 usw HGB); grds identisch; Wirtschaftsgut (WG) tritt aber auch auf Passivseite der Bilanz auf (arg. e § 6 I Nr 3 EStG)

a) **Voraussetzungen**
- alle Sachen und Rechte iSd Zivilrechts sowie sonstige vermögenswerte Vorteile einschließlich tatsächlicher Zustände und konkreter Möglichkeiten
- deren Erlangung der Kaufmann sich etwas kosten lässt
- die nach der Verkehrsauffassung einer besonderen Bewertung zugänglich sind und
- die einzeln oder im Zusammenhang mit dem Betrieb übertragbar sind

b) **Zweck der Aktivierung = „Aufwandsspeicher“ (bzw Aufwandsverteilung durch AfA)**

c) **Arten von Wirtschaftsgütern**
- Anlagevermögen – Umlaufvermögen (§ 247 II HGB);
Bedeutung: zB § 6 I Nr 1, 2, II, IIa, § 5 II, § 7 II EStG
- materielle – immaterielle Wirtschaftsgüter
Bedeutung: Aktivierungsverbot des § 5 II EStG (Bsp für immaterielles Wirtschaftsgut: Patentierung einer Erfindung)
- bewegliche und unbewegliche Wirtschaftsgüter
Bedeutung: § 6 II, § 7 II EStG
- abnutzbare und nicht abnutzbare Wirtschaftsgüter
Bedeutung: AfA (§ 7 EStG)

d) Achtung: **Einzelbewertung: Grund und Boden** sowie **aufstehendes Gebäude** sind zivilrechtlich eine einzige Sache; steuerrechtlich handelt es sich um zwei selbstständige Wirtschaftsgüter; evtl handelt es sich sogar um vier Wirtschaftsgüter, wenn Gebäudeteile teils dem privaten Wohnen dienen, teils dem Betrieb

e) Zurechnung: § 39 AO – wirtschaftliche Vermögenszugehörigkeit

f) **Zugehörigkeit zum Betriebsvermögen** ...
- ... als Voraussetzung der Aufnahme in die Bilanz
<u>Terminologischer Hinweis:</u> Betriebsvermögen ist hier nicht iSv Eigenkapital (Rechengröße in der Bilanz) zu verstehen, sondern als Gegenbegriff zum Privatvermögen, also als **Gesamtheit aller zum Betrieb gehörender Wirtschaftsgüter**
- **WG ist Teil des Betriebsvermögens (BV), wenn es aus betrieblicher Veranlassung angeschafft, hergestellt oder eingelegt worden ist**
  – **Notwendiges BV** = wenn ein WG dem Betrieb in dem Sinne unmittelbar dient, dass es objektiv erkennbar zum unmittelbaren Einsatz im Betrieb selbst bestimmt ist (zB betrieblich genutzte Grundstücke, Maschinen, Fahrzeuge usw)
  – **Gewillkürtes BV** = solche WG, die objektiv geeignet und subjektiv dazu bestimmt sind, den Betrieb zu fördern (hier wird WG erst durch Zweckbestimmung des Unternehmers zum BV, zB durch Ausweis in der Bilanz)
  – **Notwendiges Privatvermögen (PV)** = wenn betrieblicher Zusammenhang fehlt (zB Wertpapiere, Mietgrundstücke etc, die nicht als Sicherheit für den Betrieb verwendet werden), zB Privathaus des Unternehmers
  – Problem: gemischt genutztes WG (zB betrieblicher Pkw, den der Unternehmer auch privat nutzt)
    - betriebliche Nutzung mehr als 50 % → notwendiges BV
    - betriebliche Nutzung 10–50 % → Widmung zum gewillkürten BV möglich
    - betriebliche Nutzung unter 10 % → notwendiges PV

g) **Verbindlichkeiten und Rückstellungen**
- Verbindlichkeiten = passive WG, die Leistungspflichten gegenüber einem Dritten ausweisen, die am Bilanzstichtag dem Grunde und der Höhe nach gewiss sind
- **Betrieblich** ist die Verbindlichkeit, wenn ihre Entstehung durch den Betrieb veranlasst ist (vgl § 4 IV EStG), also im Zusammenhang mit dem Erwerb von BV oder zur Bestreitung von Betriebsausgaben steht
- Passivierungspflicht folgt aus § 253 I 2, § 266 III HGB
- **Rückstellungen** = passive WG, die dem Grunde und/oder der Höhe nach ungewisse, jedoch bereits wirtschaftlich verursachte betriebliche Verbindlichkeiten ausweisen
  - Verwirklichung des Vorsichts- und des Verursachungsprinzips
  - Funktionsweise: Auflösung der Rückstellung im Jahr der tatsächlichen Inanspruchnahme bei Berücksichtigung des Mittelabflusses in diesem Jahr
  - Rechtsgrundlage: § 249 HGB; Voraussetzungen für Bildung der Rückstellung:
    - Be- oder Entstehen einer Verbindlichkeit sowie die Inanspruchnahme *wahrscheinlich*
    - keine Rückstellung für entstehende Verbindlichkeiten aus schwebenden Geschäften (wegen zu erwartender Gegenleistung)
    - wirtschaftliche Verursachung der ungewissen Verbindlichkeit im abgelaufenen Wirtschaftsjahr oder schon rechtlich entstanden
  - Spezielle steuerrechtliche Passivierungsverbote, s. vor allem § 5 IIa, III, IV, IVa, IVb EStG

h) **Rechnungsabgrenzungsposten (§ 5 V EStG, § 250 HGB)**
- keine WG, sondern Korrekturposten zur periodengerechten Gewinnermittlung (Verursachungsprinzip!)
- Bsp: U zahlt Ladenmiete für Januar 11 schon im Dezember 10

i) **Steuerfreie Rücklagen**
- Achtung: Rücklagen nicht mit Rückstellungen verwechseln!
- Rücklagen sind handelsrechtlich **Teil des Eigenkapitals (§ 266 III HGB)**
- Gewinneinstellung in die Rücklage ist grundsätzlich Frage der Gewinnverwendung, nicht der Gewinnermittlung
- aber: Bildung sog. steuerfreier Rücklagen ausnahmsweise zulässig, Bsp:
  - R 6.6 (4) EStR 2008 – **Rücklage für Ersatzbeschaffungen** funktionsgleicher Wirtschaftsgüter im selben Betrieb, um Entschädigung ungeschmälert für Ersatzbeschaffung verwenden zu können;
  - § 6b EStG (Lenkungsnorm) – Anpassung an Strukturveränderungen
- Aufdeckung stiller Reserven
- Spätere Übertragung auf ein anderes WG (AK-mindernde Auflösung der Rücklage)
- Folge: Steuerstundungseffekt

VI. Bilanzierung „der Höhe nach" („Wie" der Bilanzierung, dh Bewertung)

1. **Rechtsgrundlagen für die Bewertung:** in erster Linie §§ 6 ff EStG, subsidiär §§ 252–256a HGB (s. § 5 VI EStG)
2. **Ausgangspunkt der Bewertung: Anschaffungs- bzw Herstellungskosten (AK/HK)** → § 6 I Nr 1 bzw Nr 2 EStG (betr Anlagevermögen/Umlaufvermögen)

   a) Begriff der AK: die Aufwendungen, die geleistet werden, um einen Vermögensgegenstand zu erwerben und ihn in einen betriebsbereiten Zustand zu versetzen (§ 255 I HGB)

b) Begriff der HK: die Aufwendungen, die durch den Verbrauch von Gütern und die Inanspruchnahme von Diensten für die Herstellung eines Vermögensgegenstands entstehen (§ 255 II, III HGB); für immaterielle WG vgl § 255 IIa HGB

3. Ansatz anderer Werte:

a) bei **Einlagen und Entnahmen** ist grds der **Teilwert** anzusetzen → § 6 I Nr 4, 5 EStG
- Einlagen und Entnahmen verändern zwar das Betriebsvermögen, dürfen aber keine Auswirkungen auf den Gewinn haben
- Entnahme (§ 4 I 2 EStG) = Überführung von Wirtschaftsgütern des Betriebsvermögens in das Privatvermögen => Aufdeckung stiller Reserven
- Einlage (§ 4 I 8 EStG) = Überführung von Wirtschaftsgütern des Privatvermögens in das Betriebsvermögen
- Begriff des **Teilwerts**: der Betrag, den ein Erwerber des ganzen Betriebs im Rahmen des Gesamtkaufpreises für das einzelne Wirtschaftsgut ansetzen würde, wobei davon auszugehen ist, dass der Erwerber den Betrieb fortführt (§ 6 I Nr 1 S. 3 EStG; ebenso § 10 Sätze 2, 3 BewG)
  - dh Mehrwert aufgrund Betriebszugehörigkeit ist zu berücksichtigen
  - aufgrund der Fiktionen kann Teilwert nur geschätzt werden; Rspr hat Teilwertvermutungen entwickelt
- abzugrenzen vom **gemeinen Wert** (§ 9 II 1 BewG): gemeiner Wert = Verkehrswert (Einzelveräußerungspreis unabhängig von der Betriebszugehörigkeit des WG; maßgeblich zB bei Betriebsaufgabe, § 16 III 7 EStG)

b) Wertveränderungen im Betriebsvermögen

aa) Wertminderungen
- sog. **Teilwertabschreibung** (dh Bewertung mit dem niedrigeren Teilwert); Grund: Vorsichtsprinzip
  - steuerrechtlich: bei voraussichtlich dauernder Wertminderung „kann" WG des (abnutzbaren und nicht abnutzbaren) **Anlagevermögens** mit dem niedrigeren Teilwert angesetzt werden, § 6 I Nr 1 S. 2 bzw Nr 2 S. 2 EStG;
  - bei voraussichtlich nicht dauernder Wertminderung: keine Teilwertabschreibung
- für **Umlaufvermögen** (UV) gilt:
  - steuerrechtlich: bei voraussichtlich dauernder Wertminderung „kann" abgeschrieben werden, s.o., § 6 I Nr 2 S. 2 EStG
  - handelsrechtlich „müssen" Gegenstände des UV mit dem niedrigeren Wert angesetzt werden (strenges Niederstwertprinzip, § 253 IV HGB)
  - aber: bei nicht dauernder Wertminderung → keine Teilwertabschreibung im Steuerrecht
- **Absetzungen für Abnutzung** (AfA), § 7 EStG
  - vorzunehmen bei **abnutzbaren** Wirtschaftsgütern des **Anlagevermögens** (§ 6 I Nr 1 EStG)
  - abnutzbar zB Gebäude (ohne Grund und Boden!), LKW ...
  - nicht abnutzbar: Grund und Boden, Anteile an KapGes, Geldforderungen, Wertpapiere ...
  - ggf sog. **Sofortabschreibung für geringwertige WG**, soweit AK/HK 800 € nicht übersteigen (§ 6 II 1 EStG)
  - ggf Bildung eines sog. Sammelpostens für WG des Anlagevermögens, die 250 €, aber nicht 1000 € übersteigen (§ 6 IIa EStG) – IErg Abschreibung auf 5 Jahre

- **AfA**
  - entspricht handelsrechtlich den „planmäßigen Abschreibungen“, § 253 III 1, 2 HGB
  - AfA verteilt Aufwand → Anschaffung eines WG ist also zunächst erfolgsneutral
- **Arten der AfA**
  - **lineare AfA** (§ 7 I EStG) – AfA in gleichen Jahresbeträgen; Schätzung der betriebsgewöhnlichen Nutzungsdauer (AfA-Tabellen des BMF; für Rspr nicht bindend); im Anschaffungsjahr: AfA ab dem Monat der Anschaffung (§ 7 I 4 EStG)
  - AfA nach Maßgabe der **Leistung** (§ 7 I 6 EStG)
  - **degressive AfA** (§ 7 II EStG) – Abzug eines festen Prozentsatzes jeweils vom Restbuchwert (für WG aus 2009 oder 2010)
  - Sonderregelungen für **Gebäude**: § 7 IV–Va EStG
  - AfaA = Absetzungen für außergewöhnliche technische oder wirtschaftliche Abnutzung (§ 7 I 7 EStG) → Abgrenzung zur Teilwertabschreibung?
  - AfS = Absetzung für Substanzverringerung (§ 7 VI EStG)
  - Sonderregelungen für erhöhte Absetzungen und Sonderabschreibungen → §§ 7a–b, §§ 7g–i EStG

bb) Wertsteigerungen, die *ohne weitere Aufwendungen* des StPfl eintreten

- es bleibt grds beim Ansatz der AK/HK (§ 6 I Nr 1, 2 EStG); Grund: Vorsichtsprinzip/Realisationsprinzip, § 252 I Nr 4 HS 2 HGB
  Folge: Es entstehen sog. **stille Reserven**
- aber: Wertsteigerung **nach einer vorangegangenen Teilwertabschreibung → Wertaufholung** durch Teilwertzuschreibung (§ 6 I Nr 1 S. 4, Nr 2 S. 3 EStG); handelsrechtlich gilt Gleiches, § 253 V 1 HGB (Ausnahme: Geschäfts- oder Firmenwert, § 253 V 2 HGB)
  - Achtung: Kompensation nur der Teilwertabschreibung, dh kein Überschreiten der AK/HK; keine Neutralisierung der planmäßigen AfA (vgl § 6 I Nr 1 S. 4 EStG: „... sind ... gemäß Satz 1 anzusetzen ...“)

4. Bewertung von Verbindlichkeiten (§ 6 I Nr 3 EStG)

a) „AK“, dh grds Rückzahlungsbetrag

b) ggf Teilwertzuschreibung bei voraussichtlich dauernder Erhöhung der Verpflichtung (zB durch Wechselkursänderungen bei Fremdwährungsverbindlichkeiten), § 6 I Nr 3 iVm I Nr 2 S. 2 EStG (für Gewinnermittler nach § 5 EStG wegen § 253 IV HGB zwingend)

5. Bewertung von Rückstellungen (§ 6 I Nr 3a EStG)

B. Gewinnermittlung durch Überschussrechnung (§ 4 III EStG)

I. Einordnung

- einfachere Gewinnermittlung als durch Bilanzierung
- Gewinn nach § 4 III EStG = Überschuss der Betriebseinnahmen (BE) über die Betriebsausgaben (BA)
- grds Geldverkehrsrechnung **(Cashflow-Besteuerung)**
- Wertveränderung des BV grundsätzlich unbeachtlich → **unterschiedliche Periodenergebnisse, aber Grundsatz der Gesamtgewinngleichheit** (nicht: gleiche Gesamtsteuerbelastung, da unterschiedliche Progression, unterschiedliches Steuerrecht etc)

II. Wer darf Gewinn nach § 4 III EStG ermitteln?

1. **Land- und Forstwirte**
   (soweit nicht nach §§ 140, 141 AO buchführungspflichtig und nicht freiwillig buchführend)
2. **Gewerbetreibende, die nicht unter § 5 I EStG fallen** (also weder buchführungspflichtig noch freiwillig buchführend)
3. **Selbstständige**
   (soweit nicht freiwillig buchführend)

III. Wann sind BE/BA anzusetzen?

1. **§ 11 EStG: Zu-/Abflussprinzip**
2. **Also: zB nicht Entstehung der Forderung**
   (zB des Zahnarztes Z gegen seinen Patienten) für Gewinn des Z maßgeblich, sondern Zeitpunkt der Bezahlung durch den Patienten
3. **Ausnahme vom Zu- und Abfluss**
   regelmäßig wiederkehrende Einnahmen oder Ausgaben (Mieten, Arbeitslohn) kurz vor oder nach Jahreswechsel – ca 10 Tage (§ 11 I 2, II 2 EStG)

IV. Was sind Betriebseinnahmen (BE)?

1. **BE = alle Zugänge in Geld oder Geldeswert, die durch den Betrieb veranlasst sind (vgl § 8, § 4 IV EStG)**
2. **Problem: Übergang von Sachwertzugängen ins Betriebsvermögen** (Zahnarzt-/Altgoldfall; dazu LB Rn 987): BE iHd Verkehrswertes bei Erhalt der Sache, bei Veräußerung Veräußerungserlös – fiktive AK (aA BFH, s. hierzu im Fall Rn 430 ff)
3. **Keine BE**
   a) **Durchlaufende Posten (§ 4 III 2 EStG)**, zB Gerichtskostenvorschüsse – **kein durchlaufender Posten ist die Umsatzsteuer!**
   b) Ersparte Aufwendungen (zB Arzt behandelt sich selbst)
   c) Verzicht auf Einnahmen
   d) Zufluss von Geld als Darlehen

V. Was sind Betriebsausgaben (BA)?

1. **BA = Aufwendungen, die durch den Betrieb veranlasst sind (§ 4 I–V EStG)**
   a) (–) **durchlaufende Posten**; Darlehensrückzahlungen etc (s.o.)
   b) (+) auch unfreiwillige Ausgaben und Zwangsaufwendungen, zB Schadensersatz
   c) möglich: **vorweggenommene BA, vergebliche BA, nachträgliche BA** (zB Schuldzinsen für ursprünglich betrieblich veranlasste Verbindlichkeit, soweit diese Schuld nicht durch Verwertung der WG'er oder Veräußerungsgewinn beglichen werden konnte)
   d) **Verlust von Wirtschaftsgütern**, zB Totalschaden am betrieblichen Kfz des Rechtsanwalts: Bei privater Fahrt (zB infolge Trunkenheit) kein Abzug, bei dienstlicher Fahrt: Restbuchwert als BA abziehbar
2. **Falls dem Grunde nach BA vorliegen: ggf Abzugsverbote des § 4 V EStG prüfen!**
3. **Achtung!**
   a) AK/HK für **abnutzbare Wirtschaftsgüter des Anlagevermögens** nur BA, soweit **AfA** möglich ist (§ 4 III 3 EStG) → § 7, § 6 II EStG
      - aber: kein Verweis auf Teilwertabschreibung!
   b) AK/HK für **nicht abnutzbare Wirtschaftsgüter des Anlagevermögens** sind erst im Zeitpunkt der Veräußerung oder Entnahme als BA zu berücksichtigen (§ 4 III 4 EStG)
      - Grund: Vermeidung von „Zusammenballungseffekten" und Gewinnschwankungen

VI. Wechsel der Gewinnermittlungsart

1. nur zu Beginn des Wirtschaftsjahres möglich, für 3 Jahre bindend
2. zu beachten: **Grundsatz der Gesamtgewinngleichheit** (zB Bezahlung einer noch nicht bilanzierten Forderung oä)
3. dh: betriebliche Vorgänge dürfen infolge des Wechsels weder **doppelt** erfasst werden noch **unberücksichtigt** bleiben

VII. Entnahmen und Einlagen sind auch bei § 4 III EStG zu berücksichtigen (arg. e § 4 III 4 EStG)

C. Sondertatbestände: § 13a, § 5a EStG (LuF bzw Tonnagebesteuerung)

Fall 7:

Gewerbetreibender werden ist nicht schwer

Schwerpunkte: **Einkommensteuerrecht:** Mitunternehmerschaft (LB § 6 Rn 1145–1215), Betriebsaufspaltung (LB § 5 Rn 717–724); **Gewerbesteuerrecht:** Verhältnis zur Einkommensteuer (LB § 6 Rn 1334–1345), gewerbesteuerlicher Gewerbebetrieb (LB § 6 Rn 1346–1365); Ermittlung des Gewerbeertrages (LB § 6 Rn 1369–1409); Ermittlung des Gewerbesteuermessbetrages (LB § 6 Rn 1410–1427)

Schwierigkeitsgrad: eher hoch, Bearbeitungszeit: 2 Stunden

Rechtsanwalt und Wirtschaftsprüfer R ist zusammen mit den Berufskollegen X und Y **453** Gesellschafter der Rechtsanwaltssozietät R+W-GbR. Neben R, X und Y ist außerdem die WP-GmbH – eine Wirtschaftsprüfungsgesellschaft iSd §§ 27 ff WPO – Gesellschafter der GbR. Auf alle Gesellschafter entfällt jeweils ein Anteil von 25 % der gesamten Anteile. An der WP-GmbH sind Wirtschaftsprüfer Z zu 40 % und R zu 60 % beteiligt. Im Gesellschaftsvertrag der R+W-GbR ist geregelt, dass alle Gesellschafter jeweils zu 1/4 am Gewinn und Verlust beteiligt sind. Der nach handelsrechtlichen Vorschriften ermittelte Gewinn der R+W-GbR beträgt 200 000 €. Bei Ermittlung des Gewinns wurde ua eine Vergütung für die Geschäftsführungstätigkeiten des R iHv 24 500 € gewinnmindernd berücksichtigt. Von der WP-GmbH wurde an R ein Betrag von 100 000 € ausgeschüttet.

Die Ehefrau des R – die Diplom-Ingenieurin F – ist Alleineigentümerin eines Grundstücks, das mit einem Fabrikgebäude bebaut ist. Dieses vermietet F an die S-GmbH, die darin Solarzellen herstellt und vertreibt. Der nach den Vorschriften des Bewertungsgesetzes gesondert festgestellte Einheitswert des Grundstücks für Zwecke der Gewerbesteuer beträgt 500 000 €. Das Fabrikgebäude wurde im Jahr 03 (Bauantrag von 01) speziell für die Zwecke der S-GmbH hergestellt (Kosten: 650 000 €) und seitdem ausschließlich an die S-GmbH vermietet. Gesellschafter der S-GmbH sind F, die auch zur Geschäftsführerin der GmbH bestellt ist, und ihr Ehemann R. Die Gesellschaftsanteile betragen 70 % (F) bzw 30 % (R). Die Mieteinnahmen der F betragen 150 000 €. Der Mietvertrag entspricht inhaltlich dem, was im Geschäftsverkehr unter fremden Dritten üblich ist.

Frage 1: Wie hoch ist die Summe der Einkünfte der Eheleute? Unterstellen Sie dabei, dass R und F zusammen veranlagt werden (§ 26 Abs. 3 EStG).

Frage 2: Nehmen Sie an, dass die tarifliche Einkommensteuer von R und F (nach Abzug der berücksichtigungsfähigen Aufwendungen der privaten Lebensführung und Anwendung des Splittingtarifs) 80 000 € beträgt und Gewerbesteuer (mit unterschiedlichen Hebesätzen) gegenüber F iHv 16 000 € und gegenüber der R+W-GbR iHv 16 000 € festgesetzt wurde. In welcher Höhe ist die Einkommensteuer von R und F festzusetzen?

Vorüberlegungen

454 **Frage 1** enthält hauptsächlich zwei Probleme aus dem Einkommensteuerrecht: die Abfärberegelung (§ 15 Abs. 3 Nr 1 EStG) bzw Beteiligung sog. „Berufsfremder" an einer ansonsten freiberuflich tätigen Personengesellschaft und das durch die Rspr entwickelte Institut der Betriebsaufspaltung.

Es ist nach der Summe der Einkünfte der Eheleute R und F gefragt. Da auch bei einer Zusammenveranlagung von Eheleuten die Einkünfte zunächst gesondert zu ermitteln sind und dann erst zusammengefasst werden, sind auch in der Klausurlösung die Einkünfte R und F zunächst getrennt zu ermitteln.

Die Beteiligungsverhältnisse der Gesellschaften, an denen R beteiligt ist, sollten zunächst in einem Schaubild zusammengefasst werden, damit man sich während der Lösung jederzeit einen Überblick über die verschachtelten Gesellschaften verschaffen kann und nichts verwechselt.

Der Sachverhalt spricht verschiedene Zuflüsse des R an. Man sollte schon im Vorfeld erkennen, dass diese (wohl) nur mit einer Einkunftsart (§ 15 oder § 18 EStG) zusammenhängen. Es sollte daher zunächst nach den Einkünften aus der Beteiligung des R an der R+W-GbR gefragt und dabei zwischen der Qualifikation der Einkünfte (Einkunftsart) und ihrer Höhe unterschieden werden.

Bei der Einkunftsart empfiehlt es sich, zunächst die Möglichkeit von Einkünften aus selbstständiger Arbeit anzusprechen. Man muss erkennen, dass mit der WP-GmbH ein „Berufsfremder", dh ein *Nicht-Freiberufler*, an der GbR beteiligt ist, da die GmbH kraft Gesetzes Einkünfte aus Gewerbebetrieb erzielt (§ 8 Abs. 2 KStG). Das führt zumindest nach hM bei der GbR insgesamt zu gewerblichen Einkünften. In der Begründung muss auf § 15 Abs. 3 Nr 1 EStG eingegangen werden.

Bei der Höhe der Einkünfte des R aus § 15 EStG ist anzusprechen, ob es sich bei der Beteiligung an der WP-GmbH um Sonderbetriebsvermögen hinsichtlich der GbR handelt. Bejaht man das, führt die Ausschüttung der GmbH zu einer Sonderbetriebseinnahme, die bei § 15 EStG zu behandeln ist und daher dem Teileinkünfteverfahren (§ 3 Nr 40, § 3c Abs. 2 EStG) – und nicht der Abgeltungsteuer für Kapitaleinkünfte (vgl § 32d Abs. 1, § 20 Abs. 8 EStG) – unterliegt.

Hinsichtlich der Einkünfte der F sollte man bereits beim Durchdenken des Sachverhalts eine Betriebsaufspaltung in Betracht ziehen. Die Prüfung sollte daher mit Einkünften aus Gewerbebetrieb (§ 15 EStG) beginnen. Würde man dagegen – was zunächst nahe liegt – Einkünfte aus Vermietung und Verpachtung (§ 21 EStG) prüfen, würde der Aufbau zu umständlich: Aufgrund der Subsidiarität der Vermietungseinkünfte (vgl § 21 Abs. 3 EStG) müsste inzident geprüft werden, ob nicht doch Einkünfte aus Gewerbebetrieb vorliegen. Im Schwerpunkt sind die Voraussetzungen der Betriebsaufspaltung – sachliche und personelle Verflechtung – deutlich herauszuarbeiten.

Bei **Frage 2** muss der „Einstieg" gefunden werden, nämlich § 35 EStG, der eine Ermäßigung der tariflichen Einkommensteuer bei gleichzeitiger Gewerbesteuerbelastung vorsieht. Über das dortige Tatbestandsmerkmal „Gewerbesteuer-Messbetrag" (vgl. § 11 Abs. 1 Sätze 1, 2 GewStG) führt die Aufgabe in das GewStG und mündet schließlich in der Ermittlung des Gewerbeertrages (vgl § 7 Satz 1 GewStG). Dabei bietet es sich an, mit dem Gewerbebetrieb der F zu beginnen, weil die Ermittlung des Gewerbe-Messbetrages dort einfacher ist als beim Mitunternehmeranteil des R (dort Mitunternehmerschaft). **455**

Die Schwierigkeit bei **Frage 2** liegt in der Anwendung von Rechtsnormen, die ein Bearbeiter zwar im Überblick kennen sollte, bei denen vertieftes Detailwissen aber nicht verlangt werden kann. Es wird daher keine komplexe Subsumtion unter ein bestimmtes Tatbestandsmerkmal, sondern ein Grundverständnis für den jeweiligen Wortlaut und ein Systemverständnis vor allem zum Verhältnis der Einkommen- zur Gewerbesteuer verlangt.

Gliederung

Frage 1 **456**

A. Einkünfte des R

I. Beteiligung an der R+W-GbR

1. Einkunftsart
   - a) Einkünfte aus selbstständiger Tätigkeit
     - aa) Mitunternehmerschaft
     - bb) Freiberuflichkeit
   - b) Einkünfte aus Gewerbebetrieb
   - c) Zwischenergebnis
2. Höhe der Einkünfte
   - a) Gewinnanteil
   - b) Sonderbetriebseinnahmen
     - aa) Geschäftsführungsvergütung
     - bb) Ausschüttung

II. Ergebnis

B. Einkünfte der F

I. Vorliegen eines Gewerbebetriebs

1. Positive Tatbestandsmerkmale – Beteiligung am allgemeinen wirtschaftlichen Verkehr
2. Negative Abgrenzungsmerkmale – Private Vermögensverwaltung
   - a) Vorliegen einer Betriebsaufspaltung
     - aa) Sachliche Verflechtung
     - bb) Personelle Verflechtung
   - b) Zwischenergebnis

II. Höhe der Einkünfte/Ergebnis

C. Summe der Einkünfte

Frage 2

A. Ermäßigung der tariflichen Einkommensteuer von R und F

I. Ermittlung des Steuerermäßigungsbetrages nach § 35 EStG

1. Steuerermäßigungsbetrag für den Gewerbebetrieb der F
   a) Gewerbesteuer-Messbetrag für den Gewerbebetrieb der F
      aa) Gewerbeertrag
      bb) Freibetrag
      cc) Steuermesszahl
   b) Fiktiver Hebesatz durch Produktbildung (Faktor 4)
   c) Erster Höchstbetrag: gezahlte Gewerbesteuer (§ 35 Abs. 1 Satz 5 EStG)
2. Steuerermäßigungsbetrag für den Mitunternehmeranteil des R
   a) Gewerbesteuer-Messbetrag der R+W-GbR
      aa) Gewerbeertrag der R+W-GbR
         (1) Gewinn aus dem Gewerbebetrieb der R+W-GbR
         (2) Hinzurechnung (§ 8 GewStG)
         (3) Kürzung (§ 9 GewStG)
      bb) Freibetrag
      cc) Steuermesszahl
   b) Ermittlung des anteiligen Gewerbesteuermessbetrages
   c) Fiktiver Hebesatz durch Produktbildung (Faktor 4)
   d) Erster Höchstbetrag: gezahlte Gewerbesteuer (§ 35 Abs. 1 Satz 5 GewStG)

II. Zweiter Höchstbetrag: Ermäßigungshöchstbetrag (§ 35 Abs. 1 Satz 1–4 EStG)

B. Ergebnis (festzusetzende Einkommensteuer für R und F)

Musterlösung

Frage 1

Auch wenn die Eheleute R und F zusammen veranlagt werden (§ 26 Abs. 1 Satz 1, § 26b EStG), sind ihre Einkünfte in einem ersten Schritt getrennt zu ermitteln; erst dann – nach der getrennten Ermittlung – sind sie in einem zweiten Schritt zu addieren. **457**

A. Einkünfte des R

I. Beteiligung an der R+W-GbR

R könnten aus seiner Beteiligung an der R+W-GbR einkommensteuerpflichtige Einkünfte aus selbstständiger Arbeit (§ 18 EStG) oder aus Gewerbebetrieb (§ 15 EStG) erwachsen. Es ist zunächst die Einkunftsart hinsichtlich der Beteiligung zu klären und anschließend die Höhe dieser Einkünfte zu ermitteln. **458**

1. Einkunftsart

a) Einkünfte aus selbstständiger Tätigkeit

aa) Mitunternehmerschaft

R könnte aus seiner Beteiligung an der R+W-GbR Einkünfte aus freiberuflicher Tätigkeit nach § 18 Abs. 1 Nr 1 EStG erzielt haben mit der Folge, dass dann insoweit gewerbliche Einkünfte von vornherein ausscheiden (vgl § 15 Abs. 2 Satz 1 EStG aE). Zu den Einkünften aus selbstständiger Arbeit gehören nach § 18 Abs. 4 Satz 2 iVm § 15 Abs. 1 Satz 1 Nr 2 EStG auch die Gewinnanteile der Gesellschafter einer Gesellschaft, bei der der Gesellschafter als *Mitunternehmer* anzusehen ist. Eine Mitunternehmerschaft liegt vor, wenn ein zivilrechtlich wirksames Gesellschaftsverhältnis oder ein wirtschaftlich vergleichbares Gemeinschaftsverhältnis gegeben ist und mehrere Gesellschafter *Mitunternehmerrisiko* tragen sowie *Mitunternehmerinitiative* entfalten können. Vorliegend tragen alle Gesellschafter der R+W-GbR, die nach §§ 705 ff BGB eine Personengesellschaft darstellt, das gesellschaftliche Risiko, da sie jeweils zu 1/4 am Gewinn und Verlust der Gesellschaft beteiligt sind. Auch können alle Mitunternehmerinitiative entfalten, da ihnen Stimm- und Kontrollrechte zukommen (vgl ua § 709, § 716 BGB). Die R+W-GbR stellt somit eine Mitunternehmerschaft dar. **459**

bb) Freiberuflichkeit

Damit die in der GbR zusammengeschlossenen Mitunternehmer Einkünfte aus freiberuflicher Tätigkeit erzielen können, müssten sie alle freiberuflich tätig sein, § 15 Abs. 3 Nr 1 EStG. **460**

R selbst ist als Rechtsanwalt und Wirtschaftsprüfer ebenso wie X und Y freiberuflich tätig, da sie die Merkmale eines sog. Katalogberufs erfüllen (§ 18 Abs. 1 Nr 1 Satz 2

EStG). Jedoch könnten nach § 15 Abs. 3 Nr 1 EStG durch die Beteiligung der WP-GmbH an der R+W-GbR sämtliche Einkünfte, die die Gesellschafter der R+W-GbR erzielen, gewerbliche Einkünfte sein. Alle Einkünfte einer GmbH sind gem. § 8 Abs. 2, § 1 Abs. 1 Nr 1 KStG als solche aus Gewerbebetrieb (§ 15 EStG) zu behandeln. Eine GmbH kann demzufolge keine Einkünfte aus selbstständiger Arbeit (§ 18 EStG) beziehen, auch wenn sie durch ihre Organe (insb den Geschäftsführer) der Art nach ausschließlich freiberuflich tätig ist und sowohl der Geschäftsführer als auch sämtliche Gesellschafter (wie bei der WP-GmbH) die persönliche Qualifikation für eine freiberufliche Tätigkeit besitzen[1].

461 Dass die WP-GmbH kraft Rechtsform Einkünfte aus Gewerbebetrieb erzielt, bedeutet, dass sie bei der Qualifikation der Tätigkeit einer Personengesellschaft eigentlich als „berufsfremde Person" zu werten ist[2]. Unbeachtlich ist dabei, dass sämtliche Gesellschafter der WP-GmbH die Qualifikation für eine freiberufliche Tätigkeit erfüllen[3] und die von der GmbH ausgeübte Tätigkeit ihrer Art nach selbstständiger Natur ist (vgl § 18 Abs. 1 Nr 1 Satz 2 EStG: „Wirtschaftsprüfer").

462 Nach § 15 Abs. 3 Nr 1 EStG könnten sämtliche Einkünfte, die die Gesellschafter der R+W-GbR erzielen, gewerbliche Einkünfte sein, wenn durch die Beteiligung der berufsfremden WP-GmbH an der R+W-GbR angenommen werden kann, dass die R+W-GbR selbst auch eine gewerbliche Tätigkeit ausübt.

463 Zum Teil wird vertreten, dass erst auf der Stufe des *Gesellschafters* endgültig über die Einkunftsart befunden werden könne[4]. § 15 Abs. 3 Nr 1 EStG sei nicht einschlägig, da die Beteiligung des Betriebsfremden (hier: der WP-GmbH) die Tätigkeit der Gesellschaft (hier: der R+W-GbR) nicht verändere, weil diese nicht gemischt tätig werde, sondern am Markt ausschließlich klassische freiberufliche Leistungen anbiete; erst auf der Stufe des Gesellschafters (und nicht schon auf der früheren Stufe der Gesellschaft) wirke sich das Fehlen der Merkmale des § 18 Abs. 1 EStG bzw die Fiktion des § 8 Abs. 2 KStG aus, so dass es nur bei „berufsfremden" Gesellschaftern zur Umqualifikation der Einkunftsart komme. Danach bliebe es dabei, dass R aus seiner Beteiligung an der R+W-GbR Einkünfte aus selbstständiger Arbeit (§ 18 EStG) erzielt hätte.

464 Dagegen geht die hM[5] von der Anwendbarkeit des § 15 Abs. 3 Nr 1 EStG aus, wenn ein Berufsfremder (genauer: ein Nicht-Freiberufler) Mitunternehmer in der Personengesellschaft ist. Wegen der besonderen persönlichen Eigenschaften, die den Freiberufler kennzeichnen[6], könne auch eine Personengesellschaft nur dann als freiberuflich anerkannt werden, wenn sämtliche Gesellschafter die Voraussetzungen einer (sei es auch

---

1 *Pfirrmann*, in: Kirchhof/Seer, EStG, § 18 Rn 26.
2 *Wacker*, in: Schmidt, EStG, § 18 Rn 43, 54.
3 BFH, IV R 115/76, BStBl II 1980, 336 (337 f).
4 So *Hennrichs*, in: Tipke/Lang, Rn 10.62 mwN; *Brandt*, in: HHR, § 18 EStG Rn 444.
5 BFH, IV R 48/99, BStBl II 2001, 241 (242); VIII R 73/05, BStBl II 2008, 681 (682); IV R 73/06, BStBl II 2010, 40 (46); *Wacker*, in: Schmidt, EStG, § 18 Rn 43.
6 Vgl zu diesen *Birk/Desens/Tappe*, Steuerrecht, Rn 745 ff, 1161.

unterschiedlichen) freiberuflichen Tätigkeit erfüllen. Danach wären die Einkünfte, die R über die GbR zugerechnet werden, als Einkünfte aus Gewerbebetrieb (§ 15 EStG) zu qualifizieren.

§ 15 Abs. 3 Nr 1 EStG ist unmittelbar nicht einschlägig, da es nicht um eine zusätzliche Tätigkeit geht, die die Personengesellschaft (hier: die R+W-GbR) nunmehr neben ihren freiberuflichen Leistungen anbietet[7]. Indes ist die Norm ihrem Rechtsgedanken nach einschlägig. Wenn nicht in der Person aller Mitunternehmer die besonderen Qualifikationsmerkmale der selbstständigen Arbeit vorliegen, entspricht die Mitunternehmerschaft nicht mehr dem „Wesen des freien Berufs"[8]. Auch zeigt § 15 Abs. 3 Nr 1 EStG, dass in solchen Fällen aus Vereinfachungsgründen keine Aufteilung der Einkünfte und Zuordnung zu unterschiedlichen Einkunftsarten erfolgen soll; dieser Vereinfachungszweck greift auch hier[9], so dass die Argumente für die hM überzeugen. **465**

R erzielt über die R+W-GbR keine Einkünfte aus selbstständiger Arbeit (§ 18 EStG).

b) Einkünfte aus Gewerbebetrieb

Mit der WP-GmbH ist an der R+W-GbR ein „Berufsfremder" beteiligt, so dass die GbR insgesamt keine freiberufliche, sondern eine gewerbliche Tätigkeit ausübt. Somit führt auch die Beteiligung des R an der GbR bei ihm zu Einkünften aus Gewerbebetrieb aus § 15 Abs. 1 Satz 1 Nr 2 EStG. **466**

c) Zwischenergebnis

R erzielt aus seiner Beteiligung an der R+W-GbR Einkünfte aus Gewerbebetrieb (§ 15 EStG). **467**

2. Höhe der Einkünfte

Weiterhin ist zu klären, in welcher Höhe R Einkünfte aus Gewerbebetrieb zuzurechnen sind. **468**

a) Gewinnanteil

Zunächst zählt der Gewinnanteil der Gesellschafter zu den Einkünften aus Gewerbebetrieb (§ 15 Abs. 1 Satz 1 Nr 2 Satz 1 HS 1 EStG). Die Vergütung für die Geschäftsführungstätigkeit des R iHv 24 500 € durfte aufgrund der betrieblichen Veranlassung das Betriebsvermögen und somit den Gewinn der R+W-GbR mindern. Der Gewinn der GbR beträgt damit 200 000 €. R steht aufgrund seines Anteils von 25 % an der GbR davon 50 000 € zu (vgl § 722 Abs. 1 BGB). Er hat also insoweit Einkünfte aus Gewerbebetrieb iHv 50 000 €. Auf eine tatsächliche Auszahlung des Gewinns kommt es dabei nicht an[10]. **469**

---

7 *Birk/Desens/Tappe*, Steuerrecht, Rn 1161.
8 BFH, I 84/55 U, BStBl III 1956, 103.
9 Die aA ist an dieser Stelle ebenso gut vertretbar; vgl zum Problem *Birk/Desens/Tappe*, Steuerrecht, Rn 1161 f.
10 *Birk/Desens/Tappe*, Steuerrecht, Rn 1178.

b) Sonderbetriebseinnahmen

aa) Geschäftsführungsvergütung

470 Nach § 15 Abs. 1 Satz 1 Nr 2 Satz 1 HS 2 EStG gehören zu den Einkünften aus einer Mitunternehmerschaft auch Vergütungen für Tätigkeiten im Dienst der Gesellschaft, also vor allem Geschäftsführungsvergütungen[11]. Das Entgelt für die Geschäftsführungstätigkeit des R iHv 24 500 € ist bei ihm als eine solche Sondervergütung und damit als Sonderbetriebseinnahme zu erfassen.

bb) Ausschüttung

471 Die Ausschüttung der WP-GmbH iHv 100 000 € führt bei R zu Einkünften aus Gewerbebetrieb, wenn es sich um (sonstige) Sonderbetriebseinnahmen handeln würde. Nach § 20 Abs. 8 Satz 1 EStG lägen in diesem Fall insoweit keine Einkünfte aus Kapitalvermögen vor. Dafür müsste die Beteiligung an der WP-GmbH zum *Sonderbetriebsvermögen* des R bezüglich der R+W-GbR gehören. Ein Wirtschaftsgut stellt dann Sonderbetriebsvermögen dar, wenn es dem Mitunternehmer steuerrechtlich zuzurechnen ist und dem Betrieb der Gesellschaft (sog. Sonderbetriebsvermögen I) oder der Beteiligung des Mitunternehmers an der Gesellschaft (sog. Sonderbetriebsvermögen II) dient[12]. Zum Sonderbetriebsvermögen I zählen alle Wirtschaftsgüter, die objektiv erkennbar zum unmittelbaren Einsatz im Betrieb der Personengesellschaft selbst bestimmt sind, insbesondere die der Gesellschaft zur Nutzung überlassenen Wirtschaftsgüter[13]. Zum Sonderbetriebsvermögen II hingegen rechnen Wirtschaftsgüter, die unmittelbar der Begründung oder Stärkung der Rechtsstellung in der Mitunternehmerschaft dienen[14]. Ein solches Wirtschaftsgut kann auch die Beteiligung eines Mitunternehmers an einer Kapitalgesellschaft sein[15].

472 Die Beteiligung des R an der WP-GmbH (= 60 %) ist ihm steuerrechtlich zuzurechnen (vgl. § 39 Abs. 1 AO). Sie dient jedoch nicht unmittelbar dem Betrieb der R+W-GbR und gehört daher nicht zum Sonderbetriebsvermögen I. In Betracht kommt aber eine Zurechnung zum Sonderbetriebsvermögen II. Die Beteiligung an der WP-GmbH verstärkt den Einfluss des R auf die R+W-GbR, da der GmbH ebenfalls Stimm- und Kontrollrechte an der GbR zustehen. Als Gesellschafter der WP-GmbH kann R das Verhalten der GmbH bei Ausübung dieser Rechte maßgebend mitbestimmen und so seine Rechtsstellung in der R+W-GbR stärken. Die Beteiligung an der WP-GmbH zählt somit zum Sonderbetriebsvermögen II des R. Die von der WP-GmbH stammende Ausschüttung gehören daher zu den Sonderbetriebseinnahmen des R. 40 % dieser Einnahmen bleiben jedoch steuerfrei (§ 3 Nr 40 Satz 1 lit. d, Satz 2 EStG). Folglich hat R weitere steuerpflichtige Einkünfte aus Gewerbebetrieb iHv 60 000 €.

---

11 BFH, VIII R 41/98, BStBl II 2000, 339 (340 f); vgl *Birk/Desens/Tappe*, Steuerrecht, Rn 1184; *Wacker*, in: Schmidt, EStG, § 15 Rn 580.

12 *Birk/Desens/Tappe*, Steuerrecht, Rn 1192 ff.

13 *Wacker*, in: Schmidt, EStG, § 15 Rn 513 ff.

14 *Wacker*, in: Schmidt, EStG, § 15 Rn 517.

15 BFH, VIII R 66/96, BStBl II 1998, 383 (385).

II. Ergebnis

R erzielt aus seiner Beteiligung an der R+W-GbR Einkünfte aus Gewerbebetrieb (§ 15 EStG) iHv 134 500 €. Weitere Einkünfte hat R nicht. **473**

B. Einkünfte der F

F könnte aus der Vermietung des Fabrikgebäudes an die S-GmbH Einkünfte aus Gewerbebetrieb (§ 15 Abs. 1 Satz 1 Nr 1 Satz 1 EStG) erzielen. Die ebenfalls denkbaren Einkünfte aus Vermietung und Verpachtung sind gem. § 21 Abs. 3 EStG dazu subsidiär. **474**

I. Vorliegen eines Gewerbebetriebs

Die Vermietungstätigkeit der F wäre nach § 15 Abs. 2 Satz 1 EStG als Gewerbebetrieb anzusehen, wenn es sich um eine selbstständige nachhaltige Betätigung handelt, die mit der Absicht, Gewinn zu erzielen, unternommen wird und sich als Beteiligung am allgemeinen wirtschaftlichen Verkehr darstellt. Darüber hinaus darf diese Betätigung weder als Ausübung von Land- und Forstwirtschaft noch als Ausübung eines freien Berufs oder einer anderen selbstständigen Tätigkeit anzusehen sein und muss über die bloße private Vermögensverwaltung hinausgehen[16]. **475**

1. Positive Tatbestandsmerkmale – Beteiligung am allgemeinen wirtschaftlichen Verkehr

In der Vermietung des Gebäudes an die S-GmbH liegt eine selbstständige und – weil auf Dauer angelegt[17] – nachhaltige Tätigkeit. Problematisch ist allerdings, ob in der ausschließlichen (und hinsichtlich des Mieters wohl auch alleinig von F gewollten) Vermietung an die S-GmbH noch eine Beteiligung am allgemeinen wirtschaftlichen Verkehr erblickt werden kann. Eine Beteiligung am allgemeinen wirtschaftlichen Verkehr liegt grundsätzlich vor, wenn Güter oder Leistungen am Markt erkennbar für Dritte gegen Entgelt angeboten werden[18]. F vermietet ihr Fabrikgebäude an die S-GmbH und erbringt somit eine Leistung für einen Dritten gegen Entgelt. Ob diese Leistung aber auch „am Markt" erbracht wird, erscheint angesichts des Umstandes, dass F das Gebäude speziell für die Zwecke der S-GmbH erstellte und wohl auch nur an diese vermieten wollte, zweifelhaft. Das Merkmal der Leistungserbringung „am Markt" ist jedoch lediglich als Ausdruck der Markteinkommenstheorie[19] zu verstehen[20]. Die Funktion dieses Merkmals besteht mithin allein in der Abgrenzung des Markteinkommens zu anderen Vermögensmehrungen[21]. Entscheidend ist also nicht, dass die Leistungen **476**

---

16 Ungeschriebenes Tatbestandsmerkmal des § 15 Abs. 2 Satz 1 EStG; vgl dazu *Birk/Desens/Tappe*, Steuerrecht, Rn 712 f.
17 Vgl *Wacker*, in: Schmidt, EStG, § 15 Rn 17.
18 BFH, IV R 66/91 ua, BStBl II 1994, 463 (464).
19 Dazu *Hey*, in: Tipke/Lang, Rn 8.52.
20 *Hey*, in: Tipke/Lang, Rn 8.123.
21 *Wacker*, in: Schmidt, EStG, § 15 Rn 20; *Krumm*, in: Kirchhof/Seer, EStG, § 15 Rn 28.

tatsächlich an eine Vielzahl von Marktteilnehmern erbracht werden, sondern dass die Leistungen an den Abnehmer in seiner Eigenschaft als Marktteilnehmer und nicht aus anderen Gründen erbracht werden[22]. Unter diesen Voraussetzungen liegt eine Teilnahme am allgemeinen wirtschaftlichen Verkehr selbst dann vor, wenn der Steuerpflichtige seine Leistungen nur gegenüber einer Person erbringt[23]. F vermietet das Fabrikgebäude zwar nur an die S-GmbH; dies geschieht aber in deren Eigenschaft als Marktteilnehmerin, wie sowohl aus dem Umstand, dass ein Mietverhältnis begründet wurde, als auch aus dem Inhalt dieses Mietverhältnisses (wie unter Fremden üblich) gefolgert werden kann, und nicht etwa aus einer gesetzlichen Verpflichtung oä heraus. Demnach stellt die Vermietung auch eine Beteiligung am allgemeinen wirtschaftlichen Verkehr dar[24].

477 Einkünfteerzielungsabsicht kann mangels gegenteiliger Hinweise angenommen werden. Die in § 15 Abs. 2 Satz 1 EStG geforderten positiven Tatbestandsmerkmale sind somit bezüglich der Vermietungstätigkeit der F sämtlich erfüllt.

2. Negative Abgrenzungsmerkmale – Private Vermögensverwaltung

478 Die Vermietungstätigkeit der F ist weder als Ausübung von Land- und Forstwirtschaft iSd § 13 EStG noch als selbstständige Arbeit iSd § 18 EStG anzusehen. Fraglich ist jedoch, ob die Vermietung auch über den Rahmen einer bloßen privaten Vermögensverwaltung hinausgeht. Nur dann führen die Einkünfte daraus zu Einkünften aus Gewerbebetrieb.

An sich bewegt sich die Vermietung unbeweglichen Vermögens ohne weiteres im Bereich der privaten Vermögensverwaltung (vgl § 14 Satz 3 AO), zumal, wenn – wie hier – lediglich ein einziges Gebäude vermietet wird. Etwas anderes solle allerdings dann gelten, wenn die vorliegende besondere Konstellation der Vermietung eines für den Betrieb der S-GmbH notwendigen Fabrikgebäudes an diese durch F, die selbst wiederum an der GmbH beteiligt ist und deren Geschäfte führt, als Betriebsaufspaltung anzusehen ist.

a) Vorliegen einer Betriebsaufspaltung

479 Das (von der Rspr entwickelte[25]) Institut der Betriebsaufspaltung liegt vor, wenn Wirtschaftsgüter des Anlagevermögens von einer Person oder Personengruppe an eine Personen- oder Kapitalgesellschaft vermietet werden und das vermietende (Einzel-)Unternehmen (Besitzunternehmen) mit dem mietenden Unternehmen (Betriebsunternehmen) *sachlich und personell verflochten* ist[26]. Unter diesen Voraussetzungen sei nach stRspr des BFH die Vermietung von Wirtschaftsgütern als eine über eine private Vermögensverwaltung hinausgehende gewerbliche Tätigkeit anzusehen[27].

22 *Krumm*, in: Kirchhof/Seer, EStG, § 15 Rn 31.
23 *Wacker*, in: Schmidt, EStG, § 15 Rn 20.
24 AA mit entsprechender Begründung ebenfalls vertretbar; dann müssen aber bereits an dieser Stelle die Voraussetzungen einer Betriebsaufspaltung geprüft werden, vgl *Jahndorf*, JuS 2001, 575 (576).
25 Vom Gesetzgeber wurde das Institut der Betriebsaufspaltung inzwischen in § 50i Abs. 1 Satz 4 EStG anerkannt.
26 *Birk/Desens/Tappe*, Steuerrecht, Rn 717 ff.
27 Vgl dazu *Birk/Desens/Tappe*, Steuerrecht, Rn 721.

480 Die Lösung der Rspr lässt sich mit einer typologischen Betrachtung der Einzelmerkmale des Gewerbebetriebsbegriffs begründen. Aufgrund der genannten sachlichen und personellen Verflechtung ist nach dem Gesamtbild auch die Vermietung als Teil der – vor allem zur Haftungsminimierung bei der Betriebsgesellschaft aufgespaltenen – gewerblichen Gesamttätigkeit zu werten. Der BFH sieht diese Verflechtung als „besondere Umstände" an, die die Einstufung als gewerbliche Tätigkeit rechtfertigen[28].

481 F (als Einzelunternehmerin und zugleich Besitzunternehmen) vermietet der S-GmbH (als Betriebsunternehmen) ein Gebäude, das bei dieser zum Anlagevermögen zählen würde, wenn es in ihrem Eigentum stünde. Im Hinblick auf eine evtl Betriebsaufspaltung ist daher zu klären, ob zwischen dem Einzelunternehmen (der Vermietungstätigkeit) der F und der S-GmbH auch eine sachliche und personelle Verflechtung besteht.

aa) Sachliche Verflechtung

482 Eine sachliche Verflechtung liegt vor, wenn das vermietete Wirtschaftsgut für das Betriebsunternehmen (zumindest) eine *wesentliche Betriebsgrundlage* darstellt[29]. Wesentliche Betriebsgrundlagen sind solche Wirtschaftsgüter, die zur Erreichung des Betriebszwecks erforderlich sind und für die Betriebsführung ein besonderes Gewicht besitzen[30]. Bei einem Gebäude liegen diese Voraussetzungen bereits dann vor, wenn der Betrieb ein Gebäude dieser Art benötigt, das Gebäude für den Betriebszweck geeignet ist und die räumliche und funktionale Grundlage des Betriebs bildet[31]. Hier ist das Fabrikgebäude der F eigens für die speziellen Bedürfnisse der S-GmbH errichtet worden. Diese ist für ihre Produktion auch auf ein solches Gebäude angewiesen, das damit zugleich die räumliche und funktionale Basis des Unternehmens darstellt. Das Fabrikgebäude der F ist demnach eine wesentliche Betriebsgrundlage der S-GmbH; eine sachliche Verflechtung liegt also vor.

bb) Personelle Verflechtung

483 Eine personelle Verflechtung ist dann gegeben, wenn Besitz- und Betriebsunternehmen von einem *einheitlichen geschäftlichen Betätigungswillen* getragen werden[32]. Dies ist zum einen der Fall, wenn die Beteiligungsverhältnisse in beiden Unternehmen identisch sind (Beteiligungsidentität), und zum anderen, wenn die Person oder Personengruppe, die im Besitzunternehmen die Mehrheit hat, auch mehrheitlich an der Betriebsgesellschaft beteiligt ist (Beherrschungsidentität). Es ist also ausreichend, dass die Person oder Personengruppe, die das Besitzunternehmen tatsächlich beherrscht, in der Lage ist, im Betriebsunternehmen ihren Willen durchzusetzen[33]. Vorliegend beherrscht F – als alleinige Eigentümerin des mit dem Fabrikgebäude bebauten Grundstücks – das

---

28 BFH, GrS 2/71, BStBl II 1972, 63 (64).
29 BFH, GrS 2/71, BStBl II 1972, 63 (64); IV R 62/98, BStBl II 2000, 417.
30 BFH, IV R 73/94, BStBl II 1997, 569 (571); *Wacker*, in: Schmidt, EStG, § 15 Rn 808.
31 Vgl *Wacker*, in: Schmidt, EStG, § 15 Rn 811.
32 BFH, IV R 62/98, BStBl II 2000, 417 (418); *Birk/Desens/Tappe*, Steuerrecht, Rn 719.
33 *Birk/Desens/Tappe*, Steuerrecht, Rn 719.

Besitzunternehmen, das die Vermietung jenes Fabrikgebäudes zum Gegenstand hat. Sie ist aufgrund ihrer Mehrheitsbeteiligung von 70 % an der S-GmbH auch in der Lage, dort – im Betriebsunternehmen – ihren Willen durchzusetzen (vgl § 47 Abs. 1 GmbHG). Der Umstand, dass F zudem die Geschäfte der GmbH führt, ist dagegen ohne Belang, da sie insofern grundsätzlich den Weisungen der Gesellschafterversammlung unterliegt. Es bleibt festzuhalten, dass die Vermietung des Fabrikgebäudes sowie der Betrieb der S-GmbH von dem einheitlichen geschäftlichen Betätigungswillen der F getragen werden; eine personelle Verflechtung besteht somit ebenfalls.

b) Zwischenergebnis

484 Zwischen der Vermietungstätigkeit der F und dem Unternehmen der S-GmbH besteht eine sachliche und personelle Verflechtung; die Vermietung des Fabrikgebäudes der F an die S-GmbH begründete demzufolge eine Betriebsaufspaltung. Dies führt dazu, dass die Vermietungstätigkeit der F über eine reine private Vermögensverwaltung hinausgeht, somit auch die negativen Abgrenzungsmerkmale des § 15 Abs. 2 Satz 1 EStG eine gewerbliche Tätigkeit nicht ausschließen und die Vermietung daher insgesamt als gewerbliche Tätigkeit einzustufen ist.

II. Höhe der Einkünfte/Ergebnis

485 Die Vermietung des Fabrikgebäudes an die S-GmbH führt somit nach den Grundsätzen der Betriebsaufspaltung zu Einkünften der F aus Gewerbebetrieb gem. § 15 EStG. Zur Ermittlung der Einkünfte ist von den Mieteinnahmen (150 000 €) noch die Gebäude-AfA zum Abzug zu bringen. Diese beträgt bei Gebäuden, soweit sie zu einem Betriebsvermögen gehören und der Bauantrag nach dem 31.3.1985 gestellt worden ist, jährlich 3 % (§ 7 Abs. 4 Satz 1 Nr 1 EStG). Die Herstellungskosten des im Jahr 03 errichteten Gebäudes (Bauantrag von 01) betrugen 650 000 €. Folglich beträgt die jährliche AfA 19 500 € (3 % von 650 000 €). Die Höhe der Einkünfte beträgt daher 130 500 € (150 000 € ./. 19 500 €).

C. Summe der Einkünfte

486 R erzielt Einkünfte aus Gewerbebetrieb iHv 134 500 €; die Einkünfte der F aus Gewerbebetrieb betragen 130 500 €. Die Summe der Einkünfte der Ehegatten beläuft sich auf 265 000 €.

Frage 2

A. Ermäßigung der tariflichen Einkommensteuer von R und F

487 Die Einkommensteuer ist nur dann iHv 80 000 € festzusetzen, wenn die tarifliche Einkommensteuer, die nach Maßgabe des § 2 Abs. 6 EStG die Grundlage für die festzusetzende Einkommensteuer ist, nicht zu ermäßigen ist. Eine solche Ermäßigung der tarifli-

chen Einkommensteuer könnte sich für die Eheleute R und F aus § 35 Abs. 1 EStG ergeben. Die Norm bezweckt, durch eine pauschale Anrechnung der Gewerbesteuer auf die Einkommensteuer die Doppelbelastung gewerblicher Einkünfte mit der Einkommen- und Gewerbesteuer abzumildern. Eine pauschale Abmilderung kann zu Überkompensationen führen, wenn der nach § 35 EStG zu ermittelnde Ermäßigungsbetrag höher ist, als die tatsächliche gezahlte Gewerbesteuer *oder* die Einkommensteuer, die auf die gewerblichen Einkünfte anfällt. Um solche Überkompensationen zu vermeiden, enthält § 35 EStG für beide Konstellationen Höchstbeträge. Aus diesem Zweck folgt die Prüfungssystematik: Erst ist die Höhe des Ermäßigungsbetrages aus dem Gewerbesteuermessbetrag zu ermitteln, der aber nicht höher als die tatsächlich gezahlte Gewerbesteuer sein darf (§ 35 Abs. 1 Satz 5 EStG – erster Höchstbetrag). Im letzten Schritt ist dann durch Ermittlung und Anwendung eines Ermäßigungshöchstbetrages (§ 35 Abs. 1 Satz 2–4 EStG – zweiter Höchstbetrag) sicher zu stellen, dass der Ermäßigungsbetrag nicht höher ist als die Einkommensteuer, die auf die gewerblichen Einkünfte anfällt[34].

I. Ermittlung des Steuerermäßigungsbetrages nach § 35 EStG

§ 35 Abs. 1 EStG gewährt R und F grundsätzlich eine Steuerermäßigung in Höhe des vierfachen Gewerbesteuermessbetrages bei gewerblichen Einzelunternehmen (§ 35 Abs. 1 Satz 1 Nr 1 EStG) sowie in Höhe des vierfachen *anteiligen* Gewerbesteuermessbetrages einer gewerblichen Mitunternehmerschaft (§ 35 Abs. 1 Satz 1 Nr 2 EStG). Da R und F unterschiedlichen (gewerblichen) Tätigkeiten nachgehen (s. Rn 473, 485), sind beide zunächst getrennt zu betrachten. **488**

1. Steuerermäßigungsbetrag für den Gewerbebetrieb der F

Für F ist zunächst der Gewerbesteuer-Messbetrag für ihren Gewerbebetrieb zu ermitteln, der dann um einen „fiktiven Hebesatz" (Faktor 4) zu erhöhen ist (§ 35 Abs. 1 Satz 1 Nr 1 EStG), aber nicht höher als die *tatsächlich gezahlte Gewerbesteuer* sein darf (erster Höchstbetrag nach § 35 Abs. 1 Satz 5 EStG). **489**

a) Gewerbesteuer-Messbetrag für den Gewerbebetrieb der F

Der Gewerbesteuer-Messbetrag ist gem. § 11 Abs. 1 Satz 2 GewStG durch Anwendung der Steuermesszahl (§ 11 Abs. 2 GewStG) auf den Gewerbeertrag, also auf der Bemessungsgrundlage der Gewerbesteuer (§ 6 GewStG), unter vorheriger Berücksichtigung eines etwaigen Freibetrages (§ 11 Abs. 1 Satz 3 GewStG) zu ermitteln. **490**

aa) Gewerbeertrag

Der Gewerbeertrag ist gem. § 7 Satz 1 GewStG der nach den Vorschriften des EStG oder KStG ermittelte Gewinn aus Gewerbebetrieb, vermehrt um Hinzurechnungen (§ 8 GewStG) und vermindert um Kürzungen (§ 9 GewStG). **491**

34 Vgl dazu *Birk/Desens/Tappe*, Steuerrecht, Rn 662.

492 Die Mieteinnahmen müssten auch gewerbesteuerlich zu einem „Gewinn aus Gewerbebetrieb" iSd § 7 Satz 1 GewStG führen. Nach § 2 Abs. 1 Satz 2 GewStG ist unter einem Gewerbebetrieb im Sinne des GewStG ein gewerbliches Unternehmen im Sinne des EStG zu verstehen. Durch die Betriebsaufspaltung werden nicht nur die Mieteinnahmen als gewerblich behandelt (wie etwa der Veräußerungsgewinn bei § 17 EStG). Vielmehr betreibt F durch die Vermietungstätigkeit ihres Besitzunternehmens im Rahmen der Betriebsaufspaltung insgesamt einen Gewerbebetrieb, so dass der Gewinn aus Gewerbebetrieb 130 500 € beträgt (s. Rn 485).

493 Zwar sind keine Hinzurechnungen (§ 8 GewStG) einschlägig. In Betracht kommt aber eine Kürzung nach § 9 Nr 1 GewStG.

Nach § 9 Nr 1 Satz 1 GewStG erfolgt eine Kürzung um 1,2 % des Einheitswertes des zum Betriebsvermögen des Unternehmens gehörenden und nicht von der Grundsteuer befreiten Grundbesitzes[35]. Das vermietete Grundstück der F gehört zum Betriebsvermögen ihres Besitzunternehmens und hat laut Sachverhalt einen Einheitswert für Zwecke der Gewerbesteuer (vgl §§ 19 ff, § 99 iVm § 68, § 70, §§ 74 ff, § 121a BewG) iHv 500 000 €. Da es auch nicht von der Grundsteuer befreit ist (vgl §§ 3–8 GrStG), beträgt die Kürzung 6000 € (1,2 % von 500 000 €).

494 Anstelle dieser Kürzung käme sogar eine Kürzung in Höhe der gesamten Mieteinkünfte (130 500 €) als *Nutzung* des Grundstücks nach § 9 Nr 1 Satz 2 GewStG in Betracht, wenn das Unternehmen des R ausschließlich eigenen Grundbesitz oder neben dem eigenen Grundbesitz eigenes Kapitalvermögen verwaltet oder nutzt. Diese erweiterte Kürzung scheint auf den ersten Blick einschlägig zu sein: Im Betriebsvermögen des Besitzunternehmens befindet sich lediglich das Grundstück, das sie durch Vermietung an die S-GmbH nutzt, und die Anteile an der S-GmbH, die insoweit als eigenes Kapitalvermögen beurteilt werden könnten. Dagegen spricht aber, dass die Tätigkeit des Besitzunternehmens wegen der Verflechtung mit dem Betriebsunternehmen zu einer Betriebsaufspaltung geführt hat, so dass die Tätigkeit des Besitzunternehmens eben nicht auf reine Vermögensverwaltung beschränkt ist, sondern zu einer gewerblichen Tätigkeit geworden ist. Die erweiterte Kürzung (§ 9 Nr 1 Satz 2 GewStG) ist bei einer solchen Betriebsaufspaltung nicht einschlägig[36]. Der Gewerbeertrag beträgt daher nach Anwendung der Kürzung in § 9 Nr 1 Satz 1 GewStG 124 500 € (130 500 € ./. 6000 €).

bb) Freibetrag

495 Der Gewerbeertrag (124 500 €) ist gem. § 11 Abs. 1 Satz 3 Nr 1 GewStG um einen Freibetrag iHv 24 500 € zu kürzen, wenn der Gewerbebetrieb von einer natürlichen Person oder eine Personengesellschaft geführt wurde. Da der Gewerbebetrieb von F als einer natürlichen Person betrieben wird, bleibt nach Anwendung des einschlägigen Freibetrages ein Gewerbeertrag iHv 100 000 €.

---

35 Vgl dazu *Birk/Desens/Tappe*, Steuerrecht, Rn 1396 f.

36 BFH, IV R 13/91, BStBl II 1993, 134 str; *Gosch*, in: Blümich, § 9 GewStG Rn 62 ff mwN.

cc) Steuermesszahl

Unter Zugrundelegung der Steuermesszahl iHv 3,5 % (§ 11 Abs. 2 GewStG) ergibt sich ein Gewerbesteuer-Messbetrag iHv 3500 €. 496

b) Fiktiver Hebesatz durch Produktbildung (Faktor 4)

Auf die Steuermesszahl wird für die Zwecke des § 35 EStG *nicht* der Hebesatz der Gemeinde (vgl § 16 GewStG) angewendet und die tatsächlich zu zahlende Gewerbesteuer ermittelt. Vielmehr wird gem. § 35 Abs. 1 Satz 1 Nr 1 EStG ein fiktiver Hebesatz durch den Faktor 4 angewendet. Das Vierfache des Gewerbesteuer-Messbetrages (3500 €) ist 14 000 €. In dieser Höhe wird also eine Gewerbesteuerbelastung für den Gewerbebetrieb der F fingiert, die laut Sachverhalt tatsächlich bei 16 000 € lag. 497

c) Erster Höchstbetrag: gezahlte Gewerbesteuer (§ 35 Abs. 1 Satz 5 EStG)

Der Steuerermäßigungsbetrag ist gem. § 35 Abs. 1 Satz 5 EStG höhenmäßig auf die tatsächlich zu zahlende Gewerbesteuer beschränkt. Die von F zu zahlende Gewerbesteuer beträgt 16 000 €. Der Ermäßigungsbetrag (14 000 €) übersteigt die tatsächlich gezahlte Gewerbesteuer also nicht und kann insoweit in voller Höhe (14 000 €) angerechnet werden. 498

2. Steuerermäßigungsbetrag für den Mitunternehmeranteil des R

Bei einem gewerblichen Mitunternehmer (§ 35 Abs. 1 Satz 1 Nr 2 EStG) beträgt der Steuerermäßigungsbetrag das Vierfache des *anteiligen* Gewerbesteuer-Messbetrages. Es ist also zunächst der Gewerbesteuer-Messbetrag der *Personengesellschaft* als Trägerin des Gewerbebetriebes zu ermitteln. Dann muss der *Anteil* ermittelt werden, der auf den Mitunternehmeranteil des R entfällt, welcher schließlich mit dem fiktiven Hebesatz (Faktor 4) zu multiplizieren ist. Im letzten Schritt muss auch hier die erste Höchstgrenze (tatsächlich gezahlte Gewerbesteuer nach § 35 Abs. 1 Satz 5 EStG) berücksichtigt werden. 499

a) Gewerbesteuer-Messbetrag der R+W-GbR

Der Gewerbesteuer-Messbetrag ist gem. § 11 Abs. 1 Satz 2 GewStG durch Anwendung der Steuermesszahl (§ 11 Abs. 2 GewStG) auf den Gewerbeertrag, also auf Bemessungsgrundlage der Gewerbesteuer (§ 6 GewStG), unter vorheriger Berücksichtigung eines etwaigen Freibetrages (§ 11 Abs. 1 Satz 3 GewStG) zu ermitteln. 500

aa) Gewerbeertrag der R+W-GbR

Der Gewerbeertrag ist gem. § 7 Satz 1 GewStG der nach den Vorschriften des EStG oder KStG ermittelte Gewinn aus Gewerbebetrieb, vermehrt um Hinzurechnungen (§ 8 GewStG) und vermindert um Kürzungen (§ 9 GewStG). 501

(1) Gewinn aus dem Gewerbebetrieb der R+W-GbR

502 Zunächst ist der Gewinn aus dem Gewerbebetrieb iSd § 7 Satz 1 GewStG der R+W-GbR zu ermitteln. Die Gewerbesteuer ist eine Objektsteuer, die den Ertrag des Objektes „Gewerbebetrieb" grundsätzlich unabhängig davon besteuert, wer Betriebsinhaber oder Unternehmensträger ist[37]. Der Gewerbebetrieb wird von der R+W-GbR betrieben, die deshalb selbst als Schuldnerin der Gewerbesteuer herangezogen wird (§ 5 Abs. 1 Satz 2 und 3 GewStG) und insoweit „Steuersubjekt" der Gewerbesteuer ist (im Gegensatz zur Einkommensteuer). Die R+W-GbR selbst hat einen Gewinn aus dem Gewerbebetrieb iHv 200 000 € erzielt. Bei der Ermittlung des Gewerbeertrages einer Personengesellschaft ist zudem das Sonderbetriebsvermögen der einzelnen Gesellschafter zu berücksichtigen[38]. Denn obwohl die Gewerbesteuer eine eigenständige Steuer ist, knüpft sie bei der Ermittlung des Gewerbeertrages an die Einkommensteuer bzw Körperschaftsteuer an (§ 7 Satz 1 GewStG). Der gewerbesteuerliche Gewinn der R+W-GbR ist also um die Sonderbetriebseinnahmen der einzelnen Gesellschafter zu erhöhen und um die Sonderbetriebsausgaben der einzelnen Gesellschafter zu mindern.

503 R hat – mangels weiterer Hinweise – als einziger Gesellschafter Sonderbetriebseinnahmen erzielt, nämlich mit seinem Geschäftsführergehalt iHv 24 500 € (s. Rn 470) und durch die Ausschüttung von der WP-GmbH – nach Anwendung des Teileinkünfteverfahrens (vgl § 7 Satz 4 GewStG iVm § 3 Nr 40 Satz 1 lit. d, Satz 2 EStG) – iHv 60 000 € (s. Rn 471 f). Folglich beträgt der Gewinn aus dem Gewerbebetrieb der R+W-GbR 284 500 € (200 000 € + 24 500 € + 60 000 €).

(2) Hinzurechnung (§ 8 GewStG)

504 Nach § 8 Nr 5 GewStG müsste der nach § 3 Nr 40 Satz 1 lit. d, Satz 2 EStG nicht berücksichtigte Teil der Gewinnausschüttung (40 000 €) hinzugerechnet werden, wenn nicht die „Voraussetzungen der § 9 Nr 2a oder 7 GewStG" erfüllt sind.

Die Voraussetzungen des § 9 Nr 2a GewStG sind jedenfalls bei einer Gewinnausschüttung einer Kapitalgesellschaft erfüllt, an der eine Beteiligung von mindestens 15 % besteht. R ist mit 40 % an der WP-GmbH beteiligt. Eine Hinzurechnung nach § 8 Nr 5 GewStG kommt daher nicht in Betracht.

(3) Kürzung (§ 9 GewStG)

505 Eine Kürzung nach § 9 Nr 2a GewStG kommt in Betracht, wenn im gewerblichen Gewinn aus Gewerbebetrieb „Gewinne aus Anteilen" an einer Kapitalgesellschaft enthalten sind, an der eine Beteiligung von mindestens 15 % besteht. R ist zu 40 % an der WP-GmbH beteiligt, deren Gewinnausschüttung mit 60 000 € (nach Anwendung des § 3 Nr 40 Satz 1 lit. d, Satz 2 EStG) in den gewerbesteuerlichen Gewinn aus Gewerbebetrieb eingeflossen ist. Folglich beträgt die Kürzung 60 000 € und der Gewerbeertrag der R+W-GbR damit 224 500 €.

---

37 *Birk/Desens/Tappe*, Steuerrecht, Rn 1335.
38 *Birk/Desens/Tappe*, Steuerrecht, Rn 1371.

bb) Freibetrag

Der ermittelte Gewerbeertrag (224 500 €) ist nach § 11 Abs. 1 Satz 3 Nr 1 GewStG um einen Freibetrag iHv 24 500 € zu kürzen, da der Gewerbebetrieb von einer Personengesellschaft, nämlich der R+W-GbR betrieben wurde. Es verbleibt ein Gewerbeertrag iHv 200 000 €. **506**

cc) Steuermesszahl

Unter Zugrundelegung der Steuermesszahl iHv 3,5 % (§ 11 Abs. 2 GewStG) ergibt sich ein Gewerbesteuermessbetrag für die R+W-GbR iHv 7000 €. **507**

b) Ermittlung des anteiligen Gewerbesteuermessbetrages

In Fällen eines gewerblichen Mitunternehmers (§ 35 Abs. 1 Satz 1 Nr 2 EStG) ist nicht der gesamte Gewerbesteuermessbetrag zugrunde zu legen, sondern nur ein *anteiliger* Gewerbesteuermessbetrag des Mitunternehmers. Der Aufteilungsmaßstab wird ausdrücklich in § 35 Abs. 2 Satz 2 EStG geregelt: Es kommt für die Aufteilung allein auf den allgemeinen Gewinnverteilungsschlüssel der Personengesellschaft unabhängig von Vorgängen im Sonderbetriebsvermögen an[39]. Nach dem Gewinnverteilungsschlüssel stehen R 25 % zu. Sein Anteil am Gewerbesteuermessbetrag beträgt daher 1750 € (25 % von 7000 €). **508**

c) Fiktiver Hebesatz durch Produktbildung (Faktor 4)

Der Steuerermäßigungsbetrag ist gem. § 35 Abs. 1 Satz 1 Nr 2 EStG das Vierfache des Anteils am Gewerbesteuermessbetrag (1750 €), beträgt also 7000 €. Der Betrag soll die tatsächliche Gewerbesteuerbelastung fingieren, die anteilig auf den R anfällt. **509**

d) Erster Höchstbetrag: gezahlte Gewerbesteuer (§ 35 Abs. 1 Satz 5 EStG)

Der Ermäßigungsbetrag könnte aber höhenmäßig durch § 35 Abs. 1 Satz 5 EStG auf die tatsächlich gezahlte Gewerbesteuer beschränkt sein. **510**

Die R+W-GbR hat zwar Gewerbesteuer iHv von 16 000 € zu zahlen, so dass die Höchstbetragsregelung nicht zu greifen scheint. Nach Sinn und Zweck der Regelung muss aber auch dieser Höchstbetrag zwischen den Gesellschaftern anhand des Gewinnverteilungsschlüssels (für R: 25 %) aufgeteilt werden. Das wird bestätigt durch die (verfahrensrechtliche) Regelung in § 35 Abs. 2 Satz 1 EStG, nach der im Falle einer Mitunternehmerschaft auch der auf einen Gesellschafter entfallende Anteil an der zu zahlenden Gewerbesteuer gesondert festzustellen ist. Danach beträgt der anteilige Höchstbetrag für R lediglich 4000 €. Da der ermittelte anteilige Gewerbesteuermessbetrag unter Anwendung eines Hebesatzes (Faktor 4) mit 7000 € höher war als der erste Höchstbetrag nach § 35 Abs. 1 Satz 5 EStG (4000 €), ist der Ermäßigungsbetrag auf den Höchstbetrag iHv 4000 € zu beschränken.

39 *Wacker*, in: Schmidt, EStG, § 35 Rn 25.

511 Etwas anderes würde nur dann gelten, wenn der erste Höchstbetrag (§ 35 Abs. 1 Satz 5 EStG) bei mehreren Gewerbebetrieben erst auf den gemeinsamen Steuerermäßigungsbetrag (hier von R und F) anzuwenden wäre (Steuerermäßigungsbetrag wäre dann 21 000 €[40]). Dafür spricht zwar die Stellung der Regelung im Gesetz (als Satz 5). Dagegen spricht aber, dass ansonsten Anrechnungsüberhänge (mittelbar) auf Gewerbebetriebe übertragen werden könnten, die in dieser Höhe keine Gewerbesteuer gezahlt haben. Auch aus den Gesetzesmotiven *(Unternehmenssteuerreform 2008)* ergibt sich[41], dass die Entlastung auf die tatsächlich gezahlte Gewerbesteuer des *Unternehmens* (= keine Gesamtbetrachtung) beschränkt werden sollte.

II. Zweiter Höchstbetrag: Ermäßigungshöchstbetrag (§ 35 Abs. 1 Sätze 2 bis 4 EStG)

512 R und F können aber nur dann 18 000 € (14 000 € + 4000 €) auf ihre tarifliche Einkommensteuer anrechnen, wenn damit nicht der Ermäßigungshöchstbetrag (§ 35 Abs. 1 Satz 2–4 EStG) überschritten wird. Dieser (zweite) Höchstbetrag hat den Zweck, eine Überkompensation zu vermeiden, die entsteht, wenn der Ermäßigungsbetrag höher ist als die Einkommensteuer auf die gewerblichen Einkünfte. Die Beschränkung ist durch die Einfügung des § 35 Abs. 1 *Satz 2–4* EStG mit dem *Jahressteuergesetz 2008* konkretisiert und betrachtet – anders als der gewerbebetriebsbezogene erste Höchstbetrag (§ 35 Abs. 1 Satz 5 EStG) – im Falle einer Zusammenveranlagung beide Ehegatten gemeinsam[42].

513 Nach § 35 Abs. 1 Satz 1 EStG ermäßigt sich die tarifliche Einkommensteuer, soweit sie anteilig auf gewerbliche Einkünfte anfällt (Ermäßigungsbetrag). Dafür ist die Summe der positiven gewerblichen Einkünfte ins Verhältnis zur Summe aller positiven Einkünfte zu setzen (vgl § 35 Abs. 1 Satz 2 EStG). Die Summe aller positiven Einkünfte von R und F beträgt 265 000 € (134 500 € + 130 500 €). Gewerbliche Einkünfte in diesem Sinne sollen nach der Legaldefinition in § 35 Abs. 1 Satz 3 EStG „die der Gewerbesteuer unterliegenden Gewinne und Gewinnanteile“ sein. Nach dieser Formulierung könnten nur solche Gewinne und Gewinnanteile zu erfassen sein, die nicht aus dem Gewerbeertrag gekürzt (§ 9 GewStG) werden, weil sie durch die Kürzung nicht mehr der „Gewerbesteuer unterliegen“. Dann müssten konsequenterweise aber auch Hinzurechnungen (§ 8 GewStG) berücksichtigt werden, was dazu führen könnte, dass die gewerblichen Einkünfte höher sind als die Summe aller Einkünfte, was wiederum zu einer Überkompensation führen könnte, die gerade vermieden werden soll. Überdies wird in Fällen einer Mitunternehmerschaft ein so verstandener „Gewinnanteil, [der] der Gewerbesteuer unterliegt“, auch nicht gesondert festgestellt (anders als der Anteil am Gewerbesteuermessbetrag nach § 35 Abs. 2 Satz 2 EStG). Letztlich wird bereits durch den Höchstbetrag in § 35 Abs. 1 *Satz 5* EStG sichergestellt, dass in Höhe des Ermäßigungsbetrages auch Gewerbesteuer gezahlt worden ist. Dagegen will der Ermäßigungs-

40 Gemeinsamer Steuerermäßigungsbetrag (ohne Höchstbetrag): 21 000 € (14 000 € + 7000 €); Höchstbetrag (gesamte [anteilige] Gewerbesteuer): 20 000 € (16 000 € + 4000 €).
41 BT-Drs 16/4841, S. 65.
42 BT-Drs 16/7036, S. 15.

höchstbetrag in § 35 Abs. 1 Satz 2–4 EStG sicherstellen, dass die gewerblichen Einkünfte auch mit der Einkommensteuer belastet sind. Die „der Gewerbesteuer unterliegenden Gewinne und Gewinnanteile“ sind daher zu verstehen als die gewerblichen Einkünfte, die als „Gewinn aus Gewerbebetrieb“ iSd § 7 Satz 1 GewStG zur Ermittlung des Gewerbeertrages heranzuziehen sind, bevor die Vorschriften über Hinzurechnungen (§ 8 GewStG) und Kürzungen (§ 9 GewStG) Anwendung finden.

Der so verstandene Gewinnanteil des R beträgt 134 500 € (50 000 € Gewinnanteil + 84 500 € Sondervergütungen) und der so verstandene Gewinn der F beträgt 130 500 €, so dass die gewerblichen Einkünfte mit 265 000 € der Summe ihrer Einkünfte entsprechen. Der Ermäßigungshöchstbetrag ergibt sich dabei allein aus der „geminderten tariflichen Steuer“, die hier mangels weiterer Abzüge der tariflichen Steuer (80 000 €) entspricht (§ 35 Abs. 1 Satz 4 EStG). Mit 18 000 € liegt der Steuerermäßigungsbetrag damit unter dem Ermäßigungshöchstbetrag (80 000 €) und kann vollumfänglich angerechnet werden. **514**

B. Ergebnis (festzusetzende Einkommensteuer für R und F)

Die tarifliche Einkommensteuer von R und F ist (80 000 €) um 18 000 € zu ermäßigen, so dass Einkommensteuer iHv 62 000 € gegenüber R und F festzusetzen ist. **515**

Zur Wiederholung

Übersicht 7.1: Gewerbliche Einkünfte

516

I. Einkünfte aus Gewerbebetrieb (§§ 15–17 EStG)

- Einkünfte aus **gewerblichen Unternehmen** (insb **Einzelunternehmer)**, § 15 I 1 Nr 1 EStG
- **Gewinnanteile der Gesellschafter einer OHG, KG** oder einer anderen Gesellschaft, bei der die Gesellschafter als Mitunternehmer anzusehen sind, § 15 I 1 Nr 2 EStG (dazu Übersicht 7.3)
- Gewinne bei **Veräußerung oder Aufgabe eines Gewerbebetriebs**, Teilbetriebs oder eines Mitunternehmeranteils, § 16 I 1 Nr 1–3, III EStG
- Gewinn aus der **Veräußerung von Anteilen an einer Kapitalgesellschaft, sofern Veräußerer irgendwann in den letzten fünf Jahren mit mindestens 1 % beteiligt war, § 17 EStG**
  Besonderheit: *privater* Veräußerungsgewinn wird in gewerbliche Einkünfte *umqualifiziert* **(Fiktion)**
- Gewinne solcher **Körperschaftsteuersubjekte** (insb KapGes, zB AG und GmbH), die nach den Vorschriften des HGB zur Führung von Büchern verpflichtet sind, sind gem. § 8 II KStG als Einkünfte aus Gewerbebetrieb zu behandeln – Dies ist bei AG und GmbH stets der Fall! (§ 238 I, § 6 I HGB iVm § 3 I AktG bzw § 13 III GmbHG)

II. Einkünfte aus einem gewerblichen Unternehmen, insb Einzelunternehmer (§ 15 I 1 Nr 1 EStG)

- **Originär gewerbliche Tätigkeit** (dh keine Fiktion oder Umqualifizierung)
- *Voraussetzung* daher: **Gewerbebetrieb iSd § 15 II EStG**
- **Selbstständig** (§ 15 II EStG) ⇔ Abgrenzung zu § 19 EStG (Unternehmerrisiko/Unternehmerinitiative)
- **Nachhaltig** = auf Dauer/Wiederholung angelegt
- Beteiligung am **allgemeinen wirtschaftlichen Verkehr**
- **Gewinnerzielungsabsicht** (vgl auch § 15 II 3 EStG) – Zielen auf Totalgewinn (dh von Gründung bis zum Ende der Tätigkeit, dh Aufgabe bzw Veräußerung) ⇔ Liebhaberei
- **Einkünfteerzielungsabsicht?** → Fragen: Betrieb objektiv nicht geeignet, nachhaltig Gewinne abzuwerfen? Wird Betrieb aus Gründen ausgeübt, die dem Bereich der persönlichen Lebensführung zuzuordnen sind?
- **Keine LuF, keine freiberufliche Tätigkeit**
- außerdem ungeschriebenes TB-Merkmal: **keine private Vermögensverwaltung** (ergibt sich aus der Systematik des EStG)
  1. **Problemfälle:** „Intensiver" Handel mit *privaten* Vermögensgegenständen
  2. **Für Grundstücke:** Drei-Objekt-Grenze (vom BFH entwickelte Beweislastregel) – *gewerblicher* Grundstückshandel liegt in der Regel vor, wenn StPfl innerhalb von fünf Jahren mehrere Grundstücke erwirbt und innerhalb von ca fünf Jahren mehr als drei wieder veräußert.
  3. **Für Wertpapiere:** Gewerblicher Wertpapierhandel (dh § 15 statt § 23 und § 17 EStG), aber erst bei besonderen Umständen (Beschäftigung von Mitarbeitern, erhebliche Fremdfinanzierung, Büroräume usw). Gewerblichkeit könnte hier für Stpfl interessant sein wg grds unbeschränkten Verlustausgleichs (vgl sonst § 23 III 7–8 EStG).

Übersicht 7.2: Sonderfall Betriebsaufspaltung

517

I. Wirtschaftliche Motivation für Betriebsaufspaltung:

- Haftungsrechtliche Vorteile
- Gehälter für Geschäftsführer = Betriebsausgaben (GewSt! vgl aber § 35 EStG); Bildung von gewinnmindernden Pensionsrückstellungen

II. Voraussetzungen der Betriebsaufspaltung:

- Ein wirtschaftlich einheitliches Unternehmen tritt in zwei Rechtsformen auf; im Einzelnen:
- **Sachliche Verflechtung:** Verpachtung wesentlicher Betriebsgrundlagen an das Betriebsunternehmen
- **Personelle Verflechtung:** *Einheitlicher Betätigungswille* in Besitz- und Betriebsunternehmen, entweder: Identische Beteiligungsverhältnisse in beiden Unternehmen *(Beteiligungsidentität)* oder Personen, die in Besitzunternehmen die Mehrheit bilden, haben auch die Mehrheit im Betriebsunternehmen *(Beherrschungsidentität)*

III. Arten der Betriebsaufspaltung

- **Echte Betriebsaufspaltung:** Aufspaltung eines bestehenden Unternehmens in ein *Besitz-* und ein *Betriebsunternehmen.* Dabei erhält Besitzunternehmen das Anlagevermögen (idR Grundstücke), Betriebsunternehmen das Umlaufvermögen.
- **Unechte Betriebsaufspaltung:** Trennung *von vornherein* (Rechtsfolgen wie bei echter Betriebsaufspaltung)

IV. Rechtsfolgen der Betriebsaufspaltung

- **Beide Unternehmen werden je für sich betrachtet.**
- **Betriebsunternehmen** erzielt ohnehin weiter Einkünfte aus Gewerbebetrieb.
- **Problem: Qualifizierung der Einkünfte des Besitzunternehmens** – Einkünfte aus VuV (§ 21 EStG)? Nein, falls Voraussetzungen der Betriebsaufspaltung vorliegen (s.o.) – dann auch hier Einkünfte aus Gewerbebetrieb (§ 15 EStG) – mit der Folge der GewSt-Pflicht.
- **Vorteil:** bei Aufspaltung bleiben Wirtschaftsgüter des ursprünglichen Unternehmens Betriebsvermögen; dh Betriebsaufspaltung kann *steuerneutral* erfolgen (§ 6 V 1 EStG)
- **Beachte aber:** fallen Voraussetzungen der Betriebsaufspaltung weg (zB personelle Verflechtung): ggf Betriebsaufgabe (§ 16 III EStG) mit der Folge der Besteuerung des „Aufgabegewinns".

Übersicht 7.3: Besteuerung von Personengesellschaften

→ Besteuert wird nicht *„die"* Personengesellschaft, sondern die Gesellschafter (**Transparenz der Personengesellschaft**, dh unmittelbare Zurechnung des Gewinns an die Gesellschafter [„Mitunternehmer"]), vgl § 15 I 1 Nr 2 EStG anders bei GewSt und USt: dort ist *die Gesellschaft* selbst Steuersubjekt (§ 5 I 3 GewStG, § 2 UStG) 518

→ **aber:** *Gesellschaft* ist *Subjekt der Gewinnerzielung und Gewinnermittlung* (bedeutsam für Beurteilung der Einkünfteerzielungsabsicht, der Zuordnung der Einkünfte zu einer bestimmten Einkunftsart usw)

→ Bedeutung der Mitunternehmerschaft:

- auch Vergütungen, die ein Gesellschafter von der Gesellschaft erhält (zB für die Überlassung von Darlehen usw; sog. **Sondervergütungen**), werden zu Einkünften aus Gewerbebetrieb (§ 15 I 1 Nr 2 S. 1 aE EStG)
- Einkünfte der Mitunternehmerschaft (einschließlich der Sondervergütungen) werden gem. § 179 II 2, § 180 I 1 Nr 2 lit. a AO **gesondert und einheitlich festgestellt**
  - Feststellungsbescheid ist **Grundlagenbescheid** für die Einkommensbesteuerung der Gesellschafter (§ 182 I, § 171 X 1 AO).
  - Durch Einspruch gegen **Folgebescheid** (den an einen Gesellschafter gerichteten Einkommensteuerbescheid) können im Grundlagenbescheid festgestellte Besteuerungsgrundlagen (Gewinn der Gesellschaft, Höhe der Sondervergütungen für Gesellschafter) nicht mehr angegriffen werden, § 351 II AO.

→ **Anwendung des § 15 I 1 Nr 2 EStG setzt voraus:** (1) Mitunternehmerschaft, die (2) Einkünfte aus Gewerbebetrieb erzielt

(1) Mitunternehmerschaft

ausdrücklich genannt: OHG, KG; weitere „unbenannte" Gesellschaften dann, wenn sie diesem Leitbild ähneln; Voraussetzungen:

- zivilrechtliches Gesellschaftsverhältnis oder wirtschaftlich vergleichbares Gemeinschaftsverhältnis und
- **Mitunternehmerrisiko** der Gesellschafter und
- **Mitunternehmerinitiative** der Gesellschafter

Beachte: Ein Defizit bei der Mitunternehmerinitiative kann durch ein Mehr an Mitunternehmerrisiko ausgeglichen werden und umgekehrt.

(2) **Einkünfte aus Gewerbebetrieb**
falls (–): Mitunternehmerschaft mit Einkünften aus LuF (§ 13 VII EStG) oder selbstständiger Arbeit (§ 18 I, IV 2 EStG) oder – falls Personengesellschaft nur **vermögensverwaltend** tätig ist – aus VuV (§ 21 EStG) oder aus Kapitalvermögen (§ 20 EStG)

- **gewerbliche Tätigkeit** (§ 15 I 1 Nr 2, II EStG) – fehlt bei rein vermögensverwaltender Tätigkeit – oder:
- (kraft Fiktion) **gewerbliche Tätigkeit** (§ 15 III Nr 1 EStG) – **Abfärbung** (Bsp: Aufnahme eines sog. Berufsfremden in die Mitunternehmerschaft, str) – oder:
- (kraft Fiktion) **gewerblich geprägte Personengesellschaft** (§ 15 III Nr 2 EStG), insb GmbH & Co. KG, bei denen nur die GmbH und ggf Nichtgesellschafter zur Geschäftsführung befugt sind.

→ **Bestandteile der Einkünfte bei Mitunternehmerschaft:**

(1) **Gewinnanteile** aus der Gesellschaft (§ 15 I 1 Nr 2 S. 1 HS 1 EStG):
hier zu berücksichtigen auch Ergebnisse aus **Ergänzungsbilanzen** (diese enthalten rechnerische Korrekturposten, die zB nötig werden, wenn ein neuer Gesellschafter mehr aufwenden muss – zB wegen stiller Reserven –, als es seinem Kapitalanteil entspricht).

(2) **Sondervergütungen** für Tätigkeiten, Darlehen, Überlassung von Wirtschaftsgütern (§ 15 I 1 Nr 2 S. 1 HS 2 EStG):

- **„Sonderbereich“:** Sonderbilanzen, Sonderbetriebseinnahmen und -ausgaben eines Gesellschafters
- **Sonderbetriebsausgaben** = alle Aufwendungen eines Mitunternehmers, die wirtschaftlich durch seinen Mitunternehmeranteil veranlasst sind; Bsp: Schuldzinsen für der Gesellschaft überlassenes Grundstück
- **Sonderbetriebsvermögen** = die der Gesellschaft (oder der eigenen Beteiligung) dienenden Wirtschaftsgüter des Gesellschafters
  - die der Gesellschaft vom Gesellschafter überlassenen Wirtschaftsgüter (Sonderbetriebsvermögen I)
  - Wirtschaftsgüter, die dem Gesellschafter durch Stärkung seiner Beteiligung zur Erzielung seines Gewinnanteils dienen (Sonderbetriebsvermögen II), Bsp: Anteile des Kommanditisten einer GmbH & Co. KG an der Komplementär-GmbH

→ **Übertragung von Wirtschaftsgütern in Mitunternehmerschaften**
Problem: Fortführung der alten Buchwerte beim Erwerber oder Aufdeckung stiller Reserven?

- **Gewinnrealisationstatbestände:**
  - Entnahme (dh Überführung ins Privatvermögen)
  - Veräußerung von einem Gesellschafter an Gesellschaft (und zwar in voller Höhe; § 15 I 1 Nr 2 EStG ist insoweit lex specialis zu § 39 II Nr 2 AO)
  - Betriebsveräußerung und Betriebsaufgabe (§ 16 I, III 1 EStG)
- **Buchwertfortführung**, evtl auch unter Verlagerung der stillen Reserven auf ein anderes Rechtssubjekt:
  - Wechsel von einem Betriebsvermögen in ein anderes desselben Rechtsträgers, § 6 V 1, 2 EStG
  - Voraussetzungen des § 6 V 3 EStG (früher sog. Mitunternehmererlass)
  - Realteilung, § 16 III 2 EStG
  - § 6b EStG

Übersicht 7.4: Ermittlung des Gewerbesteuer-Messbetrages

I. Bemessungsgrundlage: Gewerbeertrag (§ 6 GewStG) 519

1. Gewinn aus Gewerbebetrieb (§ 7 S. 1 GewStG)
   a) Gewerbebetrieb (§ 2 I 2 GewStG): gewerbliches Unternehmen iSd EStG
   b) Gewinn
   Grundsatz: Ermittlung nach dem EStG (natürliche Personen als Träger) und ggf KStG (Körperschaften als Träger)
   Besonderheit bei Mitunternehmerschaften (Außen-Personengesellschaft selbst als Trägerin des Gewerbebetriebes):
   (1) Ermittlung des Gewinns der Personengesellschaft
   (2) Berücksichtigung der Sonderbereiche (Sonderbetriebsvermögen der Gesellschafter)
2. zuzüglich Hinzurechnungen (§ 8 GewStG)
3. abzüglich Kürzungen (§ 9 GewStG)
4. abzüglich Freibetrag (§ 11 I 3 GewStG): ggf 24 500 € abziehbar als pauschaliertes Geschäftsführergehalt

II. Steuermesszahl nach § 11 II GewStG: einheitlich 3,5 %

= Gewerbesteuermessbetrag (vgl § 11 I 1 GewStG)

→ Festsetzung durch das Finanzamt (§ 14 GewStG)

→ Rechtswidrige Festsetzung des Gewerbesteuermessbetrages muss gegenüber dem Finanzamt angefochten werden!

Relevanz des Gewerbesteuermessbetrages:

→ Grundlage für Erhebung der Gewerbesteuer der Gemeinden (§ 16 GewStG) durch Anwendung eines Hebesatzes, der mindestens 200 % betragen muss (§§ 1, 16 IV 2 GewStG)

→ Grundlage für die Ermittlung des Steuerermäßigungsbetrages nach § 35 EStG (s. Rn 488 ff)

Übersicht 7.5: Berücksichtigung der Gewerbesteuer bei der Einkommensteuer

520 **I. Kein Abzug der gezahlten Gewerbesteuer von der einkommensteuerlichen Bemessungsgrundlage (§ 4 Vb EStG)**

II. Pauschale Anrechnung der Gewerbesteuer auf die tarifliche Einkommensteuer (§ 35 EStG)

1. Ermittlung des Ermäßigungsbetrages nach § 35 EStG
   a) Gewerbesteuermessbetrag
      → Ermittlung: s.o. Gewerbebetrieb (§ 2 I 2 GewStG): gewerbliches Unternehmen iSd EStG
      → Besonderheit bei Mitunternehmerschaft: Ermittlung des *anteiligen* Gewerbesteuermessbetrages (§ 35 I 1 Nr 2 EStG)
   b) Fiktiver Hebesatz (Faktor 4)
2. Erster Höchstbetrag: tatsächlich zu zahlende Gewerbesteuer (§ 35 I 5 EStG)
3. Zweiter Höchstbetrag: Ermäßigungshöchstbetrag nach § 35 I 2–4 EStG (Anteil der gewerblichen Einkünfte in der tariflichen Einkommensteuer)

III. Besonderheit: Körperschaften

→ Kein Abzug von der Bemessungsgrundlage
→ Keine Anrechnung nach § 35 EStG
→ KSt-Satz wegen der zusätzlichen Gewerbesteuerbelastung nur 15 %

Fall 8

Jeder trägt seinen Anteil

Schwerpunkte: **Unternehmen-/Einkommensteuerrecht:** Besteuerung der Anteilseigner von Kapitalgesellschaften, Teileinkünfteverfahren (LB § 6 Rn 1304–1313) Besteuerung von Kapitalgesellschaften (LB § 6 Rn 1216–1333); **Einkommensteuerrecht:** Gewinnermittlung (LB § 5 Rn 972–1025); **Gewerbesteuerrecht:** Hinzurechnungen und Kürzungen (LB § 6 Rn 1375–1404)

Schwierigkeitsgrad: mittel, Bearbeitungszeit: 2 Stunden

Dipl.-Bauingenieur A, der keine Bilanz aufstellt, betreibt in Leipzig ein Ingenieurbüro, 521
das auf den Bau von Brücken spezialisiert ist. Dazu beschäftigt er neben weiterem Personal drei angestellte Bauingenieure. Seinen Mitarbeitern zahlt A insgesamt einen jährlichen Lohn iHv 188 000 €. Seine Aufträge erhält er im Wesentlichen von sächsischen Baubehörden. Weil die Auftragslage schlecht ist, will A seine Tätigkeit auf Sachsen-Anhalt ausdehnen. Da die zuständigen Behörden Brückenbauaufträge jedoch mit Vorliebe in der eigenen Region vergeben, hat er eine Beteiligung an der Brücken-Bau-GmbH Magdeburg (B-GmbH) iHv 50 % erworben. Die anderen 50 % an der B-GmbH hält die Nordost-Wasserbau AG (N-AG), die ebenfalls im Bereich des Brückenbaus tätig ist. A hatte seine Anteile an der B-GmbH über sein Leipziger Ingenieurbüro kreditfinanziert und zahlt jährlich Zinsen iHv 20 000 €. Auch die N-AG hatte den Erwerb ihrer Anteile an der B-GmbH für 180 000 € kreditfinanziert (jährliche Zinsen: 25 000 €).

Im Jahr 01 schüttet die B-GmbH insgesamt 200 000 € an ihre Gesellschafter im Verhältnis ihrer Kapitalanteile aus. A erhält zudem 240 000 € für Ingenieurleistungen, die er im Jahr 01 gegenüber der B-GmbH erbracht hat und nach einer allgemein anerkannten Entgeltliste für Ingenieurleistungen abgerechnet hat.

Am 30. Juni 02 veräußert die N-AG ihre Anteile an der B-GmbH an X für 300 000 €. Auf den Veräußerungsstichtag kündigt die N-AG vorzeitig den Kreditvertrag, über den sie die B-GmbH-Anteile finanziert hat. Der Kreditvertrag sieht vor, dass der Darlehensnehmer im Falle einer Kündigung eine einmalige „Kündigungsgebühr" iHv 20 000 € zu zahlen hat, die dem Darlehensgeber als „pauschaler Ausgleich für entgangene Zinsen in der Zukunft" dienen soll. Die N-AG zahlt das Darlehen sowie die Kündigungsgebühr aus dem Veräußerungspreis am Veräußerungsstichtag an die Bank, die von der N-AG im ersten Halbjahr 02 jeweils zu Beginn jeden Monats die anteiligen Zinszahlungen aus dem Kreditvertrag erhalten hat.

Frage 1: Wie hoch sind die Einkünfte des A im Jahr 01?

Frage 2: Wie hoch sind Einkommen iSd KStG und Gewerbeertrag der N-AG im Jahr 01 und 02?

Vorüberlegungen

522 Die Gliederung der Klausurlösung ergibt sich bereits aus den Fallfragen. Zunächst sind die Einkünfte des A (Frage 1) und anschließend das Einkommen und der Gewerbeertrag der N-AG (Frage 2) zu prüfen, wobei zwischen den Jahren 01 und 02 und innerhalb der Jahre zwischen der Körperschaft- und Gewerbesteuer zu differenzieren ist. Bei Sachverhalten mit Kapitalgesellschaften und Anteilseignern bietet sich auch die Anfertigung eines Schaubildes an.

Inhaltlich bewegt sich der Fall im Unternehmensteuerrecht. Im Mittelpunkt steht dabei die Besteuerung der Anteilseigner an Kapitalgesellschaften (hier der B-GmbH). Dieses Thema verlangt nach verschiedenen Differenzierungen, zunächst hinsichtlich der Anteilseigner zwischen natürlichen Personen (A) und Kapitalgesellschaften (N-AG), hinsichtlich der natürlichen Personen weiter zwischen betrieblich und privat Beteiligten, hinsichtlich der Beteiligungserträge zwischen Gewinnausschüttungen und Veräußerungsgewinnen. So gelangt man zur Anwendung des Teileinkünfteverfahrens (§ 3 Nr 40 Sätze 1, 2, § 3c Abs. 2 EStG) und der Sonderregelung für Kapitalgesellschaften in § 8b KStG.

523 In **Frage 1** setzt die Lösung nicht nur Kenntnisse voraus, wie die Anteilseigner von Kapitalgesellschaften besteuert werden, sondern verlangt auch Kenntnisse der einkommensteuerrechtlichen Gewinnermittlung, und zwar hier nach § 4 Abs. 3 EStG (Begriff der Betriebseinnahmen, der Betriebsausgaben, des – notwendigen und gewillkürten – Betriebsvermögens, des Wirtschaftsguts, des Anlagevermögens, des Zufluss- und Abflussprinzips nach § 11 EStG). Die Bearbeiter müssen beachten, dass die Beteiligung an der B-GmbH ein Wirtschaftsgut ist, das zum Betriebsvermögen des A gehört. Daraus folgt dann ohne weiteres, dass die Einnahmen und Aufwendungen im Zusammenhang mit dieser Beteiligung betrieblich veranlasst sind. Es empfiehlt sich daher, zunächst zu prüfen, zu welcher Einkunftsart die Einkünfte gehören und anschließend die Höhe der Einkünfte zu bestimmen.

524 **Frage 2** setzt darüber hinaus Grundkenntnisse im Gewerbesteuerrecht voraus, vor allem einen Überblick über die Hinzurechnungen (§ 8 GewStG) und Kürzungen (§ 9 GewStG).

Gliederung

Frage 1: Einkünfte des A im Jahr 01 **525**

A. Qualifikation der Einkünfte

B. Ermittlung der Einkünfte

I. Betriebseinnahmen

1. Gewinnausschüttung der B-GmbH
2. Vergütungen von der B-GmbH

II. Betriebsausgaben

1. Lohnzahlungen an die Mitarbeiter
2. Kreditzinsen

III. Gewinn (Überschuss der Betriebseinnahmen über die -ausgaben)

C. Ergebnis (Einkünfte des A im Jahr 01)

Frage 2: Einkünfte der N-AG im Jahr 01 und 02

A. Jahr 01

I. Einkommen iSd KStG

1. Ermittlung des Einkommens nach dem EStG
2. Modifizierung durch Regeln des KStG
   a) Gewinnausschüttung der B-GmbH
   b) Betriebsausgabenabzugsverbot für Kreditzinsen?
   c) Pauschales Abzugsverbot für fingierte Betriebsausgaben
3. Ergebnis

II. Gewerbeertrag

1. Gewinn aus dem Gewerbebetrieb der N-AG
2. Hinzurechnung (§ 8 GewStG)
3. Kürzung (§ 9 GewStG)
4. Ergebnis

B. Jahr 02

I. Einkommen iSd KStG

1. Ermittlung des Einkommens nach dem EStG
2. Modifizierung durch Regeln des KStG
   a) Veräußerung der Beteiligung an der B-GmbH
   b) Kreditzinsen bis zum 30. Juni 02
3. Ergebnis

II. Gewerbeertrag

1. Gewerbebetrieb der N-AG
2. Hinzurechnung (§ 8 GewStG) und Kürzung (§ 9 GewStG)
3. Ergebnis

Musterlösung

Frage 1: Einkünfte des A im Jahr 01

526 Aufgrund verschiedener Methoden der Berechnung der Einkünfte bei den sieben Einkunftsarten ist zunächst die Einkunftsart festzustellen, aus der die Einkünfte des A erwachsen. Daran anschließend kann die Höhe der Einkünfte ermittelt werden.

A. Qualifikation der Einkünfte

527 A könnte Einkünfte aus selbstständiger Arbeit (§ 18 Abs. 1 Nr 1 EStG) erzielen. Als Diplom-Bauingenieur übt er einen Katalogberuf des § 18 Abs. 1 Nr 1 Satz 2 EStG und daher eine freiberufliche Tätigkeit aus. Da er für fachliche Aufgaben nur drei angestellte Bauingenieure beschäftigt, ist auch davon auszugehen, dass er in seinem Ingenieurbüro leitend und eigenverantwortlich iSd § 18 Abs. 1 Nr 1 Satz 3 EStG tätig wird. Die weiteren Voraussetzungen nach § 15 Abs. 2 Satz 1 EStG (selbstständige nachhaltige Betätigung, Gewinnerzielungsabsicht, Beteiligung am allgemeinen wirtschaftlichen Verkehr) sind ebenfalls erfüllt. A erzielt daher Einkünfte aus selbstständiger Arbeit.

B. Ermittlung der Einkünfte

528 Gem. § 2 Abs. 2 Satz 1 Nr 1 EStG ist bei Einkünften aus selbstständiger Arbeit der Gewinn zu ermitteln. Da A weder buchführungsverpflichtet ist, noch freiwillig Bücher führt, ist der Gewinn gem. § 4 Abs. 3 Satz 1 EStG als Überschuss der Betriebseinnahmen über die Betriebsausgaben zu ermitteln.

I. Betriebseinnahmen

529 Die danach zunächst zu ermittelnden Betriebseinnahmen des A werden unter Rückgriff auf § 4 Abs. 4 und § 8 Abs. 1 EStG definiert als Zugänge in Geld oder Geldeswert, die durch den Betrieb veranlasst sind[1]. Veranlasst sind Einnahmen durch den Betrieb, wenn ein tatsächlicher oder wirtschaftlicher Zusammenhang mit dem Betrieb besteht[2].

1. Gewinnausschüttung der B-GmbH

530 Die Gewinnausschüttung der B-GmbH zählt daher nur dann zu den Betriebseinnahmen aus selbstständiger Arbeit, wenn sie durch den Betrieb des Ingenieurbüros veranlasst ist. Der dafür nötige wirtschaftliche Zusammenhang besteht, wenn die Beteiligung der B-GmbH zum *Betriebsvermögen* des Ingenieurbüros gehört. Die Beteiligung könnte notwendiges oder gewillkürtes Betriebsvermögen sein. Zum notwendigen Betriebsvermögen gehören Wirtschaftsgüter, die dem Betrieb unmittelbar dienen, so dass sie

1 *Birk/Desens/Tappe*, Steuerrecht, Rn 985.
2 *Birk/Desens/Tappe*, Steuerrecht, Rn 985.

objektiv erkennbar zum unmittelbaren Einsatz im Betrieb selbst bestimmt sind[3]. Bei Beteiligungen an Kapitalgesellschaften handelt es sich um Wirtschaftsgüter[4]. Diese gehören zum notwendigen Betriebsvermögen, wenn sie nach ihrer Art und nach der tatsächlichen Betriebsführung dazu bestimmt sind, die gewerbliche Betätigung des Steuerpflichtigen entscheidend zu fördern, oder wenn sie dazu dienen sollen, den Absatz von Produkten des Steuerpflichtigen zu gewährleisten[5]. Der Beteiligung muss also über gewöhnliche Geschäftsbeziehungen hinaus eine konkrete betriebliche Funktion zukommen[6], was wesentlich anhand der Art der betrieblichen Tätigkeit zu beurteilen ist[7].

A hat die Beteiligung an der B-GmbH erworben, um das regionale Tätigkeitsfeld seines auf den Bau von Brücken spezialisierten Leipziger Ingenieurbüros zu erweitern und um Zutritt zum sachsen-anhaltischen „Markt" für Brückenbauaufträge zu erhalten. Der Betrieb des Ingenieurbüros in Leipzig und die Beteiligung an der B-GmbH in Magdeburg zählen daher beide gemeinsam zur Ingenieurtätigkeit des A und sind nicht als zwei losgelöste Tätigkeiten des A anzusehen. Dieses objektive Ergebnis unter Berücksichtigung der Verkehrsanschauung wird auch durch A selbst bestätigt, da er den Erwerb der Beteiligung über sein Ingenieurbüro finanziert hat. Die Beteiligung an der B-GmbH ist daher *notwendiges Betriebsvermögen* des A, so dass die Gewinnausschüttung der B-GmbH an A zu den Betriebseinnahmen aus seiner selbstständigen Arbeit als Ingenieur zählt. Eine anderweitige Qualifikation der Einkünfte als Kapitaleinkünfte (§ 20 Abs. 1 Nr 1 Satz 1 EStG [„Gewinnanteile"]) tritt dahinter als subsidiär zurück (§ 20 Abs. 8 Satz 1 EStG), so dass auch die sog. Abgeltungsteuer (vgl § 32d EStG) nicht eingreift. 531

Die Gewinnausschüttung der B-GmbH iHv 100 000 € (50 % von 200 000 €) gehört nur dann in dieser Höhe zu den steuerpflichtigen Betriebseinnahmen, wenn sie nicht (teilweise) steuerfrei gestellt werden, etwa durch § 3 Nr 40 EStG: Nach dem dort geregelten Teileinkünfteverfahren sind ua 40 % der Einnahmen steuerfrei, wenn es sich um Gewinnausschüttungen (Bezüge iSd § 20 Abs. 1 Nr 1 EStG) handelt (§ 3 Nr 40 Satz 1 lit. d EStG), aber nur, wenn sie im Rahmen einer Gewinneinkunftsart (vgl § 20 Abs. 8 EStG) zugeflossen sind (§ 3 Nr 40 Satz 2 EStG). Das ist hier der Fall (s. Rn 529 ff). Die Gewinnausschüttung führt daher nur iHv 60 000 € zu steuerpflichtigen Betriebseinnahmen. Diese sind im Zeitpunkt ihres Zuflusses (§ 11 Abs. 1 Satz 1 EStG) zu erfassen, also im Jahr 01. 532

3 *Birk/Desens/Tappe*, Steuerrecht, Rn 899.
4 *Loschelder*, in: Schmidt, EStG, § 4 Rn 162 ff.
5 BFH, XI R 45/97, BStBl II 1998, 301 (302); XI R 39/01, BFH/NV 2004, 622 (624); BFH, X R 32/05, BStBl II 2009, 634 (637).
6 BFH, XI R 45/97, BStBl II 1998, 301 (302); X R 32/05, BStBl II 2009, 634 (637); vgl *Loschelder*, in: Schmidt, EStG, § 4 Rn 163.
7 Vgl *Loschelder*, in: Schmidt, EStG, § 4 Rn 163. Daher liegt zB kein Betriebsvermögen vor, wenn ein Steuerberater eine Bäckereieinrichtung erwirbt, vgl BFH, IV R 57/83, BFH/NV 1987, 708.

2. Vergütungen von der B-GmbH

533 Auch die Vergütungen iHv 240 000 € könnten in dieser Höhe steuerpflichtige Betriebseinnahmen sein. Bei den Ingenieurleistungen, die A für die B-GmbH erbracht hat, handelt es sich auf jeden Fall um voll steuerpflichtige Betriebseinnahmen. Selbst wenn es sich bei den Entgelten teilweise um eine sog. verdeckte Gewinnausschüttung handeln würde, würde diese zu Betriebseinnahmen führen, weil auch Gewinnausschüttungen der B-GmbH an A betrieblich veranlasst sind (s. Rn 530 ff).

534 Fraglich ist allein, in welcher Höhe die Vergütung steuerpflichtige Betriebseinnahmen begründet. Handelt es sich um eine Leistung aus dem Schuldverhältnis (Gegenleistung für Ingenieurleistungen) so sind es voll steuerpflichtige Betriebseinnahmen (240 000 €), die korrespondierend auf Ebene der B-GmbH deren Gewinn als Betriebsausgabe mindern. Dass A an der B-GmbH beteiligt ist, ändert daran nichts. Denn schuldrechtliche Verträge zwischen einer GmbH und einem ihrer Gesellschafter werden aufgrund der steuerrechtlichen Selbstständigkeit der Kapitalgesellschaft *(Trennungsprinzip)* akzeptiert. Etwas anderes würde gelten, wenn die Zahlung der 240 000 € (teilweise) als *verdeckte Gewinnausschüttung* der B-GmbH zu qualifizieren wäre. Soweit die Zahlung (anteilig) eine verdeckte Gewinnausschüttung wäre, wäre sie bei A iHv 40 % steuerfrei (Teileinkünfteverfahren nach § 20 Abs. 1 Nr 1 Satz 2 iVm § 3 Nr 40 Satz 1 lit. d, Satz 2 EStG). Korrespondierend dürfte sie bei der B-GmbH das Einkommen nicht als Betriebsausgabe mindern (§ 8 Abs. 3 Satz 2 KStG).

535 Verdeckte Gewinnausschüttungen sind nach der ständigen Rechtsprechung des BFH Vermögensminderungen der Gesellschaft, die durch das Gesellschaftsverhältnis veranlasst sind[8]. Eine Veranlassung durch das Gesellschaftsverhältnis statt durch den Betrieb ist vor allem anzunehmen, soweit die Zahlung (Vermögensminderung) einem Fremdvergleich nicht standhält, also einem Nichtgesellschafter (zB einem gewöhnlichen Kunden oder Geschäftspartner) gegenüber nicht so erfolgt wäre[9]. A hat seine Ingenieurleistungen, für die er 240 000 € in Rechnung gestellt hat, nach einer allgemein anerkannten Entgeltliste für Ingenieurleistungen abgerechnet. Das zeigt, dass die Ingenieurleistungen zu angemessenen und marktüblichen Bedingungen erfolgten[10]. Es liegt daher keine verdeckte Gewinnausschüttung an A vor.

Die Vergütungen sind als Betriebseinnahmen iHv 240 000 € steuerpflichtig. Sie sind ebenfalls im Jahr 01 zugeflossen und somit gem. § 11 Abs. 1 Satz 1 EStG im Jahr 01 zu erfassen.

---

8 BFH, I R 4/84, BStBl II 1990, 237 (239); I R 2/02, BStBl II 2004, 131; I R 61/07, BStBl II 2011, 62 (64); I R 28/09, BFH/NV 2011, 850.

9 Vgl dazu im Einzelnen *Birk/Desens/Tappe*, Steuerrecht, Rn 1275 ff und Fall 9.

10 Da dies aufgrund der Sachverhaltsangabe sehr deutlich wurde, muss diese Frage in einer Klausur nicht in dieser Ausführlichkeit angesprochen werden.

II. Betriebsausgaben

Im zweiten Schritt sind nach § 4 Abs. 3 Satz 1 EStG die Betriebsausgaben zu ermitteln. Das sind alle Aufwendungen, die durch den Betrieb veranlasst sind, § 4 Abs. 4 EStG[11]. **536**

1. Lohnzahlungen an die Mitarbeiter

Die Lohnzahlungen an seine Mitarbeiter sind betrieblich veranlasst und daher voll abziehbare Betriebsausgaben iHv 188 000 €. **537**

2. Kreditzinsen

Die Kreditzinsen sind betrieblich veranlasst, wenn das Darlehen zum Erwerb von Wirtschaftsgütern des Betriebsvermögens verwendet wurde. A hat das Darlehen zum Erwerb seiner Beteiligung an der B-GmbH verwendet, die zu seinem notwendigen Betriebsvermögen gehört (s. Rn 531). Die Zinsen sind daher Betriebsausgaben nach § 4 Abs. 4 EStG. **538**

Fraglich ist aber, ob A die gesamten Zinsen als Betriebsausgabe abziehen darf oder ob die anteilige Abzugsbeschränkung nach § 3c Abs. 2 EStG eingreift, nach der 40 % der Betriebsausgaben nicht abziehbar sind. Der nach § 3c Abs. 2 Satz 1 HS 1 EStG erforderliche wirtschaftliche Zusammenhang der Aufwendungen mit nach § 3 Nr 40 EStG zu 40 % steuerfreien Einnahmen besteht schon, wenn die Absicht vorhanden ist, Einnahmen iSd § 3 Nr 40 EStG zu erzielen (§ 3c Abs. 2 Satz 7 EStG). Dass solche Einnahmen tatsächlich anfallen, ist nicht erforderlich (anders dagegen in § 3c Abs. 1 EStG, der einen unmittelbaren wirtschaftlichen Zusammenhang verlangt). A hat aus der Beteiligung an der B-GmbH sogar Einnahmen aus der Gewinnausschüttung nach § 3 Nr 40 Satz 1 lit. d, Satz 2 EStG zu 40 % steuerfrei vereinnahmt (s. Rn 532), so dass der wirtschaftliche Zusammenhang unproblematisch besteht. Folglich sind auch die Betriebsausgaben nach § 3c Abs. 2 Satz 1 HS 1 EStG zu 40 % nicht abziehbar. A kann daher im Jahr 01 seinen Zinsaufwand (20 000 €) nur iHv 12 000 € als Betriebsausgabe gem. § 4 Abs. 3 Satz 1, § 11 Abs. 2 Satz 1 EStG geltend machen. **539**

III. Gewinn (Überschuss der Betriebseinnahmen über die -ausgaben)

A erzielt im Jahr 01 steuerpflichtige Betriebseinnahmen iHv 300 000 € (240 000 € + 60 000 €), von denen zur Ermittlung seines Gewinns Betriebsausgaben iHv 200 000 € (12 000 € + 188 000 €) abzuziehen sind. Sein steuerpflichtiger Gewinn beträgt daher 100 000 €. **540**

C. Ergebnis (Einkünfte des A im Jahr 01)

A erzielt Einkünfte aus selbstständiger Arbeit (§ 18 EStG). Diese sind nach § 2 Abs. 2 Satz 1 Nr 1 EStG der Gewinn. Da A keine weiteren Einkünfte aus anderen Einkunftsarten erzielt hat, betragen seine Einkünfte im Jahr 01 100 000 €. **541**

---

11 Vgl dazu *Birk/Desens/Tappe*, Steuerrecht, Rn 992.

Frage 2: Einkommen iSd KStG und Gewerbeertrag der N-AG in den Jahren 01 und 02

A. Jahr 01

I. Einkommen iSd KStG

542 Die N-AG unterliegt als Kapitalgesellschaft nach § 1 Abs. 1 Nr 1 KStG der *Körperschaftsteuer.* Was bei der Körperschaftsteuer als Einkommen gilt und wie dieses Einkommen zu ermitteln ist, bestimmt sich nach den Vorschriften des EStG und des KStG (§ 8 Abs. 1 Satz 1 KStG).

1. Ermittlung des Einkommens nach dem EStG

543 Die N-AG erzielt gem. § 8 Abs. 2 KStG als Aktiengesellschaft ausschließlich Einkünfte aus Gewerbebetrieb (§ 15 EStG) und ist nach § 238 Abs. 1 Satz 1, § 6 Abs. 1 HGB, § 3 Abs. 1 AktG buchführungspflichtig. Die Gewinnermittlung erfolgt daher nach § 2 Abs. 2 Satz 1 Nr 1 EStG iVm § 4 Abs. 1, § 5 Abs. 1 EStG durch Betriebsvermögensvergleich, wobei als Ausgangspunkt an das nach handelsrechtlichen Grundsätzen ermittelte Betriebsvermögen anzuknüpfen ist.

544 Die Gewinnausschüttung von der B-GmbH (100 000 €) ist eine Betriebsvermögensmehrung der N-AG, wenn sie betrieblich veranlasst ist. Dies ist der Fall, wenn die Beteiligung an der B-GmbH zum Betriebsvermögen der N-AG gehört (vgl oben). Durch die Beteiligung an der ebenfalls auf dem Gebiet des Brückenbaus tätigen B-GmbH, wird die gewerbliche Betätigung der N-AG gefördert. Die betrieblichen Tätigkeiten der beiden Gesellschaften sind ähnlich. Daraus folgt, dass es sich bei der Beteiligung an der B-GmbH um notwendiges Betriebsvermögen der N-AG handelt. Es ergibt sich aufgrund der Gewinnausschüttung in Höhe von 100 000 € (Betriebsvermögensmehrung) abzüglich Zinsen in Höhe von 25 000 € (Betriebsvermögensminderung) im Ergebnis ein Gewinn von 75 000 €. § 3 Nr 40 EStG und § 3c Abs. 2 EStG gelten für Körperschaften wie die N-AG nicht.

2. Modifizierung durch Regeln des KStG

545 Der zunächst nach §§ 4 ff EStG ermittelte Gewinn (hier: 75 000 €) wird durch einige wenige Sondervorschriften der §§ 8 ff KStG modifiziert, die auf die Besonderheiten von Körperschaften Rücksicht nehmen. Dazu zählt vor allem das Verhältnis zu den Anteilseignern, die ihrerseits wiederum steuerpflichtig sind. Die wichtigsten Sondervorschriften sind daher § 8 Abs. 3 KStG über (offene und verdeckte) Gewinnausschüttungen und § 8b KStG für den Fall, dass die Körperschaft selbst Anteilseigner einer anderen Körperschaft ist.

a) Gewinnausschüttung der B-GmbH

Die Gewinnausschüttung könnte nach der Sondervorschrift des § 8b Abs. 1 KStG steuerfrei sein, wenn die Beteiligungsquote mind 10 % beträgt (vgl § 8b Abs. 4 KStG)[12]. Dann müsste es sich um Bezüge iSd § 20 Abs. 1 Nr 1 Satz 1 EStG handeln und die N-AG mind mit 10 % an der B-GmbH beteiligt sein. Das ist bei Ausschüttungen einer GmbH (hier: der B-GmbH) der Fall, an der die N-AG mit 50 % beteiligt ist. Die Gewinnausschüttung iHv 100 000 € bleibt also bei der N-AG nach § 8b Abs. 1 KStG steuerfrei. 546

b) Betriebsausgabenabzugsverbot für Kreditzinsen?

Da die Gewinnausschüttung von der B-GmbH steuerfrei ist, könnten auch die durch die Beteiligung an der B-GmbH entstandenen Kreditzinsen (25 000 €) nach § 8 Abs. 1 Satz 1 KStG iVm § 3c Abs. 1 EStG nicht abziehbar sein. Zwar besteht ein insoweit erforderlicher *unmittelbarer*, wirtschaftlicher Zusammenhang, weil Einnahmen und Ausgaben im selben Veranlagungszeitraum angefallen sind. Jedoch schließt die Spezialregelung in § 8b Abs. 5 Satz 2 KStG die Anwendung des § 3c Abs. 1 EStG in Zusammenhang mit nach § 8b Abs. 1 KStG steuerfreien Einnahmen ausdrücklich aus. Die Kreditzinsen bleiben daher in voller Höhe (25 000 €) abziehbar. 547

c) Pauschales Abzugsverbot für fingierte Betriebsausgaben

Es könnte jedoch das pauschale Abzugsverbot für fingierte Betriebsausgaben (§ 8b Abs. 5 Satz 1 KStG) eingreifen: Danach gelten 5 % der nach § 8b Abs. 1 KStG steuerfreien Gewinnausschüttungen als nicht abziehbare Betriebsausgaben. Trotz ihres Wortlauts (Betriebsausgaben) knüpft diese Vorschrift rechnerisch nicht an die (bloß fingierten) Betriebsausgaben an, sondern an die Einnahmen iSd § 8b Abs. 1 KStG, deren Steuerfreiheit sie praktisch auf 95 % reduziert, auch wenn keine Betriebsausgaben anfallen. Da die N-AG steuerfreie Einnahmen nach § 8b Abs. 1 KStG iHv 100 000 € erzielt, sind davon 5 % steuerpflichtig, also 5000 €. 548

3. Ergebnis

Das körperschaftsteuerliche Einkommen der N-AG weist im Jahr 01 daher einen Verlust iHv 20 000 € (5000 € ./. 25 000 €) aus, obwohl handelsrechtlich ein Gewinn iHv 75 000 € entstanden ist (s. Rn 544). 549

II. Gewerbeertrag

Der Gewerbeertrag ist gem. § 7 Satz 1 GewStG der nach den Vorschriften des EStG oder KStG ermittelte Gewinn aus Gewerbebetrieb, vermehrt um Hinzurechnungen (§ 8 GewStG) und vermindert um Kürzungen (§ 9 GewStG). 550

12 Vgl dazu *Birk/Desens/Tappe*, Steuerrecht, Rn 1248 ff.

1. Gewinn aus dem Gewerbebetrieb der N-AG

551 Die N-AG hat aus dem Gewerbebetrieb nach den Vorschriften des EStG und KStG einen „negativen" Gewinn, also einen Verlust iHv 20 000 € erzielt.

2. Hinzurechnung (§ 8 GewStG)

552 Es kommt zunächst eine Hinzurechnung der Kreditzinsen (25 000 €) nach § 8 Nr 1 GewStG in Betracht. Nach § 8 Nr 1 lit. a GewStG sind ein Viertel der Entgelte für Schulden hinzuzurechnen (6250 €), wozu auch die Kreditzinsen gehören[13]. Jedoch greift diese Hinzurechnung nur ein, soweit die „Summe" (nicht deren Viertel!) aller nach § 8 Nr 1 GewStG zu ermittelnder Finanzierungsentgelte den Freibetrag von 200 000 € übersteigt (§ 8 Nr 1 GewStG *aE*)[14]. Mit 25 000 € bleiben die Zinsen der N-AG hinter dem Freibetrag zurück, so dass es nicht zur Hinzurechnung nach § 8 Nr 1 GewStG kommt.

553 Nach § 8 Nr 5 GewStG müsste der nach § 8b Abs. 1 KStG nicht berücksichtigte Teil der Gewinnausschüttung (100 000 €) nach Abzug der nach § 8b Abs. 5 KStG unberücksichtigten Betriebsausgaben (5000 €), also 95 000 €, hinzugerechnet werden, wenn nicht die „Voraussetzungen des § 9 Nr 2a oder 7 GewStG" erfüllt sind. Die Voraussetzungen des § 9 Nr 2a GewStG sind jedenfalls bei einer Gewinnausschüttung einer Kapitalgesellschaft erfüllt, an der eine Beteiligung von mindestens 15 % besteht. Die N-AG ist mit 50 % an der B-GmbH beteiligt. Eine Hinzurechnung nach § 8 Nr 5 GewStG kommt daher nicht in Betracht.

3. Kürzung (§ 9 GewStG)

554 Eine Kürzung nach § 9 Nr 2a GewStG kommt in Betracht, wenn im gewerblichen Gewinn aus Gewerbebetrieb „Gewinne aus Anteilen" an einer Kapitalgesellschaft enthalten sind, an der eine Beteiligung von mindestens 15 % besteht. Die N-AG ist zu 50 % an der B-GmbH beteiligt gewesen und hat durch die Gewinnausschüttung auch Gewinne aus Anteilen vereinnahmt.

555 Die Gewinnausschüttung (100 000 €) war jedoch bereits nach § 8b Abs. 1 KStG steuerfrei, so dass sie gar nicht in den Gewinn aus Gewerbebetrieb iSd § 7 Satz 1 GewStG eingeflossen ist und insoweit auch nicht mehr gekürzt zu werden braucht.

556 Nach § 8b Abs. 5 KStG nicht abziehbare Betriebsausgaben sind gem. § 9 Nr 2a Satz 4 GewStG keine Gewinne aus Anteilen iSd § 9 Nr 2a Satz 1 GewStG. Es ist daher schon gar kein Kürzungsbetrag nach § 9 Nr 2a GewStG entstanden, so dass auch keine Minderung des Kürzungsbetrages nach § 9 Nr 2a Satz 3 GewStG in Betracht kommt.

557 Weder hinsichtlich der Gewinnausschüttung (100 000 €) noch der fingierten nicht abziehbaren Betriebsausgabe (5000 €) kommt es daher zu einer Kürzung. Aus diesem

13 Vgl dazu *Birk/Desens/Tappe*, Steuerrecht, Rn 1381.
14 Vgl zu den einzelnen Rechenschritten *Birk/Desens/Tappe*, Steuerrecht, Rn 1379.

Grunde ist es unerheblich, dass mit den Gewinnanteilen unmittelbar zusammenhängende Aufwendungen (hier: Zinsen iHv 25 000 €) existieren. Solche würden gem. § 9 Nr 2a Satz 3 HS 1 GewStG den Kürzungsbetrag nur reduzieren, soweit entsprechende (zu kürzende) Beteiligungserträge vorhanden sind.

4. Ergebnis

Der Gewerbeertrag der N-AG im Jahr 01 ist negativ und beträgt ./. 20 000 €. Einen solchen Verlust kann die N-AG als vortragsfähigen Gewerbeverlust gesondert feststellen lassen (§ 10a Satz 6 GewStG) und ggf mit dem Gewerbeertrag künftiger Erhebungszeiträume verrechnen (§ 10a Satz 1 GewStG). **558**

B. Jahr 02

I. Einkommen iSd KStG

1. Ermittlung des Einkommens nach dem EStG

Die Gewinnermittlung erfolgt nach § 2 Abs. 2 Satz 1 Nr 1 iVm § 4 Abs. 1, § 5 Abs. 1 EStG durch Betriebsvermögensvergleich, wobei als Ausgangspunkt an das handelsrechtliche Betriebsvermögen anzuknüpfen ist (s. Rn 543 f): Danach beträgt der Gewinn 87 500 € (300 000 € Veräußerungserlös ./. 180 000 € Buchwert der B-GmbH-Anteile ./. 20 000 € Kündigungsgebühr ./. 12 500 € Zinsen [halbes Jahr]). **559**

2. Modifizierung durch Regeln des KStG

Der nach §§ 4 ff EStG ermittelte Gewinn (hier: 87 500 €) könnte hier vor allem durch § 8b Abs. 2 KStG zu modifizieren sein, soweit der Gewinn aus der Veräußerung der B-GmbH betroffen ist. **560**

a) Veräußerung der Beteiligung an der B-GmbH

Nach § 8b Abs. 2 KStG ist der *Gewinn* aus der Veräußerung der Anteile einer Kapitalgesellschaft wie der B-GmbH steuerfrei[15]. Wie sich der Veräußerungsgewinn ermittelt, ergibt sich aus der Definition in § 8b Abs. 2 Satz 2 KStG: Danach ist der Veräußerungsgewinn der Betrag, um den der Veräußerungspreis nach Abzug der Veräußerungskosten den Buchwert der Beteiligung übersteigt. **561**

Der *Veräußerungspreis* beträgt 300 000 €. Der Buchwert der Beteiligung entspricht den Anschaffungskosten iHv 180 000 € (vgl § 6 Abs. 1 Nr 2 Satz 1 EStG), gewöhnliche AfA wie auch Teilwertabschreibungen (vgl § 8b Abs. 3 Satz 3 KStG) sind nicht zulässig.

Fraglich ist allerdings, in welcher Höhe *Veräußerungskosten* angefallen sind: Offensichtlich in keinem Zusammenhang mit der *Veräußerung* stehen die Kreditzinsen, die die N-AG für die Beteiligung vom 1.1.02 bis 30.6.02 noch zu zahlen hatte (12 500 € – halbjährlich), da diese Aufwendungen durch die Veräußerung nicht begründet worden waren. Rechtsgrund war vielmehr der nun auch zum 30.6.02 gekündigte Kreditvertrag. **562**

15 Vgl dazu *Birk/Desens/Tappe*, Steuerrecht, Rn 1262 ff.

563 Fraglich ist aber, ob die Kündigungsgebühr (20 000 €) zu den Veräußerungskosten im Sinne des § 8b Abs. 2 Satz 2 KStG gehört. Unter Aufgabe der bisherigen Rechtsprechung, die eine „unmittelbare sachliche Beziehung“[16] zwischen Veräußerungsgeschäft und Kosten verlangte, stellt der BFH nur noch darauf ab, ob ein Veranlassungszusammenhang zwischen Veräußerung und Kosten besteht. Es ist auf das „auslösende Moment“ für die Entstehung der Aufwendungen abzustellen und anschließend ist zu fragen, ob die Aufwendungen eine größere Nähe zur Veräußerung oder zum laufenden Gewinn haben[17]. Die Kündigungsgebühr steht in näherem Zusammenhang zur Veräußerung und ist daher durch diese veranlasst, denn hätte die N-AG ihre Beteiligung nicht veräußert, hätte sie nicht das Darlehen gekündigt, mit dem sie die Beteiligung finanziert hat. Gerade durch diese Kündigung ist aber die Gebühr iHv 20 000 € angefallen.

Der nach § 8b Abs. 2 Satz 1 KStG steuerfreie Veräußerungsgewinn beträgt daher 100 000 € (300 000 € ./. 20 000 € ./. 180 000 €).

564 Durch die Veräußerung könnte es durch das pauschale Abzugsverbot für fingierte Betriebsausgaben nach § 8b Abs. 3 Satz 1 KStG zu einem steuerpflichtigen Gewinn gekommen sein. Die Norm fingiert 5 % des steuerfreien Veräußerungsgewinns nach § 8b Abs. 2 Satz 1 KStG als nicht abziehbare Betriebsausgaben, was zur Folge hat, dass letztlich vom Veräußerungsgewinn lediglich 95 % steuerfrei und 5 % steuerpflichtig sind. Da die N-AG einen solchen Veräußerungsgewinn iHv 100 000 € erzielt hat, ergibt sich ein steuerpflichtiger Gewinn iHv 5 %, also 5000 €[18].

b) Kreditzinsen bis zum 30. Juni 02

565 Die Kreditzinsen für das erste Halbjahr 02 iHv 12 500 € (25 000 €/2) sind als betrieblich veranlasste Kreditzinsen (s. Rn 538) voll abziehbar, es sei denn, es greift ein Abzugsverbot ein. Soweit anzunehmen wäre, die Zinsen stünden im Zusammenhang iSd § 3c Abs. 1 EStG mit steuerfreien Einnahmen, die die N-AG mit ihrer Beteiligung an der B-GmbH erzielt hat, findet das Abzugsverbot keine Anwendung (vgl § 8b Abs. 5 Satz 2 [s. Rn 547] und § 8b Abs. 3 Satz 2 KStG). Die Zinsen iHv 12 500 € sind daher voll abziehbar.

566 Die Kündigungsgebühr (20 000 €) ist bereits als Veräußerungskosten bei der Ermittlung des steuerfreien Veräußerungsgewinns berücksichtigt worden (§ 8b Abs. 2 KStG). Das bewirkt zugleich, dass sie im Übrigen nicht steuermindernd abziehbar ist[19].

---

16 Vgl BFH, IV R 56/79, BStBl II 1982, 691 (692) zu § 16 Abs. 2 EStG; XI R 14/87, BStBl II 1991, 628 mwN bezogen auf § 6b Abs. 2 Satz 1 EStG; VIII R 43/90, BFH/NV 1993, 520 zu § 17 Abs. 2 EStG.

17 BFH, I R 45/13, BStBl II 2014, 719 (720); I R 52/12, BStBl II 2014, 861 (863); I R 64/14, BStBl II 2017, 182 (184); folgend *Rengers*, in: Blümich, § 8b KStG Rn 244; *Frotscher*, in: Frotscher/Drüen, § 8b KStG Rn 215.

18 Hätte man die Kündigungsgebühr nicht als Veräußerungskosten qualifiziert, wäre ein Veräußerungsgewinn iHv 120 000 € (statt 100 000 €) entstanden und folglich eine fingierte nicht abziehbare Betriebsausgabe iSd § 8b Abs. 3 Satz 1 KStG iHv 6000 € (anstatt nur 5000 €).

19 Spätestens hier zeigt sich, dass die Qualifikation der Kündigungsgebühr (20 000 €) als Teil der Veräußerungskosten sich insgesamt nachteilig für die N-AG ausgewirkt hat. Wäre sie als laufende Betriebsausgabe qualifiziert worden, wäre sie hier voll abziehbar gewesen (./. 20 000 €). Von diesem Nachteil ist noch der „Vorteil“ iHv 1000 € (5000 € statt 6000 €) bei der Ermittlung des pauschalen steuerpflichtigen Gewinns nach § 8b Abs. 3 Satz 1 KStG (s. Rn 564) abzurechnen. Insgesamt hat die Qualifikation als Veräußerungskosten die steuerlich zu berücksichtigenden Betriebsausgaben um 19 000 € reduziert.

3. Ergebnis

Das körperschaftsteuerliche Einkommen der N-AG weist im Jahr 02 daher einen Verlust iHv 7500 € (5000 € ./. 12 500 €) aus. **567**

II. Gewerbeertrag

Der Gewerbeertrag ist gem. § 7 Satz 1 GewStG der nach den Vorschriften des EStG oder KStG ermittelte Gewinn aus Gewerbebetrieb, vermehrt um Hinzurechnungen (§ 8 GewStG) und vermindert um Kürzungen (§ 9 GewStG). **568**

1. Gewinn aus dem Gewerbebetrieb der N-AG

Die N-AG hat aus dem Gewerbebetrieb nach den Vorschriften des EStG und KStG einen „negativen" Gewinn, also einen Verlust iHv 7500 € erzielt. **569**

2. Hinzurechnung (§ 8 GewStG) und Kürzung (§ 9 GewStG)

Eine *Hinzurechnung* nach § 8 Nr 1 GewStG scheitert auch im Jahr 02 am Freibetrag nach § 8 Nr 1 GewStG (s. Rn 552). Eine Hinzurechnung nach § 8 Nr 5 GewStG scheitert an der Beteiligungshöhe (s. Rn 553). **570**

In Betracht käme höchstens eine *Kürzung* nach § 9 Nr 2a GewStG, wenn „Gewinne aus Anteilen" im Sinne dieser Norm auch Veräußerungsgewinne sein können. Zwar war der Veräußerungsgewinn nach § 8b Abs. 2 KStG steuerfrei und muss daher nicht mehr gekürzt werden, steuerpflichtig waren jedoch nach § 8b Abs. 3 Satz 1 KStG 5 % des Veräußerungsgewinns (5000 €). § 9 Nr 2a Satz 4 GewStG schließt lediglich die 5 %-Pauschalbesteuerung des § 8b Abs. 5 KStG (s. Rn 548) aus, nicht aber die des § 8b Abs. 3 Satz 1 KStG. Jedoch handelt es sich bei einem Veräußerungsgewinn nicht um einen Gewinn *aus* Anteilen, sondern um einen Gewinn, der durch die Veräußerung der Anteile entsteht. Der Kürzungstatbestand erfasst daher nur Beteiligungserträge, aber keine Veräußerungen von Beteiligungen. **571**

3. Ergebnis

Der Gewerbeertrag der N-AG im Jahr 02 ist negativ und beträgt 7500 €. Einen solchen Verlust kann die N-AG als vortragsfähigen Gewerbeverlust gesondert feststellen lassen (§ 10a Satz 6 GewStG) und ggf mit dem Gewerbeertrag künftiger Erhebungszeiträume verrechnen (§ 10a Satz 1 GewStG). Für eine Verlustverrechnung in den Folgejahren steht damit aus 01 und 02 insgesamt ein Betrag iHv 27 500 € bereit. **572**

Zur Wiederholung

Übersicht 8.1: Behandlung von Ausschüttungen bei der ausschüttenden Körperschaft und beim Anteilseigner und von Anteilsveräußerungen der Anteilseigner

573 **I. Grundsatz**

1. **Trennungsprinzip:**
   dh der operativ erzielte Gewinn wird bei der Körperschaft und die Ausschüttung dieses Gewinns wird (grds) nochmals beim Anteilseigner besteuert
2. dadurch **Gefahr der Doppelbelastung**; Vermeidung bzw Abmilderung durch
   - Steuerfreiheit (95 %) nach § 8b I, V KStG, falls Anteilseigner KSt-Subjekt und mindestens mit 10 % beteiligt (§ 8b IV KStG) ist, bzw
   - Teileinkünfteverfahren (§ 3 Nr 40, § 3c II EStG) falls Anteilseigner ESt-Subjekt – natürliche Person – ist und *keine* Einkünfte aus Kapitalvermögen erzielt (§ 20 VIII EStG)

   oder
   - Sondertarif (25 %) durch Abgeltungsteuer (§ 32d I 1 EStG) bei Einkünften aus Kapitalvermögen

II. Besteuerung der Körperschaft

1. Definitivbesteuerung des zu versteuernden Einkommens mit 15 % (§ 23 I KStG) [zzgl. SolZ und GewSt]
2. Unabhängig davon, ob Gewinn thesauriert oder ausgeschüttet wird, § 8 III 1, 2 KStG

III. Besteuerung von Gewinnausschüttungen beim Anteilseigner

1. **Falls Anteilseigner KSt-Subjekt ist:**
   a) **Beteiligung mindestens 10 % (§ 8b IV KStG), KSt-Subjekt weder Finanz- noch Versicherungsunternehmen iSd § 8b VII, VIII KStG:** Steuerfreiheit der bezogenen Dividenden usw nach § 8b I, V 1 KStG iHv 95 %; Beteiligungsaufwendungen bleiben jedoch voll abziehbar, § 3c I EStG gilt nicht (§ 8b V 2 KStG)
   b) **Beteiligung weniger 10 % (§ 8b IV KStG) oder KSt-Subjekt Finanz- oder Versicherungsunternehmen (§ 8b VII, VIII KStG):** Gewinnausschüttungen voll steuerpflichtig und Beteiligungsaufwendungen voll abziehbar
2. **Falls Anteilseigner ESt-Subjekt ist:**
   a) **Beteiligung liegt im *Privatvermögen*:** Dividenden uä sind Kapitaleinkünfte (§ 20 I Nr 1 EStG), die der Abgeltungsteuer unterliegen (WK nach § 20 VIII EStG pauschal 801 €/1602 €, Tarif 25 % [§ 32d I 1 EStG] oder persönlicher Steuersatz [§ 32d VI EStG]). Ausnahme: Dividenden sind VuV-Einkünfte (§ 21 EStG) – 40 % steuerfrei nach Teileinkünfteverfahren (§ 3 Nr 40 S. 1 lit. d, S. 2, § 3c II EStG)
   b) **Beteiligung liegt im *Betriebsvermögen*:** Dividenden uä sind Einkünfte aus entsprechender Gewinneinkunftsart, etwa aus Gewerbebetrieb (vgl § 20 VIII EStG) – Einnahmen zu 40 % steuerfrei nach Teileinkünfteverfahren (§ 3 Nr 40 S. 1 lit. d, S. 2 EStG), Betriebsausgaben zu 40 % nicht zu berücksichtigen, § 3c II EStG)

3. **Abgrenzung: Rückgewähr von Einlagen**
   Keine Steuerpflicht bei Rückgewähr von Einlagen (aus dem steuerlichen Einlagekonto, § 27 KStG), weil bloßer Kapitalrückfluss (§ 20 I Nr 1 S. 3 EStG)

III. Besteuerung von Anteilsveräußerungsgewinnen durch den Anteilseigner

1. **Falls Anteilseigner KSt-Subjekt ist:**
   a) **Regelfall:** Steuerfreiheit des Veräußerungsgewinns iHv 95 % (§ 8b II, III 1 KStG); Verluste durch Veräußerungen oder TW-AfA bleiben unberücksichtigt (§ 8b III 3 KStG)
   Begriff des Veräußerungsgewinns (§ 8b II 2 KStG) Veräußerungspreis ./. Anschaffungskosten der Beteiligung (Buchwert) ./. Veräußerungskosten (zB Notarkosten)
   b) **Ausnahme für Finanz- oder Versicherungsunternehmen iSd § 8b VII oder VIII KStG:** Veräußerungsgewinne voll steuerpflichtig, Verluste oder TW-AfA voll zu berücksichtigen
2. **Falls Anteilseigner ESt-Subjekt ist:**
   a) **Beteiligung im Privatvermögen (s.o.):** Abgeltungsteuer nach § 20 II 1 Nr 1, IV, IX, § 32d I 1 EStG
   b) **Beteiligung im Betriebsvermögen (s.o.):** Teileinkünfteverfahren nach § 3 Nr 40 S. 1 lit. d–i S. 2 EStG und § 3 Nr 40 S. 1 lit. a–c EStG

Übersicht 8.2: Berechnungsschema für die tarifliche Körperschaftsteuer

Ausgangsgröße: Gewinn aus Gewerbebetrieb (§ 8 I, II KStG, §§ 4, 5, 15 EStG) 574

Modifikationen des Gewinns durch Regelungen des KStG
./. besondere Steuerbefreiungen des KStG (Mitgliedsbeiträge § 8 V KStG, Beteiligungserträge § 8b KStG)
\+ nichtabziehbare Aufwendungen nach § 10 KStG (Personensteuern, Geldstrafen, Aufsichtsratsvergütungen)
\+ verdeckte Gewinnausschüttungen (§ 8 III 2 KStG)
./. verdeckte Einlagen (§ 8 III 3 KStG)
= vorläufiges Einkommen vor Anwendung der Zinsschranke
\+ Zinsaufwand, soweit er aufgrund der Regelungen über die Zinsschranke nicht abziehbar ist (§ 4h EStG, § 8a KStG)
\+ Hinzurechnung sämtlicher Spenden

Sonderausgabenähnliche Abzugstatbestände
./. Spenden
./. Verlustabzug (§ 10d EStG, § 8c KStG)
= **Einkommen** (§ 8 I KStG)
./. Freibeträge (§§ 24, 25 KStG)
= **zu versteuerndes Einkommen** (§ 7 II KStG)
x Steuersatz 15 % (§ 23 I KStG)
= **tarifliche Körperschaftsteuer**

Fall 9

Bäckermeister unter sich

Schwerpunkte: **Einkommen- und Körperschaftsteuerrecht:** Verdeckte Gewinnausschüttungen (LB § 6 Rn 1275–1291)

Schwierigkeitsgrad: eher hoch, Bearbeitungszeit: 2 Stunden

575 Die Bäckermeister A, B und C sind Inhaber von Bäckereibetrieben mit mehreren Verkaufsstellen für ihre Backwaren. Da sie in ihren und den angrenzenden Dörfern ihre Umsätze nicht weiter steigern können, ohne sich gegenseitig Konkurrenz zu machen, sind sie auf der Suche nach neuen Absatzmärkten. Sie richten daher gemeinsam in Krankenhäusern in den nächstgelegenen Städten in Absprache mit den Krankenhausbetreibern Cafés ein, um dort ihre Back- und Konditorwaren verkaufen zu können. Dazu gründen sie die K-GmbH, die ausschließlich von A, B und C beliefert wird. Gesellschafter werden A, B und C sowie als Krankenhausbetreiber der Landkreis L und die „Katholische Krankenhausbetriebsgesellschaft" zu jeweils 20 %. Geschäftsführerin wird T, die Tochter des C.

A, B und C sehen die K-GmbH in erster Linie als Mittel zur Absatzsteigerung der Produkte aus ihren Bäckereibetrieben. An Gewinnen bzw Gewinnausschüttungen der K-GmbH haben sie kein Interesse. Dies gilt auch für die Krankenhausbetreiber, die durch ihre rein finanzielle Beteiligung an der K-GmbH den Service in ihren Häusern verbessern wollen.

A beliefert die K-GmbH mit Pflaumen-Mandel-Kuchen, der sich schnell als Verkaufsschlager herausstellt. Während der Einkaufspreis für vergleichbare Kuchenstücke auch unter Berücksichtigung des Preisniveaus in städtischen Cafés 1 € bis 1,50 € beträgt, zahlt ihm die K-GmbH einen Einkaufspreis von 2 € pro Stück. Im Jahr 01 verkauft A insgesamt 10 000 Stücke des Kuchens an die K-GmbH und erhält dafür 20 000 €.

B ist Pferdeliebhaber und will sich ein Pferd zum Preis von 8000 € anschaffen. Weil seine Ehefrau diese Anschaffung strikt ablehnt, erwirbt die K-GmbH im Oktober 01 das Pferd. Für die Unterbringung auf einem Reiterhof zahlt die K-GmbH im Jahr 01 noch 1000 €.

T erledigt als Geschäftsführerin der K-GmbH sowohl die laufenden Geschäfte der K-GmbH (Aufwand etwa 20 Stunden pro Woche) als auch diejenigen des Bäckereibetriebes ihres Vaters C. Der Bäckereibetrieb soll die K-GmbH vor allem mit hochwertigen Konditorwaren beliefern. Beide hoffen auf eine starke Umsatz- und Gewinnsteigerung für ihren eigenen Betrieb. T verzichtet zur Unterstützung bei der Neugründung auf ein Festgehalt für die Geschäftsführung der K-GmbH und begnügt sich mit einer erfolgsabhängigen Tantieme iHv 60 % des jeweiligen Gewinns der K-GmbH (vor Steuern). Zwar empfindet sie als geschäftserfahrene Frau eine solche Vergütungsabrede als unüblich, da sie sonst immer zumindest den größten Teil der Vergütung „fest" bekommen hat.

Immerhin erscheinen ihr 60 % des Gewinns dafür aber als Erfolgshonorar recht hoch. Die meisten Gesellschafter sehen darin eine betriebswirtschaftlich sinnvolle Regelung, da sie aufgrund der eingangs genannten anderweitigen Interessen ohnehin nicht an hohen Gewinnen der K-GmbH interessiert sind und zudem deren Fixkosten möglichst gering halten wollen. Nur die „Katholische Krankenhausbetriebsgesellschaft" findet ein Gehalt in Höhe von 60 % des Gewinns gerade in guten Jahren „ganz schön viel". Mit dem eigenen Geschäftsführer würde sie niemals eine solche Gehaltsabrede treffen. Sie stimmt aber zu, nachdem sich die Gesellschafter für den Fall stark steigender Gewinne der K-GmbH die Änderung dieser Vergütungsvereinbarung vorbehalten haben, um überhöhte Gehälter für T zu vermeiden. Nach einer realistischen Prognose bei der Gründung kann die K-GmbH in den nächsten Jahren mit Gewinnen iHv 20 000 € bis 30 000 € rechnen. Schließlich erzielt die K-GmbH in 01 einen Gewinn iHv 20 000 € und überweist der T noch im Jahr 01 eine Tantieme iHv 12 000 €.

Welche steuerlichen Auswirkungen haben die genannten Vorfälle auf die K-GmbH sowie auf A, B und C? Zu berücksichtigen sind nur die Körperschaftsteuer und die Einkommensteuer. Gehen Sie, soweit Sie es für erforderlich halten, von einer betriebsgewöhnlichen Nutzungsdauer eines Reitpferdes von zehn Jahren aus.

Vorüberlegungen

576 Schwerpunkt dieses Falles ist die verdeckte Gewinnausschüttung (vGA) von Körperschaften an ihre Anteilseigner. Diese ist in der Praxis ein zentrales Problem bei der Besteuerung von Körperschaften, wie auch zahllose BFH-Urteile belegen. Das Anliegen dieser Darstellung ist es, typische vGA-Sachverhalte und ihre mögliche Lösung an drei Beispielsfällen anschaulich zu machen. Anhaltspunkte für das Vorliegen von vGA können wie hier die Tatsache sein, dass die GmbH nur wenige Gesellschafter hat und zudem die Fremdgeschäftsführerin mit einem der Gesellschafter verwandt ist.

577 Gesetzliche Regelungen zur vGA finden sich lediglich in § 8 Abs. 3 Satz 2 KStG für Körperschaften und in § 20 Abs. 1 Nr 1 Satz 2 EStG für Anteilseigner. Diese Normen legen nur die Rechtsfolge der vGA fest, die grundsätzlich wie eine offene Gewinnausschüttung behandelt wird. Da die Beteiligung an der K-GmbH bei A, B und C notwendiges Betriebsvermögen ist, gilt das Teileinkünfteverfahren (dazu ausführlich Fall 8). Die Voraussetzungen der vGA sind durch eine umfangreiche Rechtsprechung des BFH bestimmt worden, die sich zudem ständig fortentwickelt. Diese Umstände erschweren das Erlernen der vGA wie auch ihre praktische Anwendung. Die Ergebnisse sind oftmals nur schwer vorhersehbar. Zwar arbeitet der BFH mit Fallgruppen und formalisierten Kriterien, gerade für praktisch häufige Fälle. Die Entscheidungen des BFH betonen aber stets auch die besonderen Umstände des Einzelfalls, die Raum für Wertungen lassen. Dazu sind die konkreten wirtschaftlichen Umstände der jeweiligen Kapitalgesellschaft zu betrachten. Der hier vorliegende Sachverhalt muss sich allerdings auf die Schilderung der wichtigsten wirtschaftlichen Hintergründe beschränken.

578 In solchen Klausuren wird von den Bearbeitern erwartet, das Problem der vGA zu erkennen und zu einem zumindest vertretbaren und möglichst überzeugenden Ergebnis zu gelangen. Die Besonderheit des Falles besteht darin, dass sich aus den Steuergesetzen unmittelbar nur wenige Hinweise entnehmen lassen. Kenntnis der Grundzüge der BFH-Rechtsprechung zur vGA sollte vorhanden sein. Einzelheiten zur Prüfung der Tantiemevereinbarung können dabei nicht erwartet werden, hier kommt es vielmehr auf die Argumentation mit im Sachverhalt enthaltenen Hinweisen bei der Prüfung zB des Fremdvergleichs an. Diese Hinweise müssen möglichst vollständig in der Argumentation aufgegriffen und verwertet werden. Das konkrete Ergebnis ist dann zweitrangig.

Gliederung

A. Auswirkungen bei der K-GmbH 579

I. Überpreislieferung des Pflaumen-Mandel-Kuchens

1. Betriebliche Veranlassung
2. Gewinnmindernde Berücksichtigung der Höhe nach
   a) Voraussetzungen der vGA
   b) Steuerliche Auswirkung der vGA

II. Anschaffung und Unterhalt des Pferdes

1. Anschaffung
2. Unterhalt

III. Tantiemenzahlung an T

1. vGA an nahe stehende Person
2. Gewinntantieme als vGA
   a) vGA dem Grunde nach / doppelter Fremdvergleich
      aa) „Nur-Tantieme" als vGA
      bb) Ausnahmen
   b) vGA der Höhe nach
      aa) Haftung für einen Steueranspruch?
         (1) Verhältnis der variablen zu den fixen Vergütungsbestandteilen
         (2) Anteil am Gewinn
      bb) Würdigung des Einzelfalls

B. Auswirkungen bei den Gesellschaftern

Musterlösung

A. Auswirkungen bei der K-GmbH

580 Die K-GmbH unterliegt nach § 1 Abs. 1 Nr 1 KStG der Körperschaftsteuer. Bemessungsgrundlage der Körperschaftsteuer ist das *zu versteuernde Einkommen* (§ 7 Abs. 1 KStG). Dieses ergibt sich, wenn man das Einkommen iSd § 8 Abs. 1 Satz 1 KStG um die Freibeträge der § 24, § 25 KStG mindert (§ 7 Abs. 2 KStG). Das Einkommen wird gemäß § 8 Abs. 1 Satz 1 KStG nach den allgemeinen Vorschriften des EStG und etwaiger Spezialregelungen des KStG ermittelt. Alle Einkünfte stellen dabei gemäß § 8 Abs. 2 KStG solche aus Gewerbebetrieb dar. Die K-GmbH ist gem. § 238 Abs. 1 Satz 1, § 6 Abs. 1 HGB iVm § 13 Abs. 3 GmbHG buchführungspflichtig. Der Gewinn ist daher gemäß § 5 Abs. 1 iVm § 4 Abs. 1 EStG durch Betriebsvermögensvergleich zu ermitteln.

Für das Jahr 01 beträgt der so ermittelte Gewinn der K-GmbH 20 000 €.

I. Überpreislieferung des Pflaumen-Mandel-Kuchens

1. Betriebliche Veranlassung

581 Für die Lieferung von 10 000 Stücken Pflaumen-Mandel-Kuchen zu je 2 € hat die K-GmbH an A insgesamt 20 000 € gezahlt. Der Einkauf des Kuchens diente dem Betrieb der Cafés der K-GmbH und führte daher zu einer dem Grunde nach durch den Betrieb der K-GmbH veranlassten Minderung des Betriebsvermögens nach § 4 Abs. 1 Satz 9 iVm § 4 Abs. 4 EStG (iVm § 8 Abs. 1 Satz 1 KStG)[1].

2. Gewinnmindernde Berücksichtigung der Höhe nach

582 Die Zahlung der 20 000 € müsste auch der Höhe nach betrieblich veranlasst sein. Die K-GmbH hat den Liefervertrag über den Kuchen nicht mit einem fremden Dritten, sondern mit ihrem Gesellschafter A geschlossen. Daher könnte die Zahlung – zumindest zum Teil – mit Rücksicht auf das Gesellschaftsverhältnis zwischen der K-GmbH und A erfolgt und damit gesellschaftsrechtlich veranlasst sein. Dann wäre sie in Höhe des gesellschaftsrechtlich veranlassten Teils als eine verdeckte Gewinnausschüttung zu qualifizieren, die gemäß § 8 Abs. 3 Satz 2 KStG das Einkommen der K-GmbH nicht mindern darf.

a) Voraussetzungen der vGA

583 Zwischen der K-GmbH und A ist ein Liefervertrag über den Kuchen zustande gekommen. Verträge zwischen einer Kapitalgesellschaft und ihren Anteilseignern sind steuerrechtlich grundsätzlich anzuerkennen, da beide eigenständige Steuerrechtssubjekte sind. Allerdings dürfen sie bzw ihre Durchführung nicht dazu führen, gesellschafts-

1 Nach Ansicht der Rechtsprechung können Kapitalgesellschaften keine außerbetriebliche Sphäre haben, so dass alle Aufwendungen zwangsläufig betrieblich veranlasste Vermögensminderungen sind (Nachweise s. Fn 11); aA etwa *Hey*, in: Tipke/Lang, Rn 11.37, 11.45 mwN.

rechtlich veranlasste Aufwendungen, mit denen ein Gesellschafter für seine Beteiligung entlohnt wird, als betrieblich veranlasste Aufwendungen zu tarnen. Dies zu verhindern ist Zweck des § 8 Abs. 3 Satz 2 KStG.

In ständiger Rechtsprechung definiert der BFH die vGA iSd § 8 Abs. 3 Satz 2 KStG als „eine Vermögensminderung oder verhinderte Vermögensmehrung, die durch das Gesellschaftsverhältnis veranlasst ist, sich auf die Höhe des Unterschiedsbetrags iSd § 4 Abs. 1 Satz 1 EStG auswirkt und in keinem Zusammenhang mit einer offenen Ausschüttung steht“[2]. Außerdem muss sie geeignet sein, beim Gesellschafter einen „sonstigen Bezug“ iSd § 20 Abs. 1 Nr 1 Satz 2 EStG auszulösen (sog. Korrespondenzprinzip)[3]. **584**

Die Zahlung der 20 000 € an A hat das Betriebsvermögen der K-GmbH reduziert. Sie erfolgte nicht in Zusammenhang mit einer offenen Gewinnausschüttung der K-GmbH und war auch geeignet, bei A einen „sonstigen Bezug“ iSd § 20 Abs. 1 Nr 1 Satz 2 EStG auszulösen. Sie ist ihm sogar bereits zugeflossen. **585**

Daher kommt es nur noch darauf an, ob sie ganz oder zum Teil auch durch das Gesellschaftsverhältnis veranlasst war. Dies ist nach ständiger Rechtsprechung des BFH der Fall, wenn ein gedachter ordentlicher und gewissenhafter Geschäftsleiter die Vermögensminderung oder verhinderte Vermögensmehrung gegenüber einer Person, die nicht Gesellschafter ist, unter sonst gleichen Umständen nicht hingenommen hätte[4]. Hält die Vermögensminderung dagegen diesem *Fremdvergleich* stand, so spricht das für ihre betriebliche Veranlassung[5]. **586**

Vorrangig sollte ein *interner* Fremdvergleich zu einem anderen Lieferanten durchgeführt werden, der der K-GmbH vergleichbare Kuchenstücke liefert. Da die K-GmbH jedoch ihre Waren ausschließlich von ihren Gesellschaftern bezieht, ist ein solcher interner Fremdvergleich nicht möglich. Sodann ist ein *externer* Fremdvergleich anzustellen und zu fragen, zu welchem Preis vergleichbare Gesellschaften vergleichbare Waren von einem Lieferanten beziehen, der nicht Gesellschafter ist[6]. **587**

Für den Fremdvergleich sind alle Umstände des Einzelfalls zu berücksichtigen[7]. Laut Sachverhalt verkaufen fremde Lieferanten vergleichbare Kuchenstücke an vergleichbare Cafés zu einem Preis von 1 € bis 1,50 €. Auch der BFH geht davon aus, dass sich der Fremdvergleichspreis regelmäßig nicht exakt bestimmen lässt, sondern eine Band- **588**

---

2 BFH, I R 2/02, BStBl II 2004, 131; I R 40/04, BFH/NV 2006, 822 (823); I R 5/14, BStBl II 2016, 491 (492); I R 8/15, BStBl II 2017, 214 (214 f); I R 12/15, BStBl II 2017, 217 (218); dazu auch *Birk/Desens/Tappe*, Steuerrecht, Rn 1276.

3 Für die Beurteilung auf der Ebene der Gesellschaft kommt es aber nicht auf den Zufluss beim Gesellschafter an.

4 BFH, I 261/63, BStBl III 1967, 626 (627); I R 8/15, BStBl II 2017, 214 (215); I R 12/15, BStBl II 2017, 217 (218 f); *Birk/Desens/Tappe*, Steuerrecht, Rn 1279.

5 Zur Durchführung des Fremdvergleichs vgl beispielhaft BFH, I R 46/01, BStBl II 2004, 132 (134 ff).

6 Wäre auch dies mangels vergleichbarer Fälle nicht möglich, müsste schließlich in einem hypothetischen Fremdvergleich auf die „mutmaßlichen Überlegungen“ eines ordentlichen Geschäftsleiters abgestellt werden.

7 In der Praxis kann sich das Auffinden vergleichbarer Fälle als schwierig erweisen und die fremdvergleichskonformen Preise müssen durch Schätzung ermittelt werden.

breite an Preisen fremdvergleichskonform ist. Als gesellschaftsrechtlich veranlasst gilt dann nur derjenige Teil der Preise, der die für den Steuerpflichtigen günstigere Grenze der Bandbreite überschreitet[8]. Demnach gilt hier ein Lieferpreis bis zu 1,50 € noch als betrieblich, ein darüber hinausgehender Preis als gesellschaftsrechtlich veranlasst.

b) Steuerliche Auswirkung der vGA

589 Die Zahlung iHv 20 000 € an A ist also nur teilweise betrieblich veranlasst, nämlich iHv (10 000 × 1,50 €) 15 000 €. Die restlichen 5000 € sind eine verdeckte Gewinnausschüttung der K-GmbH an A. Diese Summe, die zunächst als betrieblich veranlasste Vermögensminderung gewinnmindernd berücksichtigt wurde, ist dem Steuerbilanzgewinn der K-GmbH außerbilanziell wieder hinzuzurechnen. Sie erhöht das zu versteuernde Einkommen der K-GmbH und löst eine Körperschaftsteuer(nach)zahlung iHv (15 % von 5000 €) 750 € aus[9].

Hinweis: Vorliegend fallen der Zeitpunkt des Zuflusses der vGA beim Gesellschafter und der der außerbilanziellen Hinzurechnung zusammen, denn in der Weiterveräußerung des Kuchens zu dem üblichen Preis, welche unterjährig in 01 erfolgt, ist die verhinderte Vermögensmehrung des Betriebsvermögens der Gesellschaft um 5000 € zu sehen.

Würde es sich hingegen um ein WG des Umlaufvermögens handeln, das im Jahr 01 vom Gesellschafter angekauft wurde, jedoch erst in 02 weiterveräußert wird, wäre der Zufluss der vGA beim Gesellschafter im Jahr 01, die außerbilanzielle Hinzurechnung erst im Zeitpunkt der Weiterveräußerung (Jahr 02) vorzunehmen[10].

II. Anschaffung und Unterhalt des Pferdes

1. Anschaffung

590 Die K-GmbH hat 8000 € für die Anschaffung eines Pferdes gezahlt. Fraglich ist, ob es sich dabei um eine betrieblich veranlasste Vermögensminderung nach § 4 Abs. 1 Satz 9 iVm § 4 Abs. 4 EStG handelt. Mangels jedweden Zusammenhangs zur betrieblichen Tätigkeit ist der Kauf des Pferdes an sich nicht betrieblich veranlasst, sondern erfolgte allein in privatem Interesse des B. Trotzdem handelt es sich nach Auffassung des BFH um eine betrieblich veranlasste Vermögensminderung der K-GmbH. Denn dem BFH zufolge verfügen Kapitalgesellschaften über *keine außerbetriebliche bzw private Sphäre* und alle Aufwendungen sind daher zwingend betrieblich veranlasst[11]. Sind die Aufwendungen *zugleich* auch gesellschaftsrechtlich veranlasst, werden sie als vGA dem Steuerbilanzgewinn wieder hinzugerechnet.

---

8 BFH, I R 46/01, BStBl II 2004, 132 (134); I R 79/08, BFH/NV 2010, 1307 (1308 f) mwN.

9 Vgl zur Rechtsfolge der vGA bei der ausschüttenden Gesellschaft *Birk/Desens/Tappe*, Steuerrecht, Rn 1285 f.

10 Vgl FG Hamburg, 2 K 247/04, EFG 2007, 439.

11 BFH, I R 106/99, BStBl II 2003, 487; I R 56/03, BFH/NV 2005, 793; I R 32/06, BStBl II 2007, 961 (963 f) ausführliche Auseinandersetzung mit der Kritik aus der Literatur; I R 57/03, BStBl II 2011, 285; I R 8/15, BStBl II 2017, 214 (215); I R 12/15, BStBl II 2017, 217 (218); zustimmend *Rengers*, in: Blümich, § 8 KStG Rn 63. Kritisch zur Rspr vgl *Roser*, in: Gosch, KStG, 4. Aufl 2020, § 8 Rn 68 ff; 74 ff; aA *Hey*, in: Tipke/Lang, Rn 11.37, 11.45.

Nach der og Definition setzt eine vGA eine Vermögensminderung bzw verhinderte Vermögensmehrung der K-GmbH voraus. Die Anschaffung des Pferdes allein ist ein *erfolgsneutraler Vorgang,* der das Vermögen der K-GmbH nicht mindert. Denn als Folge der Rechtsprechung des BFH zählt das von der K-GmbH auch ohne betrieblichen Anlass erworbene Pferd zum Betriebsvermögen der K-GmbH, das mit den Anschaffungskosten in der Bilanz aktiviert wird (§ 6 Abs. 1 Nr 1 Satz 1 EStG). Die Anschaffung des Pferdes führt mithin also nicht zu einer vGA. **591**

Allerdings führt die AfA auf das Reitpferd zu einer Gewinnminderung bei der K-GmbH. Diese beträgt bei einer betriebsgewöhnlichen Nutzungsdauer von zehn Jahren nach § 7 Abs. 1 Satz 1 EStG pro Jahr (1/10 von 8000 €) 800 €. Gemäß § 7 Abs. 1 Satz 4 EStG sind die Monate vor der Anschaffung in 01 nicht zu berücksichtigen. Die AfA in 01 beträgt also (3/12 von 800 €) 200 €. In dieser Höhe liegt in 01 eine vGA der K-GmbH an ihren Gesellschafter B vor, die dem Steuerbilanzgewinn nach § 8 Abs. 3 Satz 2 KStG außerbilanziell hinzuzurechnen ist. **592**

2. Unterhalt

Ferner hat die K-GmbH 1000 € für die Unterhaltung des Pferdes im Interesse ihres Gesellschafters B aufgewandt. Dabei handelt es sich – auf der Basis der BFH-Auffassung – mangels außerbetrieblicher Sphäre um eine betrieblich veranlasste Vermögensminderung iSd § 4 Abs. 1 Satz 9 iVm § 4 Abs. 4 EStG. Ob zugleich auch eine vGA vorliegt, ist wiederum durch einen Fremdvergleich zu ermitteln. Für einen fremden Dritten hätte ein ordentlicher Geschäftsleiter das Pferd nicht ohne eine angemessene Entschädigung einschließlich eines Gewinnaufschlages unterhalten[12]. Der Verzicht auf eine solche Entschädigung gegenüber B ist somit eine verhinderte Vermögensmehrung der K-GmbH, die allein durch das Gesellschaftsverhältnis des B zur K-GmbH veranlasst ist. Es handelt sich daher um eine vGA an B. Deren Höhe umfasst die Aufwendungen, die in dem jeweiligen VZ durch den Erwerb und das Halten des Wirtschaftsguts entstanden sind (1000 €) zzgl. eines angemessenen Gewinnaufschlages[13]. Dieser wird hier mit 10 % (100 €) angesetzt[14]. **593**

Insgesamt sind dem Steuerbilanzgewinn im Jahr 01 1300 € nach § 8 Abs. 3 Satz 2 KStG außerbilanziell hinzuzurechnen. Um diese Summe ist das zu versteuernde Einkommen der K-GmbH erhöht, so dass eine Körperschaftsteuer(nach)zahlung iHv (15 % von 1100 €) 165 € sowie (oben A.II.1.) iHv (15 % von 200 €) 30 € = 195 € ausgelöst wird. **594**

---

12 Vgl BFH, I R 54/95, BFHE 182, 123; I R 8/15, BStBl II 2017, 214 (215); I R 12/15, BStBl II 2017, 217 (219).

13 Vgl BFH, I R 123/97, BFH/NV 1999, 269 (270); I R 56/03, BFH/NV 2005, 793 (794); I R 8/15, BStBl II 2017, 214 (215); I R 12/15, BStBl II 2017, 217 (219); FG Düsseldorf, 4 K 5422/99, DStRE 2002, 960 (961). Die Erwähnung dieses Gewinnaufschlags wird von den Bearbeitern nicht erwartet.

14 Vgl zB Sachverhalt bei BFH, I R 56/03, BFH/NV 2005, 793.

III. Tantiemenzahlung an T

1. VGA an nahe stehende Person

595 Die Zahlung der Tantieme iHv 12 000 € an T, die Tochter des Gesellschafters C, könnte eine vGA der K-GmbH an den Gesellschafter C sein[15]. Allerdings ist T nicht Gesellschafterin der K-GmbH. Eine vGA kann jedoch auch vorliegen, wenn der Vermögensvorteil einer dem Gesellschafter *nahe stehenden Person* zugute kommt, zB dem Ehegatten oder den Kindern[16]. T hat von der K-GmbH kein Festgehalt bezogen, sondern eine gewinnabhängige Tantieme iHv 12 000 €. Diese Zahlung könnte eine vGA sein. Vergütungen für den Geschäftsführer einer GmbH sind grundsätzlich betrieblich veranlasste Vermögensminderungen. Die Zahlung an T ist jedoch auch eine vGA, wenn sie mit Rücksicht auf das Gesellschaftsverhältnis des C zur K-GmbH veranlasst ist. Daher kommt es wiederum darauf an, ob ein gedachter ordentlicher Geschäftsleiter einem fremden Dritten für die Tätigkeit als Geschäftsführer ebenfalls eine solche Vergütung gewährt hätte, ob sie also einem *Fremdvergleich* standhält.

2. Gewinntantieme als vGA

596 Für diesen Fremdvergleich kommt es allein auf den Zeitpunkt der Zusage der Gewinntantieme an[17]. Zudem ist die gesamte Vergütung des Geschäftsführers (Gesamtausstattung) zusammen zu betrachten[18]. Diese besteht häufig aus einem Festgehalt, Gewinntantiemen, Pensionszusagen und sonstigen Vorteilen (zB Dienstwagen). Die Gesamtausstattung ist sodann daraufhin zu überprüfen, ob sie innerhalb der Bandbreite für die Vergütung eines Fremdgeschäftsführers in einer vergleichbaren Gesellschaft für eine vergleichbare Tätigkeit liegt. Hier hat T lediglich eine Gewinntantieme von 12 000 € erhalten. Im Zeitpunkt der Zusage konnte aufgrund der Gewinnprognose eine Gewinntantieme zwischen 12 000 € und 18 000 € erwartet werden. Eine Gesamtvergütung iHv 18 000 € für einen Alleingeschäftsführer ist auch unter Berücksichtigung der Arbeitszeit von nur 20 Stunden pro Woche in einer kleinen GmbH noch unterdurchschnittlich und daher keinesfalls unangemessen hoch[19].

a) vGA dem Grunde nach / doppelter Fremdvergleich

597 Nach der Rechtsprechung des BFH liegt eine vGA auch vor, wenn eine Vereinbarung, selbst wenn sie für die Gesellschaft günstig ist und ihr ein ordentlicher Geschäftsleiter daher zugestimmt hätte, nicht ernstlich gewollt oder nicht üblich ist. In dem dazu erfor-

15 Der Sachverhalt unterstellt, dass T die Tantieme bereits im Jahr 01 erhalten hat. Üblicherweise wird zunächst eine Rückstellung für die Tantiemezahlung gebildet.
16 Vgl *Birk/Desens/Tappe*, Steuerrecht, Rn 1281.
17 Vgl *Rengers*, in: Blümich, § 8 KStG Rn 658; *Schallmoser/Eisgruber/Janetzko*, in: HHR, § 8 KStG Rn 277.
18 BFH, I R 46/01, BStBl II 2004, 132 (133).
19 Zu den Beurteilungskriterien vgl BFH, I R 50/94, BStBl II 1995, 549 (550); BMF v. 14.10.2002, BStBl I 2002, 972 (973), Rn 10 ff; als Vergleichsmaterial sind branchenbezogene Gehaltsstrukturuntersuchungen heranzuziehen. Vgl näher etwa *Tänzer*, GmbHR 2003, 754 f.

derlichen Fremdvergleich ist über die Sichtweise des ordentlichen Geschäftsleiters hinaus auch diejenige des jeweiligen Vertragspartners mit einzubeziehen (sog. doppelter Fremdvergleich)[20]. Maßgeblich dafür ist, was unabhängige Dritte unter vergleichbaren Bedingungen vereinbart hätten. Infolgedessen prüft der BFH Vereinbarungen zwischen der Gesellschaft und dem Gesellschafter daraufhin, ob die einzelne Vereinbarung als solche schon dem Grunde nach nicht fremdvergleichsgerecht ist, weil sie nicht ernstlich gewollt oder unüblich ist.

aa) „Nur-Tantieme" als vGA

Ein fremder Dritter als Geschäftsführer der K-GmbH hätte sich auf die Vereinbarung **598** einer bloßen Gewinntantieme selbst iHv 60 % unter Verzicht auf ein Festgehalt nicht eingelassen[21]. Denn dann hätte er im Verlustfall kein Gehalt für seine Tätigkeit bezogen. Zudem sieht der BFH die Gefahr, dass eine *Nur-Tantieme* bei zu erwartenden Gewinnsteigerungen der Gesellschaft zu einer Gewinnabschöpfung durch den Geschäftsführer führt. Im Falle einer Nur-Tantieme unter Verzicht auf ein Festgehalt gelangen Rechtsprechung und Finanzverwaltung daher zur Annahme einer vGA schon dem Grunde nach, da Gehaltsansprüche unter fremden Dritten grundsätzlich laufend und unabhängig von der Gewinnhöhe gezahlt würden[22]. Die Vereinbarung einer Nur-Tantieme sei daher nicht ernsthaft gewollt. Die Bejahung einer vGA schon dem Grunde nach hat zur Folge, dass die gesamte Tantiemezahlung als vGA erfasst wird.

bb) Ausnahmen

In besonderen Fällen lassen BFH und Finanzverwaltung allerdings Ausnahmen von die- **599** sen Grundsätzen zu, so für Krisenzeiten oder für die Gründungsphase einer Gesellschaft[23]. Eine Nur-Tantieme könnte für die neu gegründete K-GmbH also ausnahmsweise zulässig sein. Weiter verlangt der BFH jedoch eine zeitliche und betragsmäßige Begrenzung der Tantieme, auf die ein ordentlicher Geschäftsleiter hinwirken würde. Ansonsten stünde die spätere Anpassung im Belieben jedenfalls des beherrschenden Gesellschafters, der ohne Anpassungszwang durch andere Gesellschafter bei Stehenlassen der Tantieme die Gewinne der GmbH abschöpfen könnte[24]. Dann liege keine ernst-

---

20 Vgl auch *Birk/Desens/Tappe*, Steuerrecht, Rn 1284. Zur Prüfung bei Vergütungen an den Gesellschafter-Geschäftsführer vgl auch BMF v. 14.10.2002, BStBl I 2002, 972 Rn 4 ff.

21 Vgl BFH, I B 156/01, BFH/NV 2002, 1178. Aufgrund des deutlichen Hinweises im Sachverhalt sollte dieser Punkt unbedingt in der Lösung angesprochen werden.

22 Vgl BFH, I R 27/99, BStBl II 2002, 111 (112 f); I R 54/91, BStBl II 1993, 311 (313 f), die die Nur-Tantieme daher als unüblichen Ausnahmefall ansehen, da entsprechende Dienstleistungen ganz überwiegend durch Festgehälter entlohnt werden. So auch die Finanzverwaltung in BMF v. 1.2.2002, BStBl I 2002, 219 (220) unter 3.; OFD Düsseldorf v. 17.6.2004, DB 2004, 1396 unter 2.

23 BFH, I B 156/01, BFH/NV 2002, 1178 (1179); BMF v. 1.2.2002, BStBl I 2002, 219 (220) unter 3. Auch dieser Punkt war im Sachverhalt angesprochen.

24 So BFH, I R 27/99, BStBl II 2002, 111 (113) für die Vereinbarung einer Nur-Tantieme zugunsten eines beherrschenden Gesellschafters. Ähnlich BFH, I R 74/99, BStBl II 2000, 547 (549) zur Tantiemevereinbarung für einen zu 25 % beteiligten Minderheitsgesellschafter, der aber aufgrund des gesellschaftsvertraglichen Zustimmungserfordernisses (76 %) jede Änderung verhindern konnte.

hafte Vereinbarung, sondern eine vorweggenommene Gewinnausschüttung vor. Gerade diese Gefahr besteht in der K-GmbH jedoch nicht. Zwar sieht der Geschäftsführervertrag der T keine zwingende Anpassungspflicht vor. Dazu kann T jedoch aufgrund der Mehrheitsverhältnisse innerhalb der K-GmbH durch die übrigen Gesellschafter gezwungen werden. Dies kann auch der Gesellschafter C mit seinem Stimmenanteil nicht verhindern. Da sich die K-GmbH noch in der Gründungsphase befindet, ist die Rechtsprechung des BFH bezüglich der Nur-Tantieme nicht anwendbar und damit die Tantiemevereinbarung grundsätzlich steuerrechtlich anzuerkennen.

b) vGA der Höhe nach

aa) Formale Kriterien des BFH

600 Aber selbst wenn die Tantiemevereinbarung zwischen T und der K-GmbH dem Grunde nach akzeptiert wird, überprüft der BFH noch, ob die Auszahlung der Tantieme nicht wegen ihrer Höhe teilweise zu einer vGA führt. Dafür hat der BFH für die praktisch häufigen Fälle der Tantiemeversprechen formalisierte Regeln aufgestellt, die die Einheitlichkeit der Rechtsanwendung durch die Finanzverwaltung sicherstellen sollen. Diese Regeln versteht der BFH als „Indizien" für eine vGA.

(1) Verhältnis der variablen zu den fixen Vergütungsbestandteilen

601 So dürfen nach einer Regel für Geschäftsführervergütungen die variablen Vergütungsbestandteile (Tantiemen) zu den fixen Bestandteilen das Verhältnis von 25:75 nicht übersteigen[25]. Dies soll selbst dann gelten, wenn die Nur-Tantieme ausnahmsweise als zulässig angesehen wird[26]. Selbst bei grundsätzlicher Anerkennung der Nur-Tantieme wären danach lediglich 25 % der Gesamtzahlung für 01 als betrieblich veranlasste Vermögensminderung zu akzeptieren und 75 % gälten als vGA.

(2) Anteil am Gewinn

602 Ferner darf nach ständiger Rechtsprechung des BFH eine Gewinntantieme (und damit auch eine Nur-Tantieme) nicht über einen Umfang von mehr als 50 % des Gewinns hinausgehen[27]. Hier beträgt die Tantieme der T 60 % des Gewinns (vor Steuern), so dass in Höhe des 50 % übersteigenden Betrags, also iHv 2000 €, eine vGA vorliegt. Diese Regel basiert laut BFH auf dem „Gedanken einer grundsätzlichen hälftigen Teilung" des

---

25 So BFH, I R 50/94, BStBl II 1995, 549 (551); dem folgend BMF v. 1.2.2002, BStBl I 2002, 219 (220) unter 2.; relativiert durch BFH, I R 46/01, BStBl II 2004, 132 (135); I R 24/02, BStBl II 2004, 136 (138); kritisch aus betriebswirtschaftlicher Sicht *Schulte*, in: Erle/Sauter, KStG, 3. Aufl 2010, § 8 Rn 192, der eine Angemessenheitsprüfung lediglich in Bezug auf die Gesamtausstattung für ausreichend hält; so auch FG Düsseldorf, 6 K 417/04 K, F, EFG 2004, 1481 (1482).

26 So BFH, I B 119/98, BStBl II 1999, 241 (242).

27 Nach BFH, I R 74/99, BStBl II 2000, 547 (548) und I R 50/94, BStBl II 1995, 549 (550) spricht dann der „Beweis des ersten Anscheins" für eine vGA. Vgl auch BMF v. 1.2.2002, BStBl I 2002, 219 f unter 1.; OFD Düsseldorf v. 17.6.2004, DB 2004, 1396 unter 2.

Erfolges zwischen der Kapitalgesellschaft und ihren Gesellschafter-Geschäftsführern[28]. Eine höhere Tantieme ist für den BFH eine Gewinnabsaugung, die er als vGA einordnet[29].

Bei den beiden genannten Regeln handelt es sich indes nach ständiger Rechtsprechung des BFH lediglich um „Indizien" für die Annahme einer vGA. Dagegen neigt die Finanzverwaltung zu einem strikten Verständnis dieser formalisierten Kriterien. Im Ergebnis macht die ständige Rechtsprechung des BFH das Vorliegen einer vGA von einer Einzelfallentscheidung unter Berücksichtigung der jeweiligen Besonderheiten abhängig[30].

bb) Würdigung des Einzelfalls

Ob bzw in welcher Höhe die konkrete Tantiemevereinbarung bzw -zahlung der K- **603**
GmbH zugunsten von T auf der Basis der beiden genannten Regeln zumindest teilweise eine vGA ist, bedarf, da es sich nur um „Indizien" handelt, einer besonderen Würdigung möglicher sinnvoller betriebswirtschaftlicher Gründe für ihre konkrete Gestaltung. Zwar mag die gewählte Vereinbarung durchaus ungewöhnlich sein. Die K-GmbH ist aber in erster Linie eine Organisation zum Absatz der Produkte der Bäckereibetriebe ihrer Gesellschafter. Außerdem war bei Eröffnung der neuen Filiale nicht absehbar, ob sich dieses für A, B und C unternehmerische „Neuland" überhaupt erfolgreich entwickeln konnte, so dass eine stetige Ertragslage nicht erwartet werden konnte[31]. Auch C bzw seine ihm „nahe stehende" Tochter T sehen in der K-GmbH ein Mittel zur Steigerung der Umsätze und Gewinne ihres eigenen Bäckereibetriebes. Die vorrangigen Absatzinteressen, die Tätigkeit der T im Betrieb des C und die Miterledigung der Geschäftsführungsarbeit der K-GmbH zusammen mit der Geschäftsführung des Betriebes des C sprechen eher dafür, die Vereinbarung in voller Höhe als Ausnahme zu den vom BFH aufgestellten Regeln anzuerkennen. Nach hier vertretener Auffassung ist eine vGA daher zu verneinen[32].

Das zu versteuernde Einkommen der K-GmbH ist also nicht gemäß § 8 Abs. 3 Satz 2 KStG infolge der Tantiemezahlung an T zu erhöhen.

---

28 So BFH, I R 24/02, BStBl II 2004, 136 (139); vgl auch BFH, I R 74/99, BStBl II 2000, 547 (548).

29 Dieser Prozentsatz musste nicht bekannt sein. Aufgrund der geäußerten Bedenken der „Katholische Krankenhausbetriebsgesellschaft" und der Äußerung der T sollte der Bearbeiter sich aber mit dem Problem auseinandersetzen.

30 Vgl als Beispiele für Einzelfallprüfungen BFH, I R 46/01, BStBl II 2004, 132 (135 f) zur 25:75-Regel bei Gewinntantiemen; vgl ferner BFH, I R 38/02, BStBl II 2004, 139 (142) zur Tantiemehöhe in einer kleinen GmbH mit zwei Geschäftsführern; BFH, I R 74/99, BStBl II 2000, 547 (548 f) zur Abweichung von der 50 %-Regel in der Aufbauphase einer Gesellschaft.

31 Vgl dazu auch die Erwägungen bei FG Düsseldorf, 6 K 417/04 K,F, EFG 2004, 1481 (1482).

32 Allerdings ist mit einer Umqualifizierung der gesamten Tantieme in eine vGA seitens der Finanzverwaltung durchaus zu rechnen. Der BFH würde wohl zumindest nach der 50 %-Regel in der 50 % übersteigenden Höhe der Gewinntantieme eine vGA annehmen. Aus Sicht eines Beraters (wenn es sich um eine sog. *Anwaltsklausur* handeln würde, bei der der Fall nicht aus der Sicht eines Gerichts, sondern zur Vorbereitung einer dem Mandanten günstigen Gestaltung aus Sicht eines Beraters zu beurteilen ist) wäre der K-GmbH daher angesichts der unsicheren Rechtslage zu raten, mit T ein angemessenes Festgehalt zu vereinbaren.

B. Auswirkungen bei den Gesellschaftern

604 Die Gesellschafter A, B und C erzielen mit ihren Bäckereibetrieben Einkünfte aus Gewerbebetrieb iSd § 15 EStG. Die Beteiligung an der K-GmbH zählt zu ihrem notwendigen Betriebsvermögen[33]. Die für die K-GmbH ermittelten vGA führen bei den betroffenen Gesellschaftern nach § 20 Abs. 1 Nr 1 Satz 2, Abs. 8 iVm § 15 Abs. 1 Satz 1 Nr 1 Satz 1 EStG zu Einkünften aus Gewerbebetrieb.

605 Soweit es sich um Einnahmen handelt, die nach § 20 Abs. 8 EStG nicht den Einkünften aus Kapitalvermögen zuzurechnen sind, gilt dabei für die Einkünfteermittlung wie bei offenen Gewinnausschüttungen das Teileinkünfteverfahren (§ 3 Nr 40 Satz 1 lit. d, Satz 2 EStG)[34]. Die vGA unterliegen daher nur zu 60 % der Einkommensbesteuerung bei den Gesellschaftern.

606 Die vGA der K-GmbH führen danach bei A zu zusätzlichen Einkünften aus Gewerbebetrieb iHv (60 % von 5000 €) 3000 € und für B iHv (60 % von 1300 €) 780 €. Bei A ist allerdings zu beachten, dass bereits die Kaufpreiszahlungen für den Kuchen iHv 20 000 € seinen betrieblichen Gewinn erhöhen. Es käme daher teilweise zu einer doppelten Berücksichtigung, wenn nunmehr die vGA hinzugerechnet werden würde. Daher ist der über 15 000 € hinausgehende Betrag in eine Gewinnausschüttung umzuqualifizieren[35]. Rechnerisch sind die 5000 € zur Korrektur zunächst vom Gewinn abzuziehen. Anschließend sind 3000 € (60 % der vGA) hinzuzurechnen. Im Ergebnis verringert sich der Gewinn des A um 2000 €. Für B bleibt es bei einer Erhöhung der Einkünfte aus Gewerbebetrieb iHv 780 €. Eine vGA an C lag nach hier vertretener Auffassung dagegen nicht vor.

Hinweis: Für T führt die Tantieme in vollem Umfang zu Einkünften aus nichtselbstständiger Tätigkeit gem. § 19 Abs. 1 Satz 1 Nr 1 EStG. Das Teileinkünfteverfahren gilt dafür nicht. Dies ist allerdings kein Bestandteil der Falllösung, da danach nicht gefragt war.

33 Vgl dazu ausführlich **Fall 8**.

34 Vgl dazu ausführlich **Fall 8**.

35 Vgl *Birk/Desens/Tappe*, Steuerrecht, Rn 1287; wenn beim Anteilseigner die Einkommensteuer bereits bestandskräftig festgesetzt wurde, erlaubt § 32a KStG eine Korrektur.

Zur Wiederholung

Übersicht 9: Verdeckte Gewinnausschüttungen (§ 8 III 2 KStG)

I. Bedeutung und wirtschaftlicher Hintergrund 607

- („offene") Ausschüttung (dh Dividende, Ausschüttung auf GmbH-Stammeinlagen)
  - ist gesellschaftsrechtlich veranlasst
  - hat keinen Einfluss auf KSt der Körperschaft – § 8 III 1 KStG
  - mindert zu versteuerndes Einkommen der Gesellschaft nicht
- **Trennungsprinzip!** Gesellschaft kann auch mit ihren Gesellschaftern steuerrechtlich anzuerkennende, schuldrechtliche Verträge (Kaufvertrag, Mietvertrag, Arbeitsvertrag usw) schließen, was bei ihr zu Betriebsvermögensminderungen oder -mehrungen führt
- **Problemfälle** dann, wenn Verträge einem **Fremdvergleich** nicht standhalten, also die Gesellschaft mit einem fremden Dritten den Vertrag so nicht geschlossen hätte
- **Wirtschaftlicher Hintergrund:** Steuerersparnis bei Gesellschaft ca 25 %, nämlich 15 % KSt, SolZ, ca 12 % GewSt; Gesellschafter muss Einnahme ggf voll versteuern
- Wenn überhöhter Aufwand oder zu geringe Einnahmen *durch die gesellschaftsrechtliche Beziehung* veranlasst sind, handelt es sich um eine **verdeckte Gewinnausschüttung (vGA)**
  → **Keine Minderung des Einkommens der Gesellschaft (§ 8 III 2 KStG)**; beim Gesellschafter wie offene Gewinnausschüttung (s.u. IV.)

II. Begriff der vGA

- **Vermögensminderung oder verhinderte Vermögensmehrung,**
- **die durch das Gesellschaftsverhältnis** (also nicht durch den Betrieb, § 4 I 9 iVm § 4 IV EStG, § 8 I 1 KStG) **veranlasst ist** (dazu III.),
- **sich auf die Höhe des Unterschiedsbetrages iSd § 4 I 1 EStG auswirkt und**
- **in keinem Zusammenhang mit einer offenen Ausschüttung steht**

III. Ermittlung, ob durch Gesellschaftsverhältnis veranlasst – Fallgruppen

- **Fremdvergleich!** Dh: Hätte ein ordentlicher und gewissenhafter Geschäftsführer (§ 93 I 1 AktG, § 43 I GmbHG) auch mit einer fremden dritten Person einen Vertrag mit demselben Inhalt geschlossen?
  - **Interner oder externer oder hilfsweise hypothetischer Fremdvergleich**
  - Parallelproblem: Überprüfung von **Verrechnungspreisen** für Lieferungen und Leistungen zwischen international tätigen Konzerngesellschaften
  - Durch das Gesellschaftsverhältnis veranlasster Vermögensvorteil kann auch bei einer dem Gesellschafter nahe stehenden Person eintreten (Ehepartner, Kinder usw)
- **Begünstigter ist beherrschender Gesellschafter**, und es **fehlt** an einer **zivilrechtlich wirksamen** (beachte vor allem § 181 BGB!), **klaren und im Voraus abgeschlossenen Vereinbarung**
  - Beherrschung bestimmt sich nach Stimmrechten (Stimmrechte von einander nahe stehenden Personen – zB Eheleuten – sind zusammenzuzählen)
  - Ausgewogenheit von Leistung und Gegenleistung gleichgültig
  - Grund: kein echter Interessengegensatz zwischen Gesellschaft und Gesellschafter; Ausschluss nachträglicher Gewinnmanipulationsmöglichkeiten

IV. Rechtsfolgen der vGA

- **bei „ausschüttender" Gesellschaft**
  § 8 III 2 KStG: vGA (zB Differenz zwischen vereinbartem und angemessenem Kaufpreis) muss dem Gewinn hinzugerechnet werden
- **bei Gesellschafter („Ausschüttungsempfänger")**
  Unterscheidung:
  - Soweit es sich auch nach § 20 VIII EStG um Kapitaleinkünfte handelt, liegen Einnahmen iSd § 20 I Nr 1 S. 2 EStG vor, die der Abgeltungsteuer unterliegen (gesonderter Tarif [25 %] auf die gesamten Einnahmen nach § 32d I 1 EStG; kein Teileinkünfteverfahren [§ 3 Nr 40 S. 2 EStG]).
  - Bei Einnahmen, die einer anderen Einkunftsart zuzurechnen sind (Beteiligung wird zB in einem Betriebsvermögen gehalten), ist das Teileinkünfteverfahren anzuwenden (§ 3 Nr 40 S. 1 lit. d EStG: 40 % der Einnahmen steuerfrei; „normaler" Steuertarif nach § 32a EStG).

  Ggf Korrektur, soweit vGA bereits bei anderen Einkunftsarten berücksichtigt (zB bei überhöhtem Gehalt bei Einkünften aus nichtselbstständiger Arbeit)

V. Gegenteil der vGA: Verdeckte Einlage[36]

Beispiel: Gesellschafter E übereignet der Gesellschaft G, die einen finanziellen Engpass hat, schenkweise eine Maschine, die G bisher von E gemietet hat.

- **Auswirkungen bei Gesellschaft:**
  - **keine Erhöhung des Gewinns**, sondern nur der Kapitalrücklage (§ 272 II Nr 4 HGB)
  - Neutralisierung des „Gewinns" (= Erhöhung des Betriebsvermögens) durch Verbuchung als verdeckte Einlage
- **Auswirkungen beim Gesellschafter** (Anteilseigner):
  - **Steuerbarkeit der verdeckten Einlagen**
    bei Grundstücken ggf nach § 23 I 1 Nr 1, S. 5 EStG; bei Beteiligungen ggf nach § 23 I 1 Nr 2, S. 5 EStG;
  - **nachträgliche Anschaffungskosten der Beteiligung** falls Beteiligung im *Betriebsvermögen* liegt (§ 6 VI 2 EStG)
    falls Beteiligung im *Privatvermögen* liegt: soweit die Veräußerung der Beteiligung gemäß § 17 I 1 oder § 20 II EStG steuerbar ist, ist die verdeckte Einlage als nachträgliche AK bei der Berechnung des Veräußerungsgewinns zu berücksichtigen.
- **Allgemeines Problem: Was ist einlagefähig?** Jedenfalls Übertragung von Wirtschaftsgütern; fraglich: Einlagefähigkeit von Nutzungsüberlassungen (relevant bei zinslosen Darlehen usw)

36 Vgl hierzu *Birk/Desens/Tappe*, Steuerrecht, Rn 1292–1297.

Fall 10

Grenzgänger

Schwerpunkte: **Einkommensteuerrecht:** Beschränkte und unbeschränkte Steuerpflicht (LB § 5 Rn 681–698); Verlustausgleich und Zusammenveranlagung (LB § 5 Rn 634–642); **Internationales Steuerrecht:** Vermeidung der Doppelbesteuerung (LB § 7 Rn 1455–1475)

Schwierigkeitsgrad: hoch, Bearbeitungszeit: 2 Stunden

Die französischen Staatsbürger M und F sind seit einigen Jahren kinderlos verheiratet. **608** Gemeinsam bewohnen sie in der französischen Stadt Q in Grenznähe zur Bundesrepublik Deutschland eine Eigentumswohnung. M und F üben ihren Beruf beide in Deutschland aus. M betreibt ein Hotelgewerbe in S. Um seine Gäste ganztags betreuen zu können, hat er sich schon seit einigen Jahren in Hotelnähe in Deutschland eine Wohnung gemietet. Dort hält er sich für die Dauer von etwa sieben Monaten im Jahr auf. Im Übrigen wohnt er in seiner Eigentumswohnung in Q. Im Jahr 01 erzielt M aus dem Hotelbetrieb einen Gewinn iHv 120 000 €. Außerdem hat er vor einigen Jahren von einer entfernten Tante ein in Frankreich belegenes Grundstück geerbt, das er verpachtet hat. In 01 erleidet M aus der Verpachtung des Grundstücks einen Verlust iHv 15 000 €.

F betreibt eine Zahnarztpraxis in T. Zu diesem Zweck fährt F täglich vom französischen Q ins deutsche T und zurück und verbringt auch die Wochenenden zu Hause in Q. Im Jahr 01 erzielt F aus ihrer Zahnarztpraxis einen Gewinn iHv 100 000 €.

In demselben Jahr entsteht F aufgrund eines undichten Wasserrohrs ein Wasserschaden an ihrem wertvollen Perserteppich. Durch die Reparatur hat F (wovon auszugehen ist) – nach Berücksichtigung der zumutbaren Belastung iSd § 33 Abs. 3 EStG – außergewöhnliche Belastungen iSd § 33 EStG iHv 5000 €. Da F eine Lebensversicherung abgeschlossen hat, entstehen ihr im gleichen Jahr zusätzlich – dem Grunde und der Höhe nach abzugsfähige – Sonderausgaben iSd § 10 EStG iHv 2000 €. Zusammen betragen die Aufwendungen damit der Höhe nach voll berücksichtigungsfähige 7000 €.

M und F zahlen im Veranlagungszeitraum 01 in Frankreich keine Einkommensteuer. Aufgrund des zwischen Deutschland und Frankreich bestehenden Doppelbesteuerungsabkommens (DBA-F) werden die Einkünfte von M und F aus Gewerbebetrieb bzw aus freiberuflicher Tätigkeit in Frankreich von der Steuer befreit und dementsprechend in Deutschland besteuert. Art. 3 Abs. 1 und 4 DBA-F bestimmt, dass Einkünfte aus unbeweglichem Vermögen nur in dem Vertragsstaat besteuert werden können, in dem dieses Vermögen belegen ist. Das gilt auch für die Einkünfte aus Vermietung und Verpachtung des unbeweglichen Vermögens. Es ist zu unterstellen, dass diese Norm auch negative Einkünfte (Verluste) erfasst.

M und F möchten wissen, ob und in welcher Höhe sie im Inland (Deutschland) zu versteuerndes Einkommen erzielt haben.

Bearbeitervermerk: Im Rahmen der Fallbearbeitung ist davon auszugehen, dass M und F bei Bestehen einer Wahlmöglichkeit für die Besteuerung im Inland die für sie günstigste Besteuerung gewählt und ggf erforderliche Anträge beim zuständigen FA gestellt haben. Insbesondere ist davon auszugehen, dass M und F, sofern die Voraussetzungen hierfür vorliegen, zusammen veranlagt werden.

Zusatzfrage: Beschreiben Sie knapp die Wirkungsweise der Freistellungs- und der Anrechnungsmethode.

Vorüberlegungen

Gegenstand der Fallbearbeitung ist die einkommensteuerrechtliche Behandlung eines grenzüberschreitenden Sachverhalts. Schwerpunktmäßig geht es daher um Rechtsfragen des Internationalen Steuerrechts, die um Probleme der Zusammenveranlagung von Ehegatten erweitert sind. **609**

Der Fall gliedert sich in zwei Teile. Im **ersten Teil** geht es um die *subjektive Einkommensteuerpflicht* als Voraussetzung für die Besteuerung im Inland („ob" der Steuerpflicht im Inland). Dieser Prüfungspunkt ist grds nur bei grenzüberschreitenden Sachverhalten von Bedeutung. Dabei ist zwischen *unbeschränkter, beschränkter* und *fiktiv unbeschränkter* Steuerpflicht zu unterscheiden. Im Rahmen der Subsumtion unter die Tatbestandsvoraussetzungen für die unbeschränkte Steuerpflicht (Wohnsitz und gewöhnlicher Aufenthalt, § 8 und § 9 AO) wird einerseits das Problem der *Doppelansässigkeit* des Steuerpflichtigen, andererseits die steuerliche Behandlung von sog. *Grenzgängern* angesprochen. Diese für grenzüberschreitende Sachverhalte nicht untypischen Konstellationen lassen sich schon mit Hilfe des Gesetzeswortlauts in den Griff bekommen. **610**

Im **zweiten Teil** des Falls geht es dann um die Höhe der *Bemessungsgrundlage* für die inländische Besteuerung. Hier sollte zunächst klargestellt werden, ob – und mit welchen Folgen – bei Ehegatteneinkünften mit Auslandsbezug die Regeln über die *Zusammenveranlagung* eingreifen. In einem nächsten Schritt hat man sich zu vergegenwärtigen, welche Einkünfte in die inländische Bemessungsgrundlage einfließen. Zu diesem Zweck muss man berücksichtigen, dass die nationalen Steuerrechtsordnungen mit Hilfe des *Welteinkommensprinzips* und des *Quellenprinzips* die Besteuerung von Einkünften mit Auslandsberührung sicherstellen wollen. Hieraus ergibt sich die Problematik der *Doppelbesteuerung.* Sie wird im Fall dadurch gelöst, dass aufgrund der angegebenen Normen des Doppelbesteuerungsabkommens (DBA) einem der Vertragsstaaten das Besteuerungsrecht an den Einkünften zugewiesen wird. Ein Fallschwerpunkt besteht dabei in der rechtlichen Würdigung von Verlusten, die einen Auslandsbezug aufweisen. Man muss erkennen, dass sich unter zwei Gesichtspunkten eine Ausnahme vom Welteinkommensprinzip, dh der Berücksichtigung weltweit erzielter (positiver und negativer) Einkünfte bei der inländischen Besteuerung, ergeben kann. Einerseits kann das aus der vorrangig anzuwendenden Verteilungsnorm des DBA folgen, wonach entsprechende Einkünfte im Inland steuerfrei zu stellen sind, andererseits aus der inländischen Verlustausgleichsbeschränkung des § 2a EStG. Die letztgenannte Vorschrift kommt jedoch aufgrund des Vorrangs der abkommensrechtlichen Steuerbefreiung nicht zum Zug und würde ohnehin nur bei negativen Einkünften aus Drittstaaten Anwendung fin- **611** den[1]. Schließlich stellt sich die Frage, ob private Aufwendungen (Sonderausgaben, außergewöhnliche Belastungen) steuermindernd geltend gemacht werden können. Dabei ist wiederum an die Unterscheidung zwischen (fiktiv) unbeschränkter und beschränkter Steuerpflicht im ersten Teil anzuknüpfen: Bei beschränkter Steuerpflicht sind private Aufwendungen in Form von Sonderausgaben und außergewöhnlichen Belastungen nicht abzugsfähig (§ 50 Abs. 1 Satz 3 EStG), während dies bei (fiktiv) unbeschränkter Steuerpflicht möglich ist.

612 Im Rahmen der Zusatzfrage sollen zunächst nur die Verfahren zur Vermeidung von Doppelbesteuerungen – *Freistellungs- und Anrechnungsverfahren* – beschrieben werden. Ein guter Bearbeiter wird erkennen, dass sich ausländische (positive) Einkünfte, auch wenn diese durch DBA freigestellt sind, im Rahmen des *Progressionsvorbehalts* (§ 32b EStG) auf die Höhe des Steuer*satzes* und damit auf die inländische Steuerlast auswirken können.

Gliederung

613 **A. Subjektive Einkommensteuerpflicht von M und F**

I. Unbeschränkte Steuerpflicht des M (§ 1 Abs. 1 EStG)

II. Subjektive Steuerpflicht der F

1. Unbeschränkte Steuerpflicht iSd § 1 Abs. 1 EStG
2. Fiktiv unbeschränkte Steuerpflicht, § 1 Abs. 3 EStG

B. Zu versteuerndes Einkommen von M und F

I. Einkünfte

1. Einkünfte des M
2. Einkünfte der F
3. Behandlung der Einkünfte nach DBA

II. Zusammenveranlagung, § 26b EStG

III. Berücksichtigung privater Aufwendungen, § 2 Abs. 4 EStG

C. Ergebnis

D. Zusatzfrage

1 Zu den unionsrechtlichen Bedenken gegen § 2a EStG siehe die Entscheidungen des EuGH, C-152/03, Slg. 2006, I-1711 *(Ritter-Coulais)*; C-347/04, Slg. 2007, I-2647 *(Rewe-Zentralfinanz)*, Rs. C-157/07, Slg. 2008, I-8061 *(Krankenheim Ruhesitz Wannsee)*. Als Reaktion auf die Entscheidungen und wegen EU-rechtlicher Bedenken der EU-Kommission ist die in § 2a EStG geregelte Verlustausgleichs- und Verlustabzugsbeschränkung auf Sachverhalte in Drittstaaten iSd § 2a Abs. 2a EStG (= Nicht-EU-Staaten) beschränkt worden. Zudem sind der positive und der negative Progressionsvorbehalt (§ 32b EStG) dahingehend geändert worden, dass bestimmte Einkünfte aus einem anderen EU- oder EWR-Staat, die nach einem Doppelbesteuerungsabkommen von der Besteuerung freigestellt sind, bei der Ermittlung des inländischen Einkommensteuersatzes nicht berücksichtigt werden.

Musterlösung

614 Damit M und F im Inland zu versteuerndes Einkommen erzielt haben können, müssen sie zunächst *dem Grunde nach* mit ihren Einkünften im Inland *subjektiv einkommensteuerpflichtig* sein (A.). Erst anschließend kann geklärt werden, *in welcher Höhe* sie im Inland *zu versteuerndes Einkommen* erzielt haben (B.).

A. Subjektive Einkommensteuerpflicht von M und F

I. Unbeschränkte Steuerpflicht des M (§ 1 Abs. 1 EStG)

615 Nach § 1 Abs. 1 Satz 1 EStG ist M *unbeschränkt* einkommensteuerpflichtig, wenn er *einen Wohnsitz* oder *seinen gewöhnlichen Aufenthalt* im Inland hat. Unter diesen Voraussetzungen wäre M nicht nur mit den im Inland (Deutschland) erzielten Einkünften, sondern mit seinem gesamten Welteinkommen, dh auch mit den in Frankreich erzielten Einkünften, im Inland (subjektiv) steuerpflichtig (sog. Welteinkommensprinzip)[2]. Ob M einen *Wohnsitz* im Inland hat, beurteilt sich nach § 8 AO. Hiernach hat jemand einen Wohnsitz dort, wo er eine Wohnung[3] unter Umständen innehat, die darauf schließen lassen, dass er die Wohnung beibehalten und benutzen wird. M lebt in einer Wohnung im Inland, dh in einer Räumlichkeit, die zum Wohnen geeignet ist.

616 Jemand hat eine Wohnung inne, wenn er nach Belieben über die Wohnung verfügen kann, wobei weniger die rechtliche als die tatsächliche Verfügungsbefugnis im Vordergrund steht[4]. Vorliegend ist M aufgrund des Mietvertrags der unmittelbare Besitz an dem Wohnraum für die Vertragsdauer überlassen worden. Er hat damit jedenfalls tatsächliche Verfügungsgewalt über den Wohnraum, so dass ein „Innehaben" iSd § 8 AO gegeben ist.

617 Schließlich müsste M die Wohnung unter Umständen innehaben, die darauf schließen lassen, dass er die Wohnung *beibehalten* und *benutzen* wird. Im vorliegenden Fall lassen die Umstände – Gebrauch der Wohnung über eine Dauer von sieben Monaten im Jahr – erkennen, dass M ihre Nutzung auch in Zukunft anstrebt. Damit sind die Voraussetzungen des *Wohnsitz*begriffs erfüllt.

618 Folglich hat M einen *Wohnsitz* im Inland. Das gilt ungeachtet der Tatsache, dass M (zusammen mit F) auch einen *Wohnsitz* in Frankreich hat (sog. Doppelansässigkeit), zumal für das Vorliegen der *unbeschränkten* Steuerpflicht lediglich das Bestehen *„eines"* Wohnsitzes erforderlich ist[5]. Demnach reicht es aus, wenn eine natürliche Person mehrere Wohnsitze hat und sich nur ein einziger davon im Inland befindet[6]. Infolgedessen unterliegt M in Deutschland – aber auch im Wohnsitzstaat Frankreich – mit seinem Welteinkommen der *unbeschränkten* Einkommensteuerpflicht.

---

2 Siehe zum Welteinkommensprinzip *Birk/Desens/Tappe*, Steuerrecht, Rn 1450 ff.
3 Vgl zum Begriff der Wohnung *Birk/Desens/Tappe*, Steuerrecht, Rn 685.
4 *Heinicke*, in: Schmidt, EStG, § 1 Rn 22.
5 Dazu BFH, I R 40/97, BStBl II 1999, 207 (208); I R 58/16, BFH/NV 2019, 104.
6 *Birk/Desens/Tappe*, Steuerrecht, Rn 684.

II. Subjektive Steuerpflicht der F

619 Auch F könnte mit ihren Einkünften im Inland subjektiv steuerpflichtig sein. In Betracht kommt vorliegend neben der *unbeschränkten* (§ 1 Abs. 1 EStG) bzw *beschränkten* Steuerpflicht (§ 1 Abs. 4 EStG) die *fiktiv unbeschränkte* Steuerpflicht nach § 1 Abs. 3 EStG.

1. Unbeschränkte Steuerpflicht iSd § 1 Abs. 1 EStG

620 F ist im Inland *unbeschränkt* steuerpflichtig, wenn sie dort einen *Wohnsitz* oder ihren *gewöhnlichen Aufenthalt* hat (§ 1 Abs. 1 Satz 1 EStG). Einen Wohnsitz iSd § 8 AO hat F in Deutschland schon mangels einer Wohnung nicht. F betreibt aber im deutschen T eine Zahnarztpraxis und könnte aus diesem Grund dort zumindest ihren *gewöhnlichen Aufenthalt* haben[7]. Gem. § 9 AO setzt das einen Aufenthalt unter Umständen voraus, die erkennen lassen, dass der Betreffende an diesem Ort oder in diesem Gebiet nicht nur *vorübergehend* verweilt. Im Rahmen ihrer beruflichen Tätigkeit als Zahnärztin hält F sich regelmäßig in T auf, was für einen gewöhnlichen Aufenthalt und damit für eine *unbeschränkte* Einkommensteuerpflicht der F sprechen könnte. Diese Rechtsfolge ist jedoch nach dem Wortlaut des § 9 AO ausgeschlossen, wenn F sich nur *vorübergehend* im Inland aufhalten würde. Das ist der Fall bei sog. *Grenzgängern*, dh bei Personen, die sich an jedem Arbeitstag von ihrem Wohnort über die Grenze begeben und nach Arbeitsschluss wieder an ihren Wohnort zurückkehren[8]. Diese Sachlage liegt hier vor. Demnach hält F sich nur *vorübergehend* in Deutschland auf. Mangels „gewöhnlichen" Aufenthalts im Inland ist F dort nicht *unbeschränkt* steuerpflichtig iSd § 1 Abs. 1 Satz 1 EStG. Infolgedessen unterliegt F, sofern sie inländische Einkünfte iSd § 49 EStG bezieht, grds der *beschränkten* Steuerpflicht (§ 1 Abs. 4 EStG).

2. Fiktiv unbeschränkte Steuerpflicht, § 1 Abs. 3 EStG

621 F könnte jedoch nach § 1 Abs. 3 EStG *fiktiv unbeschränkt* steuerpflichtig sein (sog. *Grenzpendlerregelung*). Diese Variante der subjektiven Steuerpflicht ist in aller Regel günstiger als die *beschränkte* Steuerpflicht, weil bei letzterer insbesondere Sonderausgaben und außergewöhnliche Belastungen, die vorliegend bei F entstanden sind, nicht berücksichtigt werden (vgl § 50 Abs. 1 Satz 3 EStG). Dafür müssten die Voraussetzungen der *fiktiv unbeschränkten* Steuerpflicht vorliegen. Gem. § 1 Abs. 3 EStG werden *auf Antrag* natürliche Personen als *unbeschränkt* einkommensteuerpflichtig behandelt, die im Inland weder einen Wohnsitz noch ihren gewöhnlichen Aufenthalt haben, soweit sie inländische Einkünfte iSd § 49 EStG haben. Dies gilt jedoch nur, wenn ihre Einkünfte im Kalenderjahr mindestens zu 90 % der deutschen Einkommensteuer unterliegen oder die nicht der deutschen Einkommensteuer unterliegenden Einkünfte nicht mehr als den Grundfreibetrag (2021: 9744 €) im Kalenderjahr betragen (§ 1 Abs. 3 Satz 2 HS 1, § 32a Abs. 1 Satz 2 Nr 1 EStG)[9]. F hat inländische Einkünfte iSv § 49 Abs. 1 Nr 3, § 18 EStG.

---

7 Dazu: *Birk/Desens/Tappe*, Steuerrecht, Rn 686 ff.

8 *Heinicke*, in: Schmidt, EStG, § 1 Rn 27; *Gersch*, in: Klein, AO, 15. Aufl 2020 § 9 Rn 2.

9 Zu Besonderheiten beim Ehegattensplitting siehe § 1a Abs. 1 Nr 2 EStG; dazu noch unten.

Sie unterliegt im VZ 01 mit keinen anderen Einkünften einer ausländischen Einkommensteuer. Auch hat sie weder ihren Wohnsitz noch ihren gewöhnlichen Aufenthalt im Inland (s. Rn 620), so dass die materiellen Voraussetzungen für die *fiktiv unbeschränkte* Steuerpflicht vorliegen. Dass F einen entsprechenden *Antrag* gestellt hat, ist laut Sachverhalt aufgrund der damit verbundenen Steuervorteile (Berücksichtigung der Sonderausgaben und der außergewöhnlichen Belastungen) zu unterstellen. In Deutschland ist F daher zwar nicht mit ihrem Welteinkommen („soweit", § 1 Abs. 3 Satz 1 EStG), aber doch mit ihren inländischen Einkünften iSd § 49 Abs. 1 Nr 3, § 18 EStG *fiktiv unbeschränkt* steuerpflichtig.

B. Zu versteuerndes Einkommen von M und F

Die Höhe des *zu versteuernden Einkommens* ergibt sich aus dem Einkommen (§ 2 **622**
Abs. 5 Satz 1 EStG), das der um Sonderausgaben und außergewöhnliche Belastungen verringerte Gesamtbetrag der Einkünfte ist (§ 2 Abs. 4 EStG). Zur Berechnung des Gesamtbetrags der Einkünfte ist die Summe der Einkünfte zu bilden.

I. Einkünfte

1. Einkünfte des M

M hat Einkünfte aus Gewerbebetrieb iHv 120 000 € erzielt, § 2 Abs. 1 Nr 2, § 15 Abs. 1 **623**
Satz 1 EStG, sowie negative Einkünfte aus Vermietung und Verpachtung iHv 15 000 € gem. § 2 Abs. 1 Nr 6, § 21 Abs. 1 Satz 1 Nr 1 EStG. Sollten positive wie negative Einkünfte vollumfänglich zu berücksichtigen sein, ergäbe sich eine Summe der Einkünfte von 105 000 € für M.

2. Einkünfte der F

F hat Einkünfte aus selbstständiger Arbeit iHv 100 000 € erzielt, § 2 Abs. 1 Nr 3, § 18 **624**
Abs. 1 Nr 1 EStG.

3. Behandlung der Einkünfte nach DBA

Fraglich ist allerdings, ob die ausländischen Verluste des M aus Vermietung und Ver- **625**
pachtung berücksichtigt werden können. Die Einkünfte des M aus Gewerbebetrieb (§ 2 Abs. 1 Nr 2, § 15 Abs. 1 Nr 1 EStG) und aus Vermietung und Verpachtung (§ 2 Abs. 1 Nr 6, § 21 Abs. 1 Satz 1 Nr 1 EStG) sind im Rahmen der unbeschränkten Steuerpflicht im Inland grds steuerpflichtig (Welteinkommensprinzip). Auch die Einkünfte der F aus selbstständiger Arbeit unterliegen nach inländischem Recht einer Besteuerung im Quellenstaat (§ 1 Abs. 3 EStG iVm § 49 Abs. 1 Nr 3, § 18 EStG). Da M und F einen Wohnsitz in Frankreich haben, werden ihre Einkünfte auch dort im Rahmen der unbeschränkten Steuerpflicht belastet. Das führt zu einer Doppelbesteuerung der Einkünfte. Um die mehrfache Belastung desselben Steuerguts durch die nationalen Rechtsordnungen zu vermeiden, werden zwischen den Staaten bilaterale Verträge, sog. Doppelbesteuerungs-

abkommen (DBA) geschlossen[10]. Im vorliegenden Fall folgt aus dem zwischen Deutschland und Frankreich geschlossenen DBA, dass das Besteuerungsrecht an den *positiven* Einkünften von M und F Deutschland als Quellenstaat zusteht. Im Rahmen der inländischen Besteuerung werden diese Einkünfte bei der Ermittlung des *Gesamtbetrags der Einkünfte* iSd § 2 Abs. 3 Satz 1 EStG zusammengerechnet.

626 Die *negativen* Einkünfte *(Verluste),* die M aus der Vermietung des im Ausland belegenen Grundstücks erzielt hat, fließen möglicherweise nicht in die inländische Bemessungsgrundlage ein. M unterliegt zwar nach dem Welteinkommensprinzip mit seinen (positiven und negativen) Einkünften grds der inländischen Besteuerung. Allerdings könnte im Inland die Berücksichtigung der Verluste aufgrund des DBA-F ausgeschlossen sein. Danach sind die (negativen) Einkünfte des M im Inland möglicherweise steuerfrei gestellt. Die Regelungen des DBA sind gegenüber dem innerstaatlichen Recht grds[11] vorrangig anzuwenden (vgl § 2 AO).

627 Abkommensrechtlich könnte sich die Steuerbefreiung der Verluste aus der *Verteilungsnorm* des Art. 3 Abs. 1 und 4 DBA-F ergeben. Danach können Einkünfte aus unbeweglichem Vermögen nur in dem Vertragsstaat besteuert werden, in dem dieses Vermögen belegen ist, was auch für Einkünfte aus Vermietung und Verpachtung des unbeweglichen Vermögens gilt. M hat das in dem Vertragsstaat Frankreich belegene Grundstück verpachtet. Nach dem DBA-F unterliegt er mit seinen positiven, aber – zumindest nach inländischer Rspr[12] – auch mit seinen negativen Einkünften nur im Ausland der Einkommensbesteuerung. Im Inland sind die negativen Einkünfte bereits abkommensrechtlich steuerfrei. Folgerichtig gehen die Verluste des M aus der Verpachtung des Grundstücks iHv 15 000 € nicht in die Bemessungsgrundlage ein.

II. Zusammenveranlagung, § 26b EStG

628 Nach dem Grundsatz der Individualbesteuerung von Ehegatteneinkünften sind zwar die Einkünfte *zusammenzuveranlagender* Ehegatten zunächst getrennt zu ermitteln[13]. Sodann werden jedoch die Einkünfte, die die Ehegatten erzielt haben, zusammengerechnet, den Ehegatten gemeinsam zugerechnet und beide sodann als ein Steuerpflichtiger behandelt (§ 26b, § 32a Abs. 5 EStG). Zusammenveranlagung kann dabei nicht nur Auswirkungen auf die Höhe der tariflichen Einkommensteuer, sondern auch auf die Höhe des zu ermittelnden *zu versteuernden Einkommens* haben. Damit solche Auswirkungen für M und F in Betracht kommen, müssten die Vorschriften über die Zusammenveranlagung auf sie überhaupt anwendbar sein. Gem. § 26 Abs. 1 Satz 1 EStG finden diese Vorschriften nur dann unmittelbare Anwendung, wenn *beide* Ehegatten *unbeschränkt* einkommensteuerpflichtig iSd § 1 Abs. 1 oder Abs. 2 oder aber iSd § 1a EStG sind[14].

---

10 *Birk/Desens/Tappe*, Steuerrecht, Rn 1469.

11 Vgl zu den – hier nicht vorliegenden – Ausnahmen BFH, I R 120/93, BStBl II 1995, 129 (130) und I B 183/94, BStBl II 1995, 781 (782), sog. treaty overriding.

12 Vgl BFH, I R 150/73, BStBl II 1976, 454; I R 13/02, BStBl II 2003, 795; vgl zur Gegenauffassung *Ismer*, in: Vogel/Lehner, DBA, Art. 23 OECD-MA Rn 56 mwN.

13 BFH, IV R 32/86, BStBl II 1988, 827 mwN.

14 Siehe dazu zB *Heinicke*, in: Schmidt, EStG, § 1a Rn 20 ff.

Im vorliegenden Fall ist M gem. § 1 Abs. 1 EStG *unbeschränkt* einkommensteuerpflichtig, während F als französische Staatsbürgerin und damit als Staatsangehörige eines Mitgliedsstaats der Europäischen Union nach § 1a Abs. 1 Alt. 2 iVm § 1 Abs. 3 EStG *fiktiv unbeschränkt* einkommensteuerpflichtig ist. Damit wird F gem. § 1a Abs. 1 Nr 2 EStG für die Anwendung der Vorschriften über die Zusammenveranlagung als unbeschränkt einkommensteuerpflichtig behandelt. Im Übrigen leben M und F nicht dauernd getrennt[15], so dass auch die weiteren tatbestandlichen Voraussetzungen für die Zusammenveranlagung vorliegen, § 26 Abs. 1 Satz 1 EStG. Im Ergebnis werden daher M und F zusammenveranlagt. **629**

Mangels berücksichtigungsfähiger Verluste erzielen M und F bei Zusammenveranlagung eine *Summe der Einkünfte* iHv

Einkünfte aus Gewerbebetrieb (M)	120 000 €
+ Einkünfte aus freiberuflicher Tätigkeit (F)	100 000 €
= Summe der Einkünfte	220 000 €

(vgl § 2 Abs. 3 Satz 1 EStG), der vorliegend ein *Gesamtbetrag der Einkünfte* in gleicher Höhe entspricht.

III. Berücksichtigung privater Aufwendungen, § 2 Abs. 4 EStG

Die Sonderausgaben und außergewöhnlichen Belastungen der F in einer Gesamthöhe von 7000 € könnten gem. § 2 Abs. 4 EStG zu einer Verminderung des Einkommens führen. Ist F *beschränkt* steuerpflichtig, sind gem. § 50 Abs. 1 Satz 3 EStG Sonderausgaben und außergewöhnliche Belastungen nicht von der inländischen Bemessungsgrundlage abziehbar. Im Fall der *unbeschränkten* Steuerpflicht sind diese Aufwendungen hingegen abzugsfähig (vgl § 2 Abs. 4 EStG). Da F im vorliegenden Fall *fiktiv unbeschränkt* steuerpflichtig ist (s. Rn 621), kann sie Sonderausgaben und außergewöhnliche Belastungen iHv insgesamt 7000 € abziehen. **630**

C. Ergebnis

Im Ergebnis haben M und F ein gemeinsames *zu versteuerndes Einkommen* iHv 220 000 € ./. 7000 € = 213 000 € erzielt. Dieses bildet im Rahmen der Zusammenveranlagung die gemeinsame Bemessungsgrundlage für die tarifliche Einkommensteuer (Splitting-Verfahren). **631**

D. Zusatzfrage[16]

Zur Vermeidung der Doppelbesteuerung gibt es grds zwei Methoden, nämlich die *Anrechnungsmethode* und die *Freistellungsmethode*. Beide sind als unilaterale Maß- **632**

15 Siehe dazu *Seeger*, in: Schmidt, EStG, § 26 Rn 11 f.
16 Vgl hierzu *Birk/Desens/Tappe*, Steuerrecht, Rn 1458 ff.

nahme (nationale Regelung) bzw als bilaterale Maßnahme (Doppelbesteuerungsabkommen) denkbar. Deutschland hat auf nationaler Ebene mit § 34c Abs. 1 Satz 1 EStG die Anrechnungsmethode umgesetzt und folgt in seinen DBA üblicherweise der Freistellungsmethode (vgl Art. 23A OECD-MA). Sollte ein DBA abgeschlossen sein, gelten grds nur dessen Regelungen (§ 34c Abs. 6 Satz 1 EStG).

633 Bei der *Anrechnungsmethode*[17] kann unter bestimmten Voraussetzungen die im Ausland gezahlte Steuer auf die inländische angerechnet werden. Der Wohnsitzstaat sichert die Herstellung *seines* Besteuerungsniveaus, gleichgültig ob der Steuerpflichtige im Inland oder Ausland wirtschaftlich tätig wird. Hierdurch wird *Kapitalexportneutralität* erreicht, da das Steuerniveau ausländischer Einkünfte zumindest auf das inländische Niveau „hochgeschleust" wird. Die vom Wohnsitzstaat anzurechnende ausländische Steuer wird hierbei regelmäßig in ihrer Höhe beschränkt (Anrechnungshöchstbetrag, vgl § 34c Abs. 1 Satz 2 EStG).

634 Im Rahmen der Freistellungsmethode[18] werden hingegen die im Ausland (bereits von der ausländischen Steuer) erfassten Steuergüter von der inländischen Steuer freigestellt. Diese gehen nicht in die inländische Bemessungsgrundlage ein, so dass das Besteuerungsniveau im Quellenstaat maßgeblich bleibt *(Kapitalimportneutralität)*. Bei Anwendung der Freistellungsmethode werden die ausländischen Einkünfte somit zwar von der inländischen Steuer *befreit,* sie werden jedoch häufig im Rahmen des sog. *Progressionsvorbehalts* bei der Anwendung des Steuer*tarifs* auf die übrigen (inländischen) Einkünfte wieder berücksichtigt (zB in Deutschland § 32b Abs. 1 Satz 1 Nr 3 EStG).

Zur Wiederholung

Übersicht 10.1: Persönliche Einkommensteuerpflicht (beschränkte und unbeschränkte Steuerpflicht) sowie Vermeidung von Doppelbesteuerungen

635 Wer ist in Deutschland einkommensteuerpflichtig?

Zwei Grundformen: Unbeschränkte und beschränkte Steuerpflicht

I. Unbeschränkte Steuerpflicht (§ 1 I 1 EStG)

1. Voraussetzungen

a) Natürliche Person und
b) Wohnsitz (§ 8 AO) oder gewöhnlicher Aufenthalt (§ 9 AO) im Inland (§ 1 I 1 EStG) oder Dienstverhältnis zu inländischer juristischer Person des öffentlichen Rechts (insb „Diplomaten", § 1 II EStG)
c) nicht entscheidend: Staatsangehörigkeit oder (auch) Wohnsitz in anderem Staat

17 Dazu *Birk/Desens/Tappe*, Steuerrecht, Rn 1473.
18 Dazu *Birk/Desens/Tappe*, Steuerrecht, Rn 1473, 1475.

2. Rechtsfolgen

Der unbeschränkt Steuerpflichtige unterliegt mit seinem gesamten Welteinkommen der Besteuerung in Deutschland (**„Welteinkommensprinzip“**);
Berücksichtigung aller Umstände, die die **persönliche Gesamtleistungsfähigkeit** ausmachen, also

- Abziehbarkeit von erwerbsbezogenem Aufwand (= **Werbungskosten und Betriebsausgaben**; „objektives Nettoprinzip“) und
- Berücksichtigung der **persönlichen Verhältnisse** („subjektives Nettoprinzip“), zB
  - Sonderausgaben (§ 10 EStG),
  - außergewöhnliche Belastungen (§ 33 EStG),
  - Familienstand (Ehegattensplitting, § 32a V EStG),
  - Kinder (Kinderfreibeträge, § 32 VI EStG; Betreuungskosten, § 10 I Nr 5 EStG)
  - Anwendung des **progressiven Tarifs** auf die Bemessungsgrundlage (§ 32a EStG)

II. Beschränkte Steuerpflicht (§ 1 IV EStG)

1. Voraussetzungen

a) Natürliche Person

b) Weder Wohnsitz noch gewöhnlicher Aufenthalt in Deutschland (sonst unbeschränkte Steuerpflicht)

c) Inländische Einkünfte iSd § 49 EStG, zB
  - Einkünfte aus Vermietung und Verpachtung deutscher Grundstücke, § 49 I Nr 6 EStG
  - Einkünfte aus im Inland ausgeübter selbstständiger und nichtselbstständiger Arbeit, § 49 I Nr 3, 4 EStG

2. Rechtsfolgen

Der beschränkt Steuerpflichtige unterliegt **nur mit seinen inländischen Einkünften** der Besteuerung in Deutschland, § 1 IV EStG (**„Quellenprinzip“**).
Besonderheiten gegenüber unbeschränkter Steuerpflicht:

- **Erwerbsaufwendungen** (Betriebsausgaben, Werbungskosten)
  - Abzug grds zulässig, aber Besonderheiten, § 50 I 1, 3, 5 EStG
  - **Bruttobesteuerung**, soweit Einkünfte dem **Steuerabzug** unterliegen (insb aus Kapitalvermögen; Ausnahme für Lohnbezieher aus EU-Staaten); **Abgeltungswirkung** des Steuerabzugs, dh Aufwendungen nicht abziehbar (§ 50 II 1 EStG); aber § 50a III EStG
- grds keine Berücksichtigung der persönlichen Verhältnisse durch **private Abzüge** (§ 50 I 3, 4 EStG), wie zB
  - Sonderausgaben (§ 10 EStG),
  - außergewöhnliche Belastungen (§ 33 EStG),
  - Kinderfreibeträge (§ 32 VI EStG)
- Keine Gewährung des Grundfreibetrags (Hinzurechnung gemäß § 50 I 2 EStG); iÜ Anwendung des regulären Tarifs nach § 32a I EStG

III. Fiktive unbeschränkte Steuerpflicht (§ 1 III, § 1a EStG)

1. Zweck:

Vermeidung von gemeinschaftsrechtlich unzulässigen (versteckten) Diskriminierungen von EU-Ausländern, die sich im Inland wirtschaftlich betätigen; Sonderregeln für beschränkt Steuerpflichtige (= Nicht-Ansässige, die im Regelfall Ausländer sind) sind in der Regel ungünstiger als die unbeschränkte Steuerpflicht. Neuregelung der § 1 III, § 1a EStG beruht auf EuGH v. 14.2.1995, C-279/93 – *Schumacker*

2. **Inhalt der Regelung:**
   Sofern Abzüge im Ansässigkeitsstaat sich nicht auswirken würden, muss Tätigkeits-/Quellenstaat persönliche Abzüge berücksichtigen; betrifft insbesondere Grenzpendler
3. **Regelungstechnik:**
   Auf Antrag Gleichstellung mit unbeschränkt Steuerpflichtigen, sofern im Ansässigkeitsstaat kein Potenzial besteht, von dem die Privataufwendungen abgezogen werden könnten (entweder Einkünfte unterhalb des Grundfreibetrags nach § 32a Abs. 1 Satz 2 EStG oder weniger als 10 % aller Einkünfte)

IV. Warum besteuern Ansässigkeitsstaat *und* Quellenstaat?

1. **Gründe für die unbeschränkte Steuerpflicht (Welteinkommensprinzip)**
   Rechtfertigung: **Leistungsfähigkeitsprinzip**: Der Ansässigkeitsstaat ermittelt die *Gesamt*leistungsfähigkeit des Steuerpflichtigen; diese wird auch durch aus dem Ausland bezogene Einkünfte erhöht, die daher ebenfalls dem (idR progressiven) Tarif zu unterwerfen sind
2. **Gründe für die beschränkte Steuerpflicht (Quellenprinzip)**
   Rechtfertigung des „Ob“: **Äquivalenzprinzip**: Wer den inländischen Gütermarkt und die inländische Infrastruktur nutzt, soll sich auch an deren Finanzierung beteiligen.

V. Maßnahmen zur Vermeidung der Doppelbesteuerung

1. **Formen**
   a) **Anrechnungsmethode**
   Im Ausland gezahlte und auf die auch im Inland erfassten Einkünfte entfallende Steuer wird auf die inländische Steuer angerechnet.
   Wirtschaftliche Auswirkung: Steuerpflichtiger unterliegt im Ergebnis immer dem höheren Steuersatz (gleichgültig ob im In- oder Ausland höhere Steuersätze gelten)
   b) **Freistellungsmethode**
   Im Ausland erfasste Einkünfte werden im Inland freigestellt, dh nicht in die Bemessungsgrundlage einbezogen.
   aber: Progressionsvorbehalt (§ 32b I 1 Nr 3 EStG)
2. **Wer vermeidet Doppelbesteuerung?**
   a) Unilateral, dh einseitig durch deutsches Recht geregelt **(§ 34c EStG)** → subsidiär gegenüber DBA (vgl § 34c VI EStG)
   b) Bilateral, dh durch völkerrechtliche Verträge **(Doppelbesteuerungsabkommen)**

Übersicht 10.2: Verlustverrechnungsbeschränkungen

Verlustverrechnung 636

Verlustausgleich (§ 2 III EStG)

Periodenintern

Interner (horizontaler) Verlustausgleich (= Ausgleich von Verlusten und Gewinnen derselben Einkunftsart, zB zwei Mietshäusern)

⇨ grundsätzlich uneingeschränkt möglich (§ 2 III EStG)

Externer (vertikaler) Verlustausgleich (= Ausgleich von positiven und negativen Einkünften aus verschiedenen Einkunftsarten, zB von Verlusten aus VuV durch Gewinne aus selbstständiger Arbeit)

⇨ grundsätzlich uneingeschränkt möglich (§ 2 III EStG)

Verlustabzug (§ 10d EStG)

Periodenextern (VZ-übergreifend)

⇨ **Verlustrücktrag:** in das unmittelbar vorhergehende Jahr (der Höhe nach beschränkt), § 10d I EStG

⇨ **Verlustvortrag:** zeitlich uneingeschränkt möglich, aber sog Mindestbesteuerung (über Sockelbetrag von 1 Mio € nur teilweise Verlustverrechnung möglich), § 10d II EStG

Verlustverrechnungsbeschränkungen

Arten

- **Eigener Verrechnungskreislauf:**
  - Beschränkung auf Verlustverrechnung mit Einkünften derselben Einkunftsart (zB private Veräußerungsgewinne, § 23 III 7, 8 EStG)
  - Beschränkung auf Verrechnung mit positiven Einkünften derselben Art und aus demselben Staat (§ 2a I 1 EStG)
  - Beschränkung auf Einkünfte derselben Art (zB Einkünfte aus gewerblicher Tierzucht, § 15 IV 1 EStG)
- **Völliger Ausschluss der Verlustberücksichtigung** (zB § 17 II 6 EStG)

Verfassungsrechtliche Problematik

Objektives Nettoprinzip als Verfassungsprinzip (Konkretisierung des Leistungsfähigkeitsprinzips):

- Verlustverrechnungsbeschränkungen bedürfen daher der verfassungsrechtlichen Rechtfertigung
- In Betracht kommen vor allem Lenkungszwecke oder Missbrauchsbekämpfung

Sonderproblem der Verlustverrechnung bei zusammenveranlagten Ehegatten:

Auf welcher Stufe der Ermittlung des zu versteuernden Einkommens wird zusammengerechnet? (Wird zB relevant, wenn ein Ehegatte negative Einkünfte aus gewerblicher Tierzucht und der andere Ehegatte positive Einkünfte aus gewerblicher Tierzucht, § 15 IV EStG, erzielt. Verlustverrechnung möglich oder Verweis des ersten Ehegatten auf spätere eigene positive Einkünfte aus gewerblicher Tierzucht?)

Fall 11

Der studentische Moselruderclub

Schwerpunkte: **Internationales Steuerrecht:** Typenvergleich (LB § 7 Rn 1486 ff); Ansässigkeit; (LB § 6 Rn 1224) **Einkommensteuerrecht:** Persönliche Steuerpflicht (LB § 5 Rn 676–698); Studienkosten (LB § 5 Rn 776–778); Abgrenzung der Einkunftsarten – Einkünfte aus Gewerbebetrieb (LB § 5 Rn 700–744) und Einkünfte aus selbständiger Arbeit (LB § 5 Rn 745–755), Einkünfte aus Vermietung und Verpachtung (LB § 5 Rn 804–816) und Einkünfte aus Gewerbebetrieb; Veranlassungszusammenhang (LB § 5 Rn 774, 1035 ff, 1048 ff); Betriebsaufspaltung (LB § 5 Rn 717–724); vermögensverwaltende Personengesellschaften (LB § 6 Rn 1166); **Umsatzsteuer:** Leistungsaustausch (LB § 10 Rn 1675–1688)

Schwierigkeitsgrad: sehr hoch, Bearbeitungszeit: 5 Stunden

Die 23-jährige J wohnt im luxemburgischen Junglinster und studiert seit ihrem Abitur **637**
an der Universität Trier Jura. Mit Ablauf des Sommersemesters 03 ist J scheinfrei und hat die erforderliche Mindeststudiendauer von sechs Semestern erreicht. Sie erfüllt damit die gesetzlichen Voraussetzungen für die Zulassung zum Examen.

Von Junglinster aus pendelt J in 03 insgesamt an 180 Tagen mit dem öffentlichen Personennahverkehr (ÖPNV) zur Uni und zurück. Außer der Stunde Fahrzeit pro Strecke kostet sie die Pendelei nichts. Denn innerhalb Luxemburgs kann J mit ihrer kostenlosen „mKaart“ den ÖPNV bis zur deutsch-luxemburgischen Grenze kostenfrei nutzen. Für den deutschen Teil der Strecke greift das Semesterticket, das im obligatorischen Semesterbeitrag inbegriffen ist. Die einfache Strecke beträgt 42,6 km.

J hat schon häufig überlegt, nach Trier zu ziehen, um sich das tägliche Pendeln zu ersparen. Zunächst hielt sie einen Umzug nach Trier auch aus steuerlichen Gründen für sinnvoll. In der Zeitung hat sie jedoch gelesen, dass Steuerausländer unter bestimmten Voraussetzungen auf Antrag wie Steuerinländer behandelt werden können. Weiterhin spricht gegen einen Umzug, dass die Wohnung, die sie in Junglinster bewohnt, ihrer Mutter gehört und J dort kostenlos wohnt.

J erhält von ihren Eltern monatlich 700 € für das Studium. In 03 hat sie zwei Semesterbeiträge iHv jeweils 270 € gezahlt. Die Semesterbeiträge muss J entrichten, da sie sonst exmatrikuliert wird und nicht weiter studieren kann. Die Summe ergibt sich aus dem Studierendenwerksbeitrag iHv 120 € und den Kosten für das Semesterticket iHv 150 €. Eine Option, das Semesterticket nicht zu buchen, gibt es nicht.

Als Studentin benötigt J praktisch ständig Geld. Da sie zweisprachig erzogen wurde, beherrscht J Deutsch und Französisch fließend. Daher gibt sie seit 01 sehr erfolgreich Nachhilfe in Französisch für Schüler der Klassenstufen 5 bis 10. Die Schüler bekommt sie über eine Agentur (A) vermittelt, die ihr auch die Unterrichtsmaterialien stellt. Wie viele Schüler J betreut und wann der Unterricht stattfindet kann sie selbst entscheiden. Den Unterricht hält J bei den Schülern zuhause ab. Da sie von der Uni aus zu ihren Schülern fährt, nimmt sie nur welche aus dem Trierer Stadtgebiet an. Die Schüler zahlen pro Stunde 30 € an die A. Für die Vermittlungsleistung und Stellung des Unterrichtsmaterials wurden J in 03 monatlich pauschal 100 € berechnet. Ihre Unterrichtsplanung und Abrechnungen mit der A macht J am Wochenende von Junglinster aus. J erhält für jeden Schüler eine Vergütung von 25 € pro Unterrichtsstunde. Insgesamt hat J in 03 eine Gesamtvergütung von 10 000 € erhalten. Für die Fahrten zu ihren Schülern nutzt sie ihr Semesterticket. Ein Drittel der Fahrten, die J mit dem Semesterticket macht, entfallen in 03 auf die Fahrten zu den Schülern.

Am 1.6.03 haben J und neun weitere Trierer Studierende den Studentischen Moselruderclub (SMRC) gegründet. Die zehn Studierenden sind eine bunte Truppe, sie kommen aus ganz Europa und haben sich in Trier gefunden. Da die meisten Mitglieder im französischsprachigen Raum verwurzelt sind, haben sie sich für die luxemburgische Rechtsform „Association sans but lucratif" – kurz a.s.b.l. (deutsch: „Vereinigung ohne Gewinnerzielungsabsicht") – entschieden. Die nach luxemburgischen Recht vorgesehene Mindestgründerzahl von drei Personen ist für die zehnköpfige Truppe kein Problem. Die Rechtsform bot sich an, weil sie ihren Mitgliedern einen gewissen Schutz verspricht. Denn als a.s.b.l. ist der Club selbst rechtsfähig und kann eigenes Vermögen haben, das für etwaige Verbindlichkeiten haftet. Diese Wirkung tritt mit Eintragung in ein luxemburgisches Register ein. An die Mitglieder dürfen keine Gewinne ausgezahlt oder gezahlte Beiträge erstattet werden. In der Satzung wurde festgeschrieben, dass der Club eine Plattform für den interkulturellen Austausch europäischer Studierender sein und gemeinsam Rudersport betrieben werden soll.

Bei Gründung wandte J ein, dass, damit die luxemburgische Rechtsform verwendet werden kann, ein Sitz in Luxemburg gewählt werden müsse. So wurde kurzerhand Js Wohnzimmer in Junglinster in der Satzung zum Sitz des SMRC bestimmt. Laut Satzung führt ein von den Mitgliedern gewählter Vorstand aus drei Personen die Geschäfte und vertritt den Club. Um auch in der Zukunft ein möglichst großes Bewerberfeld für Vorstandsposten sicherzustellen, wurde in der Satzung extra festgehalten, dass Vorstandsposten auch an Nichtmitglieder vergeben werden dürfen. Im Rahmen der Gründungsversammlung wurden F (Französin), K (Kroatin) und B (Belgier) in den Vorstand gewählt. Mündlich vereinbarten sie, dass, da Trier der gemeinsame Bezugspunkt ist, alle Vorstandssitzungen und Mitgliederversammlungen in der Uni-Kneipe auf dem Trierer Campus stattfinden sollen, was in 03 so umgesetzt wurde. Die Post geht jedoch bei J in Junglinster ein. Sie öffnet alle Briefe und lädt einen Scan in einen Cloud-Speicher hoch. So kann der Vorstand ortsunabhängig auf die Daten zugreifen. Tatsächlich greifen die Vorstandmitglieder von einem PC-Pool in Bibliothek der Uni Trier aus auf die Briefe zu.

Die Anschaffung von Ruderbooten ist jedoch problematisch. Da der neugegründete Club bisher über keine finanziellen Mittel verfügt und sich die monatlichen Mitgliedsbeiträge pro Person auf nur 35 € belaufen, haben J und die neun anderen Gründungsmitglieder zusammengelegt und am 12.7.03 drei Ruderboote für jeweils 4 Personen mit dazugehörigen Rudern für insgesamt 18 000 € (jeweils 6000 €; Nutzungsdauer: 15 Jahre) und einen speziell für den Transport von Ruderbooten geeigneten Anhänger (3.000 €; Nutzungsdauer: 6 Jahre) gekauft. Da die von jedem investierten 2100 € viel Geld sind, wollen alle Gründungsmitglieder auch vermögensmäßig an den Ruderbooten und dem Anhänger beteiligt bleiben. Daher vermieten sie das Gesamtpaket gemeinschaftlich an den SMRC a.s.b.l., der dafür eine Miete von 300 € monatlich beginnend ab 1.8.03 zahlt. Die so gemeinsam erzielten Mieteinnahmen iHv 1500 € verteilen die zehn Gründungsmitglieder untereinander zu gleichen Teilen. Für die Ruderboote und den Anhänger konnte auch direkt ein guter und sogar kostenloser Stellplatz am Trierer Moselufer gefunden werden.

Am 17.8.03 findet in Trier ein großes Sportfest statt, bei dem Sportgruppen aus der Region in verschiedenen Sportarten gegeneinander antreten. Auch der SMRC a.s.b.l. nimmt teil. Zur Überraschung aller erzielt der Club den zweiten Platz und gewinnt ein Preisgeld iHv 2000 €. Das Preisgeld soll für ein weiteres, aber diesmal dem Club gehörendes Ruderboot verwendet werden.

Frage 1: Ist der SMRC a.s.b.l. in Deutschland ertragsteuerpflichtig? *(Auf die Gewerbesteuer ist nicht einzugehen.)*

Frage 2: Wie hoch ist das von J in Deutschland zu versteuernde Einkommen (zvE)? *(Etwaige Umsatzsteuern sind nicht zu berücksichtigen.)*

Frage 3: Ist die Mitgliedschaft im SMRC a.s.b.l. gegen Zahlung eines Mitgliedsbeitrags ein steuerbarer Umsatz iSd § 1 Abs. 1 Nr 1 UStG? *(Gehen Sie dabei davon aus, dass der SMRC a.s.b.l. Unternehmer iSd § 2 UStG ist und etwaige Umsätze im Inland stattfinden.)*

Bearbeitervermerk:

Alle aufgeworfenen Fragen sind gutachtlich – ggf. in einem Hilfsgutachten – zu beantworten.

J strebt eine möglichst niedrige Steuerlast an und hat alle Wahlrechte dementsprechend ausgeübt. Sie hat alle dafür erforderlichen Anträge gestellt und alle erforderlichen Bescheinigungen vorgelegt.

Gehen Sie davon aus, dass alle Normen des einfachen Rechts verfassungsgemäß sind.

Gehen Sie davon aus, dass keine der genannten Personen zum Führen von Büchern verpflichtet ist und auch nicht freiwillig Bücher führt.

Gehen Sie davon aus, dass ggf anzuwendende ausländische Steuerrechtsnormen den deutschen Regelungen entsprechen.

Zwischen allen beteiligten Staaten bestehen DBA, die dem OECD-MA entsprechen. Es wurde die Freistellungsmethode vereinbart.

Etwaige Anträge nach § 1a KStG (Option zur Körperschaftsbesteuerung) sind nicht gestellt.

Vorüberlegungen

638 Die Klausur behandelt eine Vielzahl an unterschiedlichen Themen, die im Sachverhalt lebensnah miteinander verbunden sind. Sie ist in drei Fragen gegliedert. Inhaltlich ist Frage 2 die umfangsreichste und anspruchsvollste Aufgabe; dies ist mit Blick auf das Zeitmanagement zu berücksichtigen.

Frage 1 zielt auf die persönliche Ertragsteuerpflicht des SMRC. Diese ist gegeben, wenn der Club körperschaftsteuerpflichtig ist. Da eine ausländische Rechtsform vorliegt, ist zu prüfen, ob diese selbst Steuersubjekt der Körperschaftsteuer ist oder ob die Gesellschaftsform transparent ist und den Gesellschaftern/Mitgliedern etwaige Einkünfte zuzurechnen sind. Dafür ist ein Typenvergleich durchzuführen. Zudem ist Ansässigkeit des SMRC zu prüfen.

Bei der Bearbeitung der **Frage 2** ist zunächst die persönliche Steuerpflicht der J zu prüfen. Mangels Ansässigkeit im Inland kommt nur eine beschränkte oder stattdessen eine fiktiv unbeschränkte Steuerpflicht in Betracht. Da dafür nicht nur das Vorliegen inländischer Einkünfte erforderlich ist, sondern auch ein bestimmtes Verhältnis von inländischen zu ausländischen Einkünften, bietet es sich an, die Einkünftequalifizierung und Ermittlung der Höhe der Einkünfte in die Prüfung der persönlichen Steuerpflicht „hochzuziehen". Die Prüfung wird dadurch „kopflastig", es ist aber dennoch ein logischer Aufbau. Alternativ kann man mit der beschränkten Steuerpflicht beginnen, die sachliche Steuerpflicht prüfen und erst zum Ende die Frage der fiktiv unbeschränkten Steuerpflicht anzusprechen. In jedem Fall ist es dringend zu empfehlen, sich vor Anfertigung des Gutachtens über einen sinnvollen Prüfungsaufbau Gedanken zu machen und die Klausur vorab ordentlich und gründlich zu strukturieren.

Im Rahmen der Einkünfteermittlung sind die Themen Berücksichtigung von Studienkosten, Abgrenzung von freiberuflichen und gewerblichen Einkünften (Nachhilfetätigkeit) sowie Vermietung von beweglichen Sachen durch eine Personengesellschaft anzusprechen. Bei letzterem kommt auch die Frage nach der Berücksichtigung von Gesellschafterbeiträgen und einer Betriebsaufspaltung auf.

Bei **Frage 3** muss eine Antwort darauf gefunden werden, ob zwischen einem Sportverein und dessen Mitgliedern eine Leistungsbeziehung besteht, sodass der Mitgliedsbeitrag umsatzsteuerbar ist. Zu thematisieren ist, ob eine Lieferung oder sonstige Leistung vom Verein an seine Mitglieder erbracht wird.

Gliederung

Frage 1: Ertragsteuerpflicht 639

A. Typenvergleich
B. Inländischer Sitz bzw Ort der Geschäftsleitung
C. Persönliche Steuerbefreiung

Frage 2: zvE der J

A. Persönliche Steuerpflicht
- **I. Beschränkte Einkommensteuerpflicht**
  - 1. Keine unbeschränkte Einkommensteuerpflicht nach § 1 Abs. 1 Satz 1 EStG
    - a) Inländischer Wohnsitz
    - b) Inländischer gewöhnlicher Aufenthalt
  - 2. Inländische Einkünfte
    - a) Studium
      - aa) Erstausbildung
      - bb) Dienstverhältnis
    - b) Nachhilfe
      - aa) Einkünftequalifizierung
        - (1) Selbstständigkeit
        - (2) Nachhaltigkeit
        - (3) Gewinnerzielungsabsicht
        - (4) Teilnahme am wirtschaftlichen Verkehr
        - (5) Freiberufliche Tätigkeit?
      - bb) Ort der Einkünfte
        - (1) Betriebsstätte
        - (2) Ständiger Vertreter
        - (3) Ausübungs- und Verwertungsort
        - (4) Isolierende Betrachtungsweise
    - c) SMR a.s.b.l.
    - d) Ruderbootvermietung
      - aa) Einkünftequalifizierung
        - (1) Vermietung und Verpachtung
        - (2) Nachhaltigkeit und Einkünfteerzielungsabsicht
        - (3) Abgrenzung zur originären Gewerblichkeit – Vermögensverwaltung
        - (4) Betriebsaufspaltung
          - (a) Sachliche Verflechtung
          - (b) Personelle Verflechtung
  - 3. Zwischenergebnis

II. Fiktive unbeschränkte Einkommensteuerpflicht

1. Vorliegen einer beschränkten Einkommensteuerpflicht (§ 1 Abs. 4 EStG)
2. Antrag
3. Inländische Einkünfte, die der deutschen Einkommensteuer unterliegen
   a) Nachhilfe
      aa) Art und Ort der Einkünfte
      bb) Höhe der Einkünfte
         (1) Betriebseinnahmen
         (2) Betriebsausgaben
   b) Ruderbootvermietung
      aa) Art und Ort der Einkünfte
      bb) Höhe der Einkünfte
         (1) Einnahmen
         (2) Werbungskosten
         (3) Gesellschafterbeitrag
      cc) Steuerfreiheit nach DBA
         (1) Vorliegen einer Doppelbesteuerung
         (2) Persönliche und sachliche Abkommensberechtigung
         (3) Einkünftequalifizierung nach DBA
   c) Verhältnis von inländischen zu ausländischen Einkünften
   d) Zwischenergebnis

B. Sachliche Steuerpflicht

C. Sonderausgaben und zu versteuerndes Einkommen

D. Progressionsvorbehalt

Frage 3: Umsatzsteuerbarkeit der Mitgliedschaft

Musterlösung

Frage 1: Ertragsteuerpflicht

Gem. § 1 Abs. 1 KStG sind bestimmte Körperschaften, Personenvereinigungen und Vermögensmassen mit Sitz oder Geschäftsleitung im Inland persönlich unbeschränkt steuerpflichtig. Die a.s.b.l. ist eine ausländische Rechtsform, die nicht in § 1 Abs. 1 Nr 1 bis 6 KStG genannt ist. § 1 Abs. 1 KStG stellt jedoch auf den Sitz oder die Geschäftsleitung ab. Zudem sind § 1 Abs. 1 Nr 1 und Nr 4 KStG offen formuliert, so dass sich ausländische Rechtsformen darunter subsumieren lassen[1]. Fraglich ist, ob der SMRC eine Kapitalgesellschaft iSd § 1 Abs. 1 Nr 1 KStG ist, eine sonstige juristische Person des privaten Rechts iSd § 1 Abs. 1 Nr 4 KStG oder steuerlich transparent ist. Um eine Eingruppierung vorzunehmen, ist ein Typenvergleich erforderlich[2]. Der inländische Rechtsformtypus, dem die ausländische Gesellschaft am ehesten entspricht, ist dann zur Wahl des Besteuerungsregimes maßgeblich. **640**

A. Typenvergleich

Im Grundtypus der deutschen Personengesellschaft führen die Gesellschafter die Geschäfte gemeinschaftlich[3] und vertreten die Gesellschaft gemeinschaftlich[4] (vgl § 709 und § 714 BGB). Juristische Personen des privaten Rechts, insbesondere Kapitalgesellschaften, zeichnen sich hingegen dadurch aus, dass zur Geschäftsführung und Vertretung auch Nichtgesellschafter berufen werden können (vgl § 26 Abs. 1 BGB, §§ 76 AktG ff, § 6 GmbHG)[5]. Der SMRC a.s.b.l. wählt einen Vorstand, der die Geschäfte führt und die Gesellschaft vertritt. Eine Fremdorganschaft ist in der Satzung ausdrücklich zugelassen. Insoweit entspricht der SMRC a.s.b.l. einer juristischen Person des Privatrechts. **641**

Laut Satzung haften die Mitglieder nicht für Verbindlichkeiten des Clubs. Auch bei Kapitalgesellschaften und eingetragenen Vereinen haften die Gesellschafter/Mitglieder nicht persönlich. Eine unmittelbare Haftung gibt es grds nur bei Personengesellschaften (§ 735 BGB)[6]. Damit liegt auch hier eine Vergleichbarkeit mit einer juristischen Person des Privatrechts vor.

Laut Satzung gibt es keine Gewinnbeteiligung der Mitglieder. Vielmehr ist eine a.s.b.l. nicht auf wirtschaftliche Tätigkeiten und nicht auf Gewinnerzielung ausgerichtet. Dies entspricht dem Leitbild des rechtsfähigen nicht wirtschaftlichen Vereins aus § 21 BGB.

---

1 *Rengers* in: Blümich, § 1 KStG Rn 140.

2 RFH, Urteil v. 12.2.1930 – VI A 899/27 (Venezuela-Entscheidung), vom BFH in ständiger Rechtsprechung übernommen, ausdrücklich mit BFH, Urteil v. 23.6.1992 – IX R 182/87 BStBl II 1992, 972; *Birk/Desens/Tappe*, Steuerrecht, Rn 1487.

3 *Grunewald*, Gesellschaftsrecht, 11. Aufl 2020 § 1 Rn 39; *Schäfer*, in: MüKo BGB, § 709 Rn 38.

4 *Grunewald*, Gesellschaftsrecht, § 1 Rn 52 ff; *Schäfer*, in: MüKo BGB, § 714 Rn 12.

5 *Leuschner*, in: MüKo BGB, § 26 Rn 5; *Schneider*, in: Breithaupt/Ottersbach Kompendium Gesellschaftsrecht, 2010, B Rn 119.

6 *Grunewald*, Gesellschaftsrecht, Erster Teil, Rn 1 f, Ausnahme: KGaA.

Zwar sind nach deutschem Recht auch nicht gewinnorientierte Personen- und Kapitalgesellschaften möglich[7]. Personen- und Kapitalgesellschaften sehen für ihre Gesellschafter aber eine Gewinnbeteiligung vor (§ 721 BGB bzw § 174 Abs. 2 Nr 2 AktG, § 29 GmbHG).

Insgesamt hat der SMRC a.s.b.l. in den wesentlichen Merkmalen die meisten Überschneidungen mit einem eingetragenen Verein. Er ist also steuerlich wie ein solcher zu behandeln. Als sonstige juristische Personen des privaten Rechts fallen Vereine unter § 1 Abs. 1 Nr 4 KStG[8].

B. Inländischer Sitz bzw Ort der Geschäftsleitung

642 Der SMRC a.s.b.l. müsste einen Sitz oder den Ort seiner Geschäftsleitung im Inland haben. Der Sitz ist durch Satzung bestimmt (§ 11 AO) und in Junglinster (Luxemburg). Der SMRC a.s.b.l. könnte aber seine Geschäftsleitung im Inland haben. Es kommt darauf an, wo der Mittelpunkt der geschäftlichen Oberleitung ist (§ 10 AO), dh auf den Ort, an dem die wesentlichen Entscheidungen getroffen werden[9]. Der Vorstand und die Mitgliederversammlung trifft sich auf dem Trierer Uni-Campus. Briefe gehen zwar nach Junglinster, werden dort aber lediglich geöffnet und mittels Cloud an den Vorstand weitergeleitet. Die Postbearbeitung findet an der Uni Trier statt. Damit werden die wesentlichen Entscheidungen im Inland getroffen. Folglich hat der SMRC a.s.b.l. seine Geschäftsleitung im Inland (§ 1 Abs. 3 KStG). Er ist (in D) unbeschränkt körperschaftsteuerpflichtig.

C. Persönliche Steuerbefreiung

643 Der SMRC a.s.b.l. könnte gem. § 5 Abs. 1 Nr 9 KStG persönlich körperschaftsteuerbefreit sein. In Betracht kommt eine Gemeinnützigkeit wegen Förderung des Sports (§ 52 Abs. 2 Nr 21 AO). Damit die Steuerbefreiung überhaupt in Anspruch genommen werden kann, muss die Gemeinnützigkeit zunächst festgestellt worden sein (§ 60a Abs. 1 Satz 1 AO)[10]. Eine solche Feststellung ist mangels Antrag oder Körperschaftsteuerveranlagung bisher nicht getroffen. Somit ist der SMRC a.s.b.l. mangels festgestellter Gemeinnützigkeit nicht persönlich von der Körperschafteuer befreit.

Frage 2: ZvE der J

644 J müsste in Deutschland persönlich steuerpflichtig sein und sachlich steuerpflichtige Einkünfte erzielen. Sodann ist die Höhe der Einkünfte bzw des zvE zu bestimmen.

---

7 Vgl § 5 Abs. 1 Nr 9 KStG.
8 *Rengers*, in: Blümich, § 1 KStG Rn 81.
9 *Drüen*, in: Tipke/Kruse, § 10 AO Rn 1; *Musil*, in: HHSp, § 10 AO Rn 14.
10 *Birk/Desens/Tappe*, Steuerrecht, Rn 343.

A. Persönliche Steuerpflicht

I. Beschränkte Einkommensteuerpflicht

J ist als natürliche Person gem. § 1 Abs. 4 EStG beschränkt einkommensteuerpflichtig, wenn sie keinen inländischen Wohnsitz oder gewöhnlichen Aufenthalt im Inland, aber inländische Einkünfte erzielt hat. **645**

1. Keine unbeschränkte Einkommensteuerpflicht nach § 1 Abs. 1 Satz 1 EStG

J dürfte nicht unbeschränkt einkommensteuerpflichtig iSd § 1 Abs. 1 Satz 1 EStG sein. Sie wäre unbeschränkt einkommensteuerpflichtig, wenn sie einen Wohnsitz oder ihren gewöhnlichen Aufenthalt in Deutschland hätte (§ 1 Abs. 1 Satz 1 EStG). **646**

a) Inländischer Wohnsitz

Einen Wohnsitz hat jemand dort, wo er eine Wohnung unter Umständen innehat, die darauf schließen lassen, dass er die Wohnung beibehalten und benutzen wird (§ 8 AO). J bewohnt eine Wohnung in Junglinster. Somit hat sie einen Wohnsitz in Luxemburg, nicht im Inland. **647**

b) Inländischer gewöhnlicher Aufenthalt

J könnte ihren gewöhnlichen Aufenthalt in Deutschland haben. Gem. § 9 Satz 1 AO hat jemand dort seinen gewöhnlichen Aufenthalt, wo er sich unter Umständen aufhält, die erkennen lassen, dass er an diesem Ort oder in diesem Gebiet nicht nur vorübergehend verweilt. Damit setzt ein gewöhnlicher Aufenthalt eine tatsächliche Anwesenheit an einem Ort oder in einem Gebiet voraus[11]. **648**

J ist wegen ihres Studiums und der Nachhilfelehrertätigkeit an 180 von 365 Tagen in Trier, also in Deutschland. Eine ständige Anwesenheit ist nicht erforderlich[12]. Zwar nimmt J nach ihrem Uni-Tag noch Freizeitaktivitäten in Trier wahr, sie kehrt jedoch täglich nach Junglinster zurück. Grenzgänger, die im Inland ihre Arbeitszeit verbringen, aber im Ausland übernachten, haben nicht schon allein deshalb ihren gewöhnlichen Aufenthalt im Inland[13]. Vielmehr ist der Ort der Übernachtung der bestimmende Faktor bei der Beurteilung des gewöhnlichen Aufenthalts[14]. Der Aufenthalt in Luxemburg ist daher nicht nur als gelegentlich und das Verbringen des Tages in Trier als vorübergehend anzusehen. Daher hat J keinen gewöhnlichen Aufenthalt im Inland.

11 *Birk/Desens/Tappe*, Steuerrecht, Rn 686 ff.; *Koenig*, in: Koenig AO, § 9 Rn 8; *Musil*, in: HHSp, § 9 AO Rn 18.
12 *Koenig*, in: Koenig AO, § 9 Rn 8; *Musil*, in: HHSp, § 9 AO Rn 24.
13 BFH, I 244/63, BStBl III 1966, 522; *Musil*, in: HHSp, § 9 AO Rn 23; *Koenig*, in: Koenig AO, § 9 Rn 24.
14 BFH, I 244/63, BStBl III 1966, 522.

Es könnte auch ein gewöhnlicher Aufenthalt gem. § 9 Satz 2 AO unwiderlegbar vermutet werden. Da auch hier durch die Übernachtungen in Luxemburg eine Zäsur anzunehmen ist, wird kein gewöhnlicher Aufenthalt nach § 9 Satz 2 AO vermutet.

2. Inländische Einkünfte

649 J müsste inländische Einkünfte iSd § 49 EStG erzielen.

J hat in 03 in Trier Jura studiert und Nachhilfeunterricht gegeben. Zudem hat J mit neun anderen Studierenden den SMRC a.s.b.l. gegründet, sowie gemeinschaftlich an den SMRC a.s.b.l. Ruderboote und einen Anhänger vermietet. Diese Tätigkeiten könnten jeweils unter eine Einkunftsart des § 49 EStG zu fassen sein, mit der Folge, dass J inländische Einkünfte erzielt.

a) Studium

650 Die Kosten für das Studium könnten zu einem inländischen Verlust (Fehlbetrag) führen. Ein Studium ist eine akademische Ausbildung, die zur Ausübung eines Berufs befähigt und damit der Erzielung von Einnahmen (bzw Betriebseinnahmen, je nach Art der späteren Tätigkeit) dient. Damit könnten die Aufwendungen für das Studium vorweggenommene Werbungskosten bzw Betriebsausgaben sein. § 9 Abs. 6 EStG normiert jedoch, dass die Aufwendungen für eine Erstausbildung nur dann Werbungskosten sind, wenn die Ausbildung im Rahmen eines Dienstverhältnisses absolviert wird[15]. § 4 Abs. 9 EStG (Betriebsausgaben) verweist auf § 9 Abs. 6 EStG.

aa) Erstausbildung

651 J studiert unmittelbar nach ihrem Abitur Jura in Trier. Somit könnte das Jurastudium eine Erstausbildung sein. Eine Erstausbildung ist gem. § 9 Abs. 6 Satz 1 bis 5 EStG eine geordnete Ausbildung mit einer Mindestdauer von zwölf Monaten, die auf Grundlage von Rechts- und Verwaltungsvorschriften durchgeführt wird. Das Jurastudium in Trier basiert auf landesrechtlichen Vorschriften. Eine Examenszulassung ist erst nach mindestens sechs Semestern möglich, damit ist die Mindestdauer von 12 Monaten überschritten. J studiert direkt nach ihrem Abitur, sodass es sich um ihre Erstausbildung handelt.

bb) Dienstverhältnis

652 Diese Erstausbildung müsste innerhalb eines Dienstverhältnisses absolviert werden. Der Begriff „Dienstverhältnis" wird in der LStDV legaldefiniert[16]. Gem. § 1 Abs. 2 LStDV liegt ein Dienstverhältnis vor, wenn der Arbeitnehmer dem Arbeitgeber seine Arbeitskraft schuldet. Ob das Schuldverhältnis privatrechtlicher oder öffentlich-rechtlicher Natur ist, ist dabei unerheblich. Ein Studium selbst ist kein Dienstverhältnis. Die Aufwendungen für das Studium können daher nicht als Werbungskosten geltend gemacht werden.

15 *Birk/Desens/Tappe*, Steuerrecht, Rn 776.
16 *Birk/Desens/Tappe*, Steuerrecht, Rn 765; *Bergkemper*, in: HHR, § 9 Rn 610.

b) Nachhilfe

aa) Einkünftequalifizierung

J könnte mit ihrer Nachhilfetätigkeit Einkünfte aus selbstständiger Arbeit iSd § 49 Abs. 1 Nr 3 EStG erzielen. Gem. § 49 Abs. 1 Nr 3 iVm § 18 Abs. 1 Nr 1 iVm § 15 Abs. 2 EStG liegen Einkünfte aus selbstständiger Arbeit vor, wenn der Stpfl sich selbstständig, nachhaltig und mit Gewinnerzielungsabsicht am wirtschaftlichen Verkehr beteiligt und die Tätigkeit freiberuflicher Art ist[17]. **653**

(1) Selbstständigkeit

Zunächst müsste J selbstständig sein. Selbstständig ist, wer auf eigene Rechnung mit eigener Verantwortung tätig wird[18]. J muss an A monatlich 100 € zahlen, unabhängig davon, ob sie Unterricht gibt oder nicht. Ihre Einnahmen sind im Wesentlichen von der Anzahl der gegebenen Unterrichtsstunden abhängig. Damit ist J auf eigene Rechnung tätig. Ihr obliegt es auch darüber selbst zu entscheiden, in welchem Umfang sie tätig wird. Wesentliches Indiz ist zudem, ob der StPfl nicht weisungsgebunden ist[19]. J kann sich die Anzahl ihrer Schüler und die Zeiten des Unterrichts selbst aussuchen. Damit steht es ihr frei, Umfang und Zeit ihrer Arbeit selbst zu bestimmen. Zudem wird J pro Unterrichtsstunde bezahlt. Wie viel Zeitaufwand J in die Vor- und Nachbereitung des Unterrichts investiert liegt damit ihrer Risikosphäre. Damit ist J selbstständig tätig. **654**

(2) Nachhaltigkeit

J übt die Nachhilfetätigkeit regelmäßig seit 01 aus. Damit ist sie auch nachhaltig tätig. **655**

(3) Gewinnerzielungsabsicht

J müsste mit Gewinnerzielungsabsicht handeln. J gibt die Nachhilfe, weil sie sich damit Teile ihres Lebensunterhalts verdienen will. Daher hat J Gewinnerzielungsabsicht. **656**

(4) Teilnahme am wirtschaftlichen Verkehr

J müsste auch am wirtschaftlichen Verkehr teilnehmen. Dies ist der Fall, wenn J ihre Leistung am Markt gegen Entgelt anbietet[20]. J ist Nachhilfelehrerin bei A, die sie für ihre Tätigkeit bezahlt. Zu ihren Schülern steht J in keiner Vertragsbezieheng. Dass J lediglich *einen* Auftraggeber hat, steht der Teilnahme am wirtschaftlichen Verkehr aber nicht entgegen[21]. Folglich nimmt J am wirtschaftlichen Verkehr teil. **657**

---

17 *Birk/Desens/Tappe*, Steuerrecht, Rn 747.
18 *Birk/Desens/Tappe*, Steuerrecht, Rn 704; *Krumm*, in: Kirchhof/Seer EStG, § 15 Rn 18 ff.
19 *Krumm*, in: Kirchhof/Seer EStG, § 15 Rn 20.
20 *Birk/Desens/Tappe*, Steuerrecht, Rn 706.
21 BFH, X R 108/87, BStBl II 1989, 572.

(5) Freiberufliche Tätigkeit?

658 Umstände, die auf eine bloße Vermögensverwaltung hindeuten sind nicht ersichtlich. Auch eine land- und forstwirtschaftliche Betätigung iSd § 13 EStG liegt nicht vor.

J könnte mit ihrer Nachhilfetätigkeit freiberuflich (§ 18 Abs. 1 Nr 1 EStG) und nicht gewerblich (§ 15 EStG) tätig sein. Dafür müsste J entweder einen Katalogberuf (oder einen ähnlichen Beruf) ausüben oder wissenschaftlich, künstlerisch, schriftstellerisch, unterrichtend oder erzieherisch tätig sein. Lehrer oder Nachhilfelehrer ist kein Katalogberuf des § 18 Abs. 1 Nr 1 Satz 2 EStG. J könnte jedoch unterrichtend tätig sein. J vermittelt ihren Schülern Kenntnisse in Französisch, damit ist sie grundsätzlich unterrichtend tätig. Fraglich ist, ob die unterrichtende Tätigkeit ein hochschulmäßiges Niveau haben, also auf einer persönlichen Qualifikation des StPfl beruhen muss, um als unterrichtend iSd § 18 Abs. 1 Nr 1 Satz 2 EStG eingestuft zu werden[22]. Dafür spricht, dass nahezu alle Katalogberufe eine wissenschaftliche Ausbildung voraussetzen und nur ähnliche Tätigkeiten selbstständige Arbeit sein können[23]. Dagegen spricht indes, dass das Gesetz keine inhaltliche Verknüpfung zwischen den tätigkeitsbeschreibenden Tatbestandsmerkmalen und den Katalogberufen herstellt. Ein gewisses akademisches Niveau ist dennoch zu verlangen. Wesentlicher Unterschied zwischen den Einkünften aus Gewerbebetrieb und selbstständiger Arbeit ist, dass der Gewerbebetrieb den Hinzuerwerb durch einen Kapitalgrundstock erwirtschaftet, bei Einkünften aus selbstständiger Arbeit aber gerade kein Kapitalgrundstock erforderlich ist, sondern „geistiges Kapital", das sich in persönlichen Kenntnissen und Fähigkeiten ausdrückt[24]. Einkünfte aus selbstständiger Arbeit lassen sich demnach gerade nicht durch eine Aufstockung von Kapital- und Personalressourcen steigern. Daher muss – zur Abgrenzung – die Tätigkeit auf akademischem Wissen basieren. Der Nachhilfeunterricht der J erfordert ein gewisses Maß an Sprachkenntnis. Dennoch ist der Unterricht auf Mittelstufenniveau und nicht auf akademischen Niveau. Somit ist J nicht freiberuflich tätig, sodass J keine Einkünfte aus § 49 Abs. 1 Nr 3 iVm § 18 Abs. 1 Nr 1 iVm § 15 Abs. 2 EStG erzielt. Da es am Merkmal der Freiberuflichkeit fehlt, handelt es sich um gewerbliche Einkünfte.

bb) Ort der Einkünfte

659 Die Einkünfte müssten inländisch sein.

(1) Betriebsstätte

660 J müsste einen Gewerbebetrieb mit inländischer Betriebsstätte oder einem inländischen ständigen Vertreter unterhalten (§ 49 Abs. 1 Nr 2 lit. a EStG). Gem. § 12 Satz 1 AO ist eine Betriebsstätte jede feste Geschäftseinrichtung oder Anlage, die der Tätigkeit eines Unternehmers dient. Geschäftseinrichtung ist jede körperliche, erdbodenbezogene Einrichtung des Unternehmers, über die der Unternehmer ein gewisses Maß an Verfü-

22 **Fall 5**.
23 **Fall 5**.
24 *Birk/Desens/Tappe*, Steuerrecht, Rn 751.

gungsmacht hat[25]. J gibt den Unterricht in den Wohnungen ihrer Schüler. Über diese Wohnungen hat J keinerlei Verfügungsmacht. Ihre geschäftlichen Angelegenheiten, wie Unterrichtsplanung und Abrechnungen regelt sie von Junglinster aus, sodass keine Stätte der Geschäftsleitung in Deutschland ersichtlich ist (§ 12 Satz 2 Nr 1 AO). Folglich hat J keine Betriebsstätte in Deutschland.

(2) Ständiger Vertreter

J setzt auch keine Person ein, die als ständiger Vertreter (§ 13 AO) in Betracht kommt. **661**

(3) Ausübungs- oder Verwertungsort

Der Unterricht könnte jedoch in Deutschland ausgeübt oder verwertet werden, sodass **662**
inländische Einkünfte nach § 49 Abs. 1 Nr 2 lit. d EStG vorliegen könnten. Dazu dürften die Einkünfte zunächst nicht unter § 49 Abs. 1 Nr 3 oder Nr 4 EStG fallen. § 49 Abs. 1 Nr 3 EStG und § 49 Abs. 1 Nr 4 EStG sind hier nicht einschlägig. Die Einkünfte müssten aus künstlerischen, sportlichen, artistischen, unterhaltenden oder ähnlichen Darbietungen erzielt werden. Darbietung ist die Zurschaustellung von Werken, Kenntnissen oder Fähigkeiten vor oder für Publikum[26]. Nachhilfeunterricht hingegen beinhaltet das Vermitteln des Unterrichtsstoffes und nicht das bloße Zurschaustellen des Könnens des Lehrers. Damit liegen keine Einkünfte iSd § 49 Abs. 1 Nr 2 lit. d EStG vor.

(4) Isolierende Betrachtungsweise

Die Tatbestandsverwirklichung scheitert jeweils an im Inland belegenen Umständen, **663**
sodass auch mit Hilfe der isolierenden Betrachtungsweise[27] nach § 49 Abs. 2 EStG keine inländischen Einkünfte angenommen werden könnten.

Die Einkünfte aus der Nachhilfetätigkeit der J sind somit in Deutschland nicht sachlich steuerpflichtig.

c) SMRC a.s.b.l.

Wie bei Frage 1 festgestellt, ist der SMRC a.s.b.l. ein selbstständiges (Körperschaft-) **664**
Steuersubjekt. Etwaige Gewinne oder Überschüsse sind den Mitgliedern nicht zuzurechnen.

d) Ruderbootvermietung

J könnte über die gemeinschaftliche Ruderbootvermietung einkommensteuerpflichtige **665**
Einnahmen erzielen. Mit der Ruderbootvermietung haben sich J und die neun anderen Gründungsmitglieder des SMRC zu einem gemeinsamen Zweck zusammengeschlossen. Sie haben also iErg eine Ruderbootvermietungs-GbR iSd § 705 BGB gegründet.

25 *Birk/Desens/Tappe*, Steuerrecht, Rn 1480; *Gersch*, in: Klein AO, § 12 Rn 2.
26 *Loschelder*, Schmidt EStG, § 49, Rn 37; *Maßbaum*, in: HHR, § 49 EStG Rn 521.
27 *Hawlitschek*, IStR 2016, 177.

(Die GbR ist, weil kein Antrag nach § 1a Abs. 1 KStG gestellt wurde, nicht Körperschaftsteuersubjekt, sondern steuerlich transparent.)

aa) Einkünftequalifizierung

666 J könnte als Gesellschafterin dieser GbR Einkünfte aus VuV iSd § 49 Abs. 1 Nr 6 EStG erzielen. Die gemeinschaftliche Einkunftserzielung steht der Annahme von inländischen Einkünften iSd § 49 Abs. 1 EStG nicht entgegen. Inländische Einkünfte können auch gemeinschaftlich im Rahmen einer Personengesellschaft erwirtschaftet werden und der sachlichen Steuerpflicht unterliegen. Die vereinbarte Gewinnzuteilung im Gesellschaftsvertrag ist auch für die steuerliche Zurechnung der Überschüsse maßgeblich[28].

(1) Vermietung und Verpachtung

667 Hier könnte eine Vermietung von Sachinbegriffen vorliegen. Durch die beispielhafte Nennung von beweglichem Betriebsvermögen in § 21 Abs. 1 Satz 1 Nr 2 EStG hat der Gesetzgeber deutlich gemacht, dass unter Sachinbegriffen eine Vielzahl von eigenständigen Sachen zu verstehen ist, die wirtschaftlich und funktionell zusammengestellt wurden. Jedes einzelne Ruderboot und der Anhänger sind jeweils für sich eine Sache iSd § 90 BGB. Die Ruder sind Zubehör (§ 97 BGB) und gehören auch nach der Verkehrsanschauung zum Ruderboot, sodass jedes Ruderboot mit den jeweiligen Rudern als einheitliches Wirtschaftsgut anzusehen ist[29]. Damit ist nicht schon jedes Ruderboot „Sachinbegriff". Jedoch könnte die Zusammenstellung von Ruderbooten und Anhänger Sachinbegriff iSd § 21 Abs. 1 Satz1 Nr 2 EStG sein. Ohne Anhänger können die Ruderboote nicht transportiert werden; ohne Ruderboote ist ein entsprechender Spezialanhänger sinnlos. Daher bilden die Boote mit dem Anhänger eine wirtschaftliche und funktionelle Einheit und sind Sachinbegriff. Der Stellplatz sowohl der Boote als auch des Anhängers liegt in Trier. Damit ist das Vermietungsobjekt im Inland belegen.

(2) Nachhaltigkeit und Einkünfteerzielungsabsicht

668 Weiterhin dürfte die Vermietung nicht unter eine andere Einkunftsart des § 49 Abs. 1 Nr 1–5 EStG fallen. In Betracht kommt hier eine mögliche Gewerblichkeit. Dazu müsste die GbR die Ruderboote selbstständig, nachhaltig mit Gewinnerzielungsabsicht und Beteiligung am allgemeinen wirtschaftlichen Verkehr vermieten. Weiterhin müsste die Grenze zur bloßen Vermögensverwaltung überschritten worden sein. Die Vermietung ist dauerhaft, sodass sie nachhaltig ist. Es müsste auch Gewinnerzielungsabsicht vorliegen. J und ihre Mitgesellschafter wollen gerade nicht ihr Vermögen in den Verein investieren. Nach 5,8 Jahren haben sich die Anschaffungskosten für die Boote und den Anhänger amortisiert. Die Boote können jedoch 15 Jahre und der Anhänger 6 Jahre genutzt werden. Somit werden ab dem sechsten Jahr Überschüsse erzielt. Die Vermie-

28 BFH, VIII R 168/73, BStBl II 1978, 674.
29 FG Nürnberg, I 308/92.

tung ist auf Dauer angelegt und nicht befristet, somit kann davon ausgegangen werden, dass Einkünfteerzielungsabsicht vorliegt.

(3) Abgrenzung zur originären Gewerblichkeit – Vermögensverwaltung

Fraglich ist jedoch, ob die Grenze zur Gewerblichkeit überschritten wurde oder die Vermietung Vermögensverwaltung ist. Maßgeblich ist die Verkehrsanschauung[30]. Entscheidend ist, ob die Fruchtziehung oder die Verwertung der Vermögenssubstanz im Vordergrund steht[31]. Vorliegend wurden die vermieteten Gegenstände anlässlich der Vermietung angeschafft. Die Vermietung erfolgt langfristig ohne regelmäßige Vertragspartnerwechsel, was einen geringen Verwaltungsaufwand bedeutet. Auch sollen die Gegenstände nicht verkauft werden. Somit liegt nach der Verkehrsanschauung eine Vermögensverwaltung vor. Daher scheiden Einkünfte aus Gewerbebetrieb aus. Andere Einkunftsarten sind nicht ersichtlich. Insbesondere sind sonstige Einkünfte gegenüber Einkünften aus VuV subsidiär. Somit liegen grundsätzlich inländische Einkünfte aus VuV gem. § 49 Abs. 1 Nr 6 EStG vor. **669**

(4) Betriebsaufspaltung

Die Einkünfte könnten jedoch in gewerbliche Einkünfte umqualifiziert werden, wenn eine Betriebsaufspaltung[32] vorliegt. **670**

(a) Sachliche Verflechtung

Eine Betriebsaufspaltung setzt die Überlassung von wesentlichen Betriebsgrundlagen des Besitzunternehmens an das Betriebsunternehmen voraus (sachliche Verflechtung). Das überlassene Wirtschaftsgut muss ein besonderes wirtschaftliches Gewicht für das Betriebsunternehmen haben, damit es als wesentliche Betriebsgrundlage einzustufen ist[33]. Hier überlässt die GbR einem Ruderverein alle Ruderboote, die dem SMRC zur Verfügung stehen. Damit sind die Ruderboote eine wesentliche Betriebsgrundlage des Vereins. **671**

(b) Personelle Verflechtung

Weitere Voraussetzung ist eine personelle Verflechtung. Dies erfordert, dass in beiden Unternehmen ein einheitlicher Betätigungswille durchgesetzt werden kann. Dafür müssen die Unternehmen von derselben Personengruppe beherrscht werden (einheitlicher Betätigungswille)[34]. Vorliegend sind die Gesellschafter der GbR mit den Mitgliedern des Vereins personenidentisch. Damit können die GbR-Gesellschafter auch als Vereinsmitglieder ihren Willen in beiden Gesellschaften durchsetzen. **672**

---

30 *Bode*, in: Blümich, § 15 EStG Rn 56.
31 *Birk/Desens/Tappe*, Steuerrecht, Rn 713; *Bode*, in: Blümich, § 15 EStG Rn 152.
32 Voraussetzungen Betriebsaufspaltung s. *Birk/Desens/Tappe*, Steuerrecht, Rn 717 ff; **Fall 7**.
33 *Bode*, in: Blümich, § 15 EStG Rn 622.
34 *Bode*, in: Blümich, § 15 EStG Rn 603.

Allerdings darf sich die faktische Gleichheit der Willensdurchsetzung nicht bloß zufällig ergeben. Der Zusammenschluss der Personen muss vielmehr aufgrund eines bestimmten wirtschaftlichen Zwecks erfolgt sein[35]. Zweck des Zusammenschlusses ist es, einen Ruderverein zu gründen. Der Verein besteht unabhängig von den Gründungsmitgliedern und ist auf einen einfachen Mitgliederzuwachs /-wechsel ausgelegt. Bei der GbR ist dies anders. Aus diesen unterschiedlichen gesellschaftsrechtlichen Strukturen des Betriebsunternehmens (SMRC a.s.b.l.) und des Besitzunternehmens (GbR) ergibt sich, dass die a.s.b.l. nicht demselben Betätigungswillen unterliegt wie die GbR. Daher liegt keine Betriebsaufspaltung vor und es bleibt bei der Einstufung als Einkünfte aus Vermietung und Verpachtung.

3. Zwischenergebnis

673 J ist nicht in Deutschland ansässig und erzielt inländische Einkünfte aus Gewerbebetrieb und VuV und ist somit beschränkt steuerpflichtig nach § 1 Abs. 4 EStG.

II. Fiktive unbeschränkte Einkommensteuerpflicht

674 J könnte auch gem. § 1 Abs. 3 EStG *fiktiv unbeschränkt* einkommensteuerpflichtig[36] sein, wenn sie (1.) als natürliche Person keinen inländischen Wohnsitz oder gewöhnlichen Aufenthalt im Inland hat und (2.) einen entsprechenden Antrag stellt. Sie muss dazu (3.) inländische Einkünfte iSd § 49 EStG haben (§ 1 Abs. 3 Satz 1 EStG), die gem. § 1 Abs. 3 Satz 2–4 EStG zu mindestens 90 % der deutschen Einkommensteuer unterliegen. Darüber hinaus muss sie (4.) gem. § 1 Abs. 3 Satz 5 EStG eine Bescheinigung der zuständigen ausländischen Steuerbehörde über die nicht der deutschen Einkommensteuer unterliegenden Einkünfte vorlegen.

1. Vorliegen einer beschränkten Einkommensteuerpflicht (§ 1 Abs. 4 EStG)

675 Wie unter I. geprüft hat J keinen inländischen Wohnsitz oder gewöhnlichen Aufenthalt, erzielt jedoch inländische Einkünfte.

2. Antrag

676 J müsste einen entsprechenden Antrag gestellt haben. J hat nach dem Bearbeiterhinweis alle erforderlichen Anträge gestellt, um eine möglichst niedrige Besteuerung in Deutschland zu erreichen. Zu prüfen ist daher, ob eine fiktive unbeschränkte Einkommensteuerpflicht für J günstiger ist als die ansonsten in Frage kommende beschränkte Steuerpflicht nach § 1 Abs. 4 EStG. Wesentlicher Unterschied zwischen einer (fiktiven) unbeschränkten Steuerpflicht und einer beschränkten Steuerpflicht ist, dass die unbeschränkte Steuerpflicht zur Besteuerung auf das subjektive Nettoprinzip abstellt[37]. Hingegen wird bei der beschränkten Steuerpflicht lediglich auf das objektive Nettoprinzip

35 *Bode*, in: Blümich, § 15 EStG Rn 606.
36 *Birk/Desens/Tappe*, Steuerrecht, Rn 694; **Fall 10**.
37 *Birk/Desens/Tappe*, Steuerrecht, Rn 692.

abgestellt. Dies hat zur Folge, dass bei einer unbeschränkten Steuerpflicht der in den Steuertarif eingearbeitete Grundfreibetrag zum Tragen kommt (§ 32a Abs. 1 Nr 1 EStG). Dieser wird bei der beschränkten Steuerpflicht gem. § 50 Abs. 1 Satz 2 HS 1 EStG wieder hinzugerechnet. Zwar unterwirft § 1 Abs. 3 EStG lediglich die inländischen Einkünfte iSd § 49 EStG der deutschen Einkommensteuer, so dass das Welteinkommensprinzip nicht greift[38]. Nachteilig an der fiktiven unbeschränkten Einkommensteuerpflicht ist jedoch, dass die ausländischen Einkünfte gem. § 32b Abs. 1 Satz 1 Nr 5 EStG dem Progressionsvorbehalt unterliegen. Somit ist die fiktive unbeschränkte Einkommensteuerpflicht für J dann die günstigste Form der Besteuerung, wenn die ausländischen Einkünfte niedriger sind als die Aufwendungen, die J nur im Rahmen einer fiktiven unbeschränkten Einkommensteuerpflicht geltend machen kann und nicht im Rahmen der beschränkten Einkommensteuerpflicht. Das bedeutet: Im Ergebnis müssen die Sonderausgaben, die berücksichtigungsfähigen außergewöhnlichen Belastungen und der Grundfreibetrag zusammen höher sein als die ausländischen Einkünfte.

Ob J überhaupt (erfolgreich) einen Antrag stellen kann und will, setzt daher eine Prüfung der in- bzw ausländischen Einkünfte voraus.

3. Inländische Einkünfte, die der deutschen Einkommensteuer unterliegen

J müsste inländische Einkünfte erzielen, die der deutschen Einkommensteuer unterliegen. **677**

a) Nachhilfe

aa) Art und Ort der Einkünfte

Wie im Rahmen der beschränkten Steuerpflicht geprüft, erzielt J mit der Nachhilfe Einkünfte aus Gewerbebetrieb, die jedoch nicht inländisch sind. **678**

bb) Höhe der Einkünfte

Um das Verhältnis zwischen inländischen und ausländischen Einkünften ermitteln zu können, muss auch die Höhe der *nicht* inländischen Einkünfte ermittelt werden. **679**

J ist nicht zur Buchführung verpflichtet und führt auch nicht freiwillig Bücher, sodass sie ihren Gewinn gem. § 4 Abs. 3 EStG durch Einnahme-Überschussrechnung zu ermitteln hat. Gewinn ist dabei die Differenz zwischen Betriebseinnahmen (§ 4 Abs. 4 EStG e contrario / § 8 Abs. 1 EStG analog) und Betriebsausgaben (§ 4 Abs. 4 EStG).

(1) Betriebseinnahmen

Betriebseinnahmen sind alle Einnahmen, die J aufgrund betrieblicher Veranlassung zugeflossen sind[39]. Für ihre Nachhilfetätigkeit hat J in 03 eine Gesamtvergütung von 10 000 € erhalten, die somit in voller Höhe Betriebseinnahmen sind. **680**

---

38 *Tiede*, in: HHR, § 1 EStG Rn 297.
39 *Birk/Desens/Tappe*, Steuerrecht, Rn 985.

(2) Betriebsausgaben

681 Betriebsausgaben sind Aufwendungen, die durch den Betrieb veranlasst sind (§ 4 Abs. 4 EStG)[40]. Solche Aufwendungen könnten die Zahlungen der J an die Agentur sein. Die Zahlungen iHv monatlich 100 € (1200 € im Jahr) sind Entgelt für die Schülervermittlung und die Unterrichtsmaterialien und damit betrieblich veranlasst.

Auch die Kosten für die Fahrten zu Schülern sind Betriebsausgaben. Da J keine Betriebsstätte bei ihren Schülern unterhält, findet die Entfernungspauschale auf diese Fahrten keine Anwendung. Vielmehr handelt es sich um Reisekosten, die im Grundsatz in unbeschränkter Höhe abzugsfähig sind[41]. Für die Fahrten nutzt J das Semesterticket, welches beim obligatorischen Semesterbeitrag miterworben werden muss. Gem. § 4 Abs. 4 sind Aufwendungen dann als Betriebsausgaben berücksichtigungsfähig, wenn sie betrieblich veranlasst sind. Fraglich ist beim Semesterticket jedoch, ob die Aufwendungen betrieblich veranlasst sind. Die Kosten sind im Semesterbeitrag enthalten. Der Semesterbeitrag ist, wenn J weiter studieren will, verpflichtend. Wird er nicht gezahlt, erfolgt die Exmatrikulation. Eine Option, den Semesterbeitrag ohne Semesterticket zu zahlen, gibt es nicht. Somit besteht ein enger Zusammenhang zwischen Studium und Semesterticket. Es könnte jedoch auch einen Zusammenhang zur Nachhilfetätigkeit der J geben, da J das Semesterticket dafür tatsächlich nutzt. Um einen Veranlassungszusammenhang festzustellen muss die Aufwendung objektiv geeignet und subjektiv dazu bestimmt sein die betriebliche Tätigkeit zu fördern[42]. Mit dem Semesterticket kann J im Trierer Stadtgebiet Bus fahren und ihre Schüler aufsuchen. Damit ist die objektive Geeignetheit gegeben. Da J das Ticket auch tatsächlich nutzt, um zu ihren Schülern zu fahren, ist auch die subjektive Bestimmung gegeben. Dieser Veranlassungszusammenhang könnte allerdings durch den engen Zusammenhang zum Studium überlagert werden. Dadurch, dass die Aufwendungen für das Studium zwingend sind und gerade *keine* Wahlmöglichkeit besteht, das Semesterticket nicht zu buchen, besteht ein überwiegender Veranlassungszusammenhang zwischen Studium und Semesterticket[43]. Die Kosten wären J auch in gleicher Höhe entstanden, wenn sie nicht als Nachhilfelehrerin arbeiten würde. Die Aufwendungen für das Semesterticket können daher nicht als Betriebsausgaben berücksichtigt werden. Kosten für die „mKaart“, die als Betriebsausgabe berücksichtigt werden könnten, sind nicht angefallen.

Somit beläuft sich der Gewinn auf 8800 € im Jahr 03.

b) Ruderbootvermietung

aa) Art und Ort der Einkünfte

682 Wie im Rahmen der beschränkten Steuerpflicht geprüft erzielt J mit der gemeinschaftlichen Ruderbootvermietung inländische Einkünfte aus Vermietung und Verpachtung

40 *Birk/Desens/Tappe*, Steuerrecht, Rn 992.
41 *Birk/Desens/Tappe*, Steuerrecht, Rn 774.
42 *Birk/Desens/Tappe*, Steuerrecht, Rn 992.
43 BFH, III R 38/08; BStBl II 2012, 338.

bb) Höhe der Einkünfte

Es handelt sich um Überschusseinkünfte iSd § 2 Abs. 2 Nr 2 EStG. Der Überschuss ergibt sich aus den Einnahmen (§ 8 Abs. 1 EStG) abzüglich der Werbungskosten (§ 9 EStG). Der J zuzurechnende Überschuss ist zweistufig zu ermitteln: Zunächst auf Ebene der Gesellschaft, dann in einem zweiten Schritt im Wege der Zurechnung an die Gesellschafter (§ 39 Abs. 2 Nr 2 AO)[44]. **683**

(1) Einnahmen

Einnahmen sind die Mieteinnahmen von monatlich 300 € ab August 03, also insgesamt 1500 € (5 Monate × 300 €). **684**

(2) Werbungskosten

Als Werbungskosten kommen die Anschaffungskosten für die Boote und den Anhänger in Betracht. Werbungskosten sind gem. § 9 Abs. 1 Satz 1 EStG alle Aufwendungen, die der Erwerbung, Sicherung, und Erhaltung von Einnahmen dienen. Darunter fallen bei Vermietungseinkünften insbesondere die Anschaffungskosten für das Vermietungsobjekt. Gem. § 9 Abs. 1 Satz 3 Nr 7 EStG finden die AfA-Regelungen Anwendung[45]. Sowohl die Ruderboote als auch der Anhänger übersteigen deutlich die Betragsgrenze für geringwertige Wirtschaftsgüter nach § 6 Abs. 2 EStG. Daher sind sie gem. § 7 Abs. 1 Satz 1 EStG abzusetzen. Der Absetzungszeitraum ist die betriebsgewöhnliche Nutzungsdauer. Bei unterjähriger Anschaffung gilt § 7 Abs. 1 Satz 4 EStG. AfA-Beginn ist der Zeitpunkt der Anschaffung[46]. Dies ist vorliegend der Zeitpunkt des Kaufs, also der 12.7.03. Der Monat der Anschaffung ist mit einzubeziehen. Somit ergibt sich eine AfA für jedes Boot iHv 200 € (6000 € / 15 Jahre × 6/12) und für den Anhänger eine AfA iHv 250 € (3000 € / 6 Jahre × 6/12) in 03. Es sind insgesamt 850 € AfA als Werbungskosten auf Ebene der Gesellschaft zu berücksichtigten. **685**

(3) Gesellschafterbeitrag

Fraglich ist, wie die Investition von 2100 € je Gesellschafter (Gesamthänder) einzuordnen ist. Dabei handelt es sich um Gesellschafterbeiträge. Es wird Kapital aus der privaten Sphäre in die betriebliche Sphäre überführt. Im Fall einer Gewinneinkunftsart wäre dies eine Einlage iSd § 4 Abs. 1 Satz 8 EStG. Für Überschusseinkunftsarten ist nichts Entsprechendes geregelt, insoweit besteht eine Regelungslücke. Für eine analoge Anwendung des § 4 Abs. 1 Satz 8 EStG müsste diese bei gleicher Interessenlage planwidrig sein. Die Einkommenbesteuerung knüpft „planmäßig" an das Leistungsfähigkeitsprinzip an[47], so dass ein gewisser Gleichlauf zwischen Überschuss- und Gewinneinkunftsarten sachgerecht ist. Es spricht daher einiges dafür, Gesellschafterbeiträge an **686**

44 *Birk/Desens/Tappe*, Steuerrecht, Rn 1167; a.A. *Koenig*, in: Koenig AO, § 39 Rn 77.
45 *Birk/Desens/Tappe*, Steuerrecht, Rn 808.
46 *Anzinger*, in: HHR, § 7 EStG Rn 160.
47 *Birk/Desens/Tappe*, Steuerrecht, Rn 587.

vermögensverwaltende Personengesellschaften nicht anders zu behandeln als Gesellschafterbeiträge an gewerbliche Personengesellschaften. Umstände dafür, dass eine Gleichbehandlung vom Gesetzgeber bewusst unterlassen wurde, sind nicht ersichtlich; die Regelungslücke ist planwidrig. Daher ist § 4 Abs. 1 Satz 8 EStG analog anzuwenden. Der Gesellschafterbeitrag darf den Überschuss der Gesellschaft nicht erhöhen. Auch darf der Gesellschafterbeitrag den J zugerechneten Anteil am Überschuss nicht als „Sonderwerbungskosten" mindern.

Somit ergibt sich ein Überschuss auf Gesellschaftsebene iHv 650 € (1500 € ./. 850 €), der auf die insgesamt zehn Gesellschafter zu verteilen ist. Die Gesellschafter teilen nach Köpfen, sodass sich für jeden Gesellschafter, auch J, ein Überschussanteil iHv 65 € ergibt. J hat folglich in 03 Einkünfte aus VuV iHv 65 € erzielt.

cc) Steuerfreiheit nach DBA

687 Die Einkünfte aus VuV könnten nach Art. 23A DBA D-Lux in Deutschland steuerfrei sein und damit nicht der deutschen Einkommensteuer unterliegen.

(1) Vorliegen einer Doppelbesteuerung

688 Zunächst müsste ein Fall der Doppelbesteuerung vorliegen. In Luxemburg ist J aufgrund ihres luxemburgischen Wohnsitzes gem. § 1 Abs. 1 Satz 1 luxEStG (vgl Bearbeiterhinweis) persönlich unbeschränkt einkommensteuerpflichtig. Nach dem Welteinkommensprinzip[48] sind auch im Ausland (hier: Deutschland) erzielte Einkünfte steuerpflichtig, wenn sie unter eine Einkunftsart fallen. Vorliegend greift die sachliche Steuerpflicht für VuV nach § 21 Abs. 1 Nr 2 luxEStG. Somit liegt eine Doppelbesteuerung vor.

(2) Persönliche und sachliche Abkommensberechtigung

689 Zunächst müsste J persönlich abkommensberechtigt sein. Gem. Art. 1 DBA D-Lux sind Personen, die in einem der Vertragsstaaten ansässig sind, persönlich abkommensberechtigt. J ist als natürliche Person eine Person iSd Abkommens (Art. 3 Abs. 1 Nr 1 DBA D-Lux). Gem. Art. 4 Abs. 1 Satz 1 DBA D-Lux ist für die Ansässigkeit der Wohnsitz maßgeblich. J hat ihren Wohnsitz in Junglinster (Luxemburg) und ist damit persönlich abkommensberechtigt. Art. 1 Abs. 2 DBA D-Lux steht der Abkommensberechtigung der J hinsichtlich ihrer Beteiligung an der Vermietungs-GbR nicht entgegen[49]. Auch die sachliche Abkommensberechtigung ist gegeben.

(3) Einkünftequalifizierung nach DBA

690 Es ist eine abkommensautonome Einkünftequalifizierung vorzunehmen. Bei den Ruderbooten und dem Anhänger handelt es sich um bewegliches Vermögen, sodass keine Einkünfte aus unbeweglichem Vermögen (Art. 6 iVm Art. 22 Abs. 1 DBA D-Lux) vorliegen.

---

48 *Birk/Desens/Tappe*, Steuerrecht, Rn 1450.
49 *Wassermeyer/Nehls*, in: Vogel/Lehner DBA, Art. 1 Rn 70c.

Es könnte sich bei der Vermietung jedoch um Unternehmensgewinne iSd Art. 7 DBA D-Lux handeln. Gem. Art. 3 Abs. 1 lit. c DBA D-Lux bezieht sich der Ausdruck „Unternehmen" auf die Ausübung von Geschäftstätigkeit. „Geschäftstätigkeit" schließt auch freiberufliche und oder selbstständige Tätigkeiten mit ein (Art. 3 Abs. 1 lit. h DBA D-Lux). Dies ermöglicht jedoch noch keine Definition von „Geschäftstätigkeit" oder „Unternehmen"[50]. Somit ist gem. Art. 3 Abs. 2 DBA D-Lux aus deutscher Perspektive das deutsche Verständnis zu Grunde zu legen[51]. Demnach umfasst der Begriff „Unternehmen" Tätigkeiten, die sich unter § 15 Abs. 2 EStG subsumieren lassen. Im vorliegenden Fall handelt es sich jedoch um eine reine Vermögensverwaltung, die gerade nicht gewerblich ist, sodass § 15 Abs. 2 EStG nicht einschlägig ist. In der Folge liegt auch kein Unternehmen iSd DBA D-Lux vor. Dementsprechend ist Art. 7 DBA D-Lux nicht anzuwenden.

Es greift daher Art. 21 Abs. 1 DBA D-Lux, der dem Ansässigkeitsstaat das Besteuerungsrecht zuweist. Folglich hat Luxemburg das Besteuerungsrecht, Deutschland hat die Einkünfte gem. Art. 23A DBA D-Lux steuerfrei zu stellen.

Somit sind Js inländische Einkünfte in voller Höhe steuerfrei und unterliegen damit nicht der deutschen Einkommensteuer[52].

Damit unterliegen wiederum nicht 90 % von Js gesamten Einkünfte der deutschen Einkommensteuer. Folglich kann J nicht die fiktive unbeschränkte Einkommensteuerpflicht in Anspruch nehmen und wird den Antrag auch nicht stellen.

J bleibt mit ihren inländischen Einkünften aus VuV in Deutschland beschränkt steuerpflichtig iSd § 1 Abs. 4 EStG.

c) Verhältnis von inländischen zu ausländischen Einkünften

J hat inländische Einkünfte, die jedoch nicht der deutschen Einkommensteuer unterliegen und ausländische Einkünfte. Somit ist das Verhältnis mit 90 % Einkünften, die der deutschen Einkommensteuer unterliegen nicht gewahrt. **691**

d) Zwischenergebnis

Da das Verhältnis von inländischen zu ausländischen Einkünften nicht den Voraussetzungen des § 1 Abs. 3 EStG entspricht, kann J nicht die fiktive unbeschränkte Einkommensteuerpflicht wählen. **692**

B. Sachliche Steuerpflicht

J erzielt, wie bereits im Rahmen der persönlichen Steuerpflicht geprüft, inländische Einkünfte aus Vermietung und Verpachtung iHv 65 €, die jedoch gem. DBA D-Lux in Deutschland steuerfrei sind. **693**

---

50 *Dürrschmidt*, in: Vogel/Lehner DBA, Art. 3 Rn 40.
51 *Dürrschmidt*, in: Vogel/Lehner DBA, Art. 3 Rn 41.
52 *Birk/Desens/Tappe*, Steuerrecht, Rn 1473; *Tiede*, in: HHR, § 1 EStG Rn 278.

C. Sonderausgaben und zu versteuerndes Einkommen

694 Gem. § 50 Abs. 1 Satz 3 EStG kann J keine Sonderausgaben, wie beispielsweise die Kosten für ihr in Trier betriebenes Studium nach § 10 Abs. 1 Nr 7 EStG oder die Mitgliedsbeiträge an den SMRC a.s.b.l. geltend machen. Somit beläuft sich der Gesamtbetrag der Einkünfte (§ 2 Abs. 3 EStG), der mangels etwaiger Kinderfreibeträge oder anderer Entlastungsbeträge zugleich auch das Einkommen (§ 2 Abs. 4 EStG) und das zu versteuernde Einkommen (§ 2 Abs. 5 EStG) ist, auf 0 €.

D. Progressionsvorbehalt

695 Die Einkünfte aus der VuV unterliegen gem. § 32b Abs. 1 Nr 3 EStG dem Progressionsvorbehalt, was jedoch bei einer Bemessungsgrundlage von 0 € zu keiner Mehrsteuer führt.

Frage 3: Umsatzsteuerbarkeit der Mitgliedschaft

696 Ein steuerbarer Umsatz liegt vor, wenn ein Unternehmer im Rahmen seines Unternehmens eine Lieferung oder sonstige Leistung im Inland gegen Entgelt erbringt (§ 1 Abs. 1 Nr 1 UStG).

Der SMRC a.s.b.l. ist Unternehmer iSd § 2 Abs. 1 Satz 1 UStG.

Es kommt eine sonstige Leistung (§ 3 Abs. 9 UStG) in Betracht. Eine sonstige Leistung kann durch Tun, Dulden oder Unterlassen erbracht werden (§ 3 Abs. 9 Satz 2 UStG). Wesentlich ist, dass der Leistungsempfänger einen verbrauchbaren Vorteil erhält.[53] Durch die Mitgliedschaft im SMRC a.s.b.l. kann jedes Mitglied mit den anderen Mitgliedern Rudersport betreiben. Damit erhält jedes Mitglied ein verbrauchbares Gut (Sportinfrastruktur inklusive Sportgeräte).

Gemeinsames Rudern ist indes der satzungsgemäße Zweck, so dass es an einem Leistungsaustausch mit dem einzelnen Mitglied fehlen könnte.[54] Maßgeblich ist hier ein Rechtsverhältnis zwischen Leistungserbringer und Leistungsempfänger, in dessen Rahmen die Leistungen (Dienstleistung und Geld) ausgetauscht werden, wobei die Vergütung den tatsächlichen Gegenwert bildet[55]. Das Rechtsverhältnis zwischen Mitglied und Club ist das Mitgliedschaftsverhältnis. Es regelt, welche Beiträge das Mitglied zu erbringen hat und welche Rechte das Mitglied gegenüber dem Verein hat, insbesondere welche Vorteile es aus der Vereinsmitgliedschaft zu erwarten hat. Der Club erfüllt zugleich seinen Satzungszweck und seine Verpflichtungen aus dem jeweiligen Mitgliedschaftsverhältnis. Vorliegend stellt der SMRC a.s.b.l. seinen Mitgliedern Ruderboote und damit die Infrastruktur für den Sport zur Verfügung, für die die Mitglieder einen Pauschalbetrag entrichten. Eine Pauschalvergütung steht der Konkretheit des Lei-

53 *Birk/Desens/Tappe*, Steuerrecht, Rn 1677; *Nieskens*, in: Rau/Dürrwächter UStG, § 1, Rn 425.
54 UStAE 1.4 Abs. 1.
55 EuGH, C-16/93 *(Tolsma)*, NJW 1994, 1941.

stungsaustauschs nicht entgegen.[56] Darauf, dass der SMRC gegenüber dem einzelnen Mitglied gezielte Leistungen erbringt kommt es nicht an[57]. Damit liegt ein Leistungsaustausch und in der Folge eine sonstige Leistung iSd § 3 Abs. 9 UStG vor.

Der Umsatzort liegt im Inland.

Der Umsatz müsste im Rahmen des Unternehmens des SMRC a.s.b.l. ausgeführt werden. Leistungen, die aufgrund der Mitgliedschaftsverhältnisses erbracht werden, fallen zweifellos in den Rahmen des Unternehmens des Vereins.

Entgelt ist der Mitgliedsbeitrag iHv 35 € monatlich.

Damit liegt ein steuerbarer Umsatz iSd § 1 Abs. 1 Nr 1 UStG vor.

Zur Wiederholung

Übersicht 11.1: Typenvergleich

I. Anwendungsbereich: 697
- Gesellschaften und Rechtsgebilde nach ausländischen Recht

II. Ziel:
- Es soll geklärt werden, ob die ausländische Gesellschaft eher dem Typus einer deutschen Personengesellschaft oder eher dem Typus einer deutschen juristischen Person entspricht
- Anhand dieses Abgleichs ist die ausländische Gesellschaft entweder Körperschaftsteuersubjekt (§ 1 KStG) oder transparent zu behandeln und die Einkünfte den Gesellschaftern zuzurechnen (§ 15 I Nr. 2 EStG, § 39 II Nr. 2 AO)

III. Vorgehen:
- Ermittlung der nach ausländischen Recht gegebenen gesellschaftsrechtlichen Eigenschaften
- Abgleich mit den deutschen Gesellschaftsformen und deren gesellschaftsrechtlichen Eigenschaften
- Das Besteuerungsregime für den deutschen Rechtsformtypus, dem die ausländische Gesellschaft am ehesten entspricht, ist auf die ausländische Gesellschaft anzuwenden

IV. Wesentliche Kriterien:
- Geschäftsführung (Eigen- oder Fremdorganschaft)
- Vertretungsbefugnis
- Haftung der Gesellschafter
- Übertragbarkeit der Anteile
- Gewinnverteilung
- Abgrenzung der Vermögensphären?
- Mindestkapital erforderlich?
- Rechtspersönlichkeit

56 EuGH, C-174/00 (*Kennemer Golf*), EuZW 2002, 305.
57 EuGH, C-174/00 (*Kennemer Golf*), EuZW 2002, 305; aA UStAE 1.4.

Übersicht 11.2: Persönliche Einkommensteuerpflicht

698 **I. Unbeschränkte Einkommensteuerpflicht (§ 1 I 1 EStG)**
- natürliche Person
- Wohnsitz (§ 9 AO) *oder* gewöhnlicher Aufenthalt (§ 10 AO)
- im Inland (§ 1 I 2 EStG)

II. Beschränkte Einkommensteuerpflicht (§ 1 IV EStG)
- natürliche Person
- ohne inländischen Wohnsitz oder gewöhnlichen Aufenthalt
- inländische Einkünfte iSd § 49 EStG

III. Fiktiv unbeschränkte Einkommensteuerpflicht (§ 1 III EStG)
- natürliche Person
- ohne inländischen Wohnsitz oder gewöhnlichen Aufenthalt
- inländische Einkünfte iSd § 49 EStG
- 90 % der Einkünfte unterliegen der deutschen ESt (einschließlich der inländischen aber nach DBA steuerfreien Einkünfte)
- Antrag
- Nachweis der nicht der deutschen ESt unterliegenden Einkünfte durch eine Bescheinigung der zuständigen ausländischen Steuerbehörde

Übersicht 11.3: Abgrenzung Einkünfte Gewerbebetrieb (§ 15 EStG) – Einkünfte aus selbständiger Arbeit (§ 18 Abs.1 Nr 1 EStG)

699 **I. Verhältnis**
- Negativabgrenzung: werden mit einer Tätigkeit Einkünfte aus selbständiger Arbeit erzielt, scheiden Einkünfte aus Gewerbebetrieb aus (§ 15 II 1 EStG aE)

II. Gemeinsamkeiten (vgl 15 II EStG)
- nachhaltige Betätigung
- selbständige Betätigung
- Gewinnerzielungsabsicht
- Beteiligung am allgemeinen wirtschaftlichen Verkehr
- keine Land- und Forstwirtschaft
- keine Vermögensverwaltung

III. Unterschiede
- Katalogberufe (§ 18 I Nr 1 2 EStG) → Einkünfte aus selbständiger Arbeit
- wissenschaftliche, künstlerische, unterrichtende oder erzieherische Tätigkeit → Einkünfte aus selbständiger Arbeit
- unterrichtende Tätigkeit muss auf akademischen Niveau sein (s.o. und Fall 5)
- enthält eine Tätigkeit sowohl freiberuflich als auch gewerbliche Elemente kommt die Abfärbetheorie (§ 15 III Nr 1 EStG) analog zur Anwendung

– Grenzen: – gewerbliche Einnahmen von mehr als 24 500 € sind schädlich *oder*
– die gewerblichen Einnahmen machen mehr als 3 % vom Umsatz aus

→ sind diese Grenzen überschritten, ist die gesamte Tätigkeit eine gewerbliche Tätigkeit

Übersicht 11.4: Besteuerung von vermögensverwaltenden Personengesellschaften

→ Besteuert wird nicht *„die"* Personengesellschaft, sondern die Gesellschaft*er* (**Transparenz der Personengesellschaft**, dh unmittelbare Zurechnung des Überschusses an die Gesellschafter, vgl § 39 II Nr 2 AO; anders bei USt: dort ist *die Gesellschaft* selbst Steuersubjekt (§ 2 UStG) 700

→ **aber:** *Gesellschaft* ist *Subjekt der Überschusserzielung und Überschussermittlung* (bedeutsam für Beurteilung der Einkünfteerzielungsabsicht, der Zuordnung der Einkünfte zu einer bestimmten Einkunftsart usw)

- Einkünfte der Gesellschafter (einschließlich der Sondervergütungen) werden gem. § 179 II, § 180 I Nr 2 lit. a AO **gesondert und einheitlich festgestellt**
  - Feststellungsbescheid ist **Grundlagenbescheid** für die Einkommensbesteuerung der Gesellschafter (§ 182 I, § 171 X Satz 1 AO).
  - Durch Einspruch gegen **Folgebescheid** (den an einen Gesellschafter gerichteten Einkommensteuerbescheid) können im Grundlagenbescheid festgestellte Besteuerungsgrundlagen (Gewinn der Gesellschaft, Höhe der Sondervergütungen für Gesellschafter) nicht mehr angegriffen werden, § 351 II AO.

Übersicht 11.5: Lieferung (§ 3 Abs. 1 UStG) und sonstige Leistung (§ 3 Abs. 9 UStG)

I. Verhältnis 701

- Negativabgrenzung: ein Leistungsaustausch, der keine Lieferung ist, ist eine sonstige Leistung

II. Lieferung

- Gegenstand (idR eine Sache iSd § 90 BGB, aber auch Elektrizität, Gas, Wärme und Kälte (vgl 3g UStG)
- Verschaffung der Verfügungsmacht über diesen Gegenstand = Erwerber kann wie ein Eigentümer über den Gegenstand verfügen [kein zivilrechtliches Eigentum (§ 903 BGB) oder wirtschaftliches Eigentum (§ 39 II Nr 1 AO) erforderlich]

III. sonstige Leistung

- jeder Leistungsaustausch, der keine Lieferung ist
- Rechtsverhältnis, in dessen Rahmen der Leistungsaustausch erfolgt, erforderlich
- Verschaffung eines verbrauchbaren Vorteils vom Leistungserbringer an den Leistungsempfänger
- Entgelt muss die Gegenleistung darstellen (unmittelbarer, aber kein synallagmatischer Zusammenhang erforderlich)

Fall 12

Der wackere Bäckermeister

Schwerpunkt: **Umsatzsteuerrecht:** Entgelt von dritter Seite (LB § 10 Rn 1682); Leistungsbegriff (LB § 10 Rn 1677–1681); Abgrenzung zu nichtsteuerbarem Schadensersatz (LB § 10 Rn 1685); Verzicht auf Vertragsdurchführung als Leistung.

Schwierigkeitsgrad: eher hoch, Bearbeitungszeit: 3 Stunden

702 Bäckermeister B hat einen Bäckereibetrieb mit zwei Filialen.

1. B zieht im Mai 02 einen Großauftrag an Land. Er soll diverse Kantinen mit Backwaren im Wert von 107 000 € beliefern. Da sein Vertragspartner aber eine GmbH ist, schließt B vorsichtshalber eine Versicherung gegen einen eventuellen Forderungsausfall ab. Nachdem er die Waren am 15.5.02 ausgeliefert hat, erhält er von der in Zahlungsschwierigkeiten geratenen GmbH nur noch 10 700 €. Ende Juni wird das Insolvenzverfahren eröffnet, bei dem B leer ausgeht. Zu seinem Glück greift aber die Versicherung ein und zahlt am 1.10.02 den noch offenen Betrag iHv 96 300 € an B aus. Einen Antrag nach § 20 UStG hat B nicht gestellt. Der Voranmeldungszeitraum ist der Kalendermonat.

Aufgabe 1: Wie hoch ist die endgültige Umsatzsteuerschuld des B?

2. B erhält eines Tages vom Kunden K Besuch, der Brotwaren zum Preis von 10,70 € kauft. Zur gleichen Zeit stiehlt D in der anderen Filiale Backwaren, die ansonsten für 10,70 € verkauft würden, und verzehrt sie. B beauftragt seinen Rechtsanwalt R mit der Geltendmachung von Schadensersatz iHv 10,70 €. D hält diesen für zu hoch und will nur 10 € zahlen.

Aufgabe 2: In welcher Höhe kann B Schadensersatz verlangen?

3. B hatte sich in 01 eine Teigknetmaschine von dem befreundeten Bäcker V für 100 € im Monat und einen Zeitraum von drei Jahren gemietet. Da die Geschäfte des V wider Erwarten besser laufen, benötigt dieser seine Teigknetmaschine vorzeitig zurück. Nachdem V dem B eine „Entschädigung" von „500 € zzgl. ggf anfallender Umsatzsteuer" anbietet, verzichtet B auf die weitere Vertragsdurchführung und gibt die Maschine an V zurück.

Aufgabe 3: Wie hoch ist die „Entschädigung", die B von V zu erhalten hat?

Vorüberlegungen

Der Klausur liegen Grundprobleme des Umsatzsteuerrechts zugrunde, die bislang selbst in der Rspr noch nicht endgültig dogmatisch durchdrungen sind. **703**

So ist im ersten Teil zwischen der Zahlung von Geld durch einen Dritten für eine Leistung (sog. Leistungsaustausch) eines anderen und der Zahlung für keine Leistung (umsatzsteuerrechtlich irrelevante Geldzahlung) zu unterscheiden.

Im zweiten Teil ist eine der grundlegenden Fragen des Umsatzsteuerrechtes zu bearbeiten, nämlich die genaue Bestimmung des Leistungsbegriffs anhand von Schadensersatzleistungen. Die hM geht hier von einer Nichtsteuerbarkeit aus. Legt man den umsatzsteuerrechtlichen Leistungsbegriff jedoch im Rahmen einer teleologischen Auslegung iSd Belastungsgrundes der Umsatzsteuer aus, die als indirekte Verbrauchsteuer gerade den Endverbraucher belasten will, kann hier ebenso überzeugend gegen die hM argumentiert werden. Wenn man die entgegenstehende hM kennt, gehört zu einer solchen Argumentation durchaus Mut. Oftmals ist es aber so, dass man diese gar nicht kennt. Hier muss der Klausurschreiber anhand des Gesetzes unter Heranziehung anerkannter Auslegungsmethoden (Wortlaut, Historie, Systematik, Sinn und Zweck) argumentieren. Ist eine solche Argumentation dann schlüssig und setzt sich auch mit erdachten Gegenauffassungen auseinander, wird die Klausur oftmals besser als bei einer stumpfen Wiedergabe der sog. hM. **704**

Auch die Frage nach der Umsatzsteuerpflicht von Verzichtsleistungen im dritten Teil ist innerhalb des Schrifttums und der Rspr (noch) nicht abschließend geklärt. Hier gilt es zu erkennen, dass im Umsatzsteuerrecht zwischen der umsatzsteuerrechtlich relevanten Geldzahlung für eine Leistung und der umsatzsteuerrechtlich irrelevanten Geldzahlung für eine Nichtleistung zu trennen ist, selbst wenn beide Zahlungen aufgrund eines gegenseitigen (zivilrechtlichen) Vertrages erfolgen. **705**

Gliederung

706 **Aufgabe 1: Forderungsausfallversicherung**

I. Uneinbringlichkeit der Gegenleistung
II. Nachträgliche Vereinnahmung der Gegenleistung
III. Ergebnis

Aufgabe 2: Höhe des Schadensersatzes

I. Grundsatz der Naturalrestitution
II. Vorliegen eines steuerbaren Umsatzes
1. Vorliegen einer Leistung iSd UStG
   a) Notwendigkeit eines Leistungswillens?
      aa) Belastungsgrund der Umsatzsteuer
      bb) Definition des Leistungsbegriffs
   b) Folgerungen
2. Leistung gegen Entgelt

III. Ergebnis

Aufgabe 3: Vertragsauflösung

I. Allgemeines
II. Umsatzsteuerrechtliche Behandlung des Verzichts des zur Sachleistung Verpflichteten
III. Umsatzsteuerrechtliche Behandlung des Verzichts des zur Sachleistung Berechtigten
1. Verschaffung der Vertragsfreiheit?
2. Verschaffung der Nutzungsmöglichkeit

IV. Ergebnis

Musterlösung

Aufgabe 1: Forderungsausfallversicherung

Gefragt ist nach der Höhe der von B geschuldeten Umsatzsteuer. Dies setzt zunächst einen steuerbaren und steuerpflichtigen Umsatz gem. § 1 Abs. 1 Nr 1 Satz 1, § 3 UStG voraus. Ein solcher liegt mit der Lieferung der Backwaren vor. Die Steuer entsteht außerhalb der Ausnahme des § 20 UStG gem. § 13 Abs. 1 Nr 1 lit. a iVm § 16 Abs. 1 Satz 1 UStG mit Ablauf des Voranmeldungszeitraumes, in dem die Leistung ausgeführt worden ist (sog. Soll-Versteuerung). Damit ist die Steuer mit Ablauf des Monats Mai 02 entstanden. Gem. § 12 Abs. 1 UStG beträgt die Höhe der Steuer grds 19 % der Bemessungsgrundlage iSd § 10 UStG. Gem. § 12 Abs. 2 Nr 1 UStG iVm Anlage 2 Nr 31 ermäßigt sich die Steuer auf 7 % der Bemessungsgrundlage. Gem. § 16 UStG ist außerhalb des Anwendungsbereiches des § 20 UStG dafür das vereinbarte Entgelt (gemeint ist die Gegenleistung), hier die 107 000 € maßgebend. B schuldete (§ 13a Abs. 1 Nr 1 UStG) damit zunächst 7000 €. 707

I. Uneinbringlichkeit der Gegenleistung

Allerdings hat B von der GmbH nur 10 700 € der gesamten Forderung erhalten. Gem. § 17 Abs. 2 Nr 1 Satz 1 iVm § 17 Abs. 1 Satz 1, 8 UStG könnte der geschuldete Steuerbetrag zu berichtigen sein. Dies setzt voraus, dass die Forderung uneinbringlich geworden ist. 708

Uneinbringlichkeit liegt grds erst dann vor, wenn bei objektiver Betrachtung feststeht, dass die Forderung rechtlich (zB aufgrund einer Insolvenzeröffnung) oder tatsächlich nicht durchsetzbar ist[1]. Da die Eröffnung des Insolvenzverfahrens im Juni 02 erfolgte, war die Steuerschuld des B spätestens für Juni auf 700 € wegen Uneinbringlichkeit der Restforderung zu berichtigen. 709

II. Nachträgliche Vereinnahmung der Gegenleistung

Fraglich ist aber, ob aufgrund der Versicherungszahlung nicht eine nachträgliche Vereinnahmung iSv § 17 Abs. 2 Nr 1 Satz 2 UStG vorliegt, so dass der Steuerbetrag erneut zu berichtigen wäre. Dies setzt voraus, dass die Zahlung der Versicherung ein „Entgelt" für die Backwarenlieferung darstellt. Nach § 10 Abs. 1 Satz 2 UStG ist Entgelt alles, was den Wert der Gegenleistung bildet, die der leistende Unternehmer vom Leistungsempfänger oder von einem anderen als dem Leistungsempfänger für die Leistung erhält oder erhalten soll, einschließlich der unmittelbar mit dem Preis diese Umsätze zusammenhängenden Subventionen, jedoch abzüglich der für die Leistung gesetzlich geschuldeten Umsatzsteuer. Leistungsempfänger, also Empfänger des verbrauchbaren Nutzens in Form der Backwaren war die GmbH. Diese hat aber lediglich 10 700 € aufgewandt. 710

---

1 BFH, V R 59/79, BStBl II 1987, 226; V R 36/01, BFH/NV 2003, 667; V R 21/04, BFH/NV 2005, 928; *Ruppe/Achatz*, öUStG, 5. Aufl 2018, § 16 Rn 76 („Uneinbringlichkeit feststeht"); aA *Stadie*, UStG, § 17 Rn 52-53: Uneinbringlichkeit bei Nichtzahlung der Gegenleistung im Moment der Fälligkeit der Steuer (= zehn Tage nach Entstehung); vgl auch Art. 90 MwStSystRL.

In Betracht kommt hier als Entgelt die Zahlung der Versicherung iHv 96 300 € als eine „von einem anderen als dem Leistungsempfänger" getätigte Zahlung.

711 Problematisch ist aber, ob die Versicherung die Zahlung „für die Leistung" erbracht hat. § 10 Abs. 1 Satz 2 UStG ist grds für die Fälle konzipiert, in denen ein Dritter Geld an den Leistenden zahlt, damit oder weil der Leistungsempfänger in den Genuss der Leistung kommt bzw gekommen ist. Es soll nach der Intention des Gesetzes keinen Unterschied machen, ob nur der Leistungsempfänger oder ein anderer die in Geld bestehende Gegenleistung aufwendet. § 10 Abs. 1 Satz 2 UStG setzt einen Zusammenhang mit der Leistung voraus[2].

712 Hier zahlt die Versicherung aber nicht, damit oder weil die GmbH die Backwaren erhält bzw erhalten hat[3], sondern weil die GmbH nicht gezahlt hat und deshalb der Versicherungsfall eingetreten ist. Folglich erfolgt die Zahlung allein, um einer eigenen Verpflichtung gegenüber B Genüge zu tun (keine Zahlungsidentität). Eine Begünstigung der GmbH wird mit der Zahlung nicht erreicht. Insb ist ein eigenes Interesse der Versicherung am Leistungsgegenstand (Backwaren) nicht ersichtlich. Damit liegt keine Zahlung eines Dritten für die Leistung vor, so dass die Bemessungsgrundlage für die Lieferung der Backwaren davon nicht berührt wird.

III. Ergebnis

713 Daher bleibt es bei dem durch die GmbH aufgewendeten Betrag von 10 700 €. Davon ist die darin enthaltene Umsatzsteuer iHv 7/107 von 10 700 € und damit 700 € abzuziehen, so dass die Bemessungsgrundlage 10 000 € beträgt. Die Umsatzsteuerschuld des B (§ 13a Abs. 1 Nr 1 UStG) beträgt dann 7 % von 10 000 € und damit 700 €.

Aufgabe 2: Höhe des Schadensersatzes

I. Grundsatz der Naturalrestitution

714 Fraglich ist, in welcher Höhe B Schadensersatz von D verlangen kann. Nach § 823 Abs. 1, Abs. 2 BGB iVm § 242 Abs. 1 StGB hat D den Schaden zu ersetzen, der B entstanden ist. Laut § 249 Abs. 1 BGB hat D dabei den Zustand wiederherzustellen, der bestehen würde, wenn der zum Ersatz verpflichtende Umstand nicht eingetreten wäre (grds durch Naturalrestitution). Da eine Wiederherstellung der Backwaren nicht möglich ist, hat D den B gem. § 251 Abs. 1 BGB in Geld zu entschädigen. Folglich ist der Wert der Backwaren zu ersetzen. Fraglich ist, ob dabei der Verkaufspreis iHv 10,70 € oder der sog. Nettowert von 10 € maßgebend ist. Dies ist davon abhängig, ob B von dem Schadensersatz noch Umsatzsteuer abführen müsste, mithin ob der Schadensersatz ein Entgelt im Rahmen eines steuerpflichtigen Umsatzes darstellt.

2 Vgl *Stapperfend*, in: Rau/Dürrwächter, UStG, § 10 Rn 141; *Korn*, in: Bunjes, UStG, 20. Aufl 2021 § 10 Rn 9.

3 Dies wäre zB der Fall, wenn die GmbH für den Backwarentransfer ein Darlehen bei der Versicherung aufgenommen hätte und die Versicherung den Darlehensbetrag gleich an B weitergeleitet hätte.

II. Vorliegen eines steuerbaren Umsatzes

Dies setzt voraus, dass gem. § 1 Abs. 1 Nr 1 Satz 1 UStG eine Leistung eines Unternehmers gegen Entgelt im Inland vorliegt. Das Merkmal „im Inland" läge unabhängig von der Frage vor, ob eine Lieferung oder sonstige Leistung gegeben ist (vgl § 3 Abs. 6 Satz 1, § 3a UStG). B ist als Bäckermeister auch Unternehmer gem. § 2 UStG. Fraglich ist aber, ob mit der Wegnahme und der Zahlung von Schadensersatz eine Leistung gegen Entgelt gegeben ist. **715**

1. Vorliegen einer Leistung iSd Umsatzsteuergesetzes

Ob eine Leistung iSd UStG vorliegt, ist von der Definition des Leistungsbegriffs abhängig. Das UStG erläutert zwar die Begriffe der Lieferung (§ 3 Abs. 1 UStG) und der sonstigen Leistung (§ 3 Abs. 9 UStG). Den dabei vorausgesetzten Oberbegriff der Leistung beschreibt es aber nicht. **716**

a) Notwendigkeit eines Leistungswillens?

Allerdings spricht § 1 Abs. 1 Nr 1 Satz 1 UStG von Umsätzen, die der Unternehmer ausführt. Fraglich ist, ob ein „Ausführen" durch den Unternehmer auch dann vorliegt, wenn sich der Endverbraucher selbst – ohne oder sogar gegen den Willen des Unternehmers – den verbrauchbaren Nutzen verschafft. **717**

Während es auf die Freiwilligkeit schon wegen § 1 Abs. 1 Nr 1 Satz 2 UStG nicht ankommen kann, schließen die Rspr[4] und die hM[5] aus der Verwendung der Begriffe „ausführen" und „Leistung", dass für die Bejahung einer Leistung iSv § 1 UStG ein Wille des Leistenden notwendig sei. Schon der Leistungsbegriff selbst impliziere ein Verhalten, das vom Entschluss des Leistenden gedeckt sei. Daher liege keine Leistung bei Vermögenseinbußen vor, die ohne Kenntnis oder gegen den Willen erfolgten[6]. Die Notwendigkeit eines Leistungswillens wird vor allem bei der Behandlung von Schadensersatzzahlungen behauptet und verteidigt. Da ein Schaden gegen den Willen des Geschädigten erfolge, habe dieser das geschädigte Verbrauchsgut nicht geleistet[7]. **718**

Die Gegenauffassung[8] verneint wegen der Belastungsentscheidung der Umsatzsteuer als allgemeine Verbrauchsteuer, den Endverbrauch zu besteuern, die Notwendigkeit eines Leistungswillens. Für die notwendige Auslegung stellt sich daher die Frage, wie der Leistungsbegriff im Umsatzsteuerrecht auszulegen ist, was im Rahmen einer teleologischen Auslegung vom Belastungsgrund der Umsatzsteuer abhängt. **719**

---

4 BFH, XI R 66/07, BFH/NV 2009, 616; V R 20/91, BStBl II 1994, 54 (55); V R 129/75, BStBl II 1987, 465 (467).

5 *Beiser*, ÖStZ 2007, 297 (298); *Giesberts*, UR 1976, 61 (69); *Nieskens*, in: Rau/Dürrwächter, UStG, § 1 Rn 436 ff; *Ruppe/Achatz*, öUStG, 5. Aufl 2018, § 1 Rn 20; *Jakob*, Umsatzsteuer, Rn 183.

6 So ausdrücklich *Ruppe/Achatz*, öUStG, 5. Aufl 2018, § 1 Rn 20; *Nieskens*, in: Rau/Dürrwächter, UStG, § 1 Rn 437.

7 *Giesberts*, UR 1976, 61 (69); *Nieskens*, in: Rau/Dürrwächter, UStG, § 1 Rn 436 ff; *Kirchhof*, Bundessteuergesetzbuch, 2011, § 101 Rn 38.

8 *Stadie*, UStG, § 1 Rn 44 ff; *Hummel*, UR 2008, 569 (572).

aa) Belastungsgrund der Umsatzsteuer

720 Das UStG knüpft an die Umsätze des Unternehmers (§ 1 UStG, § 13 Abs. 1 UStG) an, die idR auf vertraglichen Leistungsbeziehungen beruhen. Einigkeit besteht aber, dass nicht der Unternehmer, sondern der Verbraucher besteuert werden soll. Umstritten ist nun, welche der beiden Aspekte den Belastungsgrund der Umsatzsteuer bestimmen.

721 Die Verfechter des Verkehrsteuergedankens[9] stellen darauf ab, dass die verfahrensrechtliche Ausgestaltung auch den Belastungsgrund der Umsatzsteuer prägt. Die Vornahme eines Verkehrsaktes in Form der Ausführung eines synallagmatischen Vertrages manifestiere den Typus der Einkommensverwendung, den der Gesetzgeber besteuern will. Für eine zivilrechtliche bzw verkehrsteuerrechtliche Auslegung spräche auch die Nähe des Leistungsbegriffs in § 1 Abs. 1 Nr 1 UStG zu dem des § 241 BGB.

722 Dagegen führen die Anhänger des Verbrauchsteuergedankens[10] an, dass die technische Anknüpfung an die Umsätze des Unternehmers ebenso wenig maßgebend sei, wie die Verwendung identischer Begriffe in unterschiedlichen Rechtsgebieten.

723 Dieser Ansicht ist zuzustimmen. Der Belastungsgrund kann sich nur aus der wirtschaftlichen Wirkung der Steuer erschließen. Gerade die im UStG vorausgesetzte Überwälzung der Umsatzsteuer auf den Verbraucher und die Entlastung des Unternehmers über den Vorsteuerabzug (§ 15 UStG) zeigen, dass der Unternehmer als Steuerschuldner nur Steuereinsammler sein soll, nicht aber der materielle Träger der Umsatzsteuer. Die Anknüpfung an die Leistung ist nur das technische Mittel, um den Verbrauch von Gütern und Dienstleistungen nach Maßgabe des dafür aufgewendeten Vermögens zu besteuern. Entscheidend ist, dass über die Anknüpfung an den rechtlich erfassbaren Umsatz des Unternehmers die Leistungsfähigkeit besteuert wird, die sich in dem Aufwand für die Verschaffung eines verbrauchbaren Nutzens zeigt. Dies bestätigen auch die Regelungen der § 3 Abs. 1b und § 3 Abs. 9a UStG, die jenseits eines Verkehrsaktes den „Eigenverbrauch" des Unternehmers erfassen. Aus diesen Gründen ist die Umsatzsteuer als eine allgemeine Verbrauchsteuer zu qualifizieren, die folglich auch anhand dieser Belastungsentscheidung auszulegen ist.

bb) Definition des Leistungsbegriffs

724 Auszugehen ist daher von einem Leistungsbegriff des UStG, der aus seiner Verbindung zum Schuldverhältnis losgelöst ist[11]. Angesichts der Tatsache, dass das UStG andere Ziele als das BGB verfolgt, ist für die zutreffende Besteuerung des Letztverbrauches die zivilrechtliche Ausgestaltung und Bezeichnung des Schuldverhältnisses und der

---

9 BFH, V R 47/76, BStBl II 1981, 495 (496); X R 40/82, BStBl II 1988, 1017 (1019); V B 48/88, BStBl II 1989, 580 (582); *Weiß*, UR 1988, 277 (279); *v. Groll*, FR 2007, 540 (541); *Jatzke*, System des deutschen Verbrauchsteuerrechts, 1997, S. 53.

10 EuGH, C-283/06, C-312/06, Slg. 2007, I-8463-8490 *(Kögaz)*; *Englisch*, in: Tipke/Lang, Rn 17.10; *Stadie*, in: Rau/Dürrwächter, UStG, Einf Rn 141 f; *Kirchhof*, DStR 2008, 1 (3); *Schaumburg*, Internationales Steuerrecht, 4. Aufl 2017, Rn 10.1; *Hummel*, Bauten auf fremdem Grund und Boden, 2009, S. 50 ff.

11 Zutreffend *Achatz*, Umsatzsteuer und Schadensersatz, 1992, S. 12 f; *Reiß*, DStJG 13 (1990), 3 (28); *Stadie*, in: Rau/Dürrwächter, UStG, Einf Rn 158 ff; *Hummel*, UR 2006, 614 (616).

darauf erfolgenden Zahlungen nur ein Indiz. Entscheidend ist vielmehr die wirtschaftliche Betrachtung des Vorgangs. Ergibt diese, dass der Leistungsempfänger einen verbrauchbaren Nutzen erhalten hat, dann ist das Vorliegen einer Leistung zu bejahen, auch wenn es an einer (wirksamen oder unwirksamen) vertraglichen Beziehung fehlt. Für die Bejahung einer Leistung von B an D kommt es damit allein darauf an, ob D ein Verbrauchsgut iwS erhalten hat.

b) Folgerungen

Versteht man die Umsatzsteuer materiell als eine Verbrauchsteuer, so ist die Differenzierung zwischen willentlichen und unwillentlichen Verbrauchsvorgängen inkonsequent. Denn ein Konsumguttransfer wird nicht dadurch negiert, dass die Beteiligten ihn eigentlich nicht wollten oder von ihm nichts wussten. Insb müsste es einen rechtfertigenden Grund geben, einen stattgefundenen Verbrauchsakt gegen den Willen des Berechtigten anders zu behandeln als einen stattgefundenen Verbrauchsakt mit einem entsprechenden Willen. Denn wer sich einen verbrauchbaren Nutzen eigenmächtig verschafft, kann nicht ohne Grund umsatzsteuerrechtlich demjenigen gegenüber privilegiert werden, der sich mit dem Willen des Berechtigten einen verbrauchbaren Nutzen verschaffen lässt. Das tatsächliche Ergebnis, die Erlangung eines verbrauchbaren Gutes, ist dasselbe. Ein solcher rechtfertigender Grund ist aber nicht ersichtlich. **725**

Ganz deutlich wird dies bei der Steuerschuldverlagerung auf den Leistungsempfänger nach § 13b UStG. Hier würde – zB bei einem ausländischen Bäcker, der seine Waren an der deutsch-französischen Grenze auf einem Markt anbietet – die eigenmächtige Verschaffung der Waren durch einen anderen Unternehmer bei diesem keine Steuerschuld auslösen, die einverständliche Verschaffung durch einen Unternehmer hingegen schon. **726**

Das Abstellen auf subjektive Momente des Verbrauchsgutinhabers erschwert dabei nicht nur unnötig die Feststellung einer Leistung, sondern widerspricht auch dem Ziel der Umsatzsteuer[12], den (gesamten und objektiven) Letztverbrauch zu besteuern. Dies unterstreicht auch der Vergleich zum Kunden K. Dessen Einkauf ist unstreitig ein steuerbarer Umsatz. Im wirtschaftlichen Ergebnis besteht nach dem Verzehr der Backwaren zwischen K als rechtstreuen Endverbraucher mit seiner vertraglichen Zahlungspflicht (unterstellt, er hätte noch nicht gezahlt) und D als diebischen Endverbraucher und seiner Schadensersatzpflicht kein Unterschied. Beide haben denselben Konsumgüterverbrauch[13] gehabt und müssen dafür etwas aufwenden. Dies ist die Leistungsfähigkeit, an die das Umsatzsteuergesetz anknüpft. **727**

Auch aus § 1 Abs. 1 Nr 1 Satz 2 UStG, der die Steuerbarkeit nicht entfallen lässt, wenn Umsätze aufgrund gesetzlicher oder behördlicher Anordnung ausgeführt werden, kann die Beachtlichkeit eines Willens nicht hergeleitet werden. Erstens ist ein solcher „Umkehrschluss" nicht zwingend. Zweitens handelt es sich um eine gesetzliche Formulierung, die aus dem frühen 20. Jahrhundert stammt. Im Wandel der Zeit hat sich vor **728**

12 *Stadie*, UStG, § 1 Rn 10; *Hummel*, UR 2006, 614 (616).
13 Dies zeigt sich ganz deutlich, wenn der „Sättigungseffekt" beider betrachtet wird.

allem der Belastungsgrund der Umsatzsteuer deutlicher herauskristallisiert, der gegen einen solchen Umkehrschluss spricht. Daher kann § 1 Abs. 1 Nr 1 Satz 2 UStG nicht als Ausnahme eines grds nötigen Leistungswillens, sondern nur als eine deklaratorische Vorschrift verstanden werden[14].

729 Damit stellt die eigenmächtige Verschaffung der Backwaren durch D nicht das Vorliegen einer Verschaffung eines verbrauchbaren Nutzens und damit einer Leistung des B an D in Frage[15].

Hinweis: Eine aA ist natürlich vertretbar, sofern sich mit den Argumenten der gegenteiligen Ansicht auseinandergesetzt wird.

2. Leistung gegen Entgelt

730 Fraglich ist aber, ob diese Leistung „gegen Entgelt" (§ 1 Abs. 1 Nr 1 Satz 1 UStG meint dabei nicht das konkrete Entgelt iSv § 10 UStG, sondern die Gegenleistung in Geld) erfolgt ist. Dies liegt unstreitig vor, sofern die Gegenleistung im Rahmen eines synallagmatischen Vertrages erfolgte. Hier will D die Gegenleistung aber nicht erbringen, um die Backwaren zu erhalten, sondern er muss gegen seinen Willen Schadensersatz für die gestohlenen Backwaren zahlen. Seine Zahlungspflicht ist damit nur kausal und erfolgte nicht final. Fraglich ist, ob das ausreicht.

731 Der Wortlaut („gegen") ist insoweit neutral, da auch bei einer (nur) kausalen Zahlung eine Verknüpfung zwischen Zahlung und Leistung vorliegt. Dass insoweit die Anhänger des Verkehrsteuergedankens auf einer finalen Verknüpfung bestehen[16], ist konsequent, aber aus den oben genannten Gründen abzulehnen. Warum aber auch teilweise die Rspr und ein Teil der Literatur trotzdem eine finale Beziehung verlangen[17], bleibt offen. Vielmehr ist der Ansicht zu folgen, die ausgehend vom Verbrauchsteuerprinzip allein darauf abstellt, ob für einen Konsumguttransfer kausal Geld aufgewendet wird[18]. Die Motive des Einzelnen (freiwillige Zahlung, Mitleid, gerichtlich erzwungene Zahlung etc) sind für eine objektive Verbrauchsbesteuerung unerheblich. Es kann keinen Unterschied machen, ob D die Waren kauft und bezahlt oder ob er sie stiehlt und anschließend Schadensersatz zahlen muss. Die kausale Verknüpfung wird (entgegen der früheren Fassung des § 10 Abs. 1 Satz 2 UStG aF „um die Leistung zu erhalten") inzwischen auch – entsprechend der unionsrechtlichen Vorgabe in Art. 73 MwStSystRL – in § 10 Abs. 1 Satz 2 UStG anerkannt.

---

14 *Stadie*, UStG, § 1 Rn 45 ff; *Hummel*, UR 2006, 614 (616).

15 Der genaue Leistungsgegenstand dürfte in der zwangsweisen Duldung der Wegnahme bzw des Verzehrs liegen, denn darauf bezieht sich die Schadensersatzpflicht im Ergebnis.

16 Vgl *Weiß*, UR 1980, 220 (222).

17 BFH, V R 51/96, UR 1999, 450; X R 16/82, BStBl II 1988, 640; *Ruppe/Achatz*, öUStG, 5. Aufl 2018, § 1 Rn 67; *Beiser*, UR 1999, 49 (50 f).

18 BGH, X ZR 71/99, UR 2001, 535; BFH, V R 60/05, BStBl II 2009, 486; *Stadie*, UStG, § 1 Rn 56 f und 75; *Englisch*, in: Tipke/Lang, Rn 17.123; *Hummel*, UR 2008, 569 (572); *Hicks*, UVR 1995, 197 f; *Tehler*, DStR 1983, 215 (218); *Nieskens*, in: Rau/Dürrwächter, UStG, § 1 Rn 821 ff.

Folglich genügt eine kausale Verknüpfung zwischen der in Geld bestehenden Gegenleistung und der umsatzsteuerrechtlichen Leistung. Mit dem Diebstahl und der daraus resultierenden Schadensersatzpflicht liegt damit eine Leistung gegen Entgelt vor. **732**

III. Ergebnis

Folglich liegt ein steuerbarer Umsatz vor. Dieser ist mangels eingreifender Steuerbefreiungen auch steuerpflichtig. Der Steuersatz liegt gem. § 12 Abs. 2 Nr 1 UStG iVm Nr 31 der Anlage 2 zum Umsatzsteuergesetz bei 7 %, so dass B von dem erhaltenen Schadensersatz noch 7/107 abzuführen hat und seinem Restitutionsinteresse erst mit 10,70 € vollumfänglich Genüge getan wird. Damit beläuft sich der nach § 823 iVm § 249 Abs. 1 BGB zu verlangende Schadensersatz entgegen der Ansicht des D auf 10,70 €. **733**

Aufgabe 3: Vertragsauflösung

I. Allgemeines

Die Höhe der „Entschädigung" richtet sich ausweislich der vertraglichen Übereinkunft danach, ob zu den 500 € noch Umsatzsteuer hinzuzurechnen ist. Dies setzt zunächst voraus, dass der Verzicht auf die weitere Vertragsdurchführung gegen die Zahlung von einer Entschädigung iHv 500 € einen steuerbaren Umsatz darstellt. **734**

Voraussetzung für einen steuerbaren Umsatz ist wiederum das Vorliegen einer Leistung iSd § 1 Abs. 1 Nr 1 Satz 1 UStG. Bei einer vorzeitigen Vertragsauflösung ist das Vorliegen einer Leistung umstritten[19]. Der BFH[20] differenzierte zunächst, ob der zur Sachleistung Berechtigte gegen Entgelt verzichtet hat oder der zur Sachleistung Verpflichtete. Später wurde diese Differenzierung vom BFH aber wieder aufgegeben, der in der vorzeitigen Auflösung eines Vertrages nun stets eine Leistung sieht[21]. Diese Entscheidung ist in weiten Teilen der Literatur auf Widerspruch bzw Kritik gestoßen[22]. Auch der EuGH vertritt zutreffend die Auffassung, dass eine Geldzahlung, die wegen einer Vertragskündigung trotz Nichtleistung durch den Leistenden einbehalten werden darf (sog. Angeld), nicht die Gegenleistung für eine Leistung darstellt, selbst wenn sie in einem gegenseitigen Vertrag vereinbart ist[23]. **735**

---

19 RFH, II A 319, RStBl 1921, 104 (104) hat dazu zuerst die Ansicht vertreten, dass die bloße Abstandnahme von einer Leistung keine neue Leistung sei. Später nahm RFH, V A 488/36, RStBl 1937, 999 an, dass die entgeltliche Verzichtsleistung auf die Rechte aus einem Vertrag steuerpflichtig sei.

20 BFH, V 263/58 U, BStBl III 1961, 300; V R 130/66, BStBl II 1970, 856 (857); V R 159/66, BStBl II 1971, 6 (8); V R 52/67, BStBl II 1971, 38 (39).

21 BFH, V R 8/70, BStBl II 1973, 171 (172); XI R 20/17, BFH/NV 2019, 1256; V R 34/03, BStBl II 2007, 66; V B 103/09, UR 2011, 341 mit kritischer Anm. *Hummel.*

22 Vgl insoweit *Stadie*, UStG, § 1 Rn 49; *Englisch*, in: Tipke/Lang, Rn 17.134; *Lippross*, Stbg 2006, 577.

23 Vgl EuGH, C-277/05, UR 2007, 643 *(Societe thermale d'Eugenie-les-Bains).*

736 Richtigerweise ist allein maßgebend, ob mit der Vertragsauflösung dem anderen Teil eine Leistung gem. § 1 UStG erbracht wird. Stimmt man der Auffassung zu, dass die Umsatzsteuer ihrem Charakter nach den potenziell stattfindenden Verbrauch besteuern will, dann kann eine Leistung iSd UStG auch nur vorliegen, wenn eine Verschaffung von verbrauchbaren Vorteilen, dh solchen Vorteilen, die potenziell verbrauchbar sind, gegeben ist. Eine Leistung ist daher als jedwede Verschaffung eines verbrauchbaren Nutzens zu definieren[24]. Entscheidend ist daher zunächst, worin der dem V verschaffte verbrauchbare Nutzen liegen kann. Bei Geldzahlungen im Rahmen einer vorzeitigen Beendigung von Verträgen ist dabei zu unterscheiden, ob der aus dem Vertrag zur Sachleistung Berechtigte oder der zur Sachleistung Verpflichtete auf die Vertragsdurchführung gegen eine Abstandszahlung verzichtet.

II. Umsatzsteuerrechtliche Behandlung des Verzichts des zur Sachleistung Verpflichteten

737 Verzichtet der zur Sachleistung Verpflichtete, dann bezieht sich der Verzicht nicht auf die Sachleistung, sondern lediglich auf die in Geld bestehende Gegenleistung. Ist zB der Vermieter mit einer vorzeitigen Vertragsauflösung einverstanden und zahlt der Mieter als der zur Sachleistung Berechtigte eine Abstandszahlung, so verschafft der Vermieter diesem nur den Erlass einer umfangreicheren, idR aber erst später zu zahlenden Geldforderung gegen die sofortige Zahlung einer geringeren Geldforderung. Der verbrauchbare Nutzen liegt damit nicht in einem Verzicht auf die Vertragsdurchführung, sondern nur in dem Verzicht auf seinen Anspruch auf die in Geld bestehende Gegenleistung. Damit wendet er dem (zur Sachleistung) Berechtigten den Vorteil des Freiwerdens von der Pflicht zur Geldzahlung zu. Der Vorteil des Berechtigten liegt folglich nur in dem Sparen von Geld, welches ebenso wie die Zahlung von Geld keine Leistung darstellt[25], da auch hier kein verbrauchbarer Vorteil verschafft wird, sondern nur die Möglichkeit, sich mit dem gesparten Geld ein Konsumgut iwS anderweitig zu verschaffen.

III. Umsatzsteuerrechtliche Behandlung des Verzichts des zur Sachleistung Berechtigten

738 Hier war B aber nicht verpflichtet, die Teigknetmaschine einem Dritten zur Nutzung zu überlassen, sondern er war selbst zur Nutzung berechtigt. Damit hat B aber nicht als der zur Sachleistung Verpflichtete, sondern als der zur Sachleistung Berechtigte auf die weitere Vertragsdurchführung und mit der Rückgabe der Maschine auf den Besitz an der Teigknetmaschine verzichtet. Zu klären ist hier, ob der Verzicht des zur Sachleistung Berechtigten B dem zur Sachleistung verpflichteten V einen verbrauchbaren Nutzen verschafft hat.

24 *Stadie*, in: Rau/Dürrwächter, UStG, Einf Rn 143 ff, 164 ff; *Hummel*, UR 2008, 569 (571).

25 Zutreffend *Reiß*, BB 1986, 1407 (1409); *Stadie*, UStG, 2009, § 1 Rn 28; *Giesberts*, UR 1988, 137 (139); nun auch BFH, XI R 6/09, BStBl II 2011, 831 – das zugewendete Geld dient nur der Möglichkeit, sich einen verbrauchbaren Nutzen zu verschaffen, es ist aber nicht selbst ein solcher.

1. Verschaffung der Vertragsfreiheit?

Allerdings kommt die „wiedererlangte" Vertragsfreiheit des Verpflichteten nicht als Leistung in Betracht, denn die allgemeine Vertragsfreiheit stellt keinen verbrauchbaren Nutzen dar. Insb stand es V auch schon ohne die Vertragsauflösung frei, andere Verträge zu schließen. Allein die Entlassung aus einem schuldrechtlichen Vertrag kann daher keine Vertragsfreiheit und folglich auch keinen verbrauchbaren Vorteil verschaffen. **739**

2. Verschaffung der Nutzungsmöglichkeit

Wenn der Mieter aber – wie im Fall – die Mietsache schon in Besitz genommen hat[26] **740** und den Besitz vorzeitig gegen eine Abstandszahlung wieder auf den Vermieter überträgt, dann verzichtet der Mieter auf den Besitz an der Mietsache. Über die dingliche Wirkung des Besitzes aus §§ 854 ff BGB kann der Besitzer eine Verwendung durch jeden Dritten und damit auch eine vertragswidrige Verwendung durch seinen Vertragspartner verhindern. Wenn er aber die anderweitige Nutzung der vertraglich vereinbarten Leistung verhindern kann, dann leistet er durch seinen Verzicht auf seinen Besitz auch die Nutzungsmöglichkeit über den Vertragsgegenstand. B verschafft folglich V aufgrund seines Verzichts die (vorzeitige) Nutzungsmöglichkeit an der Teigknetmaschine. Die (vorzeitige) Nutzungsmöglichkeit einer Sache ist anders als die Ersparnis von Geld aber ein verbrauchbarer Vorteil. Dass die Zahlung als Entschädigungszahlung bezeichnet wurde, ist dabei unschädlich[27].

IV. Ergebnis

Folglich liegt bei einer vorzeitigen Vertragsauflösung im Interesse des V eine Leistung **741** des B in Form der Besitzverschaffung an der Maschine vor. B verschafft V die vorzeitige Nutzungsmöglichkeit gegen die Zahlung von Geld. Damit hat B dem V einen verbrauchbaren Vorteil verschafft. Eine Leistung und damit ein steuerbarer Umsatz iSd § 1 Abs. 1 Nr 1 Satz 1 UStG liegt vor, so dass Umsatzsteuer „anfällt" und aufgrund der vertraglichen Abrede V dem B eine „Entschädigung" iHv 595 € schuldet.

---

26 Ohne den Besitz würde die Vertragsauflösung dem anderen auch nur Geld in Form von zukünftigen Schadensersatzansprüchen ersparen und auch keinen verbrauchbaren Vorteil verschaffen.

27 Zutreffend BFH, V R 34/03, BStBl II 2007, 66; V R 40/02, BStBl II 2004, 854; *Hummel*, UR 2008, 569 (572).

Zur Wiederholung

Übersicht 12: Prüfungsschema Umsatzsteuer

742

I. **Steuerbarer Umsatz**
- Lieferung oder sonstige Leistung gegen Entgelt, § 1 I Nr 1 UStG
- Einfuhrumsatzsteuer, § 1 I Nr 4 UStG
- innergemeinschaftlicher Erwerb, § 1 I Nr 5 UStG
- Sondertatbestände, zB § 3 Ib, IXa UStG

II. **Unternehmer, § 2 UStG**

III. **Ort der Leistung im Inland (§ 3a, § 3 VI, VIa, VII UStG)**

IV. **Nicht steuerfreier Umsatz, § 4 UStG (ggf mit § 9 UStG)**

V. **Zeitpunkt der Entstehung der Steuerschuld, § 13, § 20 UStG**
- Regelbesteuerung: Sollbesteuerung
- Ausnahme: Istbesteuerung

VI. **Steuerschuldner, § 13a, § 13b UStG**

VII. **Bemessungsgrundlage, § 10, § 11 UStG**

VIII. **Steuersatz, § 12 UStG**

Fall 13

Stereoanlagen und Umsatzsteuer

Schwerpunkt: **Umsatzsteuerrecht:** Umsatzsteuerberichtigung (LB § 10 Rn 1740–1742); Bemessungsgrundlage (LB § 10 Rn 1711–1715); Abgrenzung Lieferung/sonstige Leistung (LB § 10 Rn 1680 f); Entschädigung und Umsatzsteuer (LB § 10 Rn 1685)

Schwierigkeitsgrad: leicht, Bearbeitungszeit: 2 Stunden

R betreibt in Trier einen Handel mit Stereoanlagen. Sein Umsatz in 01 betrug 5 Mio **743**
Euro. Er ist zur Bilanzierung verpflichtet; das Wirtschaftsjahr ist das Kalenderjahr.

Dem Kunden K aus Köln hat R im Mai 02 eine High-End Stereoanlage für 119 000 € unter Eigentumsvorbehalt verkauft und übergeben. Der Kaufpreis sollte in zehn Monatsraten von jeweils 11 900 € zu entrichten sein. Nachdem K nach Zahlung der ersten Kaufpreisrate die weiteren Zahlungen eingestellt hatte, trat R vom Vertrag zurück und holte im August 02 die Anlage bei K in Köln ab. Im Kaufvertrag ist vereinbart, dass R im Falle des Rücktritts die erste Kaufpreisrate als Entschädigung behalten darf. R vertritt die Ansicht, dass es schon wegen des fehlenden Eigentumsübergangs auf K an einem steuerbaren Umsatz fehle. § 39 AO sei im Umsatzsteuerrecht gerade nicht anwendbar. Jedenfalls sei die einbehaltene Kaufpreisrate als Schadensersatz zu behandeln.

Aufgabe:

Stellen Sie die umsatzsteuerrechtlichen Auswirkungen des geschilderten Sachverhaltes für R im Jahre 02 dar.

Bearbeitervermerk: Es ist einheitlich das momentan geltende Recht anzuwenden. Als betriebsgewöhnliche bzw tatsächliche Nutzungsdauer der Wirtschaftsgüter sind 20 Jahre zu unterstellen. Soweit sich aus dem Sachverhalt nichts Gegenteiliges ergibt, ist in allen Fällen davon auszugehen, dass ordnungsgemäße Rechnungen iSd UStG vorliegen.

Vorüberlegungen

744 Der Fall beinhaltet verschiedene Problemkreise aus dem Umsatzsteuerrecht. Es bietet sich an, zunächst zu prüfen, ob hinsichtlich der Stereoanlage ein Umsatz, genauer eine steuerbare Lieferung vorliegt. Hier stellt sich die Frage nach der Anwendbarkeit des § 39 AO im Umsatzsteuerrecht, weil eine Lieferung die Erlangung der Verfügungsmacht voraussetzt. Daran schließt sich die Frage an, wie die einbehaltene „Entschädigung" zu behandeln ist, wobei sich an dieser Stelle eine der Grundfragen des Umsatzsteuerrechts nach dem Vorliegen einer Leistung und dem konkreten Leistungsinhalt stellt.

Gliederung

745 **A. Verkauf der Stereoanlage**

I. Steuerbarer und steuerpflichtiger Umsatz

II. Bemessungsgrundlage und Steuersatz

B. Abholung der Anlage

I Wegfall der Lieferung

II Berichtigung der Umsatzsteuerschuld

C. Einbehalten der Kaufpreisrate

I. Steuerpflichtiger Umsatz

II. Ergebnis

Musterlösung

A. Verkauf der Stereoanlage

Der unter Eigentumsvorbehalt erfolgte Verkauf der Stereoanlage könnte der Umsatzsteuer unterliegen. 746

I. Steuerbarer und steuerpflichtiger Umsatz

Gem. § 1 Abs. 1 Nr 1 Satz 1 UStG setzt dies eine Lieferung oder sonstige Leistung voraus, die ein Unternehmer im Inland gegen Entgelt im Rahmen seines Unternehmens ausführt. 747

Die Übergabe der Stereoanlage könnte eine Lieferung gegen Entgelt darstellen. Gem. § 3 Abs. 1 UStG sind Lieferungen Leistungen, durch die der Unternehmer den Abnehmer befähigt, im eigenen Namen über einen Gegenstand zu verfügen (Verschaffung der Verfügungsmacht). Art. 14 Abs. 1 MwStSystRL verlangt für eine Lieferung, dass die Befähigung übertragen wird, „wie ein Eigentümer über einen körperlichen Gegenstand zu verfügen". K erhielt den Besitz an der Stereoanlage, jedoch behielt sich R das Eigentum vor. Fraglich ist, ob K damit schon die Verfügungsmacht iSd § 3 Abs. 1 UStG erhalten hat. 748

Nach hM[1] liegt eine Lieferung grds vor, wenn das Eigentum an einem Gegenstand übertragen wird. Dies ist hier nicht erfolgt. Ausnahmsweise könne aber auch ohne Eigentumsübertragung dem Leistungsempfänger schon die Verfügungsmacht verschafft worden sein. 749

Für die Annahme der Verfügungsmacht iSd UStG sollen nach einer Meinung[2] die nationalen ertragsteuerrechtlichen Zurechnungsregelungen[3] maßgebend sein. Dies erscheint zweifelhaft, da Einkommen- und Umsatzsteuerrecht selbstständige Steuerrechtsgebiete darstellen, die unterschiedliche Besteuerungsziele verfolgen. Das Einkommensteuerrecht erfasst die finanzielle Leistungsfähigkeit, die sich im Hinzuerwerb von Vermögen zeigt. Die Umsatzsteuer ist dagegen eine (allgemeine) Verbrauchsteuer[4], die die Leistungsfähigkeit besteuert, die sich in den Vermögensaufwendungen für verbrauchbare Vorteile zeigt. 750

Weder die Entstehungsgeschichte, der Wortlaut noch der Sinn und Zweck erfordern eine Anwendung der ertragsteuerrechtlichen Zurechnungsvorschriften auf das Umsatzsteuer- 751

---

1 Vgl BFH, V R 80/87, BFH/NV 1993, 634 (635); V R 11/03, BStBl II 2007, 63; *Stadie*, UStG, § 3 Rn 16.

2 BFH, V R 49/70, BStBl II 1971, 34 (35); *Robisch*, in: Bunjes, UStG, § 3 Rn 76 zum Leasing; aA *Reiß*, StuW 1987, 122 (124); *Stadie*, UStG, § 3 Rn 37; *Lange*, UR 2004, 574 (576); *Hummel*, UR 2007, 757 (758).

3 Mag diese sich aus § 39 AO oder § 5 Abs. 1 EStG, § 242 HGB iVm den Grundsätzen ordnungsgemäßer Buchführung ergeben – vgl zum Meinungsstreit *Weber-Grellet*, in: Schmidt, EStG, § 5 Rn 150 ff.

4 EuGH, C-283/06, C-312/06, Slg. 2007, I-8463–8490 *(Kögaz)*; *Englisch*, in: Tipke/Lang, Rn 17.10; *Stadie*, in: Rau/Dürrwächter, UStG, Einf Rn 141 f; *Hummel*, Bauten auf fremdem Grund und Boden, 2009, S. 50 ff.

recht. Vielmehr ergeben sich die notwendigen Kriterien – mögen sie auch weitestgehend mit denen des § 39 Abs. 2 AO identisch sein – schon aus dem Verbrauchsteuercharakter der Umsatzsteuer. Sie können daher originär aus dem UStG entwickelt werden[5]. Ein unmittelbarer Rückgriff auf ertragsteuerrechtliche Zurechnungsvorschriften (§ 39 AO oder § 5 Abs. 1 EStG, § 242 HGB iVm den GoB) ist daher nicht erforderlich[6].

752 Hinzu kommt, dass das Umsatzsteuerrecht unionsrechtlich harmonisiert ist. Es sind daher die entscheidenden Merkmale einer umsatzsteuerrechtlichen Verfügungsmacht zu klären, um „wie ein Eigentümer" über einen Gegenstand verfügen zu können (Art. 14 Abs. 1 MwStSystRL). Das Eigentum zeichnet sich dadurch aus, dass der Inhaber die betreffende Sache wirtschaftlich nutzen, verbrauchen (Ertragszugriff) oder auch zerstören (Substanzzugriff) kann[7]. Es genügt daher, wenn unter der Verfügungsmacht die Übertragung der Substanz in Form der materiellen Bestandteile des Eigentums verstanden wird[8].

753 Beim Verkauf unter Eigentumsvorbehalt verbleibt das Wirtschaftsgut idR, dh bei der normalen Vertragsabwicklung, beim Käufer. Dieser allein hat es in der Hand, durch Zahlung der Raten den endgültigen Übergang des Eigentums herbeizuführen (vgl § 158 Abs. 1 BGB). Folglich kann der Käufer den Verkäufer von der Einwirkung auf die Stereoanlage ausschließen. Darüber hinaus trägt er ab Übergabe gem. § 446 Satz 1 BGB die Gefahr des zufälligen Untergangs und einer zufälligen Verschlechterung der Stereoanlage. Ihm gebühren die Nutzungen und er hat die Lasten zu tragen. Mithin hat der Käufer bereits ab Besitzverschaffung die Verfügungsmacht iSv § 3 Abs. 1 UStG an der Stereoanlage erhalten. Dies entspricht auch der unionsrechtlichen Vorgabe in Art. 14 Abs. 2 lit. b MwStSystRL, der die wirtschaftliche Übertragung eines Gegenstandes der rechtlichen Übertragung gleichstellt[9]. Damit liegt beim Verkauf unter Eigentumsvorbehalt eine Lieferung nicht erst bei Eigentumsübertragung, sondern bereits beim Gefahrübergang aufgrund der Besitzverschaffung vor.

754 *Alternative, wenn die Anwendbarkeit von § 39 AO bejaht wird:*

Dem Vorbehaltskäufer könnte die Sache gem. § 39 Abs. 2 Nr 1 Satz 1 AO bereits ab Besitzverschaffung zuzurechnen sein. Nach § 39 Abs. 2 Nr 1 Satz 1 AO ist demjenigen das Wirtschaftsgut zuzurechnen, der die tatsächliche Herrschaft über das Wirtschaftsgut in der Weise ausübt, dass er den Eigentümer im Regelfall für die gewöhnliche Nutzungsdauer von der Einwirkung auf das Wirtschaftsgut ausschließen kann. Beim Verkauf unter Eigentumsvorbehalt verbleibt das Wirtschaftsgut idR, dh bei der normalen Vertragsabwicklung, beim Käufer. Dieser allein hat es in der Hand, durch Zahlung der

---

5 BFH, V 176/64, BStBl II 1969, 451 (452); *Hummel*, UR 2007, 757 (759); ohne Rückgriff auf § 39 AO auch BFH, V R 22/03, BStBl II 2006, 727.

6 FG München, 3 V 560/00, UVR 2000, 461 (461); *Schön*, UStKongrB 1991/92, S. 117 (133); *Drüen*, in: Tipke/Kruse, § 39 AO Rn 18; aA *Vosseler*, DStR 2007, 188 (189); *Tehler*, UVR 1991, 359 (361).

7 *Herrler*, in: Palandt, BGB, 80. Aufl 2021, § 903 Rn 5; *Junker*, AcP 193 (1993), 348 ff; *Althammer*, in: Staudinger, BGB, Neubearbeitung 2020, § 903 Rn 10; *Baur*, in: Soergel, BGB, 13. Aufl 2002, § 903 Rn 33 „sonstige Nutzungen".

8 Vgl EuGH, C-273/18, ECLI:EU:C:2019:588 *(Kursu zeme)*.

9 EuGH, C-320/88, ECLI:EU:C:1990:61; *Robisch*, in: Bunjes, UStG, § 3 Rn 74.

Raten den endgültigen Übergang des Eigentums herbeizuführen (vgl § 158 Abs. 1 BGB). Folglich kann der Käufer den Verkäufer im Regelfall für die gewöhnliche Nutzungsdauer von der Einwirkung auf die Stereoanlage ausschließen. Darüber hinaus trägt er ab Übergabe gem. § 446 Abs. 1 BGB die Gefahr des zufälligen Untergangs und einer zufälligen Verschlechterung der Anlage. Ihm gebühren die Nutzungen und er hat die Lasten zu tragen. Mithin ist dem Käufer gem. § 39 Abs. 2 Nr 1 Satz 1 AO bereits ab Besitzverschaffung die Stereoanlage zuzurechnen. Damit liegt beim Verkauf unter Eigentumsvorbehalt eine Lieferung nicht erst bei Eigentumsübertragung, sondern bereits mit Besitzverschaffung vor.

Im Vertrag ist eine Gegenleistung von 119 000 € vereinbart. Mithin erfolgt die Liefe- **755**
rung auch gegen Entgelt. Wie § 16 Abs. 1 Satz 1 UStG zeigt, ist die tatsächliche Zahlung zunächst unerheblich.

II. Bemessungsgrundlage und Steuersatz

Die Höhe der Umsatzsteuer richtet sich nach der Bemessungsgrundlage und dem Steu- **756**
ersatz. Gem. § 10 Abs. 1 Satz 1, 2 UStG ist Bemessungsgrundlage das Entgelt, dh alles, was der Leistungsempfänger aufwendet, um die Leistung zu erhalten, jedoch abzgl. der Umsatzsteuer. Gem. § 16 Abs. 1 Satz 1 UStG ist hierbei das vereinbarte Entgelt (gemeint ist die Gegenleistung, wie auch bei § 1 Abs. 1 Nr 1 Satz 1 UStG) maßgeblich. Der Steuersatz beträgt gem. § 12 Abs. 1 UStG 19 %. Bei einem Kaufpreis von 119 000 € (und damit einer Bemessungsgrundlage von 100 000 €) ergibt sich mithin eine Umsatzsteuer von 19 000 €.

B. Abholung der Anlage

Fraglich ist jedoch, wie sich der Rücktritt vom Vertrag und die Abholung der Stereoan- **757**
lage umsatzsteuerrechtlich auswirken.

I. Wegfall der Lieferung

Die Umsatzsteuerpflicht könnte weggefallen sein, indem der steuerbare Umsatz in **758**
Form der Lieferung gem. § 1 Abs. 1 Nr 1 Satz 1 UStG rückgängig gemacht wurde. Die **Rückgängigmachung ist von der Rücklieferung** zu unterscheiden, die eine neue Lieferung darstellt. Eine Rückgängigmachung liegt vor, wenn das zugrunde liegende Kausalgeschäft (Umsatzgeschäft) rückabzuwickeln ist und die Beteiligten sich deshalb die erhaltenen Leistungen zurück gewähren. Eine Rücklieferung liegt demgegenüber vor, wenn die Rückgabe der Sache an den Lieferer auf einem neuen Entschluss beruht, der in keinem Zusammenhang mit dem ursprünglichen Umsatzgeschäft steht[10].

Gem. § 449 Abs. 2 iVm § 323 BGB kann der Verkäufer bei einem Kauf mit Eigentums- **759**
vorbehalt und ausstehenden Raten ein Rücktrittsrecht ausüben. Bei Ausübung des

10 BFH, V R 27/94, BStBl II 1995, 756 (757 f); *Stadie*, UStG, § 17 Rn 74.

Rücktritts verwandelt sich das Schuldverhältnis in ein Rückabwicklungsverhältnis gem. § 346 Abs. 1 BGB. Daran ändert auch die Vereinbarung einer Entschädigung nichts. Die Abholung der Maschine stellt sich daher als Rückgängigmachung des ursprünglichen Umsatzgeschäftes dar. Mit Abholung entfällt daher der steuerbare Umsatz, so dass der Vorgang nicht mehr der Umsatzsteuer unterliegt.

II. Berichtigung der Umsatzsteuerschuld

760 Fraglich ist jedoch, wie das Entfallen des steuerbaren Umsatzes zu berücksichtigen ist. In Betracht kommt eine (rückwirkende) Berichtigung gem. § 175 Abs. 1 Nr 2 AO. Diese Norm wird jedoch durch den spezielleren § 17 Abs. 2 Nr 3 iVm § 17 Abs. 1 Satz 8 UStG verdrängt, wonach die Berichtigung erst zu erfolgen hat, wenn der steuerbare Umsatz rückgängig gemacht worden ist. Somit erfolgt erst für diesen Voranmeldungszeitraum (es wäre hier der August 02) eine Berichtigung der Umsatzsteuer bzgl der Lieferung der Stereoanlage gem. § 17 Abs. 2 Nr 3 iVm § 17 Abs. 1 Satz 1 UStG auf „Null".

C. Einbehalten der Kaufpreisrate

761 Es könnte jedoch insoweit Umsatzsteuer angefallen sein, als R eine Kaufpreisrate als Entschädigung einbehalten hat.

I. Steuerpflichtiger Umsatz

762 Voraussetzung ist ein steuerbarer Umsatz gem. § 1 Abs. 1 Nr 1 Satz 1 UStG, der nicht steuerfrei und damit steuerpflichtig ist.

In Betracht kommt eine sonstige Leistung. Sonstige Leistungen sind gem. § 3 Abs. 9 Satz 1 UStG Leistungen, die keine Lieferungen sind. Oberbegriff ist demzufolge die Leistung. Unter Leistung versteht man die Verschaffung eines verbrauchbaren Vorteils (Nutzens), für den im Wirtschaftsleben üblicherweise etwas gezahlt wird[11]. Die temporäre Nutzungsmöglichkeit der Stereoanlage ist ein solcher verbrauchbarer Vorteil.

763 Daran ändert auch die Bezeichnung der einbehaltenen ersten Kaufpreisrate als Entschädigung nichts. Zum einen kommt es nach zutreffender Ansicht des BFH[12] nicht auf die Bezeichnung der in Geld bestehenden Gegenleistung an, so dass auch als „Entschädigung" oder „Aufwendungsersatz" bezeichnete Zahlungen Gegenleistungen (Entgelt iSv § 1 Abs. 1 Nr 1 Satz 1 UStG) für eine Leistung sein können. Zum anderen liegt eine nicht steuerbare Entschädigungszahlung nicht vor.

11 Vgl *Birk/Desens/Tappe*, Steuerrecht, Rn 1677.
12 BFH, V R 69/05, UR 2007, 448 (450); V R 40/02, BStBl II 2004, 854 (865).

Rspr[13] und die hM[14] begründen die Nichtsteuerbarkeit dabei mit der Notwendigkeit eines Leistungswillens. So soll keine Leistung bei Vermögenseinbußen vorliegen, wenn diese ohne Kenntnis oder gegen den Willen erfolgt seien[15]. Weil aber R dem K die Nutzungsmöglichkeit der Stereoanlage willentlich verschaffte (nach seiner Ansicht sollte sie sogar endgültig verschafft werden), liegt auch nach dieser Ansicht hier eine (sonstige) Leistung vor. **764**

Zunächst verschaffte R vereinbarungsgemäß dem Käufer die Verfügungsmacht an der Stereoanlage, es lag also eine Lieferung iSd § 3 Abs. 1 UStG vor. Diese ist – wie gezeigt – rückwirkend mit Rückabwicklung des Vertrages entfallen. Zwar ordnet § 17 Abs. 1 Satz 1 und 8, Abs. 2 UStG an, dass die Konsequenzen der Rückgängigmachung der Lieferung erst im Moment der Rückabwicklung Berücksichtigung finden. Dies schließt jedoch nicht aus, dass im Rahmen der zivilrechtlichen Gestaltung (§ 185 Abs. 1 BGB) eine – weitere, nunmehr auflebende – sonstige Leistung iSd § 3 Abs. 9 UStG (Nutzungsmöglichkeit der Anlage bis zur Rückgewähr) anzunehmen ist. **765**

Es liegt somit ein steuerbarer Umsatz gem. § 1 Abs. 1 Nr 1 Satz 1 UStG vor. Eine Steuerbefreiung ist nicht ersichtlich, so dass ein steuerpflichtiger Umsatz vorliegt. Bemessungsgrundlage sind gem. § 10 Abs. 1 Satz 1 und 2 UStG 11 900 € abzüglich darin enthaltener Umsatzsteuer iHv 1900 €. **766**

II. Ergebnis

R schuldet 1900 € Umsatzsteuer aufgrund der Nutzungsüberlassung der Stereoanlage. **767**

Zur Wiederholung

Siehe Übersicht 12 (Rn 742). **768**

13 BFH, XI R 66/07, BFH/NV 2009, 616; V R 20/91, BStBl II 1994, 54 (55); V R 129/75, BStBl II 1987, 465 (467).

14 *Beiser*, ÖStZ 2007, 297 (298); *Giesberts*, UR 1976, 61 (69); *Nieskens*, in: Rau/Dürrwächter, UStG, § 1 Rn 436 ff; *Ruppe/Achatz*, öUStG, 5. Aufl 2018, § 1 Rn 20; *Jakob*, Umsatzsteuer, Rn 183.

15 *Ruppe/Achatz*, öUStG, 5. Aufl 2018, § 1 Rn 20; *Nieskens*, in: Rau/Dürrwächter, UStG, § 1 Rn 436 ff.

Fall 14

Schenkerlaune

Schwerpunkte: **Erbschaft- und Schenkungsteuerrecht:** Schenkung unter Lebenden (LB § 8 Rn 1551–1557); mittelbare Schenkung (LB § 8 Rn 1556 f); Schenkung unter Auflage (LB § 8 Rn 1577); Kettenschenkung (LB § 3 Rn 332)

Schwierigkeitsgrad: eher leicht, Bearbeitungszeit: 2 Stunden

769 V möchte sein Vermögen noch zu Lebzeiten auf seine beiden Söhne S und U sowie seine Tochter T übertragen. Nach reiflichem Überlegen glaubt er, eine sinnvolle Regelung gefunden zu haben:

Der älteste Sohn (S) hat bereits selbst eine Familie gegründet und plant den Bau eines Einfamilienhauses. Ein Grundstück hatte V ihm bereits vor elf Jahren übertragen. Als „Zuschuss" zum Hausbau überweist V ihm nunmehr 800 000 € auf sein Girokonto. Laut einer Klausel im notariell beglaubigten Schenkungsvertrag darf S das Geld ausschließlich zum Bau des geplanten Hauses verwenden; anderenfalls ist er zur sofortigen Rückzahlung des kompletten Betrags verpflichtet. Der Bau des Hauses wird noch im Jahr der Schenkung abgeschlossen. Die Baukosten belaufen sich insgesamt auf 1 000 000 €. Der Vergleichswert des bebauten Grundstücks beträgt 850 000 €, wovon 250 000 € auf das Grundstück entfallen.

U bekommt von V ein Grundstück samt Villa auf Sylt mit einem Vergleichswert von 1 500 000 € übertragen. Damit S und T sich nicht übervorteilt sehen und weil V seinen Lebensabend standesgemäß verbringen möchte, muss U sich verpflichten, an V eine Rente von insgesamt 200 000 € zu zahlen. Zusätzlich hat er der rheumakranken Großtante G ein lebenslanges Wohnrecht (Kapitalwert 150 000 €) zu bestellen. Außerdem hat U die im Zusammenhang mit dem Erwerb entstandenen Kosten für Notar und Grundbuchamt (Erwerbsnebenkosten) iHv 15 000 € zu tragen.

T hat bereits im vergangenen Jahr 800 000 € von V ausgezahlt bekommen und soll nun weitere 600 000 € erhalten. „Um Steuern zu sparen", überträgt V die 600 000 € zunächst an seine Ehefrau F. Entsprechend einer mündlichen Abrede zwischen V und F überträgt F das Geld noch im selben Jahr weiter an T. Eine entsprechende Klausel enthält der notariell beglaubigte Schenkungsvertrag zwischen V und F indes nicht.

Wie sind die einzelnen Vorgänge erbschaft- bzw schenkungsteuerrechtlich zu beurteilen?

Bearbeitervermerk: Alle rechtsgeschäftlichen Vorgänge sind zivilrechtlich wirksam.

Vorüberlegungen

Der eher einfache Fall behandelt verschiedene Problemkreise aus dem Erbschaft- und Schenkungsteuerrecht. Zu untersuchen sind drei voneinander unabhängig zu begutachtende Schenkungsakte. Die darin auftretenden Standardprobleme dürften keine allzu großen Schwierigkeiten bereiten. Der Fall soll vor allem ein Verständnis für die Systematik des Erbschaft- und Schenkungsteuerrechts vermitteln. **770**

Im ersten Teil geht es um die schenkungsteuerrechtliche Behandlung einer sog. *mittelbaren Schenkung.* Wendet der Schenker dem Beschenkten einen Geldbetrag zu, damit dieser davon einen bestimmten Gegenstand erwerben soll, stellt sich die Frage, was als *Gegenstand der Zuwendung* anzusehen ist: der Geldbetrag oder der erworbene Gegenstand. Bei Grundstücksschenkungen kann es uU günstiger sein, das Grundstück als Gegenstand der Zuwendung anzusehen. Dies ist dann der Fall, wenn der nach § 12 Abs. 3 ErbStG iVm §§ 157 ff BewG für die Bemessungsgrundlage maßgebliche *Grundbesitzwert* niedriger ist als der zugewendete Geldbetrag. Bei bebauten Grundstücken richtet sich der Grundbesitzwert entweder nach dem Vergleichswertverfahren (§ 182 Abs. 2, § 183 BewG), dem Ertragswertverfahren (§ 182 Abs. 3, §§ 184–188 BewG) oder dem Sachwertverfahren (§ 182 Abs. 4, §§ 189–191 BewG). Bei der Übertragung von Ein- und Zweifamilienhäusern ist nach § 182 Abs. 2 Nr 3 BewG der *Vergleichswert* entscheidend. Dieser entspricht im Wesentlichen dem Verkehrswert des Grundstücks und wird unter Heranziehung der Kaufpreise vergleichbarer Grundstücke gesondert festgestellt (§ 151 Abs. 1 Satz 1 Nr 1, § 157 Abs. 1, § 182 Abs. 2 Nr 3 BewG). **771**

Der zweite Vorgang betrifft die Thematik der sog. *gemischten Schenkung* sowie der *Schenkung unter Duldungs- oder Nutzungsauflage.* Beiden ist gemeinsam, dass der Zuwendungsgegenstand nicht vollständig ohne Gegenleistung, sondern im Gegenzug für ein Versprechen des Erwerbers, hingegeben wird. Hier ist insb darauf zu achten, dass die Bereicherung des Erwerbers an zwei Stellen im Lösungsaufbau zu prüfen ist. Zum einen verlangt der Tatbestand des § 7 Abs. 1 Nr 1 ErbStG eine *objektive Bereicherung* des Erwerbers. Diese richtet sich im Wesentlichen nach den Vorschriften des BGB. Zum anderen ist für die steuerliche *Bemessungsgrundlage* der *Wert der Bereicherung* zu ermitteln, der nach steuerrechtlichen Bewertungsvorschriften, nämlich denen des BewG, zu bestimmen ist *(steuerlicher Bereicherungsbegriff).* Dieser Wert ist nicht zwangsläufig identisch mit der objektiven Bereicherung des Erwerbers. Man sollte also darauf achten, in der Falllösung sauber zwischen der objektiven Bereicherung als Tatbestandsmerkmal und der Bereicherung im Zusammenhang mit der Ermittlung der Bemessungsgrundlage zu unterscheiden. **772**

Im dritten Teil hat sich der Bearbeiter mit der schenkungsteuerrechtlichen Behandlung einer sog. *Kettenschenkung* zu befassen. Immer wenn eine Zuwendung nicht direkt, sondern über eine Mittelsperson auf den letztlich Begünstigten übertragen wird, stellt sich die Frage, ob von zwei einzelnen oder von nur einer einheitlichen Schenkung auszugehen ist. Häufig tut sich diese Problematik bei Zuwendungen innerhalb der Familie auf, so zB, wenn ein größerer Geldbetrag, der einem Kind des Schenkers zugewendet **773** werden soll, (zu einem Teil) zunächst an den Ehepartner übertragen wird, der diesen Betrag dann seinerseits auf das Kind überträgt, um so ein zweites Mal in den Genuss des Freibetrags nach § 16 Abs. 1 Nr 2 ErbStG zu gelangen. Fraglich ist in dieser Konstellation einer bewussten „Erschleichung“ eines zweiten Freibetrags, ob dieser Freibetrag tatsächlich zweimal oder nur einmal zu gewähren ist.

Gliederung

774 **A. Geldschenkung an S**

I. Persönliche Steuerpflicht, § 2 Abs. 1 Nr 1 Sätze 1, 2 lit. a ErbStG
II. Sachliche Steuerpflicht, § 1 Abs. 1 Nr 2 ErbStG
1. Objektive Bereicherung
2. Auf Kosten des Zuwendenden
3. Wille zur Freigebigkeit
III. Steuerbemessungsgrundlage
IV. Berechnung der Steuer
V. Entstehen der Steuer, § 9 Abs. 1 Nr 2 ErbStG
VI. Steuerschuldner, § 20 Abs. 1 Satz 1 ErbStG

B. Schenkung des Hausgrundstücks an U

I. Persönliche Steuerpflicht, § 2 Abs. 1 Nr 1 Sätze 1, 2 lit. a ErbStG
II. Sachliche Steuerpflicht, § 1 Abs. 1 Nr 2 ErbStG
1. Objektive Bereicherung
2. Auf Kosten des Zuwendenden
3. Wille zur Freigebigkeit
III. Steuerbemessungsgrundlage
IV. Berechnung der Steuer
V. Entstehen der Steuer, § 9 Abs. 1 Nr 2 ErbStG
VI. Steuerschuldner, § 20 Abs. 1 Satz 1 ErbStG

C. Geldschenkung an F

I. Persönliche Steuerpflicht, § 2 Abs. 1 Nr 1 Sätze 1, 2 lit. a ErbStG
II. Sachliche Steuerpflicht, § 1 Abs. 1 Nr 2 ErbStG

D. Geldschenkung an T

E. Ergebnis

Musterlösung

Die einzelnen Vorgänge sind getrennt voneinander daraufhin zu untersuchen, ob sie Erbschaft- bzw Schenkungsteuer auslösen. **775**

A. Geldschenkung an S

Zunächst könnte die Geldschenkung an S eine nach dem ErbStG steuerbare Zuwendung sein. **776**

I. Persönliche Steuerpflicht, § 2 Abs. 1 Nr 1 Sätze 1, 2 lit. a ErbStG

Mangels anderer Angaben ist davon auszugehen, dass sowohl V als Zuwendender als auch S als Erwerber im Inland ansässig sind. Die Voraussetzungen der unbeschränkten Steuerpflicht nach § 2 Abs. 1 Nr 1 Sätze 1, 2 lit. a ErbStG, § 8 AO liegen daher vor. **777**

II. Sachliche Steuerpflicht, § 1 Abs. 1 Nr 2 ErbStG

Die Zuwendung könnte nach § 1 Abs. 1 Nr 2 ErbStG als Schenkung unter Lebenden steuerbar sein. Als Schenkung unter Lebenden gilt nach § 7 Abs. 1 Nr 1 ErbStG jede freigebige Zuwendung unter Lebenden, soweit der Bedachte durch sie auf Kosten des Zuwendenden bereichert wird. **778**

1. Objektive Bereicherung

Voraussetzung ist zunächst eine objektive Bereicherung des Bedachten. Erst einmal ist S um den Geldwert der Zuwendung, also um 800 000 €, bereichert. Hier besteht jedoch die Besonderheit, dass S mit dem Geld nicht nach Belieben verfahren konnte. Nach der eindeutigen Zweckbestimmung durfte er das Geld ausschließlich zum Bau des Hauses verwenden. Stattdessen könnte daher auch das Haus als Zuwendungsgegenstand anzusehen sein. **779**

Was Gegenstand der Zuwendung ist, bestimmt sich nicht nur nach zivilrechtlichen Grundsätzen[1]. Der BGH nimmt in Fällen, in denen dem Schenkungsempfänger Geld zugewendet wird, das dieser zum Erwerb eines bestimmten Gegenstands einsetzen soll, an, dass nicht das Geld, sondern der erworbene Gegenstand zugewendet wird (sog. mittelbare Schenkung)[2]. Der BFH hat sich dieser Rspr angeschlossen. Auch für erbschaft- und schenkungsteuerliche Zwecke ist also keine Identität von Entreicherungs- und Bereicherungsgegenstand zu verlangen[3]. Steuerlich anzuerkennen ist die mittelbare Schenkung, wenn der Wille der Parteien nach außen erkennbar ist und tatsächlich voll- **780**

---

1 *Birk/Desens/Tappe*, Steuerrecht, Rn 1555.

2 BGH, IV ZR 167/51, NJW 1952, 1171; V ZR 134/69, NJW 1972, 247 (248); vgl zur mittelbaren Grundstücksschenkung auch *Birk/Desens/Tappe*, Steuerrecht, Rn 1556 f; *Schulte/Birnbaum*, Erbschaftsteuerrecht, Rn 251.

3 BFH, II R 19/84, BStBl II 1985, 382; II R 26/13, BStBl II 2015, 239.

zogen wird[4]. Bereits aus dem notariell beglaubigten Schenkungsvertrag zwischen V und S ergibt sich eindeutig, dass das Geld nur zu einem ganz bestimmten Zweck, nämlich dem Hausbau, dient. Zudem hat S das Haus noch im selben Jahr tatsächlich gebaut und so die Zweckbestimmung erfüllt. Ein weiteres Indiz für den auf Zuwendung des Hauses gerichteten Parteiwillen ist die Tatsache, dass V dem S bereits zuvor das Grundstück übertragen hatte, auf dem nunmehr das Haus gebaut wurde. Nach alledem ist S daher nicht um 800 000 €, sondern um einen Teil des von ihm errichteten Gebäudes bereichert. Die Gesamtkosten für die Errichtung des Hauses belaufen sich auf 1 000 000 €. Da V dem S nur 800 000 € zugewendet hat, ist ein gedachter Anteil von 4/5 an dem Haus als Zuwendungsgegenstand anzusehen.

2. Auf Kosten des Zuwendenden

781 Die Zuwendung ist auch auf Kosten des Zuwendenden V erfolgt. Der Vermögensmehrung bei S steht eine Entreicherung bei V gegenüber[5].

3. Wille zur Freigebigkeit

782 V wollte S bereichern und war sich auch bewusst, dass diese Bereicherung unentgeltlich geschah. Schließlich erfolgte die Zuwendung nach seinem Willen schenkweise. V hatte daher den erforderlichen Willen zur Freigebigkeit[6].

III. Steuerbemessungsgrundlage

783 Die Bemessungsgrundlage der Erbschaftsteuer ist nach § 10 ErbStG der steuerpflichtige Erwerb. Gem. § 10 Abs. 1 Satz 1 ErbStG gilt als solcher die Bereicherung des Erwerbers, soweit sie nicht steuerfrei ist. Wie der Wert der Bereicherung in den Fällen der Schenkung unter Lebenden zu ermitteln ist, regelt das ErbStG nicht ausdrücklich. Für Erwerbe von Todes wegen (vgl § 3 ErbStG) enthält § 10 Abs. 1 Satz 2 ErbStG eine Regelung. Entgegen ihrem Wortlaut ist die Vorschrift nach der gesetzlichen Konzeption auch auf Schenkungen unter Lebenden anwendbar. Eine gesonderte Regelung ist entbehrlich, weil gem. § 1 Abs. 2 ErbStG die Vorschriften über Erwerbe von Todes wegen grundsätzlich auch für Schenkungen unter Lebenden gelten[7]. Nach § 10 Abs. 1 Satz 2 ErbStG gilt als Bereicherung der Betrag, der sich ergibt, wenn von dem Wert des gesamten Vermögensanfalls die Abzugsposten des § 10 Abs. 3–9 ErbStG abgezogen werden.

784 Der Wert der Bereicherung bestimmt sich nach § 12 ErbStG iVm den Vorschriften des BewG. Hier ist das Haus Gegenstand der Bereicherung (s. Rn 780). Bei mit Ein- oder Zweifamilienhäusern bebauten Grundstücken kommt es nach § 12 Abs. 3 ErbStG iVm

---

4 *Loose*, Erbschaftsteuer, 4. Aufl 2021, Rn C9 ff.

5 Vgl *Birk/Desens/Tappe*, Steuerrecht, Rn 1551.

6 Zu den Voraussetzungen des Bereicherungswillens iE: *Meincke/Hannes/Holtz*, ErbStG, 17. Aufl 2018, § 7 Rn 88 ff; *Loose*, Erbschaftsteuer, 4. Aufl 2021, Rn C 2 f.

7 *Meincke/Hannes/Holtz*, ErbStG, 17. Aufl 2018, § 10 Rn 20.

§ 151 Abs. 1 Satz 1 Nr 1, § 182 Abs. 1, 2 Nr 3 BewG auf den Vergleichswert an. Allerdings besteht hier die weitere Besonderheit, dass das Grundstück bereits zuvor S gehörte. Es ist daher der auf das Grundstück entfallende Anteil abzuziehen: 850 000 € ./. 250 000 € = 600 000 €. Außerdem ist zu berücksichtigen, dass V nicht die gesamten Kosten getragen hat, sondern nur 4/5. Die Bereicherung des S beträgt also 480 000 €. Abzugsfähige Positionen iSd § 10 Abs. 3–9 ErbStG sind nicht ersichtlich.

Von diesem Betrag ist gem. § 16 Abs. 1 Nr 2 iVm § 15 Abs. 1 Nr 2 ErbStG ein Freibetrag von 400 000 € abzuziehen, so dass 80 000 € als steuerpflichtiger Erwerb verbleiben.

Die Schenkung des Grundstücks liegt bereits mehr als 10 Jahre zurück und ist daher nicht nach § 14 Abs. 1 Satz 1 ErbStG als früherer Erwerb dem steuerpflichtigen Erwerb hinzuzurechnen.

IV. Berechnung der Steuer

Auf den steuerpflichtigen Erwerb von 80 000 € ist gem. § 19 Abs. 1, § 15 Abs. 1 Nr 2 **785** ErbStG ein Steuersatz von 11 % anzuwenden. Die festzusetzende Steuer würde daher eigentlich 8800 € betragen. Möglicherweise ist hier allerdings nach § 19 Abs. 3 ErbStG ein sog. Härteausgleich vorzunehmen. Dabei ist zunächst die Steuer zu ermitteln, die sich berechnen würde, wenn der Erwerb die vorhergehende Wertgrenze iSd § 19 Abs. 1 ErbStG nicht überstiegen hätte: 75 000 € × 7 % = 5250 €. Die Differenz zwischen diesem Betrag und der ohne § 19 Abs. 3 ErbStG festzusetzenden Steuer ergibt die Steuer, die durch das Überschreiten der Wertgrenze des § 19 Abs. 1 ErbStG mehr anfällt: 8800 € ./. 5250 € = 3550 €. Der Mehrerwerb (80 000 € ./. 75 000 € = 5000 €) ist nunmehr gem. § 19 Abs. 3 lit. a ErbStG um 1/2 zu kürzen: 5000 € × 1/2 = 2500 €. Da die Mehrsteuer diesen Betrag übertrifft (3550 € > 2500 €), ist ein Härteausgleich vorzunehmen[8]. Die festzusetzende Steuer beträgt daher: 5250 € + 2500 € = 7750 €.

V. Entstehen der Steuer, § 9 Abs. 1 Nr 2 ErbStG

Gem. § 9 Abs. 1 Nr 2 ErbStG entsteht die Steuer mit dem Zeitpunkt der Ausführung der **786** Zuwendung. Bei der mittelbaren Grundstücksschenkung ist dieser anzunehmen, sobald der Zuwendungsempfänger Eigentümer des Grundstücks geworden, der Leistungserfolg also eingetreten ist[9]. Hier ist daher davon auszugehen, dass die Steuer unmittelbar nach der Errichtung des Hauses entstanden ist.

VI. Steuerschuldner, § 20 Abs. 1 Satz 1 ErbStG

Gem. § 20 Abs. 1 Satz 1 ErbStG sind bei einer Schenkung sowohl der Erwerber als auch **787** der Schenker Steuerschuldner. V und S schulden die Steuer also gesamtschuldnerisch nach § 44 Abs. 1 AO.

---

8 Abweichende Berechnung des Härteausgleichs bei *Meincke*, ErbStG, 17. Aufl 2018, § 19 Rn 9 f.

9 *Meincke/Hannes/Holtz*, ErbStG, 17. Aufl 2018, § 9 Rn 50.

B. Schenkung des Hausgrundstücks an U

788 Auch bei der Übertragung des Hausgrundstücks an U könnte es sich um einen nach dem ErbStG steuerbaren Vorgang handeln.

I. Persönliche Steuerpflicht, § 2 Abs. 1 Nr 1 Sätze 1, 2 lit. a ErbStG

789 Die Voraussetzungen der unbeschränkten Steuerpflicht nach § 2 Abs. 1 Nr 1 Sätze 1, 2 lit. a ErbStG, § 8 AO liegen vor.

II. Sachliche Steuerpflicht, § 1 Abs. 1 Nr 2 ErbStG

790 Die Übertragung des Hauses könnte wiederum als freigebige Zuwendung unter Lebenden iSd § 7 Abs. 1 Nr 1 ErbStG anzusehen sein.

1. Objektive Bereicherung

791 U müsste zunächst objektiv bereichert sein. Die Frage der Bereicherung ist zunächst anhand der gemeinen Werte (Verkehrswerte) der Zuwendungsgegenstände und der ggf vom Bedachten zu erfüllenden Gegenleistungen und Auflagen zu beurteilen[10]. U ist um das Grundstück (Wert: 1 500 000 €) bereichert worden. Im Gegenzug hat er allerdings die Verpflichtung zu einer Rentenzahlung von 200 000 € übernommen. V hat U das Grundstück nur unter der Auflage übertragen, dass dieser sich seinerseits zu dieser Leistung an ihn verpflichtet. Die Leistungsverpflichtung des U steht also zu einem Teil in einem Synallagma zur Grundstücksübertragung. Die Fälle der Schenkung unter Leistungsauflage behandelt die Rspr wie die der gemischten Schenkung[11]. Immer, wenn eine Vereinbarung neben Elementen freigebiger Zuwendung auch Elemente eines Austauschvertrages enthält, ist nur der die Gegenleistung übersteigende Wert der gemischten Zuwendung schenkungsteuerrechtlich relevant[12]. Soweit die Zuwendung entgeltlich erfolgt, fehlt es dagegen schon an einer objektiven Bereicherung des Erwerbers. Der Zuwendungsgegenstand ist deshalb in einen entgeltlichen und einen unentgeltlichen (= freigebigen) Teil aufzuteilen; der Schenkungsteuer unterliegt nur der unentgeltliche Teil. Unentgeltlich ist ein Erwerb, soweit er nicht rechtlich abhängig ist von einer den Erwerb ausgleichenden Gegenleistung, die sowohl nach Art eines gegenseitigen Vertrags als auch durch Setzen einer Auflage oder Bedingung begründet sein kann[13]. Es ist hier davon auszugehen, dass der Verkehrswert dem angegebenen Vergleichswert iSd § 182 Abs. 2, § 183 BewG entspricht. Die Bereicherung von U beträgt daher 1 500 000 € ./. 200 000 € = 1 300 000 €.

792 Fraglich ist noch, ob und inwieweit das zugunsten der G bestellte Nutzungsrecht steuerlich zu berücksichtigen ist. Infolge der Nutzungsauflage kann U das Haus zumindest

---

10 R E 7.1 Abs. 2 Satz 2 ErbStR 2019.

11 BFH, II R 37/87, BStBl II 1989, 524; R E 7.4 Abs. 1 Satz 1 ErbStR 2019; *Schulte/Birnbaum*, Erbschaftsteuerrecht, Rn 523.

12 BFH, II R 37/87, BStBl II 1989, 524 (526).

13 R E 7.1 Abs. 2 Satz 3 ErbStR 2019.

zeitweise nicht vollumfänglich nutzen. Im Gegensatz zur Leistungsauflage besteht die Gewährung des Nutzungsrechts jedoch nicht in einer entgeltlichen Verpflichtung. Mangels eigener Aufwendungen des Zuwendungsempfängers liegt keine Gegenleistung vor[14]. Vielmehr ist lediglich der Nutzungswert eingeschränkt. Den Charakter der Zuwendung als einheitliche freigebige Leistung hindert eine Duldungs- oder Nutzungsauflage aber nicht[15]. Die Rspr behandelt daher die Fälle sog. Duldungs- oder Nutzungsauflagen anders als die der Leistungsauflage[16]. Als steuerrechtliche Bereicherung ist zunächst der gesamte Vermögensanfall anzusehen. Die Belastung durch die Duldungs- bzw Nutzungsauflage ist erst bei der steuerlichen Bemessungsgrundlage zu berücksichtigen. Das zu Gunsten der G bestellte Nutzungsrecht wirkt sich also nicht auf die objektive Bereicherung des U aus.

2. Auf Kosten des Zuwendenden

Auf Seiten des V steht der bei U eingetretenen Vermögensmehrung eine Entreicherung **793**
gegenüber. Die Bereicherung geschah demnach auf Kosten des Zuwendenden.

3. Wille zur Freigebigkeit

Auch hinsichtlich der Schenkung des Hausgrundstücks an U handelte V in dem **794**
Bewusstsein der Unentgeltlichkeit und mit Bereicherungswillen. Zudem erfolgte die Zuwendung nach seinem Willen schenkweise. Folglich hatte V den Willen zur Freigebigkeit.

III. Steuerbemessungsgrundlage

Der für die Bestimmung des steuerpflichtigen Erwerbs nach § 10 Abs. 1 Satz 1 ErbStG **795**
maßgebliche Wert der Bereicherung bestimmt sich nach § 12 ErbStG iVm den Vorschriften des BewG. Da es sich bei dem Zuwendungsgegenstand um ein mit einem Einfamilienhaus bebautes Grundstück handelt, kommt es also wiederum auf den Vergleichswert (§ 12 Abs. 3 ErbStG iVm § 151 Abs. 1 Satz 1 Nr 1, § 182 Abs. 1, 2 Nr 3 BewG) an, der mit 1 500 000 € angegeben ist. Es sind aber noch die Verpflichtungen zu berücksichtigen, die U im Gegenzug für die Übertragung des Grundstücks gegenüber V eingehen musste.

U hat sich zu der Rentenzahlung an V verpflichtet, so dass zunächst ein steuerpflichtiger Erwerb iHv 1 300 000 € (= 1 500 000 € ./. 200 000 €) verbleibt.

Ferner ist noch das Nutzungsrecht zu Gunsten der G zu berücksichtigen. Gem. § 10 **796**
Abs. 1 Satz 2, Abs. 5 Nr 2 ErbStG sind von dem ermittelten Wert Verbindlichkeiten aus Auflagen abzuziehen. Somit ist nunmehr der Kapitalwert (§ 12 Abs. 1 ErbStG iVm § 14

14 *Birk/Desens/Tappe*, Steuerrecht, Rn 1577.
15 BFH, II R 72/99, BStBl II 2002, 25 (27).
16 BFH, II R 37/87, BStBl II 1989, 524 (526); II R 27/09, BStBl II 2011, 730.

Abs. 1 BewG) der Nutzungs- bzw Duldungsauflage in Abzug zu bringen[17]. Allerdings bezieht sich die Nutzungsauflage auf den gesamten Zuwendungsgegenstand. Deshalb ist nur der auf den freigebigen Teil der Zuwendung entfallende Kapitalwert abzugsfähig[18]: 1 170 000 € (= 1 300 000 € ./. 130 000 €).

797 Ferner könnten auch die 15 000 € Erwerbsnebenkosten, die U zu tragen hatte, bei der Bemessungsgrundlage zu berücksichtigen sein. Nach § 10 Abs. 1 Satz 2, Abs. 5 Nr 3 Satz 1 ErbStG sind ua die Kosten von dem steuerpflichtigen Erwerb abzugsfähig, die unmittelbar im Zusammenhang mit dem Erwerb stehen. Gem. § 1 Abs. 2 ErbStG findet die Vorschrift auch auf Schenkungen Anwendung. Die Kosten für Notar und Grundbuchamt stehen in einem direkten Zusammenhang mit dem Erwerb des Grundstücks. Aus Vereinfachungsgründen sind die Erwerbsnebenkosten unbeschränkt abzugsfähig[19]. Es ist daher ein Betrag von 15 000 € in Abzug zu bringen: 1 155 000 € (= 1 170 000 € ./. 15 000 €).

Von diesem Betrag ist nach § 16 Abs. 1 Nr 2 iVm § 15 Abs. 1 Nr 2 ErbStG ein Freibetrag von 400 000 € abzuziehen.

IV. Berechnung der Steuer

798 Auf den verbleibenden Betrag von 755 000 € ist nach § 19 Abs. 1, § 15 Abs. 1 Nr 2 ErbStG ein Steuersatz von 19 % anzuwenden. Die festzusetzende Steuer beträgt damit zunächst 143 450 €. Fraglich ist noch, ob ein Härteausgleich nach § 19 Abs. 3 ErbStG stattfindet. Bei Nichtüberschreiten der vorhergehenden Wertgrenze iSd § 19 Abs. 1 ErbStG hätte die Steuer 600 000 € × 15 % = 90 000 € betragen. Der Mehranfall durch das Überschreiten der Wertgrenze des § 19 Abs. 1 ErbStG beträgt damit 53 450 € (= 143 450 € ./. 90 000 €). Der hälftige Mehrerwerb (§ 19 Abs. 3 lit. a ErbStG) liegt bei 77 500 € (= 1/2 × [755 000 € ./. 600 000 €]). Da die Mehrsteuer diesen Betrag nicht übertrifft (53 450 € < 77 500 €), ist kein Härteausgleich vorzunehmen. Die festzusetzende Steuer beträgt daher 143 450 €.

V. Entstehen der Steuer, § 9 Abs. 1 Nr 2 ErbStG

799 Die Steuer ist mit Übertragung des Eigentums an dem Grundstück auf U entstanden.

VI. Steuerschuldner, § 20 Abs. 1 Satz 1 ErbStG

800 Gem. § 20 Abs. 1 Satz 1 ErbStG sind sowohl V als auch U Steuerschuldner.

---

17 BFH, II R 37/87, BStBl II 1989, 524 (526); II R 114/89, BFH/NV 1993, 298 (299); II R 72/99, BStBl II 2002, 25 (26).

18 Vgl BFH, II R 18/93, BStBl II 1996, 243 (245); II R 114/89, BFH/NV 1993, 298.

19 R E 7.4 Abs. 4 Satz 1 ErbStR 2019.

C. Geldschenkung an F

Fraglich ist, ob auch die Schenkung der 600 000 € von V an F einen nach dem ErbStG steuerbaren Vorgang darstellt. **801**

I. Persönliche Steuerpflicht, § 2 Abs. 1 Nr 1 Sätze 1, 2 lit. a ErbStG

Die Voraussetzungen der § 2 Abs. 1 Nr 1 Sätze 1, 2 lit. a ErbStG, § 8 AO liegen vor. **802**

II. Sachliche Steuerpflicht, § 1 Abs. 1 Nr 2 ErbStG

Es müsste sich bei der Schenkung um eine freigebige Zuwendung unter Lebenden iSd **803** § 7 Abs. 1 Nr 1 ErbStG handeln. Dazu müsste F zunächst objektiv bereichert sein.

Nach der Rspr des BFH liegt in Fällen, in denen der Zuwendungsempfänger die Zuwendung entsprechend einer vertraglichen Verpflichtung vollumfänglich an einen Dritten weitergibt, keine objektive Bereicherung der Mittelsperson aus dem Vermögen des Zuwendenden vor. Stattdessen ist für schenkungsteuerliche Zwecke lediglich eine (einheitliche) Zuwendung unmittelbar an den Dritten anzunehmen[20]. Verbleibt dem zunächst Bedachten jedoch eine eigene Entscheidungsmöglichkeit hinsichtlich der Verwendung der Zuwendung, so ist die Kettenschenkung schenkungsteuerlich anzuerkennen[21]. Der Schenkungsvertrag zwischen V und F schränkt die Dispositionsbefugnis der F über das Geld nicht ausdrücklich ein. So enthält der Vertrag nicht etwa eine Abrede, wonach F verpflichtet ist, das Geld unmittelbar an T weiterzuleiten. Allerdings kommt es auch nicht allein darauf an, ob der Schenkungsvertrag zwischen dem Zuwendenden und der Durchgangs- oder Mittelsperson ausdrückliche Absprachen hinsichtlich der Verwendung des Zuwendungsgegenstands trifft, sondern vielmehr auf den Gesamtplan und die subjektiven Vorstellungen der Parteien[22]. Abzustellen ist dabei auch auf die äußeren Umstände des Vertragsschlusses und seiner Durchführung[23].

V, F und T gingen erkennbar übereinstimmend davon aus, dass T die allein wirtschaftlich Begünstigte sein sollte. Zunächst spricht der enge zeitliche Zusammenhang zwi- **804** schen beiden Schenkungsvorgängen für eine Zuwendung unmittelbar von V an T[24]. Zudem schaltete V die F als Mittelsperson einzig in der Absicht ein, Steuern zu sparen. Diese Absicht kommt auch nach außen erkennbar zum Ausdruck: V hatte der T bereits im vergangenen Jahr 800 000 € zugewendet. Dieser frühere Erwerb wäre gem. § 14 Abs. 1 Satz 1 ErbStG bei dem nachfolgenden Erwerb zu berücksichtigen. Das führt dazu, dass im Verhältnis V zu T der Freibetrag nach § 16 Abs. 1 Nr 2 ErbStG bereits „verbraucht" ist. Im Verhältnis zu F dagegen steht T der Freibetrag noch zu; die Zuwendung von V an F wäre nach § 16 Abs. 1 Nr 1 ErbStG iHv 500 000 € steuerbefreit, so

20 BFH, II R 92/91, BStBl II 1994, 128.
21 BFH, II R 92/91, BStBl II 1994, 128 (129); II R 54/03, BStBl II 2005, 412 (413); Hess. FG, 1 K 268/04, EFG 2008, 472 (rkr); vgl auch *Schulte/Birnbaum*, Erbschaftsteuerrecht, Rn 256.
22 Hess. FG, 1 K 268/04, EFG 2008, 472 (rkr).
23 BFH, II R 92/91, BStBl II 1994, 128 (129).
24 Vgl BFH, II R 92/91, BStBl II 1994, 128 (129).

dass die Gesamtsteuerbelastung bei einem Zwischenerwerb der F niedriger ausfallen würde. Andere, außersteuerliche Motive sind für die Zwischenschaltung der F nicht erkennbar. Auch dies spricht erheblich gegen eine eigene Dispositionsbefugnis der F und damit für eine Zuwendung unmittelbar von V an T.

805 Demnach ist die Zuwendung des V an F schenkungsteuerrechtlich unbeachtlich, da F mangels eigener Dispositionsmöglichkeit hinsichtlich der 600 000 € nicht objektiv bereichert ist. Für schenkungsteuerliche Zwecke ist der gesamte Vorgang als nur eine Schenkung, nämlich von V an T, anzusehen.

Auf die Frage, ob in der vertraglichen Ausgestaltung der Schenkung außerdem ein Gestaltungsmissbrauch iSd § 42 AO oder ein Fall des Gesamtplans vorliegt[25] und die Kettenschenkung aus diesem Grund nicht anzuerkennen ist, kommt es nicht mehr an[26].

Die Zuwendung der 600 000 € von V an F begründet keine Steuerpflicht nach dem ErbStG.

D. Geldschenkung an T

806 Jedoch könnte die Zuwendung der 600 000 € über F an T im Verhältnis V zu T eine nach dem ErbStG steuerbare Schenkung darstellen.

Die Voraussetzungen der persönlichen Steuerpflicht nach § 2 Abs. 1 Nr 1 Sätze 1, 2 lit. a ErbStG, § 8 AO liegen vor.

Ferner ist T objektiv bereichert. Die Bereicherung geschah auch nicht auf Kosten der F, da diese mangels eigener Dispositionsmöglichkeit über das Geld niemals selbst bereichert war (s. Rn 805). Vielmehr ist die Bereicherung als solche auf Kosten des V anzusehen, da ihr eine Entreicherung bei diesem gegenübersteht. Schließlich lassen die Umstände darauf schließen, dass V auch den erforderlichen Bereicherungs- und Schenkungswillen hatte und sich der Unentgeltlichkeit bewusst war, so dass die Zuwendung als freigebige Zuwendung unter Lebenden nach § 7 Abs. 1 Nr 1 ErbStG anzusehen ist.

807 Steuerpflichtiger Erwerb ist nach § 10 Abs. 1 Satz 1 ErbStG die Bereicherung des Erwerbers, soweit diese nicht steuerfrei ist. T ist um 600 000 € bereichert. T hat jedoch schon im vergangenen Jahr 800 000 € von V ausgezahlt bekommen. Gem. § 14 Abs. 1 Satz 1 ErbStG[27] ist diese Schenkung als früherer Erwerb dem nun steuerpflichtigen Erwerb hinzuzurechnen. Daher ist für die Steuerberechnung nicht von einem Erwerb in Höhe von 600 000 €, sondern von einem Erwerb iHv 1 400 000 € (= 600 000 € + 800 000 €) auszugehen.

---

25 Dazu *Birk/Desens/Tappe*, Steuerrecht, Rn 332.
26 Vgl dazu *Weinmann*, in: Moench/Weinmann, ErbStG, § 7 Rn 147.
27 Zur Berücksichtigung früherer Erwerbe nach § 14 ErbStG *Birk/Desens/Tappe*, Steuerrecht, Rn 1626 f.

Nach Abzug des Freibetrags von 400 000 € gem. § 16 Abs. 1 Nr 2, § 15 Abs. 1 Nr 2 ErbStG verbleibt ein Betrag von 1 000 000 € (= 1 400 000 € ./. 400 000 €). Bei einem Steuersatz von 19 % gem. § 19 Abs. 1, § 15 Abs. 1 Nr 2 ErbStG ergibt sich eine Steuer von 190 000 €. Abzuziehen ist gem. § 14 Abs. 1 Satz 2 ErbStG die (fiktive) Steuer, die für den früheren Erwerb nach den persönlichen Verhältnissen des Erwerbers und auf der Grundlage der geltenden Vorschriften zur Zeit des letzten Erwerbs zu erheben gewesen wäre. Für den früheren Erwerb der 800 000 € wäre bei Abzug eines Freibetrags von 400 000 € nach § 16 Abs. 1 Nr 2, § 15 Abs. 1 Nr 2 ErbStG und bei Anwendung eines Steuersatzes von 15 % gem. § 19 Abs. 1, § 15 Abs. 1 Nr 2 ErbStG auf den verbleibenden Betrag von 400 000 € eine Steuer von 60 000 € zu zahlen gewesen. Eine Veränderung der persönlichen Verhältnisse oder der gesetzlichen Vorschriften ist nicht eingetreten, so dass es einer Korrektur dieser Abzugsteuer gem. § 14 Abs. 1 Satz 3 oder Satz 4 ErbStG nicht bedarf. **808**

Die geschuldete Steuer für den Erwerb der 600 000 € beträgt also 130 000 € (= 190 000 € ./. 60 000 €).

Die Steuer ist nach § 9 Abs. 1 Nr 2 ErbStG mit Ausführung der Schenkung, also im Zeitpunkt der Überweisung des Geldes von F an T, entstanden und wird gem. § 20 Abs. 1 Satz 1 ErbStG von V und T gemeinsam geschuldet.

E. Ergebnis

Alle drei Zuwendungen des V an seine Kinder stellen sich als freigebige Zuwendungen unter Lebenden dar und begründen eine Steuerpflicht nach dem ErbStG. Insgesamt beträgt die Steuerbelastung 7750 € + 143 450 € + 130 000 € = 281 200 €. **809**

Zur Wiederholung

Übersicht 14: Überblick über das ErbStG

Das ErbStG regelt sowohl die Erbschaft- als auch die Schenkungsteuer. § 1 II ErbStG stellt Schenkungen und Zweckzuwendungen den Erwerben von Todes wegen in steuerlicher Hinsicht grundsätzlich gleich. **810**

I. Persönliche Steuerpflicht, § 2 ErbStG

- **Erwerb von Todes wegen:** § 2 I Nr 1a ErbStG: Erblasser ist Inländer
- **Schenkung unter Lebenden:** Schenker oder Erwerber hat zum Zeitpunkt der Entstehung der Steuer (§ 9 ErbStG) Wohnsitz oder gewöhnlichen Aufenthalt im Inland

II. Erwerbstatbestände

Erwerb von Todes wegen, § 1 I Nr. 1; § 3 ErbStG: Bereicherung des Erwerbers, soweit diese nicht steuerbefreit ist, § 10 I 1 ErbStG: • Bereicherung: gem. § 10 I 2 ErbStG der Wert des Vermögensanfalls abzgl. der Nachlassverbindlichkeiten iSd § 10 III–IX ErbStG • Bewertung des Vermögensanfalls und der Nachlassverbindlichkeiten gem. § 12 ErbStG nach den Vorschriften des BewG • Steuerbefreiungen: persönliche (§ 16, § 17 ErbStG) und sachliche (§ 5, § 13, § 13a, § 13c, § 18 ErbStG) • Steuerpflichtiger Erwerb gem. § 10 I 6 ErbStG auf volle 100 € abzurunden	**Schenkung unter Lebenden, § 1 I Nr 2; § 7 ErbStG** **Grundtatbestand:** § 7 I Nr 1 ErbStG: freigebige Zuwendung, soweit Beschenkter auf Kosten des Schenkers bereichert wird: • Objektive Bereicherung beim Bedachten • Auf Kosten des Zuwendenden • Wille zur Freigebigkeit

Ferner: **Zweckzuwendungen**, § 1 I Nr 3; § 8 ErbStG
„Ersatzerbschaftsteuer": Besteuerung des Vermögens von **Familienstiftungen** unter den Voraussetzungen des § 1 I Nr 4 ErbStG

III. Bemessungsgrundlage der Steuer: steuerpflichtiger Erwerb, § 10 ErbStG

Erwerb von Todes wegen: Bereicherung des Erwerbers, soweit diese nicht steuerbefreit ist, § 10 I 1 ErbStG: • Bereicherung: gem. § 10 I 2 ErbStG der Wert des Vermögensanfalls abzgl. der Nachlassverbindlichkeiten iSd § 10 III–IX ErbStG • Bewertung des Vermögensanfalls und der Nachlassverbindlichkeiten gem. § 12 ErbStG nach den Vorschriften des BewG • Steuerbefreiungen: persönliche (§ 16, § 17 ErbStG) und sachliche (§ 5, § 13, § 13a, § 13c, § 18 ErbStG) • Steuerpflichtiger Erwerb gem. § 10 I 6 ErbStG auf volle 100 € abzurunden	**Schenkungen unter Lebenden:** Keine Sondervorschriften; wegen § 1 II ErbStG Anwendbarkeit der Regeln über Erwerbe von Todes wegen: • Begriff der Bereicherung in § 10 I 1 ErbStG anders zu verstehen als Bereicherung iSd § 7 I Nr 1 ErbStG **Sonderfall:** gemischte Schenkung/Schenkung unter Leistungsauflage

IV. Bewertung § 12 ErbStG

Grundvermögen	Betriebsvermögen	Kapitalgesellschaftsanteile
§ 12 III ErbStG iVm § 151 I Nr 1 BewG beachte:	§ 12 V ErbStG iVm § 151 I 1 Nr 2 BewG beachte:	§ 12 II ErbStG iVm § 151 I 1 Nr 3 BewG beachte:
Steuerbefreiung § 13 Nr 4a, b, c ErbStG	Steuerbefreiung § 13a ErbStG	

	Option 1 § 13a I ErbStG	Option 2 § 13a X ErbStG
Voraussetzung für Verschonung (§ 13a I 1 ErbStG)	Wert des erworbenen begünstigten Vermögens darf 26 Mio. € nicht übersteigen → ggf. Abschmelzmodell (§ 13c I ErbStG) Antrag auf Erlass (§ 28a I ErbStG)	
Steuerverschonung	85 %	100 %
Bei Verwaltungsvermögen (§ 13b II 1 u. 2 ErbStG) „Netto-Verwaltungsvermögen" (§ 13b VI ErbStG)	bis zu 90 %	bis zu 20 %
	Begünstigung nur insoweit, als das Vermögen kein Verwaltungsvermögen darstellt (Abschaffung des Alles-oder-Nichts-Prinzips)	
	Investitionsklausel beim Erwerb von Todes wegen (§ 13b V ErbStG)	
Betriebsfortführung (§ 13a VI ErbStG)	fünf Jahre	sieben Jahre
Lohnsumme (§ 13a III 1 ErbStG)	nach fünf Jahren 400 % der Lohnsumme zum Erbzeitpunkt	nach sieben Jahren 700 % der Lohnsumme zum Erbzeitpunkt

<u>Ausnahmen</u> (§ 13a III 3 ErbStG):

- Nr. 1 : Ausgangslohnsumme = 0 €
- Nr. 2: < 5 Beschäftigte

Abstufung der Mindestlohnsumme (§ 13a III 4 ErbStG), wenn:

- > 5 und < 10 Beschäftigte: 250 % bzw. 500 % (Option 2)
- > 10 und < 15 Beschäftigte: 300 % bzw. 565 % (Option 2)

§ 13a VI ErbStG: bei vorzeitigen Verkauf anteiliger Wegfall des Verschonungsabschlags

V. Steuerberechnung

- § 15 ErbStG: drei **Steuerklassen** (I, II und III) abhängig vom Grad der verwandtschaftlichen Beziehung zum Erblasser (Schenker)
- **Steuersatz**, § 19 I ErbStG: Stufentarif: Steuerbelastung richtet sich sowohl nach dem Wert des steuerpflichtigen Erwerbs als auch nach der Steuerklasse
- Bei steuerpflichtigem Erwerb in den Steuerklassen II und III Tarifbegrenzung nach § 19a ErbStG möglich
- Progressiver Tarif: Steuersätze zwischen 7 % und 50 %
- Steuersatz gilt grundsätzlich für den gesamten steuerpflichtigen Erwerb und nicht nur für den Teil, der die vorhergehende Wertstufe überschreitet; aber ggf gem. § 19 III ErbStG **Härteausgleich**
- Berücksichtigung **früherer Erwerbe** gem. § 14 ErbStG

Lena Rath

[redacted]

04107 Leipzig

[redacted]

9. Fachsemester

Matrikel-Nr.: [redacted]

10.11.2020

Seminar zum Thema Immobilienbesteuerung

Wintersemester 2020/2021

Prof. Dr. Marc Desens

Grunderwerbsteuer bei Umwandlungen

Betreuer: Prof. Dr. Marc Desens

Inhaltsverzeichnis

II

Literaturverzeichnis

Lehrbücher

Birk, Dieter Desens, Marc Tappe, Henning	Steuerrecht 23. Auflage, Heidelberg 2020 (zitiert: *Birk/Desens/Tappe* SteuerR)
Emmerich, Volker Habersack, Mathias	Konzernrecht 11. Auflage, München 2020 (zitiert: *Emmerich/Habersack* KonzernR)
Kraft, Julia Redenius-Hövermann	Umwandlungsrecht 2. Auflage, Tübingen 2020 (zitiert: *Bearbeiter* in: *Kraft/Redenius-Hövermann* UmwR)

Kommentare

Behrens, Stefan Wachter, Thomas	Grunderwerbsteuergesetz 1. Auflage, Köln 2018 (zitiert: *Bearbeiter* in: Behrens/Wachter GrEStG)
Hofmann, Ruth	Grunderwerbsteuergesetz 11. Auflage, Herne 2017 (zitiert: *Hofmann* GrEStG)

Kallmeyer, Harald	Umwandlungsgesetz 7. Auflage, Köln 2020 (zitiert: Kallmeyer/*Bearbeiter* UmwG)
Loose, Matthias Meßbacher-Hönsch, Christine Viskorf, Hermann-Ulrich	Grunderwerbsteuergesetz begr. von E. P. Boruttau 19. Auflage, München 2019 (zitiert: Boruttau/*Bearbeiter* GrEStG)
Pahlke, Armin	Grunderwerbsteuergesetz 6. Auflage, München 2018 (zitiert: *Pahlke* GrEStG)
Widmann, Siegfried Mayer, Dieter	Umwandlungsrecht 186. Aktualisierung, Bonn 2020 (zitiert: *Bearbeiter* in: Widmann/Mayer UmwR)
Wilms, Heinrich Jochum, Georg	Erbschaftssteuer- und Schenkungssteuergesetz mit Bewertungsgesetz und Grunderwerbsteuergesetz 108. Aktualisierung, Bonn 2020 (zitiert: *Bearbeiter* in: Wilms/Jochum ErbStG BewG GrEStG)

Aufsätze

Binder, Sebastian Lorenz, Johannes	Update zur grunderwerbsteuerlichen Konzernklausel vor dem Hintergrund der jüngsten BFH-Rechtsprechung

	DER KONZERN, Heft 03/2020, S. 98 – 104
Böing, Elke	Herrschendes Unternehmen i.S.d. § 6a GrEStG innerhalb einer Beteiligungskette GmbH-StB, Heft 09/2020, S. 286 – 287
Broemel, Karl Mörwald, Frieder B.	BFH-Entscheidungen zu § 6a GrEStG – geklärte und offene Fragen, gesetzgeberischer Handlungsbedarf DER BETRIEB, Heft 20/2020, S. 1029 – 1036
Ellenrieder, Benedikt	Konzernklausel und EU-Beihilferecht Steuerrecht aktuell, Heft 02/2019, S. 220 – 224
Greiser, Jana Rotter, Markus	Grunderwerbsteuerneutrale Verschmelzung bei Umstrukturierung im Konzern NWB Nr. 12 v. 21.03.2016, S. 849 – 862
Loose, Mathias	Grunderwerbsteuerbefreiung bei Umwandlungen im Konzern DER BETRIEB, Heft 18/2020, S. 919 – 921
Loose, Matthias	Anmerkung zu den Entscheidungen des BFH vom 21.08.2019 und 22.08.2019 zu § 6a GrEStG juris PraxisReport Steuerrecht, Heft 16/2020, Anmerkung 1
Mensching, Oliver	Grunderwerbsteuerrechtliche Einführung einer Kon-

Tyarks, Marco	zernklausel durch das Wachstumsbeschleunigungsgesetz BetriebsBerater, Heft 03/2010 S. 87 – 92
Müller, Tobias Dorn, Katrin Ahrens, Melanie	Grunderwerbsteuer bei gesellschaftsrechtlichen Veränderungen NWB Nr 39 v. 25.09.2020, S. 18 – 25
Rödder, Thomas Schönfeld, Jens	Zweifelsfragen im Zusammenhang mit der Vor- und Nachbehaltensfrist der grunderwerbsteuerlichen Konzernklausel des § 6a Satz 4 GrEStG n.F. DStR, Heft 09/2010, S. 415 – 418
Schaflitzl, Andreas Schrade, Jörg	Die geplante Anti-„RETT-Blocker"-Regelung im Grunderwerbsteuerrecht BetriebsBerater, Heft 07/2013, S. 342 – 350
Tiede, Kai	Der BFH gibt dem § 6a GrEStG Kontur StuB, Heft 06/2020, S. 209 – 214
Wagner, Thomas Lieber, Bettina	Änderungen bei der GrESt: Vermeidung von RETT-Blockern und Erweiterung von § 6a GrEStG DER BETRIEB, Heft 25/2013, S. 1387 – 1390
Wagner, Thomas Lieber, Bettina	GrESt bei Umwandlungen Zugleich Anm. zu den überarbeiteten gleichlautenden Ländererlassen zu § 6a GrEStG DER BETRIEB, Heft 32/2012, S. 1772 – 1778

Wälzholz, Eckhard Bayer, Julia	Aktuelle grunderwerbsteuerliche Gestaltungsprobleme bei der GmbH (Teil 1) – Steuervergünstigungen bei Umstrukturierungen im Konzern (§ 6a GrEStG) GmbH-StB, Heft 06/2020, S. 195 – 199
Wischott, Frank Graessner, Hans-Christoph	Grunderwerbsteuerliche Konzernklausel NWB Nr. 18 v. 02.05.2020, S. 1320 – 1328

Monographien

Bundessteuerberaterkammer	Stellungnahme der Bundessteuerberaterkammer zum Entwurf eines Gesetzes zur Änderung des Grunderwerbsteuergesetzes BT-Drs.: 19/13437 vom 23. September 2019 Berlin, 10.10.2019
Ettinger, Jochen Schmitz, Markus	Umstrukturierungen im Bereich mittelständischer Unternehmen 5. Auflage, München 2019
Gottwald, Stefan Behrens, Stefan	Handbuch – Grunderwerbsteuer 5. Auflage, Köln 2015 (zitiert: *Gottwald/Behrens* GrEStG)
Krich, Stefan	Grunderwerbsteuer im Konzern 1. Auflage, Baden-Baden 2018

Sagasser, Bernd	Handbuch – Umwandlungen
Bula, Thomas	5. Auflage, München 2017
Brünger, Thomas	(zitiert: *Bearbeiter* in: Sagasser/Bula/Brünger)

Abkürzungsverzeichnis

Für die Abkürzungen wird grundsätzlich auf Hildebert Kirchner, Abkürzungsverzeichnis der Rechtssprache, 8. Auflage, Berlin 2015, verwiesen.

Abb.	Abbildung
Abs.	Absatz
AEUV	Vertrag über die Arbeitsweise der Europäischen Union
AktG	Aktiengesetz
BFH	Bundesfinanzhof
BGBl.	Bundesgesetzblatt
BMF	Bundesministerium für Finanzen
BR-Drucks.	Bundesrat-Drucksache
Bsp.	Beispiel
BStBK	Bundessteuerberaterkammer
BStBl.	Bundessteuerblatt
BT-Drucks.	Bundestag-Drucksache
DB	DER BETRIEB
DK	DER KONZERN
DStR	Deutsches SteuerRecht
EuGH	Europäischer Gerichtshof
f., ff.	folgende (z.B. Seite), folgende (z.B. Seiten)
gem.	Gemäß
GG	Grundgesetz
GmbH-StB	Der GmbH-Steuer-Berater
GrEStG	Grunderwerbsteuergesetz
i.F.d.	in Form des/der
i.H.v.	in Höhe von
i.S.d.	im Sinne des/der
i.V.m.	in Verbindung mit
Ländererl.	Gleich lautende Erlasse der obersten Finanzbehörden der Länder
mind.	Mindestens
Nr.	Nummer
NWB	Neue Wirtschafts-Briefe
o.g.	oben genannt
RegE	Regierungsentwurf
Rn.	Randnummer

IX

S.	Satz/Seite
sog.	sogenannt
StuB	Unternehmensteuern und Bilanzen
Tz.	Textziffer
u.a.	unter anderem/n
UmwG	Umwandlungsgesetz
v.	vom/n
z.B.	zum Beispiel

X

A. Einführung

Die Grunderwerbsteuer[1] ist die wichtigste unabhängige Steuereinnahmequelle,[2] die den Ländern direkt zusteht und die einzige Steuer, bei welcher diese den Satz eigenständig festgelegen können. Sie knüpft als Verkehrsteuer an den inländischen Grundstücksverkehr an, womit die Leistungsfähigkeit der an Erwerbsvorgängen Beteiligten abgebildet werden soll.[3] Besonders bei Umwandlungen, der gesellschaftsrechtlichen Reorganisation von Unternehmen, spielt die Steuerart eine große Rolle. Umwandlungsvorgänge sind zumeist ertragsteuerrechtlich neutral,[4] aber aufgrund des mittlerweile von der Rechtsprechung und dem Gesetzgeber umfangreich entwickelten § 1 GrEStG[5] mit der GrESt belastet. Mit Schaffung des § 6a sollte darum den Unternehmen die zusätzliche Steuerlast genommen und Umwandlungen innerhalb der Konzerne befreit werden. Seit Inkrafttreten der Norm litt ihre Anwendung jedoch unter unbestimmten Formulierungen im Wortlaut und der restriktiven Auslegung der Finanzverwaltung. Dieser hat sich der Bundesfinanzhof[6] im Sommer 2019 mit einigen Urteilen zum Tatbestand des § 6a entgegengestellt. Auch die Finanzverwaltung überdachte daraufhin ihren bisherigen Kurs.[7] Kern der Arbeit ist festzustellen, welche Umwandlungen eine Steuerlast nach dem GrEStG auslösen. Folgend soll erörtert werden, welche der Maßnahmen unter Beachtung der zuvor differenzierenden Auffassungen unter die Privilegierung von § 6a fallen und wie sich die neue Rechtslage auf die Zukunft der Praxis auswirken könnte.

A

B. Grundlagen der Grunderwerbsteuer

Um die Tatbestände sowie den § 6a einordnen zu können, gilt es, die Grundprinzipien der Grunderwerbsteuer zu definieren. Diese ergeben sich v.a. aus der Steuerpflicht sowie der Bemessungsgrundlage.

---

[1] Im Folgenden als GrESt abgekürzt.
[2] Für 2020 geschätztes Aufkommen 15 Mrd. €; BMF, I A 5, Ergebnis der 157. Steuerschätzung Mai 2020, Tab. 2.
[3] *Birk/Desens/Tappe* SteuerR Rn. 1801.
[4] Vorrangig in UmwStG geregelt, nachdem der Gesetzgeber „Steuerneutralität" erstrebt hatte, BT-Drucks. 12/6885, S. 1 Tz. B.
[5] Folgende §§ – Angaben ohne nähere Bezeichnung gelten als solche des GrEStG.
[6] Im Folgenden als BFH abgekürzt.
[7] Ländererl. zur Anwendung des § 6a GrESt v. 22.09.2020.

(hier und im Folgenden: Fundstelle angeben!

1

Persönlich steuerpflichtig ist nach § 33 AO, wer eine Steuer schuldet. Verweisend auf die Einzelsteuergesetze bestimmt § 43 S. 1 AO die Steuerschuldnerschaft. Nach § 13 Nr. 1 schulden regelmäßig alle am Erwerbsvorgang beteiligten Personen die GrESt. Steuerschuldner können dabei nicht nur natürliche und juristische Personen, sondern auch Gesamthandsgemeinschaften, Stiftungen oder Personenhandelsgesellschaften sein. Diese sind unabhängig von der zivilrechtlichen (Teil-)Rechtsfähigkeit nach Maßstäben der GrESt selbstständige Rechtsträger.[8] Sachlich steuerpflichtig ist jeder Vorgang, der auf einen Wechsel eines inländischen Grundstücks zwischen unterschiedlichen Rechtsträgern gerichtet ist.[9] Die steuerbaren Vorgänge sind abschließend in § 1 aufgezählt. In § 2 ist der Begriff des Grundstücks definiert. § 2 Abs. 1 S. 1 bezieht sich zunächst auf den Begriff im zivilrechtlichen Sinne. In S. 2 sowie den folgenden beiden Absätzen wird dieser i.S.d. GrEStG erweitert und konkretisiert. Jedes Grundstück ist als eigener Steuerfall zu betrachten.

Die GrESt wird gem. § 8 Abs. 1 nach dem Wert der Gegenleistung bemessen, deren Begriff in § 9 geregelt ist. Losgelöst von den Tatbeständen in § 9 ist eine Gegenleistung nach ständiger Rechtsprechung jede Leistung, die entweder der Erwerber als Entgelt gewährt oder der Veräußerer als Entgelt empfängt.[10] Eine rein dem Erwerber nützende Leistung, wie zB. Aufwendungen auf Grundstücksbebauung, fällt nicht unter diesen Begriff.[11] In den drei Ausnahmefällen in § 8 Abs. 2 Nr. 1 – 3 wird nicht die Gegenleistung, sondern der Grundbesitzwert i.S.d. §§ 151 Abs. 1 S. 1 Nr. 1 i.V.m. 157 Abs. 1-3 BewG herangezogen. Der Steuersatz ist in § 11 geregelt und beträgt seit 1997 3,5 %.[12] Seit dem 01.092 006[13] können die Bundesländer nach Art. 105 Abs. 2a S. 2 GG den Satz selbst festlegen, weshalb teilweise auch deutlich höhere Sätze bis zu 6,5 % herangezogen werden.[14] Lediglich Sachsen und Bayern haben den Steuersatz von 3,5 % beibehalten.

[8] Boruttau/*Viskorf* GrEStG § 13 Rn. 11; *Bartone* in Behrens/Wachter GrEStG, § 13 Rn. 5.
[9] BFH v. 01.04.1981, BStBl. II 1981, S. 488.
[10] BFH v. 05.11.1980 – II R 28/75, BStBl. II 1981, S. 174; v. 06.12.1989 – II R 95/86, BStBl. II 1990, S. 186; v. 25.11.1992 – II R 67/89, BStBl. II 1993, S. 308.
[11] *Hofmann* GrEStG § 8 Rn. 5; *Gottwald/Behrens* GrEStG Rn. 619.
[12] JStG 1997 v. 20.12.1997, BGBl I 1997, S. 2049, 2962, Art. 7.
[13] Föderalismusreform I, BGBl. I 2006, S. 2034, S. 2037, Art. 1.
[14] In Schleswig-Holstein, Nordrhein-Westfalen, Saarland, Brandenburg, Thüringen.

C. Relevanz der Grunderwerbsteuer bei Umwandlungen insbesondere in Hinblick auf Konzerne

Oft gehen Grundstücke bei der Umstrukturierung von Unternehmen und Konzernen als Teil des Vermögens zwischen Rechtsträgern über. Es gilt aufzuzeigen, wann und welche Umwandlungen i.S.d. UmwG, eine Steuerlast nach dem GrEStG auslösen und in welchen Fällen diese ausbleibt.

I. Grundlagen des Konzern- und Umwandlungsrechts

Um das Verhältnis und die Zusammenhänge zwischen der GrESt sowie dem Konzern- und Umwandlungsrecht erörtern zu können, gilt es zuerst grundlegende Begriffe in diesem Bereich zu definieren.

1. Begriffsbestimmung Konzern

Rechtlich definiert allein das AktG den Begriff. Nach § 18 Abs. 1 S. 1 AktG stellt ein Konzern eine Zusammenfassung eines herrschenden Unternehmens mit einem oder mehreren abhängigen Unternehmen dar, welche unter der einheitlichen Leitung des herrschenden Unternehmens stehen. Die abhängigen Unternehmen bleiben rechtlich selbstständig. Dabei spielt die Rechtsform der beteiligten Unternehmen keine Rolle. Es können nicht nur Kapital- bzw. Personengesellschaften, sondern u.a. auch Vereine, Stiftungen oder die SE[15] Unternehmen i.S.d. Konzernrechts sein.[16]

2. Begriffsbestimmung Umwandlung

Das Umwandlungsrecht kommt bei gesellschaftsrechtlichen Umorganisierungen von Unternehmen als notwendige Reaktion auf neue bzw. geänderte Umstände in der Wirtschaft zum Tragen. Dessen Gegenstand ist die Änderung der Unternehmensstruktur an sich sowie die der Rechtsform.[17] Das UmwG selbst definiert in § 1 Abs. 1 UmwG abschließend die folgenden Arten der Umwandlung.

a) Verschmelzung

Die Verschmelzung ist in den §§ 2 ff. UmwG geregelt. Sie kann nach

[15] Societas Europaea (SE) ist die europäische Aktiengesellschaft.
[16] *Emmerich/Habersack* KonzernR § 2 Rn. 9.
[17] *Kraft* in: Kraft/Redenius-Hövermann UmwR Kapitel 1 § 1 Rn. 2.

§ 2 UmwG als Aufnahme (Nr. 1) eines oder mehrerer Rechtsträger als Ganzes auf einen anderen und als Neugründung (Nr. 2) eines durch Übertragung mindestens zweier Rechtsträger als Ganzes durchgeführt werden. § 3 UmwG regelt abschließend die verschmelzungsfähigen Rechtsträger.

b) Spaltung

Die Spaltung ist als actus contrarius der Verschmelzung zu begreifen.[18] Nach § 1 Abs. 1 Nr. 2 UmwG werden mit der Aufspaltung, der Abspaltung sowie der Ausgliederung drei Arten der Spaltung unterschieden und in den §§ 123 ff. UmwG näher bestimmt. Bei der Aufspaltung wird das gesamte Vermögen eines Rechtsträgers nach § 123 Abs. 1 UmwG auf mindestens zwei übernehmende Rechtsträger übertragen. Bei der Abspaltung sowie der Ausgliederung wird nach § 123 Abs. 2, 3 UmwG nur ein oder mehrere Teile nicht aber das gesamte Vermögen des übertragenden Rechtsträgers an einen oder mehrere übernehmende Rechtsträger übertragen. Die Spaltungsarten unterscheiden sich dahingehend, wem im Gegenzug Anteile bzw. Mitgliedschaften des übernehmenden Rechtsträgers zustehen. Bei der Abspaltung in Abs. 2 werden die Anteile des übernehmenden Rechtsträgers direkt den Anteilsinhabern des übertragenden Rechtsträgers gewährt. Im Fall einer Ausgliederung nach Abs. 3 erhält der übertragende Rechtsträger selbst die Anteile.

c) Vermögensübertragung

Die Vermögensübertragung stellt nach §§ 174 ff UmwG die Übertragung des gesamten Vermögens oder eines Teils eines Rechtsträgers auf einen oder mehrere Rechtsträger dar. Als Sonderfall unter den Umwandlungen ist sie gem. § 175 UmwG abschließend auf Übertragungen auf den Bund, das Land oder Gebietskörperschaften sowie Versicherungsunternehmungen begrenzt.[19]

[18] *Fronhöfer* in Widmann/Mayer UmwR, § 125 UmwG Rn. 1; Kallmeyer/*Sickinger* UmwG § 125 Rn. 2.

[19] Sie dient somit zumeist als Auffangtatbestand, vgl. RegE UmwGBerG, BR-Drucks. 75/94, S. 72.

4

d) Formwechsel

Der Formwechsel bewirkt gem. § 190 Abs. 1 UmwG, dass ein Rechtsträger eine andere Rechtsform erhält. Nach dem Identitätsprinzip wird die rechtliche und wirtschaftliche Identität des Rechtsträgers auch nach dem Formwechsel gewahrt.[20] Als einzige Umwandlungsart ist an einem Formwechsel kein anderer Rechtsträger beteiligt, sodass er strukturell von den anderen Arten abzugrenzen ist.[21] Er wird auch als „gesellschaftsinterner Organisationsakt“ bezeichnet.[22] In § 191 UmwG sind die formwechselnden Rechtsträger in Abs. 1 sowie die neuen Rechtsformen in Abs. 2 abschließend aufgezählt.

II. Grunderwerbsteuerbare Tatbestände

Die Besteuerungstatbestände der GrESt sind abschließend in § 1 geregelt. Der Grundfall in § 1 Abs. 1 Nr. 1 bezieht sich auf ein der Übereignung zugrunde liegendes Rechtsgeschäft, insbesondere den Kaufvertrag. Nicht erfasst sind Fälle in denen kein eigenes Rechtsgeschäft vorliegt, sondern das Grundstück kraft Gesetz übergeht, wie es zumeist bei Umwandlungen der Fall ist.[23]

Für diese Fälle wurden weitere Tatbestände geschaffen. Nach der Feststellung wie das Vermögen oder Teile davon bei den verschiedenen Umwandlungsarten übergeht ist zu ermitteln, welche dieser Vorgänge unter die Steuertatbestände der GrESt subsumiert werden können.

1. § 1 Abs. 1 Nr. 3 GrEStG

§ 1 Abs. 1 Nr. 3 umfasst alle tatsächlichen Übergänge von Grundstücken, denen weder ein begründendes Rechtsgeschäft noch eine Auflassung voran gehen. In Hinblick auf Umwandlungsmaßnahmen sind diese umfasst, bei denen das gesamte bzw. Teilvermögen samt Grundbesitz an den übernehmenden Rechtsträger übergeht.[24] Dazu zählt auch eine Anwachsung i.S.d. § 738 BGB bei der alle Gesellschafter einer Personengesellschaft bis auf einen z.B. durch eine Verschmelzung aus-

[20] *Kraft* in Kraft/Redenius-Hövermann UmwR Kapitel 1 § 1 Rn. 7; BT-Drucks. 12/6699, S. 136.
[21] *Bunting* in: Kraft/Redenius-Hövermann UmwR Kapitel 5 § 1 Rn. 3.
[22] *Luke* in: Sagasser/Bula/Brünger § 26 Rn. 4.
[23] *Ettinger/Schmitz* Rn. 904 f.
[24] Die Verschmelzung, alle Arten der Abspaltung und die Vermögensübertragung.

scheiden. Ihre Anteile am Vermögen wachsen dem überbleibenden Gesellschafter an und er fungiert als Gesamtnachfolger i.F.d. Einzelunternehmers.[25]

Die GrESt entsteht nach dem § 1 Abs. 1 Nr. 3 erst mit dem tatsächlichen Eigentumsübergang.[26] Nach § 20 Abs. 1 S. 1 Nr. 1 UmwG geschieht dies bei der Verschmelzung mit Eintragung ins Handelsregister des übernehmenden Rechtsträgers und bei der Spaltung gem. § 131 Abs. 1 S. 1 Nr. 1 UmwG mit Eintragung ins Handelsregister des übertragenden Rechtsträgers.[27] Ein steuerbarer Vorgang i.S.d. § 1 Abs. 1 Nr. 3 liegt nur vor, wenn mind. die übertragende Gesellschaft über Grundbesitz verfügt.[28]

2. § 1 Abs. 2 GrEStG

Geschäfte, die nicht auf den tatsächlichen Übergang von Eigentum gerichtet sind, es dem Erwerber aber trotz dessen ermöglichen den Wert des Grundstücks in Form einer Verwertungsbefugnis zu nutzen, fallen unter Abs. 2.[29] Er dient als Ersatztatbestand ergänzend zu Abs. 1.[30]

Hierunter fallen u.a. Verkaufsermächtigungen und Treuhandeigentum, sowie Leasingverhältnisse, bei denen der Leasingnehmer der wirtschaftliche Eigentümer des Grundbesitzes ist und eine Ankaufoption vereinbart wird.[31] Diese Verwertungsbefugnisse können bei Umwandlungen u.a. durch Einbringungen oder ähnliche Vorgänge übergehen.

3. § 1 Abs. 2a GrEStG

Ändert sich der Gesellschafterbestand einer grundbesitzenden Personengesellschaft innerhalb von fünf Jahren un- bzw. mittelbar so, dass mind. 95 % der Anteile am Vermögen der Gesellschaft auf neue Gesellschafter übergehen und diese so wirtschaftliche Verfügungsmacht erlangen wird dies nach § 1 Abs. 2 besteuert. Die Vorschrift schafft eine

[25] BFH v. 31.10.1963 – II 155/60, BStBl. II 1963, S. 579; v. 26.10.2006 – II R 32/05, BFH/NV 2007, S. 609.
[26] Boruttau/*Meßbacher-Hönsch* GrEStG § 1 Rn. 381; BFH v. 28.07.1970 – II 105/64, BStBl. II 1970 S. 816.
[27] Siehe auch BFH v. 16.02.1994 – II R 125/90, BStBl. II 1994 S. 866.
[28] *Ettinger/Schmitz* Rn. 908.
[29] Vgl. BFH v. 03.05.1973 – II R 37/68, BStBl. II 1973, S. 709; v. 17.05.2000 – II R 47/99, BStBl. II 2000, S. 627.
[30] *Hofmann* GrEStG § 1 Rn. 76.
[31] Boruttau/*Fischer* GrEStG § 1 Rn. 674; *Greiser/Rotter* NWB Nr. 12 v. 21.03.2016, S. 851.

Fiktion des Grundstücksübergangs auf eine neue Personengesellschaft.[32] Die Norm gilt ausschließlich für Personengesellschaften, sowie ausländische den Strukturen von inländischen Personengesellschaften entsprechende Gesellschaften soweit ihnen ein inländisches Grundstück gehört.[33]

Zur Erfüllung des Tatbestandes bedarf es dem Beitritt „neuer Gesellschafter". Neuer Gesellschafter ist, wer erst mit dem Erwerb der Anteile auch in die Mitberechtigung an dem Grundbesitz eintritt. Der neue Gesellschafter wird nach Ablauf von fünf Jahren zum Altgesellschafter.[34] Die Änderung des Gesellschafterbestandes kann durch Beitritt oder Anteilsübertragung erfolgen. Scheiden in diesem Vorgang Gesellschafter aus, so gelten sie bei einem erneuten Beitritt ebenfalls als neue Gesellschafter.[35] Die Fünfjahresfrist ist für jedes Grundstück einzeln zu berechnen.[36]

| sog.

Umwandlungen sind vor allem in der Person des Gesellschafters selbst relevant. Führt ein Gesellschafter der grundbesitzenden Gesellschaft einen Formwechsel durch, ist zu differenzieren. Wechselt er von einer Kapitalgesellschaft auf eine Personengesellschaft, erhalten die Gesellschafter nämlich erstmals persönliche Mitberechtigung am Grundbesitz. Es fehlt jedoch an dem tatsächlichen Übergang der Anteile. Wechselt eine Personengesellschaft zu einer Kapitalgesellschaft, verlieren deren Gesellschafter die eigentliche Gesellschaftereigenschaft an der grundbesitzenden Personengesellschaft.[37]

Beispiel 1: Die A-GmbH ist zu 95 %, der B zu 2 % und die C-GmbH zu 3 % an der grundbesitzenden D-OHG beteiligt. Gliedert die A die gesamten Anteile an der D auf den B aus, löst dies keine Steuerlast nach Abs. 2a aus, der B ist nicht als neuer Gesellschafter zu betrachten.[38] Wird die A-GmbH jedoch auf die E-GmbH verschmolzen gehen 95 % der D auf E, welche erstmals an D beteiligt ist, über. Der Vorgang ist

[32] Siehe § 1 Abs. 2a S. 1 GrEStG a.E.
[33] *Pahlke* § 1 Rn. 276; Ländererl. zur Anwendung des § 1 Abs. 2a v. 12.11.2018 Tz. 3, BStBl. I 2018, S. 1314.
[34] Ländererl. v. 12.11.2018 Tz. 5.2.1.
[35] BFH v. 16.05.2013 – II R 3/11 Rn. 11, BStBl. II 2013, S. 963; *Gottwald/Behrens* GrEStG Rn. 239.
[36] Ländererl. v. 12.11.2018 Tz. 6.
[37] Ländererl. v. 12.11.2018 Tz. 5.2.5.2.
[38] Siehe Abb. 1.1.

nach Abs. 2a steuerbar.[39]

Eine dem Abs. 2a entsprechende Regelung als Abs. 2b für Kapitalgesellschaften sieht ein Entwurf zur Änderung des GrEStG vor.[40]

4. § 1 Abs. 3 GrEStG

Der Tatbestand des Abs. 3 umfasst die un- bzw. mittelbare Vereinigung von mind. 95 % der Anteile an der grundbesitzenden Gesellschaft in einer Hand entweder durch Anteilsvereinigungen (Nr. 1 und 2) oder durch -übertragung (Nr. 3 und 4). Anteilsvereinigung meint dabei die tatsächliche Vereinigung durch einen Rechtsvorgang.[41] Im Fall der Übertragung auf mehrere Erwerber kann nur besteuert werden, wenn diese auch als eine Hand anzusehen sind.[42] Für eine Besteuerung muss das Grundstück dem Steuerschuldner gehören. Um die Zugehörigkeit des Grundstücks feststellen zu können, muss das Grundstück der Gesellschaft zum Zeitpunkt der Tatbestandsverwirklichung nach einem Erwerbsvorgang gem. § 1 Abs. 1, 2, 3, 3a zuzurechnen sein.[43] Dabei kann das Eigentum an dem Grundstück zwar ein Indiz sein, jedoch ist es weder notwendig noch ausreichend, um eine Zuordnung nach steuerlichen Anhaltspunkten festzustellen.[44] Im Gegensatz zu Abs. 2a ist Abs. 3 nicht zeitraumbezogen und sowohl auf Personen- als auch Kapitalgesellschaften anwendbar.[45] Er ist zu Abs. 2a subsidiär zu behandeln und bei Anwendung dessen ausgeschlossen.

Relevant wird Abs. 3 besonders bei Umwandlungen innerhalb einer Unternehmensstruktur. Werden durch diese mind. 95 % der Anteile un- oder mittelbar in einer Hand vereinigt, ist dieser Vorgang steuerbar. Ein Formwechsel einer Personengesellschaft löst keine Steuerpflicht aus.[46]

Beispiel 2: A hält 100 % der B-GmbH sowie der C-GmbH. Die B hält wiederum 100 % der grundbesitzenden D-GmbH.[47] Überträgt die B ihre

---

[39] Siehe Abb. 1.2.
[40] BT-Drucks. 355/19 Art. 1; kritisch: Stellungnahme der BStBK zu BT-Drucks. 19/13437 v. 10.10.2019, S. 13
[41] Boruttau/*Meßbacher-Hönsch* GrEStG § 1 Rn. 1004.
[42] *Pahlke* GrEStG § 1 Rn. 390.
[43] Boruttau/*Meßbacher-Hönsch* GrEStG § 1 Rn. 967; BFH v. 15.12.2018 – II R 45/08 Rn. 12, BStBl. II 2012, S. 292.
[44] *Pahlke* GrEStG § 1 Rn. 325; Boruttau/*Meßbacher-Hönsch*, GrEStG § 1 Rn. 968.
[45] BFH v. 13.09.1995 – II R 80/92, BStBl. II 1995, S. 903.
[46] *Wilms/Jochum*, ErbSt BewG GrEStG, § 1 GrEStG Rn. 345.5.
[47] Abb. 2; nach Boruttau/*Meßbacher-Hönsch* GrEStG § 1 Rn. 1166.

Anteile an D auf C ist dies nach Abs. 3 Nr. 3 steuerbar für C.[48] Überträgt die B ihre Anteile an D aber auf A ist dieser nicht mehr nur mittelbar, sondern unmittelbar zu 100 % an D beteiligt. Wurde die mittelbare Vereinigung bereits besteuert erfolgt dies kein weiteres Mal, die Zurechnung bleibt unverändert.[49] Hält A bereits zu Beginn 100 % der D unmittelbar und wird auf ihre Tochter B verschmolzen fällt der Vorgang auch unter Abs. 3 Nr. 3. Dass A auch Alleingesellschafterin der B ist, steht dem tatsächlich besteuerten Rechtsträgerwechsel nicht entgegen.[50]

5. § 1 Abs. 3a GrEStG

Abs. 3a besteuert nach S. 1 Rechtsvorgänge bei denen ein Rechtsträger (teils) mittelbar oder unmittelbar eine wirtschaftliche Beteiligung i.H.v. mind. 95 % einer grundbesitzenden Gesellschaft innehat. Die „wirtschaftliche Beteiligung“ wird in S. 2 legal definiert und umfasst die Summe der mittelbaren sowie unmittelbaren Beteiligungen am Kapital bzw. Vermögen der Gesellschaft. Daraus folgt, dass der Tatbestand sowohl auf Kapital- als auch Personengesellschaften anzuwenden ist.[51] Aus der Legaldefinition folgt ferner, dass rein auf die Beteiligung am Kapital bzw. Vermögen abzustellen ist.[52] Abs. 3a ist subsidiär zu den Abs. 2a und 3. Eine Besteuerung scheidet aus, soweit diese bereits nach den vorgehenden Absätzen erfolgen kann.

Vorrangig geschaffen wurde § 1 Abs. 3a, um sog. RETT-Blocker-Strukturen[53] ein Ende zu bereiten. Dabei soll durch die Zwischenschaltung einer Personengesellschaft, an der ein Fremder nicht oder nur sehr gering beteiligt ist, die grunderwerbsteuerliche Zuordnung eines Grundstücks verhindert werden.[54] Der Erwerber erwirbt 949 % der grundbesitzenden Gesellschaft sowie bis zu 99 % der Personengesell-

[48] Sog. Side-Stream-Merger; BFH v. 15.04.2003 – II R 50/00, BStBl. II 2003, S. 320.
[49] Sog. Up-Stream-Merger; *Hofmann* GrEStG § 1 Rn. 162.
[50] Sog. Down-Stream-Merger; BFH v. 31.03.2004 – II R 54/01, BStBl. II 2004, S. 658.
[51] Ländererl. zur Anwendung des § 1 Abs. 3a GrEStG v. 19.09.2018 Tz. 1, BStBl. I 2018, S. 1078.
[52] *Ettinger/Schmitz* Rn. 970.
[53] Real Estate Transfer Tax Blocker.
[54] *Müller/Dorn/Ahrens*, NWB Nr. 39 v. 25.09.2020 S. 23.

schaft, welche selbst die restlichen 5,1 % der grundbesitzenden Gesellschaft hält.[55] Für die Anteilsvereinigung nach Abs. 3 kommt es bei Personengesellschaften nicht auf die Vermögensbeteiligung, sondern die sachenrechtliche Mitberechtigung an. Aufgrund der Beteiligung des Fremden werden dem Erwerber die 5,1 % der Personengesellschaft an der grundbesitzenden Gesellschaft nicht zugerechnet. Bei einer Zusammenrechnung der mittelbaren und unmittelbaren Beteiligungen ist eine solche Anteilsvereinigung nun nach Abs. 3a steuerbar.

III. Steuerbefreiungen nach §§ 5, 6 GrEStG

Anhand vorstehender Erörterungen wird deutlich, dass bis auf den Formwechsel jeder Umwandlungsvorgang von den Tatbeständen in § 1 erfasst ist. Jedoch enthält das GrEStG in den §§ 3 ff. auch Ausnahmen bzw. Befreiungen von der Besteuerung. In den §§ 3, 4 sind abschließend allgemeine und besondere Ausnahmen von der Besteuerung aufgezeigt. Die §§ 5, 6 enthalten darüber hinaus für Gesamthände Befreiungstatbestände, die besonders auch in Hinblick auf Umwandlungen in Unternehmen und Konzernen relevant sein können. Gesamthände sind dabei alle Gemeinschaften zur gesamten Hand, auch wenn sie nicht bzw. nur eingeschränkt selbstständige Rechtsträger sind.[56] Von den Befreiungen nicht erfasst sind Kapitalgesellschaften.[57]

1. § 5 GrEStG

Nach § 5 ist der Grundstückübergang auf eine Gesamthand steuerbefreit. Gem. Abs. 1 bemisst sich die Höhe der Befreiung an der Beteiligungshöhe des Übertragenden am ganzen Vermögen der übernehmenden Gesamthand.[58] Auch im Fall eines Alleineigentümers richtet sich die Befreiung gem. Abs. 2 nach eben dessen Beteiligungshöhe. Die Anteile am Vermögen der Gesamthand sind als wertmäßige Anteile zu verstehen.[59] Ein Grundstücksübergang wird bei allen Tatbeständen i.S.d. § 1 angenommen.[60] Umwandlungsvorgänge wie Abspaltungen oder

[55] Siehe Abb. 3.
[56] *Pahlke* GrEStG § 5 Rn. 3.
[57] Sie stellen keine Gesamthand dar.
[58] *Hofmann* GrEStG § 5 Rn. 5.
[59] Ländererl. zur Anwendung der §§ 5 und 6 GrEStG v. 12.11.2018 Tz. 3, BStBl. I 2018 S. 1334.
[60] Boruttau/*Viskorf* GrEStG § 5 Rn. 56.

Ausgliederungen i.S.d. UmwG sind nach dem GrEStG steuerbefreit, soweit der übertragende Rechtsträger am Vermögen des übernehmenden Rechtsträger beteiligt ist oder mit der Umwandlung beteiligt wird.[61]

Beispiel 3: Die A-GmbH und die B-GmbH sind zu je 50 % Miteigentümer eines Grundstücks. Die A-GmbH spaltet einen Vermögensteil samt der Miteigentümerschaft auf die C-OHG ab, an der sie zu 50 % beteiligt ist.[62] Der Vorgang ist nach § 1 Abs. 1 Nr. 3 steuerbar. Nach § 5 Abs. 2 wird die GrESt zu 50 % nicht erhoben.

§ 5 Abs. 3 regelt für die Befreiung eine Sperrfrist, welche dem Missbrauch der Norm vorbeugen soll.[63] Die Steuerbegünstigung ist nachträglich zu versagen, wenn sich innerhalb von fünf Jahren nach dem Grundstücksübergang die Beteiligung des früher grundbesitzeinbringenden Gesellschafters vermindert. Dies kann vor allem bei einer Umwandlung zutreffen, wenn diese dazu führt, dass die Beteiligung an der Gesamthand entfällt.[64,65] Im Falle eines (heterogenen) Formwechsels eines Beteiligten von einer Personengesellschaft zu einer Kapitalgesellschaft oder umgekehrt entfällt die Begünstigung nachträglich.[66]

2. § 6 GrEStG

§ 6 entspricht jeweils in umgekehrter Richtung dem § 5. Dabei umfasst Abs. 1 die Übertragung von Grundbesitz aus der Gesamthand auf mehrere Gesamthandsbeteiligte und Abs. 2 die Übertragung auf einen Beteiligten allein. Spiegelbildlich zu § 5 wird die Steuer demnach nicht erhoben, soweit der Anteil am zu erwerbenden Eigentum dem Anteil entspricht mit dem der bzw. die Eigentümer an der Gesamthand beteiligt waren.[67]

§ 6 Abs. 3 umfasst zusätzlich den Übergang des Grundstücks auf eine andere Gesamthand. Betrachtet man dies im Licht von Umwandlungs-

61 *Ettinger/Schmitz* Rn. 984.
62 Siehe Abb. 4
63 Ländererl. v. 22.09.2020 Tz. 2.6.
64 z.B. durch Abspaltung/Ausgliederung, wenn das Mitgliedschaftsrecht an der Gesamthand zum abgespaltenen/ausgegliederten Vermögen zählt.
65 *Hofmann* GrEStG § 5 Rn. 28.
66 *Hofmann* GrEStG § 5 Rn. 28, 32; Boruttau/*Viskorf* GrEStG § 5 Rn. 93 ff.; BFH v. 25.09.2013 – II R 2/12, BStBl. II 2014, S. 329.
67 Boruttau/*Viskorf* GrEStG § 6 Rn. 2; BFH Beschluss v. 27.07.2001 – II B 20/01.

maßnahmen ist zu unterscheiden. Bei Umwandlungen von Personengesellschaften jeglicher Art ist jeweils die Beteiligungsidentität zwischen den übertragenden sowie übernehmenden Gesellschaften zu vergleichen.[68]

Beispiel 4: An der grundbesitzenden A-OHG sind A (50 %), B (30 %) und C (20 %) beteiligt. Im Jahr 06 wird die A-OHG auf die X-OHG verschmolzen. An der X-OHG sind nach dem Vorgang A (25 %), B (15 %), C (10 %) sowie die bisherigen Gesellschafter X und Y (je 25 %) beteiligt.[69] Der nach § 1 Abs. 1 Nr. 3 steuerbare Vorgang ist in der Höhe der Beteiligungen von A, B und C, demnach insgesamt 50 %, nach § 6 Abs. 3 S. 1 i.V.m. Abs. 1 begünstigt.

Auch § 6 enthält Sperrfristen über fünf Jahre in Abs. 3 S. 2 und 4. Nach Abs. 3 S. 2 wird nachträglich eine Steuer erhoben, soweit sich innerhalb von fünf Jahren die Beteiligung des Übertragenden an der übernehmenden Gesamthand verringert.[70] Neben Übereignung oder Aufnahme neuer Gesellschafter kann dies auch durch den heterogenen Formwechsel in eine Kapitalgesellschaft erfolgen.[71] Um objektive Steuerumgehungen zu verhindern, wurde Abs. 4 geschaffen.[72] Trotz des Normzwecks wird keine Absicht zur Steuerumgehung gefordert.[73] Nach S. 1 entfällt eine Vergünstigung, wenn der Erwerber innerhalb von fünf Jahren vor Übergang die Gesamthandsbeteiligung durch ein Rechtsgeschäft unter Lebenden erworben hat. S. 2 erweitert diese Einschränkung, sodass die Steuer ebenfalls nachträglich anfällt, wenn innerhalb von fünf Jahren vor Auflösung der Gesamthand eine andere Aufteilungs- als Beteiligungsquote vereinbart wird.

D. Grunderwerbsteuerliche Privilegierung nach § 6a GrEStG

Neben den vorstehenden Befreiungstatbeständen wurde speziell zur Privilegierung von Umwandlungen in Konzernen § 6a geschaffen. Im GrEStG wird keine andere Norm so stark diskutiert, wie es bei § 6a der

[68] *Pahlke* GrEStG § 6 Rn. 40; Boruttau/*Viskorf* GrEStG § 6 Rn. 40.
[69] Siehe Abb. 5.
[70] Boruttau/*Viskorf* GrEStG § 6 Rn. 53.
[71] *Pahlke* GrEStG § 6 Rn. 56.
[72] *Gottwald/Behrens* GrEStG Rn. 573.
[73] BFH v. 14.06.1973 – II R 37/72, BStBl. II 1973, S. 802; BFH Beschluss v. 19.03.2003 – II B 96/02.

12

Fall ist. Dieser steht entgegen der systematischen Bezeichnung selbstständig neben den §§ 5 und 6.[74] Es soll erörtert werden, welche Rolle der § 6a im Rahmen von Umwandlungen spielt und wie sich die aktuellste Rechtsprechung auf den Tatbestand sowie die Gestaltungsmöglichkeiten auswirkt.

I. Einführung der Norm und Intention des Gesetzgebers

§ 6a wurde im Kontext der Finanzkrise zum 01.012 010 eingeführt.[75] Es lag dem Gesetzgeber nahe Umstrukturierungen von Unternehmen zu erleichtern, krisenfest und planungssicherer zu machen.[76] Bis dahin unterfielen konzerninterne Umstrukturierungen insbesondere bei Kapitalgesellschaften der GrESt. Unternehmen sollten aus Gründen des Gemeinwohls, wohl der allgemeinen Stärkung der deutschen Marktwirtschaft, keinen Wachstumshemmnissen mehr gegenüber stehen.[77] Mit der Norm verfolgt der Gesetzgeber einen Lenkungscharakter.[78] Dieser wird in der Gesetzesbegründung an außerfiskalischen Förderungs- und Lenkungszwecken gemessen.[79]

II. Lenkungscharakter des § 6a GrEStG im unionsrechtlichen Licht der Beihilfe i.S.d. Art. 107 AEUV

Aufgrund des vom Gesetzgeber bezweckten Lenkungscharakter sowie der zumeist großen Komplexität der Anwendungsfälle legte der BFH die Norm 2017 dem EuGH mit der Frage nach der beihilferechtlichen Zulässigkeit i.S.d. Art. 107 Abs. 1 AEUV nach Art. 267 Abs. 3 AEUV vor. Zuvor hatte das BMF mitgeteilt, dass vor Erlass der Norm kein beihilferechtliches Prüfungsverfahren nach Art. 108 AEUV vor der Europäischen Kommission durchgeführt wurde.[80] Eine staatliche Beihilfe könnte vorliegen, sofern die Maßnahme kumulativ dem Staat zurechenbar ist und als aus staatlichen Mitteln finanziert gilt.[81] § 6a war nach dem vom EuGH geschaffenen Prüfungssystem von einer allgemeinen Maßnahme zu einer selektiven, deren Regelungsgehalt nur bestimmten

[74] Ländererl. v. 22.09.2020 Tz. 5.
[75] Wachstumsbeschleunigungsgesetz, BGBl. I 2009, S. 3950.
[76] BT Drucks. 17/15 S. 21.
[77] BT-Drucks. 17/147 S. 10.
[78] *Mensching/Tyarks* BB 2010, S. 89.
[79] Orientierung an BVerfG v. 07.11.2006 – 1 BvL 10/02, DStR 06/2007, S. 235.
[80] BFH v. 30.05.2017 – II R 62/14, BStBl. II 2017 S. 916.
[81] EuGH v. 28.03.2019 – Rs. C-405/16 P.

Unternehmen zu Gute kam, abzugrenzen.[82] Obwohl die Norm selektiv eine Ungleichbehandlung zwischen konzernverbundenen und konzernunverbundenen Unternehmen in vergleichbaren Situationen vorsieht, hat der EuGH die Norm als gerechtfertigt eingestuft. Sie verfolge das sich durch das gesamte GrEStG ziehende Ziel der Vermeidung der Doppelbesteuerung.[83]

III. Tatbestand des § 6a GrEStG insbesondere in Bezug auf die aktuelle Rechtsprechung des BFH

Im gesetzlichen Tatbestand des § 6a tun sich indes weitere Problemschwerpunkte auf. Bedingt einerseits durch den Wortlaut der Norm, andererseits durch die bisher stark differenzierenden Ansichten des BFH und der Finanzverwaltung. In der am 13.022 020 veröffentlichen Urteilsreihe hat der BFH seine Ansicht zu einigen Merkmalen grundlegend weiterentwickelt. Die Finanzverwaltung hat im September 2020, nach Veröffentlichung der Urteile im BStBl. und der damit eingetreten Bindung, die eigene Auffassung überarbeitet. Es gilt neben den gesetzlichen Merkmalen festzustellen, wie sich die Fortbildung der Merkmale des § 6a auf die aktuelle Gestaltungspraxis und auch deren potentielle Entwicklung auswirken könnte.

1. Anwendungsbereich und Rechtsfolge der Norm

Die sogenannte „Konzernklausel" ist nach S. 3 auf Konzernsachverhalte beschränkt. Dies wurde bei Beschluss der Norm teils kritisiert, da die Unterstützung mittelständischer Unternehmen ausbleibt.[84] Der Anwendungsbereich fordert damit nach § 18 Abs. 1 S. 1 AktG die Beteiligung mindestens eines herrschenden sowie einer oder mehreren von diesem abhängige Gesellschaften (S. 3 Alt. 1) oder mehrere von einem herrschenden Unternehmen abhängige Gesellschaften (S. 3 Alt. 2) sowie die Einhaltung von Vor- und Nachbehaltensfristen. Ist der gesetzliche Tatbestand erfüllt, wird die Steuer nicht erhoben. In diesem Rahmen ist die Privilegierung des § 6a auf alle Erwerbsvorgänge nach

[82] *Ellenrieder*, StR aktuell 2/2019, S. 220.
[83] EuGH v. 19.12.2018 – C-374/17, A-Brauerei; *Ellenrieder*, StR aktuell 2/2019, S. 220.
[84] So die Stimmen der Opposition in BT-Drucks. 17/147 S. 8.

14

§ 1 Abs. 1 Nr. 3 S. 1, Abs. 2, 2a, 3, 3a im Rahmen von Umwandlungsmaßnahmen nach § 1 Abs. 1 Nr. 1 – 3 UmwG anzuwenden. Auch entsprechende Vorgänge aufgrund des Rechts anderer EU- bzw. EWR-Mitgliedsstaaten sowie seit 2014 auch „Einbringungen und andere Erwerbsvorgänge auf gesellschaftsrechtlicher Grundlage" sind erfasst.[85] Welche Voraussetzungen an diese geknüpft sind, ist stark umstritten.[86]

2. Herrschendes Unternehmen und abhängige Gesellschaften

a) Definition des herrschenden Unternehmens

§ 6a verwendet als zentralen Begriff den des herrschenden Unternehmens, definiert ihn aber nicht. Aufgrund dessen wird seine Bestimmung erschwert. Der Wortlaut fordert die Abhängigkeit von „Gesellschaften" von einem herrschenden „Unternehmen". In dessen Auslegung könnte angenommen werden, dass die Unterscheidung zwischen diesen Begriffen bewusst gewählt wurde und als Parallele zwischen dem GrEStG und dem § 2 Abs. 2 UStG verstanden werden könnte.[87] Auch eine Ableitung der Definition der abhängigen Gesellschaft aus § 1 Abs. 3 könnte hergestellt werden. Diese enthielt bis 1983 einen expliziten Verweis auf das UStG.[88] Diese Auslegungsmethode hatte die Finanzverwaltung in ihrer bisherigen ständigen Rechtsprechung manifestiert und klargestellt, dass das herrschende Unternehmen gar zwingend Unternehmer nach dem UStG sein muss. Konsekutiv müssen dann auch die Beteiligungen im unternehmerischen Bereich bzw. Betriebsvermögen gehalten werden.[89]

Jedoch ist der Wortlaut des § 6a grundlegend anders angelegt, als § 1 Abs. 3. Der BFH und ein Großteil der Literatur stellen nicht auf tatsächliche Verhältnisse ab, sondern alleinig auf die Höhe der Beteiligung.[90] Die Norm sei nicht auf den Unternehmensbegriff aus dem UStG

---

[85] Erstmals eingefügt durch AmtshilfeRLUmsG, BGBl. I 2012, S. 1809; neu gefasst durch KroatienAnpGesetz, BGBl. I 2014, S. 1266.
[86] Boruttau/*Viskorf* GrEStG § 6a Rn. 33 ff.
[87] So noch *Mensching/Tyarks*, BB 2010, S. 90 f.
[88] Boruttau/*Meßbacher-Hönsch* GrEStG § 1 Rn. 1116; *Binder/Lorenz* DK 03/2020 S. 100.
[89] Ländererl. zur Anwendung des § 6a GrEStG v. 19.06.2012 Tz. 2.2, BStBl. I 2012 S. 662.
[90] U.a. Boruttau/*Viskorf* GrEStG § 6a Rn. 87; *Hofmann* GrEStG § 6a Rn. 11; *Loose*, DB 18/2020, S. 920; BFH v. 21.08.2019 – II R 19/19 Rn. 20, BStBl. II 2020 S. 337.

beschränkt. Der Wortlaut sei dahingehend zu bewerten, dass ein herrschendes Unternehmen jeder wirtschaftlich tätige Rechtsträger i.S.d. GrEStG sein kann. Dieser Auffassung stringent folgend, steht der § 6a am Markt tätigen Unternehmen sämtlicher Rechtsformen offen.[91] Somit würde auch klar, dass Beteiligungen in der Praxis nicht ausschließlich im Betriebsvermögen, sondern auch im Privatvermögen gehalten werden können.[92] In der Begründung führt der BFH diese Auslegung auf den Charakter der GrESt zurück, welche als Verkehrssteuer nicht auf bilanzielle bzw. ertragssteuerrechtliche Begriffe zu beziehen sei.[93] Er verzichte ebenfalls bei Auslegungen des § 1 Abs. 3 bereits seit dessen Neufassung auf Verweise zum UStG.[94] Letztendlich ist auch die Finanzverwaltung von der eigenen Definition abgerückt und hat sich der Auffassung des BFH in allen Punkten angeschlossen. Sie revidiert die Voraussetzung der Unternehmerschaft nach dem UStG sowie das erforderliche Halten im Betriebsvermögen.[95]

Mit dieser grundlegenden Erweiterung des Anwendungsbereichs eröffnen sich neben dem Wegfall der umständlichen Nachweise i.S.d. § 2 UStG auch für viele in der Vergangenheit aussichtlose „§6a – Fälle" neue und einfachere Möglichkeiten der Gestaltung. Es werden aus Seiten der Verwaltung keine Kunstgriffe getätigt, um den Anwendungsbereich zu verengen. Richtigerweise sind Normen des GrEStG gerade nicht im Licht von ertrags- bzw. bilanzsteuerlichen Wertungen zu betrachten oder mit Begriffen aus dem UStG anzureichern. Nach der Neufassung des § 1 Abs. 3 widerspricht das gar dem Willen des Gesetzgebers. Die bisherige restriktive Auslegung der Verwaltung war nicht mehr tragbar. Sie fußte auf überkommenen Ansichten,[96] die sich der fortschreitenden Entwicklung des Gesetzes nun angenähert haben. In Besinnung auf die Grundlagen des GrEStG wird der Weg zum eigentlichen Ziel des § 6a – Unternehmen das Wachstum zu erleichtern – geebnet und der Zugang zur Anwendung der Norm im eigentlichen Sinn eröffnet.

[91] BFH v. 21.08.2019 – II R 15/19 Rn. 18 f., BStBl. II 2020, S. 329; v. 21.08.2019 – II R 19/19 Rn. 23.
[92] BFH v. 21.08.2019 – II R 15/19 Rn. 40.
[93] *Pahlke* GrEStG § 6a Rn. 44; BFH v. 21.08.2019 – II R 15/19 Rn. 20.
[94] BFH v. 21.08.2019 – II R 19/19 Rn. 18.
[95] Ländererl. v. 22.09.2020, Tz. 3.1.
[96] Ebenso noch BFH v. 20.03.1974 – II R 185/66, BStBl. II 1974 S. 769.

b) Bestimmung des herrschenden Unternehmens anhand § 6a S. 4 GrEStG

Neben den Voraussetzungen für ein herrschendes Unternehmen ist die Methode zur Ermittlung des herrschenden Unternehmens in der spezifischen Fallkonstellation unbestimmt. § 6a S. 4 stellt heraus, dass ein am Rechtsvorgang beteiligtes Unternehmen herrschend ist, soweit es mit mindestens 95 % an der dann als abhängig geltenden Gesellschaft beteiligt ist. Als Beteiligung betitelt S. 4 das Kapital bzw. Gesellschaftsvermögen des Rechtsträgers. Bei einer Kapitalgesellschaft ist der Anteil des herrschenden Unternehmens selbst an der abhängigen Gesellschaft maßgeblich. Fraglich ist jedoch, ob es nur ein herrschendes Unternehmen an der „Konzernspitze" oder mehrere in Abstellung auf die 95 %-Beteiligung geben soll. Zudem, folgt man der zweiten Annahme, ist unklar, wie das herrschende Unternehmen identifiziert werden müsste.

Nach der Rechtsprechung sowie Auffassungen in der Literatur hat eine Prüfung in zwei Schritten zu erfolgen. Zuerst wird von unten nach oben der oberste Rechtsträger, welcher die Beteiligung erfüllt festgestellt. Im zweiten Schritt, ob dieser auch die (möglichen) Behaltensfristen erfüllt. Falls nicht wird nach unten weitergeprüft.[97] Diese Reihenfolge indiziert, dass ein herrschendes Unternehmen gerade auch innerhalb einer Beteiligungskette liegen kann und nicht an der „Konzernspitze" stehen muss, was auch der Wortlaut des Gesetzes nicht explizit fordert.[98] Die Finanzverwaltung hat sich seit Abrücken von der Verbundrechtsprechung diesem Verfahren angeschlossen.[99] Es entfällt die Prüfung, ob der Rechtsträger auch Unternehmer nach dem § 2 UStG ist.[100] Auch das zwingende Erfordernis der Vorbehaltensfrist entfällt bei Umwandlungsvorgängen, bei denen sie naturgemäß nicht gehalten werden kann.[101] Das Vorgehen der Finanzverwaltung sowie der Rechtsprechung lehnt sich an die Ansicht des BFH an, nach welcher die Fristen nur gehalten werden müssen soweit dies objektiv möglich ist.[102] Zwar

[97] *Wischott/Graessner* NWB Nr. 18 v. 02.05.2020, S. 1324; FG Düsseldorf v. 20.05.2020 – 7 K 820/17 GE.
[98] *Hofmann* GrEStG § 6a Rn. 12; *Böing*, GmbH-StB 09/2020, S. 287.
[99] Ländererl. v. 22.09.2020, Tz. 3.1.
[100] So noch Ländererl. v. 19.06.2012 Tz 2.2.; *Wagner/Lieber* DB 32/2012 S. 1775.
[101] Ländererl. v. 22.09.2020, Tz. 3.1 (2).
[102] BFH v. 21.08.2019 – II R 16/19, Rn. 30, BStBl. II 2020, S. 333; *Wischott/Graessner* NWB Nr. 40 v. 02.10.2020, S. 2976.

hat die Finanzverwaltung gegen das jüngste Urteil Revision bei dem BFH eingelegt,[103] nach der verwaltungseigenen Anpassung der Vorgehensweise zur Bestimmung des herrschenden Unternehmens ist jedoch nicht zu erwarten, dass der BFH von seiner weiten Auslegung abrückt und die Norm restriktiv anwendet. In der Praxis resultiert daraus der Vorteil, dass an dem von § 6a begünstigten Vorgang nicht der gesamte Konzern beteiligt ist und nicht der gesamte Konzern an die Fristen der Norm gebunden wird.[104] Trotz des Erlasses können sich aber im Einzelfall sowohl die abgelegte Methode als auch die aktuelle unterschiedlich auswirken. Ohne eine klare Bestimmung der Vorgehensweise im Wortlaut der Norm könnte durch die nun absehbare Ablegung einer Methode eine Verletzung grundlegender Prinzipien im Raum stehen, falls diese im Einzelfall eine Besserstellung bedeuten könnte. In Frage kommen etwa das Rechtstaats- sowie Meistbegünstigungsprinzip.[105]

Zweifelhaft ist auch die Ermittlung der erforderlichen 95 %-Beteiligung selbst. Die Berechnung kann bei mehrstufigen Beteiligungen anhand zweier Methoden erfolgen. Die statische Methode fordert auf jeder Ebene eine mind. 95%-Beteiligung.[106] Wiederum werden bei der sog. Durchrechnungsmethode alle Beteiligungsfaktoren multipliziert.[107] An dieser Methode wird oft das „Verwässern" des Beteiligungsfaktors bei Beteiligungen von weniger als 100 % kritisiert.[108] Welche Methode vorzugswürdig ist, lässt § 6a offen. Seit Einführung des Abs. 3a, welcher beide Methoden zulässt, sollten auch für § 6a beide anwendbar sein. Ebenso sollte anhand des Meistbegünstigungsprinzips, die im Einzelfall beste Variante angewendet werden.[109]

Beispiel 5: Die A-GmbH ist zu 95 % an der B-GmbH, diese wiederum zu 90 % an der C-GmbH beteiligt. C hält 100 % der Töchter D- und E-GmbH. Das Konstrukt besteht länger als fünf Jahre. Im Jahr 07 wird die

[103] Revision bereits als BFH – II R 13/20 anhängig.
[104] FG Düsseldorf v. 20.05.2020 – 7 K 820/17 GE Rn. 29 f.
[105] *Pahlke* GrEStG § 6a Rn. 14; Boruttau/*Viskorf* GrEStG § 6a Rn. 90.
[106] Vertreten durch Finanzverwaltung sowie BFH; BFH v. 25.08.2010 – II R 65/08, BStBl. II 2011, R. 225; Ländererl. v. 19.06.2012 Tz. 2.4; Ländererl. v. 22.09.20 Tz. 3.2.1.
[107] Vertreten von einer Mindermeinung in der Literatur; *Pahlke* GrEStG § 6a Rn. 53; *Gottwald/Behrens* GrEStG Rn. 583.28.
[108] Boruttau/*Viskorf* GrEStG § 6a Rn. 97.
[109] *Broemel/Mörwald*, DB 20/2020, S. 1034.

18

X-GmbH durch eine Umwandlung zwischen die C und ihre Töchter geschoben. C ist an der X zu 100 % beteiligt. Im Jahr 09 wird die grundbesitzende D auf die E verschmolzen.[110] Die Beteiligungen der A (Durchrechnung: 85,5 %) und B sind nach beiden Methoden zu niedrig. Die X erfüllt die fünfjährige Vorbehaltensfrist nicht. Herrschendes Unternehmen ist die C. Das Einschieben der X führte zu einer nur noch mittelbaren Beteiligung der C, welche unbeachtlich ist.

In der Praxis stellt die 95%-Regelung oft schon zuvor ein Problem dar. Um den Anfall der Steuer nach § 1 Abs. 2a, 3 zu verhindern, werden Konzernstrukturen nach dem 94%/6%-Modell aufgebaut. Ein herrschendes Unternehmen ist dann meist grundsätzlich nicht herauszustellen und demnach eine Vergünstigung nach § 6a ausgeschlossen.[111]

3. Fristen nach § 6a GrEStG

Ist das herrschende Unternehmen ermittelt, sieht § 6a in S. 4 Vorbehalt- sowie Nachbehaltensfristen für die zu begünstigenden Steuerfälle vor. Erforderlich ist, dass die 95%-Beteiligung mind. fünf Jahre vor sowie fünf Jahre nach dem Rechtsvorgang ununterbrochen von dem herrschenden Unternehmen gehalten wird. Die Fristen führen ohne normierte Ausnahmen zu dem inneren Widerspruch, dass alle Umwandlungsvorgänge bei denen Gesellschaften neu entstehen bzw. erlöschen nicht von § 6a begünstigt sind.[112] Als Folge läuft die Norm in der Praxis nahe zu leer und wurde oftmals nur nach Einholung einer Verbindlichen Auskunft der Finanzverwaltung angewendet.[113] Fraglich ist, wie die Fristen ausgelegt werden könnten ohne den Anwendungsbereich derartig einzuschränken und dem eigentlichen Sinn und Zweck der Norm näher zu kommen.

a) Sinn und Zweck der Fristen

Als eigentlichen Sinn und Zweck sollten die in S. 4 formulierten „Sperrfristen" Gestaltungsmöglichkeiten unterbinden, die dem Ziel der Norm, eine Doppelbelastung abzuwenden, entgegenlaufen. Dabei wurde § 6a

[110] Siehe Abb. 6; nach Ländererl. v. 22.09.2020, Tz. 3.1.
[111] *Ettinger/Schmitz* Rn. 1022.
[112] Boruttau/*Viskorf* GrEStG § 6a Rn. 102.
[113] *Tiede* StuB 06/2020, S. 210; *Loose* DB 18/2020, S. 920.

dem System der §§ 5, 6 angepasst.[114] Hinsichtlich der Nachbehaltensfrist sollte eine grundbesitzende Gesellschaft die innerhalb der ersten fünf Jahre nach dem Umwandlungsvorgang ausscheidet nicht von einer Absicht der Beibehaltung der grunderwerbsteuerlichen Zuordnung des Grundbesitzes ausgegangen werden.[115] Die Vorbehaltensfrist dagegen indiziert, dass eine hinzugetretene Gesellschaft dem Konzern i.S.d. GrEStG erst nach Ablauf dieser fünf Jahre angehört.[116] Die Fristen sind rein auf die Beteiligungen und nicht auf die Grundstücke selbst zu beziehen. § 6a kann folglich auch greifen, falls die übernehmende Gesellschaft den Grundbesitz im Nachgang veräußert.[117]

b) Tatbestandsmerkmal des „Verbunds"

Die rechtliche Unsicherheit hinsichtlich der objektiven Erfüllbarkeit der Fristen fiel der Finanzverwaltung auf. Eigens zur Behebung dieser hat sie 2012 das nicht im Wortlaut angelegte Merkmal des „Verbundes" eingeführt.[118] Dieses stellt eine Zusammensetzung aus herrschendem Unternehmen sowie den abhängigen Gesellschaften, die direkt an dem Umwandlungsvorgang beteiligt sind, dar. Der Verbund selbst gilt nicht als Rechtsträger.[119] Nicht berücksichtigt werden Umwandlungsmaßnahmen, bei denen der Verbund erst entsteht oder aufgelöst wird.[120] Vor allem Verschmelzungen bzw. Ausgliederungen werden so fast gänzlich von der Steuerbegünstigung ausgeschlossen.

Würde in Beispiel 5[121] nun unabhängig der Behaltensfristen die X-GmbH auf die C-GmbH verschmolzen, erlischt der Verbund zwischen C und X. Der Vorgang fiele nicht unter § 6a. Der Grundbesitz der abhängigen D ist irrelevant, sie gehört nicht zu diesem Verbund.[122]

Dem ist entgegen zu stellen, dass die Schaffung dieser Voraussetzung weder im Wortlaut noch im Sinn und Zweck der Norm angelegt sei.[123]

[114] BT-Drucks. 17/147 S. 10.
[115] So bereits BT-Drucks. 14/6882 S. 45; *Mensching/Tyarks*, BB 2010, S. 91.
[116] *Mensching/Tyarks*, BB 2010, S. 91.
[117] BGH v. 21.08.2019 – II R 17/19, Rn. 36, BStBl. II 2020, S. 348; *Wälzholz/Bayer*, GmbH-StB 2020, S. 197, nun auch Ländererl. v. 22.09.2020, Tz. 1.
[118] Ländererl. v. 19.06.2012, Tz. 2.2., BStBl. I 2012, S. 662; Ländererl. zur Änderung des § 6a durch das AmtshilfeRLUmsG v. 09.10.2013, BStBl. I 2013, S. 1375.
[119] Ländererl. v. 19.06.2012 Tz. 1.
[120] Ländererl. v. 19.06.2012, Tz. 2.1.
[121] Siehe Abb. 6.
[122] Vgl. Ländererl. v. 19.06.2012 Tz. 2.1.
[123] BFH v. 22.08.2019 – II R 18/19 Rn. 32, BStBl. II 2020, S. 352.

Die Verbundvoraussetzung bewirkt eine willkürliche Differenzierung zwischen verschiedenen Umwandlungsmaßnahmen. Die Verschmelzung auf eine Schwestergesellschaft sei begünstigt, die Abspaltung auf eine neugegründete Schwestergesellschaft nicht. Diese Ungleichbehandlung sei weder nach dem Wortlaut gerechtfertigt noch vom Gesetzgeber gewollt.[124] Dies stellt auch der BFH in der aktuellen Urteilsreihe heraus. Anhand des Beispiels 5 ist der Umwandlungsvorgang zwischen X und C nach der Auslegung des BFH durchaus von § 6a gedeckt. Eine Steuerbegünstigung läge gar vor, wenn X die alleinige Tochter der C wäre und somit nach der Verschmelzung C keine abhängigen Gesellschaften mehr aufzuweisen hätte und kein Verbund vorläge.[125] Der Auffassung des BFH ist die Finanzverwaltung im Nachgang der Urteile gefolgt und hält fortan nicht mehr an der Verbundrechtsprechung fest.[126] So können die Fristen in einem neuen Licht betrachtet werden.

c) **Vorbehaltensfrist**

Die Vorbehaltensfrist und ihre Einhaltung werfen aber weiterhin bei Neugründung eines am Umwandlungsvorgang beteiligten Rechtsträgeres Probleme auf. Die Einhaltung ist auf tatsächlicher Ebene unmöglich. Fraglich ist, wie in der Praxis damit umgegangen werden soll.

Bereits mit Einführung der Norm wurde teils eine teleologische Reduktion gefordert, sodass in den Fällen lediglich die Nachbehaltensfrist zu halten sei.[127] Diesen Gedanken hatte die Finanzverwaltung aufgegriffen und versucht den Defekt mit dem „Verbund“ zu reparieren. Wie festgestellt sind Umwandlungen ausgeschlossen, bei denen der Verbund entsteht. Als Ausnahme wurden Abspaltungen bzw. Ausgliederungen aus bereits im „Verbund“ abhängigen Gesellschaften gesehen. In diesen Fällen wurde die Frist der bereits bestehenden abhängigen Gesellschaft auf die Neuentstandenen angerechnet.[128]

---

[124] BT-Drucks. 17/147, S. 10; BFH v. 22.08.2019 – II R 18/19, Rn. 30, 32.

[125] BFH v. 21.08.2019 – II R 20/19 Rn. 30, BStBl. II 2020, S. 341; *Loose* jurisPR-SteuerR 16/2020 Anm. Nr. 6.

[126] Länderrerl. v. 22.09.2020, Tz. 1.

[127] *Mensching/Tyarks*, BB 2010, S. 91; *Rödder/Schönfeld*, DStR 2010 S. 415; *Pahlke* GrEStG § 6a Rn. 32 ff.; *Hofmann* GrEStG § 6a Rn. 17.

[128] Ländererl. v. 19.06.2012 Tz. 4 Nr. 2.

Nach Ansicht des BFH scheidet nun nach Ablehnung des „Verbunds" folgerichtig eine Zusammenrechnung von Fristen aus. Die Voraussetzung der Fristen sei weit auszulegen und der Anwendungsbereich entsprechend den Vorschlägen der Literatur teleologisch zu reduzieren. Die Frist sei nur so zu halten, wie es objektiv möglich ist.[129] Bei Umwandlungen von Schwestergesellschaften ist die Vorbehaltensfrist beider abhängigen Gesellschaften von dem herrschenden Unternehmen zu halten.[130] Wird eine abhängige Gesellschaft auf ein herrschendes Unternehmen verschmolzen muss dieses die Vorbehaltensfrist erfüllen.[131] Die Notwendigkeit einer Vorbehaltensfrist entfällt bei Gründung einer abhängigen Gesellschaft durch Abspaltung von einem herrschenden Unternehmen bzw. einer anderen abhängigen Gesellschaft.[132] Auch hier hat sich die Finanzverwaltung nachträglich dem BFH angeschlossen.[133] Beide betonen, dass die Beteiligung während der Frist ununterbrochen gehalten werden muss. Eine Verlängerung bzw. Verkürzung der Beteiligungskette, welche zur Änderung der Beteiligungsart führt, ist dabei jedoch unbeachtlich.[134] Nicht begünstigt werden können weiter Vorgänge mit abhängigen Gesellschaften, die weniger als fünf Jahre im Konstrukt bestehen und nicht durch einen begünstigten Vorgang entstanden sind.[135]

In Beispiel 5 führt das Einschieben der X, was die Beteiligung der C an D und E zu einer mittelbaren macht, nicht zu einem erneuten Anlaufen der Frist. C ist weiterhin ununterbrochen beteiligt. Im Rahmen der Verschmelzung der D auf E ist die Vorbehaltensfrist von der herrschenden C zu halten.

d) Nachbehaltensfrist

Entsprechend vorstehenden Überlegungen ist ebenfalls die Einhaltung einer Nachbehaltensfrist bei vielen praxisrelevanten Umwandlungen

[129] U.a. BFH v. 21.08.2019 – II R 20/19, Rn. 26; v. 21.08.2019 – II R 19/19, Rn. 34.
[130] BFH v. 22.08.2019 – II R 17/19, Rn. 29.
[131] BFH v. 21.08.2019 – II R 15/19, Rn. 32; v. 22.08.2019 – II R 18/19, Rn. 27.
[132] Sog. Spin-Off bzw. Sidestream-Abspaltung; BFH v. 21.08.2019 – II R 16/19 Rn. 28. v. 21.08.2019 – II R 21/19 Rn. 30, BStBl. II 2020, S. 344.
[133] Ländererl. v. 22.09.2020, Tz. 3.2.2.1.
[134] Ländererl. v. 22.09.2020, Tz. 3.2.2.1.
[135] Ländererl. v. 22.09.2020, Tz.3.2.2.1; BFH v. 21.08.2019 – II R 20/19, Rn. 27.

tatsächlich unmöglich.[136] Es ist auch hier die Frage zu klären, wie mit dem problematischen Anwendungsbereich umgegangen werden sollte.

Die Forderung der teleologischen Reduktion der Norm ist identisch zur Vorbehaltensfrist zu verstehen.[137] Die Finanzverwaltung hatte 2012 eingelenkt und festgelegt, dass bei Erlöschen der übertragenden Gesellschaft die Nachbehaltensfrist auf die übernehmende Gesellschaft anzuwenden ist und diese mindestens fünf Jahre fortbestehen müsse. Das (sei aber nur bei Verschmelzungen unter abhängigen Gesellschaften. Bei Kettenumwandlungen ausschließlich mit anderen abhängigen Gesellschaften und dadurch bedingt dem Erlöschen solcher abhängiger Gesellschaften innerhalb der Nachbehaltensfrist sollen die Bestehenszeiten zusammengerechnet werden.[138]

Gegensätzlich dazu hält der BFH in den neuen Entscheidungen auch bei der Nachbehaltensfrist an seiner weiten Auslegung fest. Wiederum sind diese Fristen nur zu halten, wenn sie gehalten werden können. So sind auch Up-Stream- sowie Side-Stream-Umwandlungen steuerbegünstigt.[139] Mit Down-Stream-Umwandlungen, bei denen die herrschende Muttergesellschaft auf die abhängige Tochter verschmolzen wird, hatte sich der Gerichtshof zwar nicht direkt auseinander zusetzen, in Anwendung der geschaffenen Grundsätze ist aber auch hier eine Begünstigung positiv festzustellen.[140] Die Finanzverwaltung hat ihre Auffassung angepasst und begünstigt nach Loslösung vom „Verbund" ausdrücklich auch Umwandlungen, bei denen die Frist aufgrund des Erlöschens eines Rechtsträgers nicht gehalten werden kann.[141]

Beispiel 6: Die A-GmbH ist zu je 95 % an der grundbesitzenden B- sowie der grundbesitzenden C-GmbH beteiligt. Diese ist zu 95 % an der grundbesitzenden D-GmbH beteiligt. Alle Beteiligungen werden seit mehr als fünf Jahren gehalten.[142] In Jahr 01 wird die D auf die C verschmolzen und in Jahr 02 die C auf die B. In Jahr 04 wird B auf die herrschende A verschmolzen. Die Vorgänge unterliegen nach § 1

[136] Z.B. Verschmelzung, Aufspaltung, Gesamtvermögensübertragung.
[137] Siehe Fn. 125.
[138] Ländererl. v. 19.06.2012 Tz. 5.
[139] BFH v. 21.08.2019 – II R 20/19, Rn. 27 f.; v. 22.08.2019 – II R 18/19, Rn. 27 f.
[140] Vgl. BFH v. 21.08.2019 – II R 16/19, Rn. 26; *Binder/Lorenz* DK 03/2020, S. 103.
[141] Ländererl. v. 22.09.2020, Tz. 3.2.2.2.
[142] Abb. 7; nach Ländererl. v. 22.09.2020, Tz. 3.2.2.2.

Abs. 1 Nr. 3 S. 1 der GrESt. Die Nachbehaltensfrist der C aus dem ersten Vorgang geht nach der zweiten Verschmelzung auf die B über. Die letzte Verschmelzung der B auf A verletzt die Nachbehaltensfrist nicht. Sie kann aus objektiven Gründen nicht gehalten werden und entfällt. Alle Vorgänge sind nach § 6a begünstigt.

Zu klären ist nun, wie reagiert werden muss, wenn die Nachbehaltensfrist trotz Möglichkeit nicht eingehalten wird. Nach § 175 Abs. 2 S. 1 AO stellt dieses Nichteinhalten ein rückwirkendes Ereignis dar, was nach der Anzeige durch den Steuerschuldner gem. § 19 Abs. 2 Nr. 4a zum Wegfall der früheren Begünstigung mit Wirkung für die Vergangenheit führt. Die GrESt wird festgesetzt und ein eventuell ergangener Freistellungsbescheid nach § 175 Abs. 1 S. 1 Nr. 2 AO nachträglich geändert. Irrelevant ist, ob der übernehmenden Rechtsträger, noch Grundstückseigentümer bzw. es ihm zuzurechnen ist.[143]

4. Entwicklung des § 6a GrEStG

Die Urteile des BFH haben große Wellen geschlagen. Einerseits wurde die bisherige Rechtsprechung der Finanzverwaltung stark angegriffen. Sie war in Zugzwang ein BMF-Schreiben veröffentlichen zu müssen, welches die überarbeitete Stellung der Verwaltung offenlegt. Sie hat von der restriktiven Auslegung abgelassen und folgt dem weiteren Anwendungsbereich, welchen der BFH begründet hat.

Rechtsauffassung

Andererseits hat auch der Gesetzgeber die Entscheidungen des BFH zum Anlass genommen eine Reform des § 6a in Betracht zu ziehen. Der Bundesrat hat die Regierung um die Prüfung der Beschränkungen und deren praxisrelevante Auswirkungen gebeten.[144] Trotz dessen enthält der aktuelle Entwurf zur Änderung des GrEStG keine reformierenden Anpassungen des § 6a.[145] Dabei gilt auch zu bedenken, dass jede Änderung zwar Rechtssicherheit schaffen kann aber auch Einfluss auf die Beurteilung der Beihilfeproblematik nehmen könnte.

[143] Ländererl. v. 22.09.2020, Tz. 4.1., 4.2.; *Hofmann* GrEStG § 6a Rn. 19.
[144] BT-Drucks. 355/19 v. 20.08.2019.
[145] Sowohl RegE JStG 2020 v. 02.09.2020 sowie RegE Gesetz zu Änderung des GrEStG v. 31.07.2019.

24

E. Stellungnahme und Fazit

Die GrESt ist in vielen Hinsichten ein heißes Pflaster im Steuerrecht. Umwandlungen stehen nach der weitgehenden ertragssteuerlichen Neutralität stark im Licht der GrESt. Diese deckt mit den in § 1 geregelten Vorgängen auch nahezu alle Umwandlungen steuerbar ab. Um die Steuerlast für Konzerne zu verringern wurde § 6a eingefügt. Doch die unbestimmte Formulierung der Norm und die bisherige Auslegung der Finanzverwaltung haben den Anwendungsbereich sehr eingeschränkt. Zu wenige Konzernstrukturen und Umwandlungsvorhaben fielen unter die Steuerbegünstigung. Die Auswirkung in der Praxis war die Nichtanwendung des § 6a und das Abraten von wirtschaftlich sinnvollen Umstrukturierungen. Diese notwendige Reaktion der Gestaltungspraxis stellt letztendlich einen wirtschaftlichen Nachteil für deutsche Konzerne in der freien Marktwirtschaft dar. Die vom BFH begründeten und nun auch von der Finanzverwaltung übernommenen Ansichten sind zu begrüßen. Mit dem Folgen der Verwaltung wird sich die Bedeutung der Norm in der Beratungspraxis nachhaltig ändern. Sie wird vor allem bei einer weiter exponentiellen Entwicklung der Steuersätze bei Umwandlungen in Zukunft eine sehr entscheidende Rolle spielen. Besonders viele anstehende Umwandlungen in Zusammenhang mit der Corona-Wirtschaftskrise können so von der GrESt befreit werden. Trotz dessen sind Fragen ungeklärt geblieben. So u.a. die generelle Geeignetheit der langen Zehnjahresfristen.[146] Die Urteile des BFH sowie der neue Ländererlass stellen einen deutlichen Fortschritt, aber noch kein „Universalheilmittel“ für den Tatbestand der Norm dar. Sie können keine Reform des Wortlauts der Norm durch den Gesetzgeber ersetzen, welche für eine abschließende Rechtssicherheit mit Rücksichtnahme auf das EU-Behilferecht stattfinden sollte.

na ja…

[146] *Broemel/Mörwald* DB 20/2020, S. 1036; Stellungnahme der BStBK zu BT-Drucks. 19/13437 v. 10.10.2019, S. 13; anders *Hofmann* GrEStG § 6a Rn. 15.

Anhang

Zu Beispiel 1

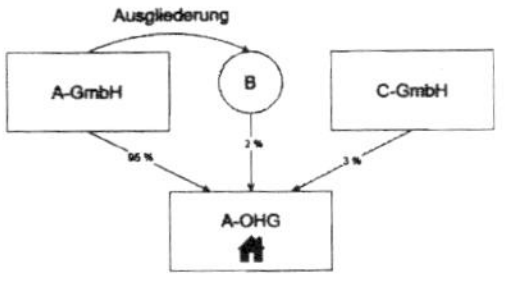

Abb. 1.1

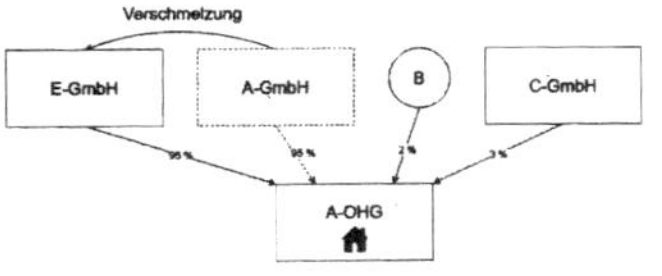

Abb. 12

Zu Beispiel 2

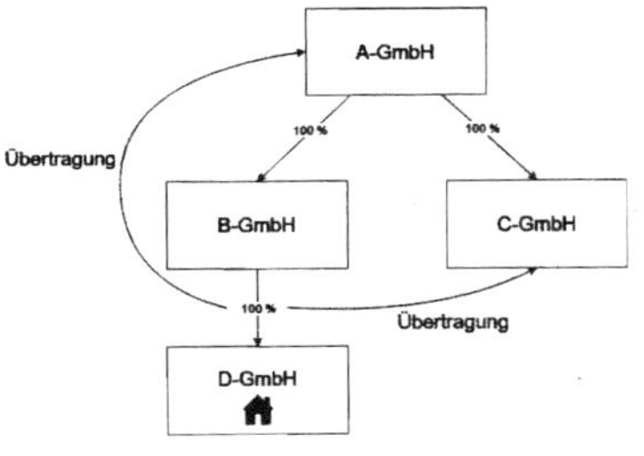

Abb. 2

Zu der RETT-Blocker Struktur

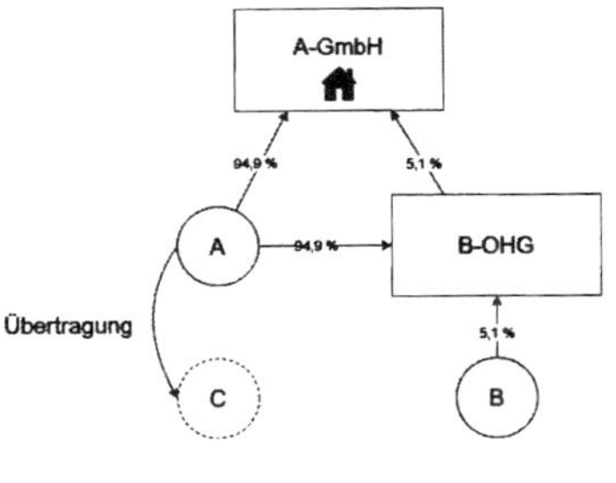

Abb. 3

I

Zu Beispiel 3

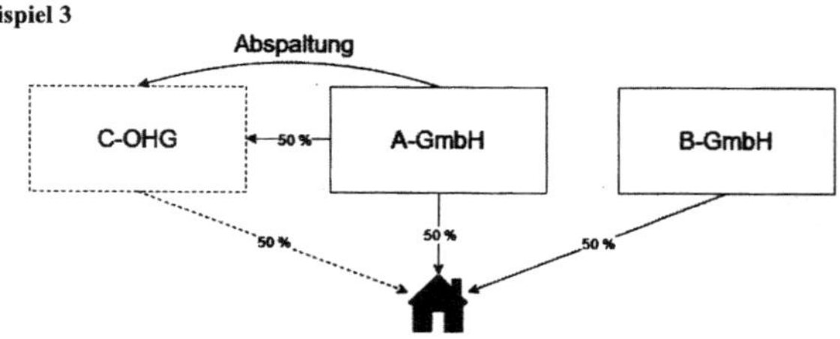

Abb. 4

Zu Beispiel 4

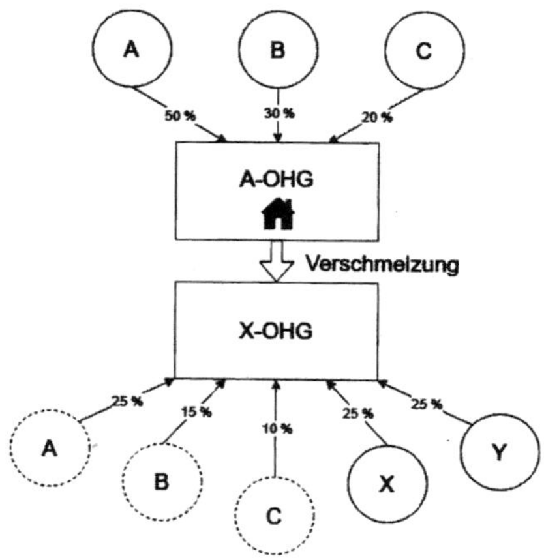

Abb. 5

II

Zu Beispiel 5

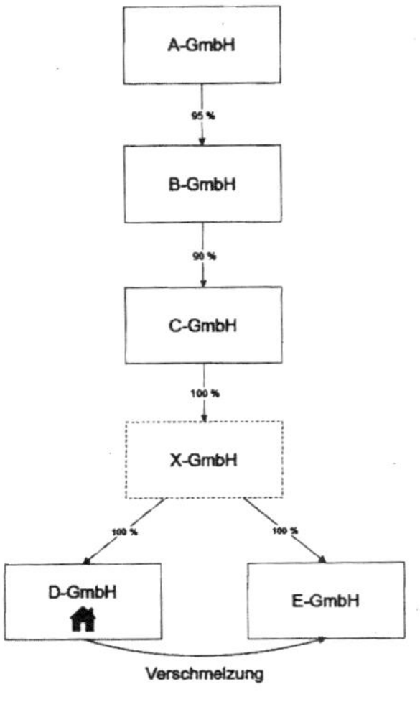

Abb. 6

Zu Beispiel 6:

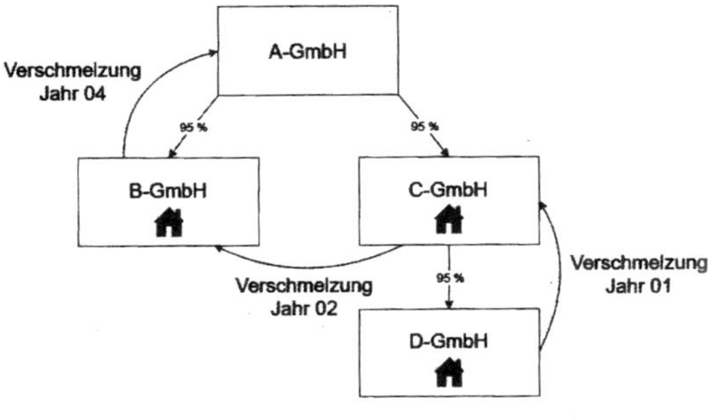

Abb. 7

III

UNIVERSITÄT LEIPZIG

Juristenfakultät
Lehrstuhl für Öffentliches Recht, insbesondere Steuerrecht und Öffentliches Wirtschaftsrecht
Prof. Dr. Marc Desens

Universität Leipzig - Juristenfakultät - Burgstraße 21 - 04109 Leipzig

Steuerrechtliches Seminar
„Immobilienbesteuerung"
Gutachten zur Prüfungsseminararbeit
zum Thema:
„Grunderwerbsteuer bei Umwandlungen"
von
Lena Rath (Matrikelnummer: [redacted])

Erstgutachten von Prof. Dr. Marc Desens

I.

Die knappe Einleitung (S. 1) ist gelungen und führt in die zentrale Fragestellung ein. Die „Grundlagen der Grunderwerbsteuer" (S. 1-3) werden ebenfalls in der gebotenen Kürze sachlich richtig dargestellt. Verf. widmet sich dann den Grundlagen des Konzern- und Umwandlungsrechts (S. 3-5). Beim Konzernbegriff wird auf § 18 AktG abgestellt, aber erst später (S. 14) der Bezug zu § 6a Satz 3 GrEStG hergestellt.

Der Überblick über die vom UmwG erfassten Umwandlungsvorgänge (§ 1 UmwG) ist gelungen. Mit Blick auf § 6a UmwG fehlt aber Hinweis, was unter einer „Einbringung" (Sacheinlage) und einem „anderen Erwerbsvorgang auf gesellschaftsrechtlicher Grundlage" gemeint ist. Dies erfolgt (vertretbar) erst später.

Die anschließende Aufarbeitung der grunderwerbsteuerbaren Tatbestände nach § 1 GrStG gelingt und wird mit Beispielen verständlich veranschaulicht (S. 3-10). Auch die Befreiungstatbestände im Zusammenhang mit einer Gesamthand nach §§ 5, 6 GrEStG sind gelungen dargestellt (S. 10 bis 12).

Verf. widmet sich dann ausführlich § 6a GrEStG (S. 13 ff.), wobei zu Beginn kurz auf Beihilfeproblematik eingegangen wird (S. 13-14). Verf. geht dann auf die Tatbestandsmerkmale des § 6a GrEStG ein (S. 14 ff.). Die jüngere BFH-Rechtsprechung (aus 2019, aber veröffentlicht erst im Februar 2020) und die Reaktionen der Finanzverwaltung (September 2020) wird dabei herangezogen, was zeigt, dass Verf. die aktuellen Problemschwerpunkte im Blick hat.

Verf. beginnt mit der Bestimmung des Anwendungsbereichs anhand der Konzernklausel in § 6a Satz

Universität Leipzig
Juristenfakultät
Burgstraße 21
04109 Leipzig

Fon +49 (0) 341 9735 270 (Sekr.)
+49 (0) 341 9735 271 (Prof.)
+49 (0) 341 9735 273 (Ass.)
Fax +49 (0) 341 9735 279

steuerrecht@uni-leipzig.de
www.uni-leipzig.de/steuerrecht/

2

3 GrEStG und den direkt erfassten Umwandlungsvorgängen in § 6a Satz 1 und 2 UmwG. Zu Recht ausführlich werden der Unternehmensbegriff in § 6a Satz 3 GrEStG (S. 15-17) sowie die Frage, wann dieses herrschend ist (S. 17-19), erörtert. Verf. bearbeitet dann als letzten Schwerpunkt die Frage nach dem „inneren Widerspruch" der Behaltensfristen in § 6a Satz 4 GrEStG (S. 19-24). Inhaltlich gelingt auch dies klar verständlich und hinreichend problemorientiert.

II.

Das Literaturverzeichnis ist hinreichend umfangreich. Sprachlich ist die Arbeit gelungen. Viele Kommafehler trüben aber ein bisschen das Bild. Bei der Zitation, die in der Sache hinreichend ist, fehlt sehr oft die konkrete Fundstelle. Hier wäre auch eine Internetquelle (etwa juris oder www. ..) möglich gewesen.

III.

Unter Berücksichtigung der mündlichen Leistung ist die Arbeit mit

gut (14 Punkte)

zu bewerten.

Leipzig, den 24. November 2020

(Prof. Dr. Marc Desens)

Sachverzeichnis

Die Angaben verweisen auf die Randziffern.